权威·前沿·原创

皮书系列为
"十二五""十三五"国家重点图书出版规划项目

河南商务蓝皮书

BLUE BOOK OF HENAN COMMERCE

河南商务发展报告（2018）

ANNUAL REPORT ON COMMERCIAL DEVELOPMENT OF HENAN (2018)

主　编／张延明　何松浩
副主编／张进才　费全发　任秀苹

社会科学文献出版社
SOCIAL SCIENCES ACADEMIC PRESS (CHINA)

图书在版编目(CIP)数据

河南商务发展报告.2018/张延明,何松浩主编.——北京:社会科学文献出版社,2018.6
（河南商务蓝皮书）
ISBN 978-7-5201-2794-3

Ⅰ.①河… Ⅱ.①张… ②何… Ⅲ.①商业经济-经济发展-研究报告-河南-2018 Ⅳ.①F727.61

中国版本图书馆CIP数据核字（2018）第103616号

河南商务蓝皮书
河南商务发展报告（2018）

主　　编／张延明　何松浩
副 主 编／张进才　费全发　任秀苹

出 版 人／谢寿光
项目统筹／任文武
责任编辑／丁　凡

出　　版／社会科学文献出版社·区域发展出版中心（010）59367143
　　　　　地址：北京市北三环中路甲29号院华龙大厦　邮编：100029
　　　　　网址：www.ssap.com.cn
发　　行／市场营销中心（010）59367081　59367018
印　　装／三河市龙林印务有限公司

规　　格／开　本：787mm×1092mm　1/16
　　　　　印　张：27.25　字　数：411千字
版　　次／2018年6月第1版　2018年6月第1次印刷
书　　号／ISBN 978-7-5201-2794-3
定　　价／98.00元

皮书序列号／PSN B-2014-399-1/1

本书如有印装质量问题，请与读者服务中心（010-59367028）联系

▲ 版权所有 翻印必究

《河南商务发展报告（2018）》编辑委员会

主　任　焦锦淼　张延明

副主任　高　翔　李若鹏　孙敬林　何松浩　吕　青
　　　　　姜　凌

编　委　（排名不分先后）
　　　　　费全发　张敬旗　程永安　秦小康　王　军
　　　　　梁荣华　方建佳　郭海燕　张新亮　王　峰
　　　　　王　苏　李　晋　王卫红　张　艳　刘　兵
　　　　　张旭升　周子存　苏国宝　刘国斌　王　辉
　　　　　赵俊杰　周　遂　姜　冰　刘海中　张　巍
　　　　　张进才　徐大群　石国华　杨建林　辛文珂
　　　　　熊玉亮　李俊杰　刘　智　吕同航　李健康
　　　　　余遂盈　张瑞生　徐　林　赵水才　牛瑞庆
　　　　　蔺其军　薛永宏　常绪凯　康合斌　张巍巍
　　　　　康利民　刘文祥　毕跃杰　薛　涛　郭　珂
　　　　　卢　明　冯　磊　卢向阳　任秀苹

摘 要

《河南商务发展报告（2018）》是由河南省商务厅主持，河南省商业经济研究所组织编撰，其全面总结了2017年河南商务领域的发展成效，研究和分析了商务领域的理论和实践问题，科学研判了2018年全省商务发展的走势，系统性、综合性、时效性突出。

全书内容由主报告、行业篇、专题篇、案例篇、区域篇五部分组成。

主报告分为年度河南商务发展主报告和河南省自贸试验区主报告两篇，代表本书的基本观点。

主报告之一《2017~2018年河南省商务发展形势分析与展望》，全面总结了2017年河南省商务运行综合情况，并分析预判2018年商务发展态势。该报告认为，2017年，面对严峻复杂的经济形势，河南省商务系统深入贯彻习近平总书记系列重要讲话精神，在省委、省政府的坚强领导下，主动适应经济发展新常态，坚持稳中求进工作总基调，克难攻坚、开拓进取，抓改革、扩开放、活流通、促消费、强监管、惠民生，全省商务事业取得了新发展、实现了新跨越、站上了新起点，为全省经济社会发展提供了有力支撑。2017年，全省实际吸收外资172.2亿美元，同比增长1.4%；实际到位省外资金9106.8亿元，同比增长7.9%；货物进出口总值5232.8亿元，同比增长10.9%；社会消费品零售总额19666.8亿元，同比增长11.6%；对外承包工程和劳务合作完成营业额47.7亿美元，同比下降9.4%；对外投资中方协议投资17.6亿美元，下降59.5%，对外投资回归理性。2018年河南商务发展机遇与挑战并存，困难与希望同在，要准确把握形势变化，以习近平新时代中国特色社会主义思想为指导，坚持稳中求进总基调，把握开放发展新理念，顺应高质量发展新要求，突出抓好自贸试验区、跨境电商综试区建

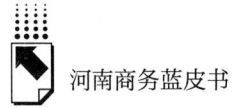

设,统筹推进开放招商、对外贸易、内贸流通、对外合作、电子商务、监管执法等创新发展,加快打造内陆开放高地,加快推进经贸强省建设,推动商务发展质量变革、效率提升、动力转换,为新时代全省经济高质量发展做出新贡献。

主报告之二《加快制度创新步伐　高标准推进河南自贸试验区建设》,重点阐述了自贸区挂牌以来,健全组织机构、完善配套政策、落实试点任务、抓好复制推广、加强人员培训、强化宣传推介等方面重点工作加快推进,自贸区实现良好开局,取得明显成效:自贸区政府职能加快转变,投资自由化、贸易便利化水平提升,综合交通物流枢纽优势凸显,金融服务实体能力逐步增强,法律服务体系逐步完善,开放程度不断提高,一批成果案例加快形成。该报告认为,下一步,河南自贸试验区建设将全面贯彻党的十九大精神,紧紧围绕国家战略定位,以制度创新为核心,以可复制可推广为基本要求,以风险防控为基本底线,对标国际先进规则,强化改革举措系统集成,深入推进"三大重点、五大体系、五大专项"建设,加大总体方案改革试点任务落实力度,着力营造法治化国际化便利化营商环境,加快建设现代立体交通体系、现代物流体系和服务"一带一路"建设的现代综合交通枢纽,带动产业集聚发展,形成更多制度创新成果,进一步彰显全面深化改革和扩大开放的试验田作用,切实发挥好示范带动和服务全国作用。

行业篇重点分析了2017年度河南省商务各行业发展情况,特别是重点行业发展的新亮点和新变化,结合国内外经济形势对行业发展进行研究探讨,预测2018年商务各行业态势,提出了发展思路和对策建议。

专题篇着力研究了创新招商方式提高招商实效、内贸流通体制改革发展、成品油市场管理机制、2017年河南省国际贸易摩擦情况及趋势、冷链物流转型发展、深化对内对外开放助推郑州国家中心城市建设、对外援助培训等商务发展的重点、难点、热点问题,并提出了应采取的举措。

案例篇重点反映了洛阳大张回归商业本质实现创新转型、风神轮胎内生式转型升级发展、中钢网电商发展、漯河经济技术开发区改革创新优化服务实现提质增效促发展等河南省商务发展史上的范例,探讨了其对商务发展的重要启示。

区域篇全面反映了2017年河南省各地商务工作取得的成效，剖析了商务工作中存在的问题并提出了针对性措施，区域特色突出，展示了河南省区域商务发展的新思路和新优势。

关键词：河南省　商务发展　自贸区　对外开放

Abstract

The Annual Report on Commercial Development of Henan (2018) is compiled by Henan Commerce Economics Institute under the supervision of Henan Provincial Commerce Department. It comprehensively summarizes the development results of Henan commerce in 2017, researches and analyzes the theoretical and practical issues of commerce, and scientifically studies and predicts the trend of commercial development of Henan Province in 2018. It is quite a systematic, comprehensive and timely report.

The whole book is composed of five parts: Main Reports, Industry Topics, Special Topics, Case Studies and Regional Topics.

The main reports include the annual main report on commercial development of Henan and the main report of China (Henan) Pilot Free Trade Zone, which demonstrate the basic viewpoints of the book.

One of the main reports entitled *Analysis and Outlook on Commercial Development of Henan Province from 2017 to 2018* comprehensively summarizes the general situation of the commercial operation of Henan in the year 2017, analyzes and predicts its trend of development in 2018. The report reckons that faced with complex economic situations in 2017, the whole commercial system of Henan province have systematically implemented the spirit of a series of important addresses by Xi Jinping, General Secretary of CPC Central Committee. Under the solid leadership of the CPC Henan Committee and Henan Provincial Government, we proactively adapted ourselves to the new normal of economic development, stayed committed to making progress while keeping stable performance, rose to challenges, and forged ahead and broke new ground. Our measures focused on deepening reform and open-up, enhancing circulation, boosting consumption, strengthening oversight and benefiting the people. The commercial development of Henan Province has achieved new development, new breakthroughs and is

Abstract

standing at new starting point, providing strong support for the socio-economic development. In 2017, the actual inflow of foreign investment reached USD 17.22 billion, a year-on-year increase of 1.4%. The actual inflow of investment from other provinces in China reached RMB 910.68 billion, a year-on-year increase of 7.9%. The total import and export of goods reached RMB 523.28 billion, a year-on-year increase of 10.9%. The total retail sales of consumer goods registered RMB 1.96668 trillion, a year-on-year increase of 11.6%. The accomplished turnover of overseas contracted projects and labor cooperation reached USD 4.77 billion, a year-on-year drop by 9.4%. The contractual investment of Chinese companies overseas stood at USD 1.76 billion, a decline of 59.5%, marking the return to rational external investment. In 2018, the commercial development of Henan is faced with opportunities and challenges, difficulties and hopes. We must accurately grasp the changes in situations, continue to be guided by the thought on socialism with Chinese characteristics for a new era of Xi Jinping, and continue to seek progress while maintaining stable performance. Efforts should be made to grasp new concepts and ideas on opening-up and development and meet new requirements of high quality development. We should make our priority the development of the pilot free trade zone and the cross-border E-commerce comprehensive pilot area, and coordinate innovative development in open investment attraction, foreign trade, circulation of domestic trade, external cooperation, E-commerce and supervision and enforcement. We shall pick up speed in developing open inland highland and building a strong province in terms of economy and trade. Efforts should be made to promote quality revolution, efficiency upgrade and driver replacement of commercial development, making new contributions to the quality economic growth of our province in the new era.

The second main report is entitled *Accelerating System Innovation to Promote the Construction of China (Henan) Pilot Free Trade Zone with High Standard*. It mainly describes the rapid development in the key areas including completing institutional framework, improving supporting policies, performing the tasks of trial, intensifying the replication and popularization of good practice, strengthening staff training and heightening publicity and promotion since the establishment of China (Henan) Pilot Free Trade Zone. As a result, China (Henan) Pilot Free Trade

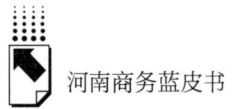

Zone gets off to a good start and achieves visible effects. The government of China (Henan) Pilot Tree Trade Zone is expediting the transformation of its functions and improving the levels of investment liberalization and trade facilitation. The advantages of comprehensive transport and logistics hub are highlighted, and ability of the financial industry to serve business entities is increasingly improving. The legal service system is increasingly improving too, the level of opening-up keeps rising, and a batch of outcome cases comes into existence rapidly. The report reckons that as for the next step, the China (Henan) Pilot Free Trade Zone will implement the spirit of the 19th CPC National Congress, adhere to the strategic positioning of the country, and focus on institutional innovations. We should make it our basic requirement that the practice we advocate must be replicable and easy to popularize. We should make risk prevention and control our bottom line, benchmark our practice against internationally advanced rules, and strengthen the system integration of reform measures. We shall make greater effort to fulfill the three major tasks and build five service systems to perform five major reforms. Greater effort should be made to implement the trial reform tasks of the general plan, build an international rule-based and convenient business environment, force the pace in building a modern 3-dimensional transport system, a modern logistical system and a modern comprehensive transport hub that serves the "Belt & Road" initiative. With these systems, we should drive the concentrated development of industries and attain more institutional innovation achievements to further highlight the role of China (Henan) Pilot Free Trade Zone as the test field for comprehensively deepening reform and broadening opening-up so that we can live up to our exemplary and ministrant role in the nation.

The volume of Industry Topics has mainly analyzed the development of all commercial industries of Henan in 2017, especially the new highlights and new changes in development of important industries. It has researched and discussed about the industrial development and forecasted the trends of all commercial industries of 2018 in combination with the overseas and domestic economic situations. It has also put forward development ideas, countermeasures and suggestions.

The volume of Special Topics has analyzed the emphasis, difficulties and hot

Abstract

points concerning creating new ways for investment promotion, improving effectiveness of investment promotion, promoting the reform and development of domestic trade distribution system, management mechanism of oil product market, situation and trend of international trade friction of Henan in 2017, transformation of cold chain logistics, in-depth opening up to both domestic and overseas areas for building Zhengzhou into a national central city and training of foreign aid and put forward suitable measures.

The volume of Case Studies has mainly demonstrated the examples in the history of Henan's commercial development, e. g. the innovation and transformation of Dazhang Group, endogenous upgrading and transformation of Aeolus Tyre, E-commerce development of Steelcn and efforts made to reform and optimize innovative services in National Luohe Economic and Technological Development Zone to improve quality and efficiency and promote its development. This volume has also discussed about the important enlightenment from these cases on commercial development.

The volume of Regional Topics has comprehensively reflected the achievements of all regions of Henan in commercial work in 2017, analyzed problems in commercial work and targeted measures with obvious regional characteristics, and demonstrated the new ideas and new advantages of regional commercial development of Henan.

Keywords: Henan Province; Commercial Development; China (Henan) Pilot Free Trade Zone; Opening up

目 录

Ⅰ 主报告

B.1 2017~2018年河南省商务发展形势分析与展望
  ………………………………………………… 河南省商务厅课题组 / 001
B.2 加快制度创新步伐 高标准推进河南自贸试验区建设
  ………………………………………………………… 焦锦淼 / 024

Ⅱ 行业篇

B.3 2017~2018年河南省对外开放形势分析与展望
  ………………………………………… 苏国宝 李 虹 贾春奇 / 031
B.4 2017~2018年河南省国内经济合作形势分析与展望
  ………………………………………… 刘 兵 刘汝良 杨懿楠 / 042
B.5 2017~2018年河南省利用外资形势分析与展望
  ………………………………………… 王卫红 连俊凯 侯 锐 / 051
B.6 2017~2018年河南省对外贸易形势分析与展望
  ……………………………… 张新亮 周 彤 井 鹏 吴安安 / 060
B.7 2017~2018年河南省对外投资和经济合作形势分析与展望
  ………………………………………… 张旭升 张志立 潘菊芬 / 070

001

B.8 2017~2018年河南省消费品市场运行分析与展望
　　　　　　　　　　　……………… 郭海燕　张亮哲　陆　军　邹　君 / 080

B.9 2017~2018年河南省商务监测重点商品市场分析与展望
　　　　　　　　　　　………………………… 黄友文　张亮哲　梅雪峰 / 089

B.10 2017~2018年河南省电子商务形势分析与展望
　　　　　　　　　　　………………………………………… 张　巍　袁文卓 / 105

B.11 2017~2018年河南省散装水泥绿色产业发展形势分析与展望
　　　　　　　　　　　………………………………………… 刘焕胜　王锋剑 / 114

Ⅲ 专题篇

B.12 创新招商方式提高招商实效对策研究
　　　　　　　　　　　………………………… 苏国宝　李玉瑞　王振飞 / 124

B.13 河南省内贸流通体制改革发展探讨
　　　　　　　　　　　……………… 任秀苹　张进才　梁荣华　薛革新 / 136

B.14 河南省餐饮业发展浅析 ……… 王　苏　孙　琪　李艳艳 / 149

B.15 河南省成品油市场管理机制探索 ……… 郭海燕　杨舒翔 / 155

B.16 2017年河南省国际贸易摩擦情况及趋势分析
　　　　　　　　　　　……………… 李　晋　李　慧　杨军岐　李伟华 / 166

B.17 河南省许昌市发制品出口调研报告
　　　　　　　　　　　………………………… 王　峰　杨智慧　张　鑫 / 176

B.18 河南省冷链物流转型发展探讨 …… 方建佳　魏克龙　赵　雷 / 183

B.19 豫西南地区农村电商发展探索 …… 方建佳　程全玉　党　莎 / 189

B.20 深化对内对外开放　助推郑州国家中心城市建设
　　　　　　　　　　　……………… 王　军　刘海涛　张　伟　丁　敏　乔云飞 / 196

B.21 河南省对外援助培训现状及发展趋势
　　　　　　　　　　　……………… 李　晋　李　慧　杨军岐　李伟华 / 206

Ⅳ 案例篇

B.22 着力发展本土品牌　强力培育龙头企业
　　　——河南大张实业有限公司发展路径探析
　　　……………………… 张进才　梁荣华　薛革新　邢　新 / 215
B.23 风神轮胎内生式转型升级之路 ………… 吴安安　张琳琳 / 222
B.24 中钢网电商发展的启示 …………………… 袁文卓　李玉良 / 230
B.25 改革创新　优化服务　提质增效促发展
　　　……………………………………… 项　丽　李海中　刘　艺 / 235

Ⅴ 区域篇

B.26 2017～2018年郑州市商务发展回顾与展望
　　　………………………………………………… 张体伟　李宏伟 / 243
B.27 2017～2018年开封市商务发展回顾与展望
　　　………………………………………………… 张景涛　郝海燕 / 254
B.28 2017～2018年洛阳市商务发展回顾与展望
　　　………………………………………………… 白宏涛　董焕杰 / 266
B.29 2017～2018年平顶山市商务发展回顾与展望 ………… 李建超 / 276
B.30 2017～2018年安阳市商务发展回顾与展望
　　　………………………………………………………… 牛瑞庆　常　剑 / 284
B.31 2017～2018年鹤壁市商务发展回顾与展望
　　　……………………………………… 蔺其军　周永利　李　霞 / 291
B.32 2017～2018年新乡市商务发展回顾与展望
　　　………………………………………………… 薛永宏　马　坤 / 304
B.33 2017～2018年焦作市商务发展回顾与展望 ………… 常绪凯 / 311

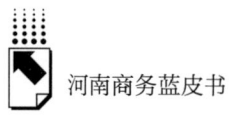

B.34 2017～2018年濮阳市商务发展回顾与展望 …………… 曹泽利 / 320

B.35 2017～2018年许昌市商务发展回顾与展望
　　　　………………………………………… 张巍巍　杜向伟 / 330

B.36 2017～2018年漯河市商务发展回顾与展望 …… 田梦霖 / 341

B.37 2017～2018年三门峡市商务发展回顾与展望
　　　　………………………………………… 刘文祥　费新伟 / 350

B.38 2017～2018年南阳市商务发展回顾和展望 …… 孔维征 / 361

B.39 2017～2018年商丘市商务发展回顾与展望
　　　　………………………………… 薛　涛　常晓峰　曹　磊 / 369

B.40 2017～2018年信阳市商务发展回顾与展望 …… 龚学军 / 377

B.41 2017～2018年周口市商务发展回顾与展望 …… 徐洪超 / 387

B.42 2017～2018年驻马店市商务发展回顾与展望
　　　　………………………………………… 余嘉平　解东升 / 394

B.43 2017～2018年济源市商务发展回顾与展望
　　　　………………………………………… 翟娟娟　郝长红 / 401

皮书数据库阅读**使用指南**

CONTENTS

I Main Reports

B.1 Analysis and Outlook on Commercial Development of Henan Province from 2017 to 2018
Research Group of Henan Provincial Commerce Department / 001

B.2 Accelerating System Innovation to Promote the Construction of China (Henan) Pilot Free Trade Zone at High Level *Jiao Jinmiao* / 024

II Industry Topics

B.3 Analysis and Outlook on Opening-up Situations of Henan Province from 2017 to 2018 *Su Guobao, Li Hong and Jia Chunqi* / 031

B.4 Analysis and Outlook on Domestic Economic Cooperation Situations of Henan Province from 2017 to 2018
Liu Bing, Liu Ruliang and Yang Yinan / 042

B.5 Analysis and Outlook on Foreign Funds Utilization Situations of Henan Province from 2017 to 2018
Wang Weihong, Lian Junkai and Hou Rui / 051

B.6 Analysis and Outlook on Foreign Trade Situations of Henan Province from 2017 to 2018 *Zhang Xinliang, Zhou Tong, Jing Peng and Wu An'an* / 060

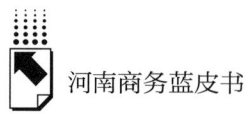

B.7　Analysis and Outlook on Overseas Investment and Economic Cooperation Situations of Henan Province from 2017 to 2018
　　　　　　　　　　　　　Zhang Xusheng, Zhang Zhili and Pan Jufen / 070

B.8　Analysis and Outlook on Consumer Markets Situations of Henan Province from 2017 to 2018
　　　　　　　　　　　Guo Haiyan, Zhang Liangzhe, Lu Jun and Zou Jun / 080

B.9　Analysis and Outlook on Situations of Key Commodity Markets Monitored by Henan Provincial Commerce Department from 2017 to 2018　　Huang Youwen, Zhang Liangzhe and Mei Xuefeng / 089

B.10　Analysis and Outlook of E-commerce Situations of Henan Province from 2017 to 2018　　　　　　　　　Zhang Wei, Yuan Wenzhuo / 105

B.11　Analysis and Outlook on Bulk Cement Green Industry Development Situations of Henan Province from 2017 to 2018
　　　　　　　　　　　　　　　　　Liu Huansheng, Wang Fengjian / 114

Ⅲ　Special Topics

B.12　Study on Measures for Achieving Innovative Investment Promotion and Improving Effectiveness of Investment Promotion
　　　　　　　　　　　　　Su Guobao, Li Yurui and Wang Zhenfei / 124

B.13　Discussion on Reform and Development of Domestic Trade Distribution System of Henan Province
　　　　　　　Ren Xiuping, Zhang Jincai, Liang Ronghua, Xue Gexin / 136

B.14　Brief Analysis on Development of Catering Industry of Henan Province
　　　　　　　　　　　　　　Wang Su, Sun Qi and Li Yanyan / 149

B.15　Exploration of Management Mechanism of Refined Oil Market of Henan Province　　　　　　　　　Guo Haiyan, Yang Shuxiang / 155

B.16　Analysis on International Trade Friction Situations and Trends of Henan Province in 2017　　Li Jin, Li Hui, Yang Junqi and Li Weihua / 166

CONTENTS

B.17 Survey Report on Hair Products Export of Xuchang City, Henan Province *Wang Feng, Yang Zhihui and Zhang Xin* / 176

B.18 Discussion on Transformation and Development of Cold Chain Logistics of Henan Province *Fang Jianjia, Wei Kelong and Zhao Lei* / 183

B.19 Exploration on Development of E-commerce in Rural Areas of Southwest Henan *Fang Jianjia, Cheng Quanyu and Dang Sha* / 189

B.20 In-depth Opening up to Both Domestic and Overseas Areas for Building Zhengzhou into a National Central City
Wang Jun, Liu Haitao, Zhang Wei, Ding Min and Qiao Yunfei / 196

B.21 Situation and Development Trend of Foreign Aid Training of Henan Province *Li Jin, Li Hui, Yang Junqi and Li Weihua* / 206

Ⅳ Case Studies

B.22 Highlighting Development of Local Brands and Fostering Leading Enterprises *Zhang Jincai, Liang Ronghua Xue Gexin and Xing Xin* / 215

B.23 Endogenous Upgrading and Transformation of Aeolus Tyre
Wu An'an, Zhang Linlin / 222

B.24 Enlightenment of E-commerce Development of Steelcn
Yuan Wenzhuo, Li Yuliang / 230

B.25 Making Efforts to Reform, Innovate and Optimize Services to Improve Quality and Efficiency and Promote Development
Xiang Li, Li Haizhong and Liu Yi / 235

Ⅴ Regional Topics

B.26 Review and Outlook on Commercial Development of Zhengzhou from 2017 to 2018 *Zhang Tiwei, Li Hongwei* / 243

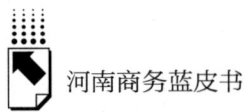

B.27 Review and Outlook on Commercial Development of Kaifeng
from 2017 to 2018　　　　　　　　　　*Zhang Jingtao, Hao Haiyan* / 254

B.28 Review and Outlook on Commercial Development of Luoyang
from 2017 to 2018　　　　　　　　　　*Bai Hongtao, Dong Huanjie* / 266

B.29 Review and Outlook on Commercial Development of Pingdingshan
from 2017 to 2018　　　　　　　　　　　　　　　*Li Jianchao* / 276

B.30 Review and Outlook on Commercial Development of Anyang
from 2017 to 2018　　　　　　　　　　*Niu Ruiqing, Chang Jian* / 284

B.31 Review and Outlook on Commercial Development of Hebi
from 2017 to 2018　　　　　　*Lin Qijun, Zhou Yongli and Li Xia* / 291

B.32 Review and Outlook on Commercial Development of Xinxiang
from 2017 to 2018　　　　　　　　　　*Xue Yonghong, Ma Kun* / 304

B.33 Review and Outlook on Commercial Development of Jiaozuo
from 2017 to 2018　　　　　　　　　　　　　　　*Chang Xukai* / 311

B.34 Review and Outlook on Commercial Development of Puyang
from 2017 to 2018　　　　　　　　　　　　　　　　　*Cao Zeli* / 320

B.35 Review and Outlook on Commercial Development of Xuchang
from 2017 to 2018　　　　　　　　　　*Zhang Weiwei, Du Xiangwei* / 330

B.36 Review and Outlook on Commercial Development of Luohe
from 2017 to 2018　　　　　　　　　　　　　　　*Tian Menglin* / 341

B.37 Review and Outlook on Commercial Development of Sanmenxia
from 2017 to 2018　　　　　　　　　　*Liu Wenxiang, Fei Xinwei* / 350

B.38 Review and Outlook on Commercial Development of Nanyang
from 2017 to 2018　　　　　　　　　　　　　　*Kong Weizheng* / 361

B.39 Review and Outlook on Commercial Development of Shangqiu
from 2017 to 2018　　　　　*Xue Tao, Chang Xiaofeng and Cao Lei* / 369

B.40 Review and Outlook on Commercial Development of Xinyang
from 2017 to 2018　　　　　　　　　　　　　　　*Gong Xuejun* / 377

CONTENTS

B.41　Review and Outlook on Commercial Development of Zhoukou
　　　　from 2017 to 2018　　　　　　　　　　　　*Xu Hongchao* / 387

B.42　Review and Outlook on Commercial Development of Zhumadian
　　　　from 2017 to 2018　　　　　　　*Yu Jiaping, Xie Dongsheng* / 394

B.43　Review and Outlook on Commercial Development of Jiyuan
　　　　from 2017 to 2018　　　　　　*Zhai Juanjuan, Hao Changhong* / 401

主 报 告

Main Reports

B.1

2017~2018年河南省商务发展形势分析与展望

河南省商务厅课题组*

摘　要： 2017年，面对严峻复杂的经济形势，全省商务系统深入贯彻习近平总书记系列重要讲话精神，在省委、省政府的坚强领导下，主动适应经济发展新常态，坚持稳中求进工作总基调，克难攻坚、开拓进取，抓改革、扩开放、活流通、促消费、强监管、惠民生，全省商务事业取得了新发展、实现了新跨越、站上了新起点，为全省经济社会发展提供了有力支撑。2018年河南省商务发展面临许多机遇与挑战，要坚持稳中求进总基调，把握开放发展新理念，顺应高质量发展新要求，

---

* 课题组组长：焦锦淼；课题组副组长：穆荣国；课题组成员：费全发、王军、宋玉哲、张大幸、葛铁成、张进才、刘钊、王强辉、任秀苹；执笔人：宋玉哲、葛铁成、任秀苹。

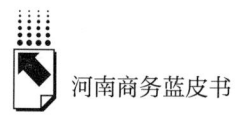

推动商务发展质量变革、效率提升、动力转换，为新时代全省经济高质量发展做出新贡献。

关键词： 对外开放　自贸区　电子商务

一　2017年河南省商务发展态势良好

2017年，面对严峻复杂的经济形势，全省商务系统深入贯彻习近平总书记系列重要讲话精神，在省委、省政府的坚强领导下，主动适应经济发展新常态，坚持稳中求进工作总基调，克难攻坚、开拓进取，抓改革、扩开放、活流通、促消费、强监管、惠民生，全省商务事业取得了新发展、实现了新跨越、站上了新起点，为全省经济社会发展提供了有力支撑。

1. 两大国家战略成效显现，对外开放呈现新局面

紧盯国家战略布局，见势早、行动快，积极争取、不懈努力，河南自贸试验区、跨境电商综试区两大国家战略相继获批实施，中原腹地成为开放前沿，构建了河南以"三区一群"为核心的发展战略新格局和融入"一带一路"倡议新框架。

自贸试验区建设扎实推进。坚持高起点谋划、高标准定位、高效率统筹，自贸试验区走在了国家新设自贸试验区前列。顶层设计基本完成，省政府成立了领导小组，设立了自贸区工作办公室，成立了三个片区管委会并享受省级经济管理权限。印发了管理试行办法，出台了"1+5"总体方案和政务、监管、金融、法律、多式联运服务体系五大专项方案。向各片区下放实施了第一批455项省级经济社会管理权限。省直及中央驻豫单位出台了481项支持措施。试点任务稳步落实，国家赋予河南省的160项试验任务中53项已基本完成、102项任务正在积极推进，国际物流通道建设、多式联运发展等近40项任务取得了阶段性成效。政府职能加快转变，"放管服"改革有力推进，投资贸易便利化水平明显提升，外商投资备案与登记"二合

一"改革做法得到国务院肯定。新增入区企业2.4万家,注册资本合计3175亿元。改革开放试验田作用有效发挥,李克强总理在开封片区考察调研时对河南自贸试验区工作给予了充分肯定。

跨境电商综试区全面推开。坚持跨境电商无边界、一顶帽子大家戴、多种模式共同试、万众创业一起干,全面推进跨境电商综试区建设。相继召开高规格动员大会、工作推进会,立足郑州,梯次推进、全省推开、共同发展。各省辖市、直管县(市)均成立了领导机构,出台了方案、配套政策,跨境电商竞相发展。统筹推进三大平台、七大体系建设,66项创新举措中已有55项落实到位。成功举办全球跨境电子商务大会,全省跨境电商备案企业达4000多家。河南省以促进产业发展为重、以扩大出口为主、做大做强B2B、规范发展B2C的发展模式得到国家肯定。跨境电商园区认定办法、与自贸试验区融合发展等多条经验在全国复制推广。河南跨境电商从"一枝独秀"到"众木成林",初步实现了多主体运行、多模式发展、多点布局、全省联动发展的新格局。

开放招商持续推进。实施《2017年河南省对外开放工作行动计划》,督促15个省直部门实施开放专案。对全省开放工作进行了综合考评,在全省筛选150个已签约重大招商项目,建立台账,月跟踪、季通报,重点推进,全省谋开放、抓开放的氛围更加浓厚。举办了第十一届中国(河南)国际投资贸易洽谈会、河南省现代物流业开放合作洽谈会等重大经贸活动,组团参加中部博览会等多个国家级经贸活动,签约了一大批合作项目。

开放活力不断增强。郑州航空港实验区开放龙头作用凸显,郑州—卢森堡"空中丝绸之路"实现每周18班全货机满负荷运行,郑州机场年旅客吞吐量2430万人次、年货邮吞吐量50.3万吨,跃居中部地区"双第一"。2017年河南智能手机产量近3亿部,约占全球的1/7,全球重要的智能终端生产基地基本建成,现代物流等高端服务业加快集聚。中欧班列(郑州)累计开行超过1000班,实现每周"去八回八"高频次运营。郑州经开综合保税区通过预验收,水果、冰鲜水产品等功能性口岸数量居内陆省份之首。国家级经开区和省级经开区分别达到9家和20家。

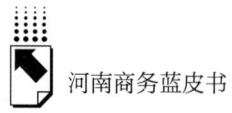

与"一带一路"沿线国家经贸合作势头良好。2017年,对"一带一路"沿线国家进出口965.0亿元,同比增长20.2%。其中出口691.0亿元,同比增长14.5%;进口274.0亿元,同比增长37.6%。"一带一路"沿线国家在豫新设外商投资企业15家,实际吸收外资11.5亿美元。在"一带一路"沿线国家承包工程完成营业额17.3亿美元,同比增长16.1%,占总额的36.3%;对"一带一路"沿线国家投资额7.6亿美元,同比增长75.5%,占对外投资总额的43.2%。

2. 货物贸易持续增长,服务贸易回落

货物贸易持续增长。2017年,全省货物进出口额实现5232.8亿元,同比增长10.9%,完成省定目标的111.0%。其中出口3171.8亿元,同比增长11.8%;进口2061.0亿元,同比增长9.6%。进出口在全国排名第10位,出口排名第8位,前移2位。月度进出口额增速呈先降后升态势,由1月份的37.9%回落至10月份的18.6%,随后又攀升至12月份的50.4%。受iphoneX价值高且市场销售活跃影响,12月份富士康在豫企业进出口602亿元,直接拉升全省12月份进出口额至811.8亿元,创单月历史新高。2017年,富士康在豫企业累计进出口3318亿元,同比增长4.6%。其中出口1936亿元,同比增长6.9%;进口1382亿元,同比增长1.5%。分国别看,对全省最大贸易伙伴美国进出口1083.5亿元,同比增长25.4%,占比20.7%,份额稳定;对中国香港地区、日本、韩国、东盟进出口分别同比增长32.3%、14.8%、3.3%、27.2%;对欧盟出口手机下降31.7%,导致进出口同比下降14.2%;对金砖4国进出口307.6亿元,同比增长16.3%。

传统优势出口商品稳定增长,资源类和有色金属商品进口量价齐增。明泰实业、龙鼎银业、中孚实业和河南万基等出口铝材76.8亿元,同比增长39.9%;许昌瑞贝卡、许昌瑞泰、许昌龙正等出口人发制品87.7亿元,同比增长11.7%;金利金铅和豫光金铅等出口白银25.1亿元,增长6倍多。但宇通客车、郑州日产等出口汽车41.5亿元,同比下降11.5%。中原黄金、豫光金铅等进口铜矿砂、贵金属矿砂分别为66.8亿元、28.4亿元,分别同比增长4.1%、25.8%;益海粮油、阳光国际等进口大豆58.6亿元,

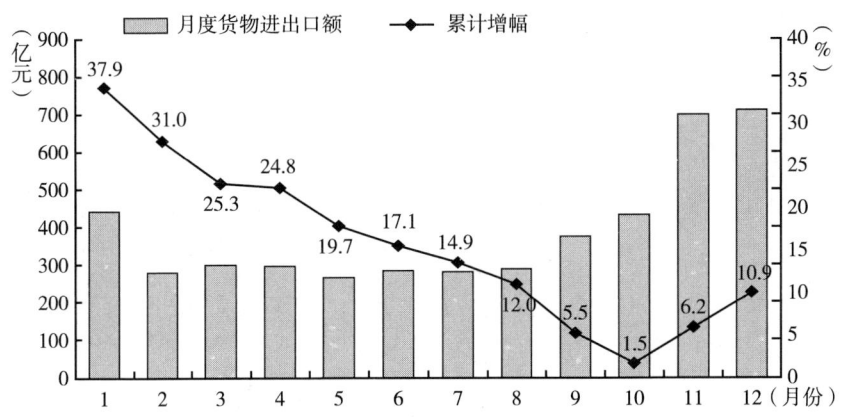

图 1　2017 年河南省月度货物进出口额及累计增幅

资料来源：郑州海关。

同比增长 17.4%；郑州兴港、郑州嘉瑞等进口煤 13.9 亿元，同比增长 45.6%；豫光锌业进口锌矿砂 7.8 亿元，同比增长 73.2%。

加工贸易占比最大，新兴贸易方式增速明显。2017 年全省加工贸易进出口 3501.0 亿元，占比 66.9%，同比增长 8.9%；一般贸易进出口 1594.9 亿元，占比 30.5%，同比增长 21.4%；其他贸易占比仅 2.6%，同比下降 28.1%。围绕跨境电商业务发展的郑州无尾熊进口 27.7 亿元，增长近 5 倍；郑州维纳斯进口 26.8 亿元，同比增长 61.4%；河南全速通进口 12.5 亿元，同比下降 11.5%；郑州优行商贸进口 10.5 亿元，同比增长 60.8%，以上企业带动化妆品进口同比增长 89.8%。

外商投资企业占比最大，民营企业增速最快。2017 年全省外商投资企业进出口 3592.4 亿元，占比 68.7%，同比增长 9.5%；民营企业进出口 1221.5 亿元，占比 23.3%，同比增长 17.9%；国有企业进出口 418.9 亿元，占比 8.0%，同比增长 4.8%。全省发生进出口业绩企业 6751 家，较上年增加 623 家。

服务贸易回落。2017 年，全省服务进出口 62.1 亿美元，同比下降 10.5%。其中出口 12.9 亿美元，同比下降 10.0%；进口 49.2 亿美元，同比下降 10.7%。服务贸易主要集中在境外旅行、境外职工报酬、投资收益、建筑、运输和无偿捐助等。

3. 境外省外资金稳步增长，质量提升

境外省外资金稳步增长。2017年，全省设立外资企业210家，同比增长7.1%；实际吸收外资172.2亿美元（含投资性公司再投资、外资企业再投资、境外借款、境外上市融资、设备出资等），同比增长1.4%，完成年目标的101.4%。港资占全省实际吸收外资的59.2%。省外资金方面，全省新设省外资金项目5161个，同比增长4.1%；实际到位省外资金9106.8亿元，同比增长7.9%，完成年目标的100.9%。

大项目拉动作用明显。全省新设投资额1000万美元以上外资项目113个，投资总额203亿美元，占新设项目总投资额的97%。新能源、现代农业、旅游发展、新材料、养老服务业等一批外资项目落地。香港诺贝利奥在焦作投资30亿美元能源环保项目，香港中华国际投资建设工程集团在洛阳投资16.8亿美元农业产业园，香港真源旅游发展集团在三门峡投资9亿美元旅游开发项目，香港华威丝绸路国际投资在新乡投资8.6亿美元航空航天复合材料项目。世界500强和跨国公司在豫投资增加，美国江森自控在济源市投资2亿美元高容量蓄电池项目，荷兰宜家在郑州投资1.3亿美元家居项目，苹果公司在南阳投资6000万美元新能源项目，摩根大通在信阳投资3600万美元电梯项目；法国电力、百事可乐、泰国正大、百威英博等世界500强及跨国公司纷纷在豫增资。全省新设合同省外资金10亿元以上项目424个，合同省外资金6511.9亿元。大项目集中在新能源汽车、物流园、产业园等领域，主要有：浙江合众新能源汽车在安阳市投资40亿元的年产10万辆新能源汽车项目，上海同捷科技在邓州市投资30亿元的同捷新能源汽车整车项目，北京航天科技在洛阳投资22亿元的智能装备产业园项目，浙江北能新能源汽车集团在濮阳市投资20亿元的北能新能源电动汽车项目。

投资产业结构不断优化。实际吸收外资主要集中在第二产业制造业，占比为60.1%。服务业领域吸收外资占比35.4%，比重继续上升，主要集中在批发和零售、租赁和商务服务业、科研等行业。实际到位省外资金第二产、第三产基本相当，引资分别为4409.6亿元、4147.9亿元，占比分别为

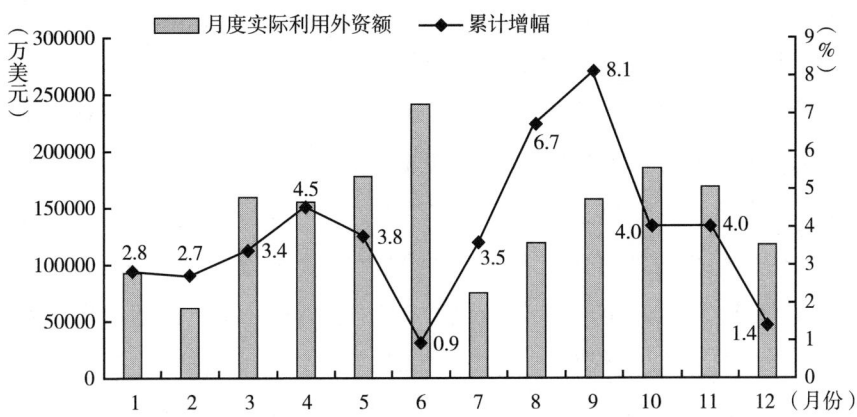

图 2　2017 年河南省月度实际利用外资额及累计增幅

资料来源：河南省商务厅。

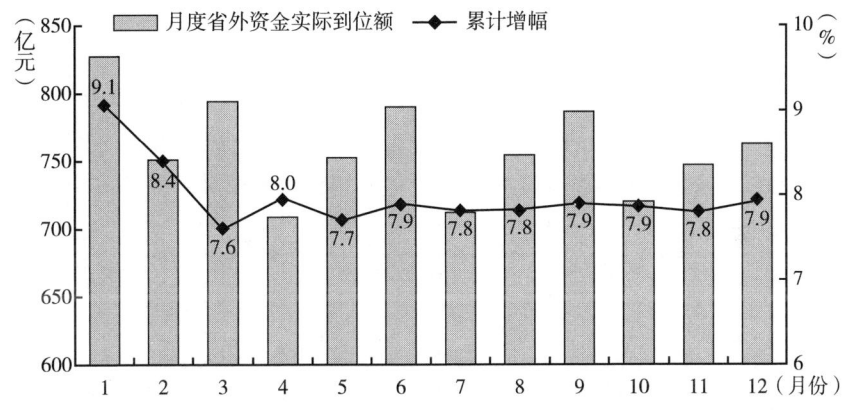

图 3　2017 年河南省月度省外资金实际到位额及累计增幅

资料来源：河南省商务厅。

48.4%、45.5%。

资金来源地依然高度集中。港资占全省实际吸收外资的 59.2%。河南与京津冀、珠三角、长三角区域经济合作不断深化，承接京、粤、浙、苏、沪、鲁 6 省市产业转移资金 5996.4 亿元，同比增长 9.6%，占全省的65.8%。豫京合作态势良好，北京企业在豫投资 1485.5 亿元，同比增长

14.9%,投资规模和增幅均居首位。

4. 豫企"走出去"大项目增多,对外投资回落

"走出去"大项目增多。2017年,全省对外承包工程和劳务完成营业额47.7亿美元,同比下降9.4%,降幅逐步收窄。全省新签对外承包工程合同额1000万美元以上项目64个,合同额33.9亿美元。主要项目有:中铁七局新签3.93亿美元的赞比亚农业产业园基础设施开发项目;中石化中原石油工程公司新签3.44亿美元沙特阿拉伯钻修井项目;中铁隧道集团新签9450万美元乌兹别克煤矿改造项目。2017年,全省外派劳务实际派出57708人次,同比下降19.5%。其中直接派出37595人次,间接派出20113人次,通过本省企业外派人员首次超过外省企业外派人员。全省期末在外人数61622人次。

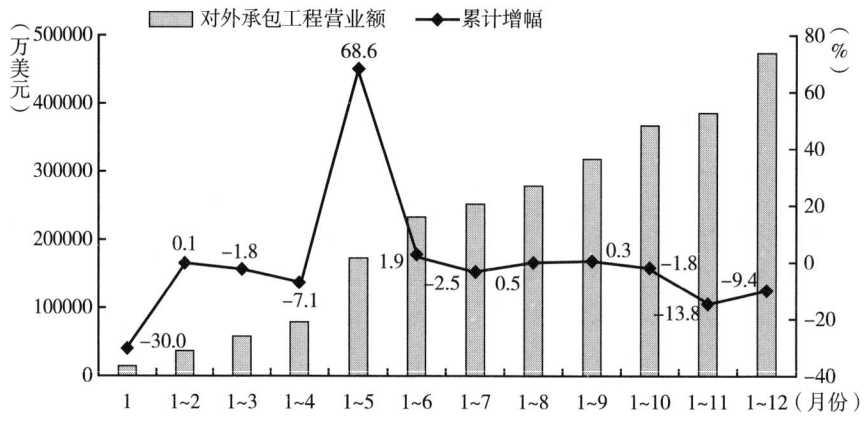

图4 2017年河南省对外承包工程营业额及累计增幅

资料来源:河南省商务厅。

对外投资回归理性。真实性、合规性审查和分类指导进一步规范有序。2017年,对外投资中方协议投资17.6亿美元,同比下降59.5%。主要集中在新能源汽车、现代农业、融资租赁、航空领域、生物制药等领域。主要项目有:郑州煤机联合香港崇德资本、中安招商以6.69亿美元并购德国老牌工业巨头博世公司SG子公司,从事新能源汽车发动机、发电机等业务;阿维亚融资租赁（中国）公司在香港投资1.2亿美元，从事飞机租赁；河南美景集团对其在英属维尔京群岛设立的啸鹰全球航空产业有限公司增资1亿美元；河南贵友对其在吉尔吉斯斯坦的亚洲之星股份有限公司增资1.21亿美元，从事农业种养殖；河南布鲁斯凯在香港投资1.1亿美元生产餐具、厨具、小家电等；郑州美盛科技在美国投资1亿美元，从事药物和生物仿制药研发生产。

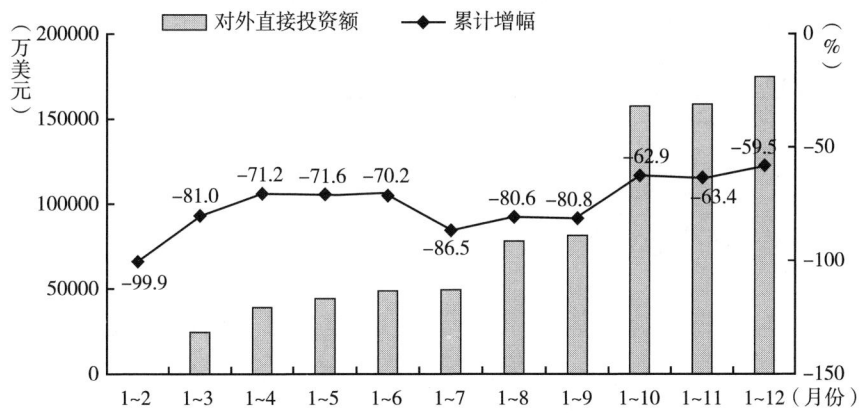

图5　2017年河南省对外直接投资额及累计增幅

资料来源：河南省商务厅。

5. 消费市场平稳运行，电子商务快速发展

2017年，河南省社会消费品零售总额19666.8亿元，同比增长11.6%，完成省定目标的100.6%，超过全国平均增幅1.4个百分点，比上年回落0.3个百分点，增速居全国第8位，中部6省第3位，规模居全国第5位。省商务厅重点监测的600家大中型零售和餐饮企业共实现销售额2063.9亿元，同比增长12.1%。城乡市场增幅均有所回落。2017年，城镇市场零售额增长11.4%，较上年回落0.3个百分点；乡村市场零售额增长12.5%，回落0.2个百分点。

新业态消费快速增长。2017年，全省电子商务交易额12535亿元，同比增长24.9%；网络零售额2493亿元，同比增长30.8%。全年新认定备案

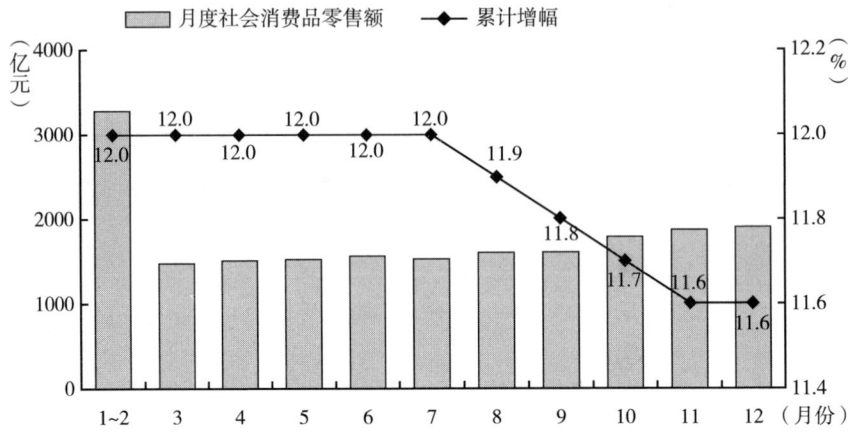

图6　2017年河南省月度社会消费品零售额及累计增幅

资料来源：河南省统计局。

电子商务企业2385家，累计认定7319家。新认定32个省级电商示范基地、107家省级示范企业，省级电商示范基地、示范企业累计分别达到56个、218家。

住宿业增速明显提高，零售业小幅回落。2017年，批发业零售额增长10.7%，比上年提高0.1个百分点；零售业同比增长11.6%，回落0.5个百分点。住宿业同比增长10.3%，提高1.3个百分点；餐饮业同比增长12.9%，提高0.2个百分点。餐饮收入增速高于商品零售。2017年，餐饮收入零售额同比增长12.7%，比上年提高0.2个百分点；商品零售同比增长11.5%，回落0.3个百分点，餐饮收入零售额增速高于商品零售1.2个百分点。

消费升级类商品较快增长，基本生活类稳中有升。2017年，23类限上批发和零售商品中，比上年同期增速提高的有13类，回落的有10类。反映消费升级的化妆品类、电子出版物及音像制品类、通信器材类、中西药品类、家用电器及音像器材类和体育娱乐用品类限上零售额同比分别增长37.5%、28.2%、15.9%、15.8%、14.9%和12.0%，保持较高增速；反映人们基本生活消费的粮油食品类、饮料类和烟酒类商品同比分别增长15.6%、14.1%和12.5%，分别比上年提高1.2个、1.6个和0.4个百分点。受小排量汽车减税和新能源汽车补贴政策退坡等因素影响，汽车类同比增长6.4%，增速同比回落6.4个百分点。生活必需品价格温和上涨。2017年，全省居民消费价格指数上涨1.4%，12月份当月上涨2.3%。

6. 商务领域市场监管不断深化

深刻把握商务监管在商务整体工作的功能定位，加快商务部门职能转变。统筹推动打击侵权假冒工作，纳入各级政府绩效考核，积极推进"两法"衔接。倡议建立了"丝绸之路经济带"沿线10省区市打击侵权假冒协作机制，启动了"丝路清风"行动。商务领域综合行政执法体制改革试点顺利推进，鹤壁市在全国试点工作考核中被定为优秀。梳理了监管执法职责权项清单，推动监管重心下移，初步形成了批管分离的工作机制，积极推行"网格+条块"结合监管执法工作模式，畅通12312举报投诉渠道，河南省商务综合监管执法工作走在了全国前列。打好商务领域环境污染防治攻坚战，开展成品油市场专项整治，建立了成品油流通市场监管长效机制，关停取缔非法加油站点，在农村及偏远地区规划布局2000多个加油站，近1000个近期将建成投入运营。建立奖补机制，回收拆解黄标车、老旧汽车27万辆。禁止现场搅拌混凝土、禁止现场配置砂浆工作受到省委省政府表彰。加强了商品现货交易场所监督管理。郑州、漯河肉菜流通追溯体系建设试点工作进展顺利，以中药材为重点的省级重要产品追溯管理平台建设加快。开展了汽车销售市场专项执法百日行动、单用途商业预付费卡专项治理行动、诚信兴商宣传月活动，组织开展了非法集资排查工作，净化市场，规范秩序，提振了消费信心。

二 2018年河南省商务发展面临形势及展望

1. 面临机遇

（1）全球经济复苏明显。2017年世界经济强劲复苏，国际货币基金组织IMF（2018年1月）预计2017年全球产出增长3.7%，实现2008年经济危机以来的最大增速，且约120个经济体的年同比增速都出现上升，复苏格局由美国的"一枝独秀"向美欧英日等发达经济体经济同步增长转变,美国经济同比增长2.3%,欧元区迎来10年来最强劲的扩张,同比增长2.4%,日本经济出现小幅回升,同比增长1.8%。全球增长基础广泛,经济出现明显复苏迹象,周期性上升势头不断加强,各大国际机构普遍看好2018年世界经济,IMF预计2018年全球经济将继续延续增长势头,实现同比增长3.9%。

(2)我国经济稳中向好。我国经济发展进入由高速增长阶段转向高质量发展阶段。2017年,我国经济同比增长6.9%,增速较2016年提高0.2个百分点,为2010年来首次经济增速回升;全社会固定资产投资64.1万亿元,同比增长7.0%;全国工业产能利用率77.0%,比2016年提高3.7个百分点;社会消费品零售总额36.6万亿元,同比增长10.2%。2017年规模以上工业战略性新兴产业增加值同比增长11.0%,高技术制造业增加值同比增长13.4%,高技术产业投资同比增长15.9%,新动能新产业新业态加快成长。2018年我国将在深化要素市场化配置改革、促进有效投资增长、培育新动能、强化实体经济吸引力和竞争力,激发各类市场主体活力等方面继续发力,经济增长的内生稳定性更强,质效提升更加明显,经济增长的支撑力进一步巩固。

(3)河南发展态势平稳向好。党的十八大以来,河南省坚持稳中求进工作总基调,以推进供给侧结构性改革为主线,保持经济稳中有进、稳中向好发展态势,综合实力大幅提升,产业结构持续优化,三区一群战略支撑更加坚实,发展活力动力进一步增强,经济发展质量和效益持续提升,尤其是自贸区、跨境电商综试区、综保区、功能性口岸等开放载体日益完善和投资贸易便利化不断提升为商务发展奠定了坚实基础。

2. 面临挑战

(1)新兴消费快速发展。随着我国模仿型排浪式消费向个性化、多样化消费阶段转变,以信息消费、网上消费、时尚消费等为代表的新兴消费快速发展,大众餐饮、休闲旅游、文化娱乐、教育培训、健康养生、医疗卫生等服务性消费成为新的消费热点,各地都在积极采取措施释放消费潜力,确保消费在经济发展中继续发挥基础作用。要从深化流通业供给侧结构性改革、营造安全放心的消费环境、创新商业模式等方面着手,增加有效供给,激活消费需求,释放消费潜力,充分发挥消费对经济发展稳定器的基础作用。

(2) 对外贸易高速增长压力巨大。其一,中美贸易摩擦影响深远。虽然2017年全球贸易增长3.6%,外部需求回暖,但贸易保护主义升温等诸多不稳定不确定因素依然存在,美国对华经济政策交织着经济利益诉求和地缘战略考虑,贸易措施日益升级,将严重冲击中美双边甚至全球经济贸易。美国占河南货物贸易额的1/5以上,影响较大。其二,河南外贸基数较高、对富士康企业的依赖性高。经过十多年的高速增长,2017年河南货物贸易总额达到5232.8亿元,居全国第十位。2017年富士康集团占全省货物贸易额的60%以上,且其生产、进出口已进入稳定期,支撑河南外贸持续高增长需要新的较大增长点。其三,新的竞争优势有待形成、新的增长点不够突出。受要素成本高企及土地资源趋紧、环保约束的影响,出口企业传统优势减弱,新的竞争优势有待形成,部分订单向低成本地区和国家转移。河南省外贸新的增长点规模小,仍然不足以支撑河南货物贸易高速增长;以快速发展的跨境电商为例,2017年全省实现1024.7万元,但仅占全省货物贸易总额的2‰。2017年全省进出口超10亿元企业只有24家,占全省有进出口实绩的企业的0.3%,占比偏小;出口超10亿元的商品仅24个,且终端商品少,高技术、高附加值产品少,市场竞争力偏弱。加快培育外贸竞争新优势和新的增长点,提升贸易便利化水平,采取积极措施应对贸易摩擦,实现河南对外贸易平稳较快增长非常重要。

(3) 招商引资任务艰巨。其一,国际投资环境复杂多变。联合国贸发组织《全球投资趋势监测报告》显示,2017年全球GDP及贸易增长显著改善,但是由于发达国家跨境并购大幅减少的原因,全球外国直接投资(FDI)由2016年的1.81万亿美元降至约1.52万亿美元,约下降16%。2017年全球已宣布的绿地投资金额下降32%,约为5710亿美元,为2003年以来的最低水平,项目数则下降17%。评价跨国投资创造价值的绿地投资指标的下降预示着2018年投资前景不可过于乐观。同时,地缘政治风险和各经济体政策不确定性都将影响全球FDI的复苏。其二，全球产业竞争激烈。当前，世界经济处于深度调整期，国际分工格局深刻调整，国际贸易投资秩序重构。新兴市场国家凭借劳动力成本低廉及土地资源等优势，推动中低端制造业发展。发达国家实施"经济再平衡、再工业化"政策，促进中高端产业回流。美国的"缩表+加息+降税"政策可能会促使资本和制造业回流，尤其是影响跨国公司投资决策，对全球投资格局造成影响。其三，国内民间投资意愿依然偏低。国家统计局数据显示，2017年全国固定资产投资（不包含农户）同比增长7.0%，民间固定资产投资381510亿元，同比增长6.0%，民间投资企稳向好的基础还不牢固。发达地区和中西部地区积极采取各项措施加大招商引资力度，区域竞争日益激烈。其四，营商环境有待优化，融资难融资贵没有缓解，土地要素制约依然存在。转变招商思路，发挥综合优势，打造公平竞争高效的营商环境，吸引外来投资势在必行。

（4）对外投资环境错综复杂。虽然近年来河南省企业"走出去"的实力更强、条件更成熟、服务更完善，但面临的风险不容忽视。当前，国际环境错综复杂，深层次和结构性矛盾在世界范围内仍然较为突出，逆全球化趋势明显和投资保护主义升级，美国等发达国家通过安全审查等手段对我国企业投资并购的限制增多，民粹主义兴起、非洲安全问题、伊核问题、中美贸易冲突等都有可能对全球经济增长和贸易投资带来巨大冲击，企业"走出去"面临风险不断加大，积极主动做好风险防控工作非常重要。

3. 2018年河南商务有望实现平稳增长

基于上述对当前国内外经济发展形势的综合判断，2018年河南商务总体上仍将保持平稳向好发展态势，预计2018年全省社会消费品零售总额增长11%；实际利用外资质量提高，规模增长3%；利用省外资金增长5%；货物贸易增长3%（以人民币计价）；服务贸易增长5%；跨境电商交易额增长20%；对外承包工程和劳务合作营业额增长3%；对外直接投资与2017年持平；电子商务交易额增长20%以上。

三 坚持稳中求进总基调，把握开放发展新理念，顺应高质量发展新要求，推动商务发展质量变革、效率提升、动力转换

2018年是全面贯彻落实党的十九大精神的开局之年，也是改革开放40周年，是决胜全面建成小康社会、实施"十三五"规划承上启下的关键一年，也是新一届政府的起步之年，做好商务工作意义重大。要深入贯彻党的十九大精神，全面落实全国商务工作会议和省委经济工作会议部署，以习近平新时代中国特色社会主义思想为指导，坚持稳中求进总基调，把握开放发展新理念，顺应高质量发展新要求，突出抓好自贸试验区、跨境电商综试区建设，统筹推进开放招商、对外贸易、内贸流通、对外合作、电子商务、监管执法等创新发展，加快打造内陆开放高地，加快推进经贸强省建设，推动商务发展质量变革、效率提升、动力转换，为新时代全省经济高质量发展做出新贡献。

1. 着力打造内陆开放高地

以改革开放40周年为契机，勇担使命，走在前列，聚焦重大战略，进一步转变思想观念，拓展结构布局，完善体制机制，以全方位开放增添经济发展新动力。

（1）搞好开放顶层设计。在经济发展进入新时代的大背景下，开放要更上质量、更上层次、更上水平。准确把握全面开放的基本内涵，出台进一步扩大对外开放的若干意见，制订全省对外开放工作行动计划，高规格召开全省对外开放工作会议，拓展开放的范围和层次，拓展开放的思想观念、结构布局、体制机制，以更强的力度、更实的举措、更高的质量，推进全省对外开放。

（2）打造高端开放平台。高水平建设自贸试验区，切实发挥好引领示范作用。积极推进中国（河南）自由贸易港（内陆无水港）申建工作。高标准建设跨境电商综试区，推进"网上丝绸之路"建设。推动郑州航空港

经济综合实验区建设，提升国际航空货运枢纽和物流中心功能。配合商务部编制《郑州—卢森堡"空中丝绸之路"经贸合作发展规划》，推进中欧班列（郑州）"陆上丝绸之路"建设。加快推进经开区转型升级创新发展，规范管理经开区设立、扩区、升级、考核等工作，年内再新认定10家省级经开区，积极申建国家级经开区。支持高新区、产业集聚区、海关特殊监管区和汽车整车等各类口岸加快发展。

（3）扩大开放合作领域。深化制造业对外开放，引导外资投向高端制造、智能制造、绿色制造等先进制造业。扩大服务业开放合作，重点放宽金融机构、证券公司、期货公司、保险机构等准入限制，推进电信、互联网、文化、教育、现代物流、医疗养老、旅游休闲等领域有序开放，鼓励支持外资参与基础设施建设。

2.着力提升招商引资质量

坚持把招商引资摆在更加突出位置，创新招商方式，升级招商模式，扩大引资规模，提高引资质量，增强招商引资的精准度和实效性，推动招商引资高质量发展。

（1）加强统筹指导。围绕河南省重点产业和新技术、新模式、新业态，紧盯世界500强、民营500强、制造业500强，编制重点企业投资分析报告，建立重点企业投资分析大数据库。引资引智引技并举，更加注重引进技术、人才和管理经验，吸引跨国公司、央企、民企来豫设立区域总部及研发中心、技术中心和结算中心等功能性机构。修订《河南省招商引资专项资金管理办法》，协调部门落实招商引资促进政策。各市县要从政策创新、机制创新和服务创新入手，寻求差别化、个性化的竞争路径，建立投资促进"项目库""活动库""资源库"，谋划引进一批好项目、大项目。

（2）打造一流营商环境。培育引资竞争新优势，对标国际标准，打造国际一流的营商环境高地。全面实施外商投资准入前国民待遇加负面清单管理模式，深入推进外资企业设立、变更备案管理改革，推进外商投资企业商务备案与工商登记"二合一"改革，实行"单一窗口，单一表格"受理新模式。协调各地和相关部门，在政策标准制定、资质条件确认等方面，推动实现内外资同等待遇。发挥外商投资协会作用，畅通外资企业联络渠道，建立跨国公司服务档案制度，修改完善外商投诉应急、处理办法，做好外商权益保护工作，不断提升对外来客商的服务水平。

3. 着力创新内贸流通发展

当前，内贸流通格局正在深刻调整，要深化流通体制改革，加快流通信息化、标准化、集约化，加快提升流通现代化水平。

（1）抓好物流业转型发展。物流业转型发展是省委、省政府确定的12项重点转型攻坚任务之一，明确由商务部门牵头。2018年是攻坚年、落实年、提升年，要突出重点，抓住关键，统筹推进，取得成效。要完善工作机制，统筹落实冷链物流、电商物流、快递物流转型发展工作方案，组建物流业发展办公室，定期召开联席会议，健全工作台账，强化督导检查。各地商务部门要积极争取本级政府支持，按照省里要求，组建队伍，完善机制，推进工作落实。壮大市场主体，充实完善项目库，重点培育扶持一批10亿元以上的重大物流项目，引导全省物流企业对标发展，形成高层次企业集群。开展首批商贸物流标准化、智慧化试点，培育一批标准化、智慧化物流园区、企业。完善信息服务平台，提高物流运营效率、降低物流成本、提升服务质量。加快建设一批信息化、智能化的专业物流园区，强化区域中转分拨功能，吸引物流企业加速集聚。继续举办物流业开放合作洽谈会，深化与境内外大型物流企业合作，引进一批龙头企业，推动物流企业集群发展。建立物流行业统计制度，收集、分析、发布物流行业数据。

（2）抓好流通体制改革。全面复制国家内贸流通体制改革试点经验，推广省级改革试点经验。实施"互联网+流通"行动计划，推动传统商业企业转型和模式创新，促进零售企业实体店线上线下互动融合发展。指导郑州市国家供应链体系试点建设，支持郑州、许昌、漯河、焦作4市开展标准化示范工程，推进供应链创新、城乡配送高效运行。

（3）抓好流通网络建设。推进城市商业网点规划编制工作，促进商业投资规范化、科学化。加快农产品批发市场、农贸市场升级改造，培育公益性农产品市场。开展农商互联，推动新型农业主体与农产品批发市场、连锁

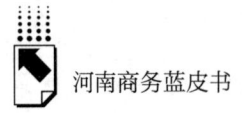

超市、电商企业等对接,实现"联产品、联设施、联标准、联数据、联市场"。继续推进中央财政支持冷链物流发展试点,建好冷链流通监控平台,提升信息化水平,完善冷链物流体系,推动冷链物流发展走在全国前列。

4.着力释放消费增长潜力

适应消费结构升级、消费需求多样化新形势新任务,持续实施扩大消费专项行动,改善消费供给,优化消费环境,培育壮大消费新的增长点。

(1)提高消费供给质量。积极争取商务部在大中城市培育品质消费商圈建设试点,持续开展"中华老字号"、"河南老字号"和省级品牌消费集聚区认定,示范创建省级特色商业街区,加快名品名店名街名区联动发展,促进多产业融合、商旅文体协同、购物体验结合,扩大中高端商品和服务消费。做好豫酒振兴工作,扩大宣传推介,打造豫酒品牌。发展绿色消费,推广绿色餐饮,深入开展绿色饭店、绿色商场创建,培育绿色采购和包装示范企业。促进汽车消费,落实《汽车销售管理办法》,构建授权和非授权并行的汽车销售新体系。落实促进二手车便利交易的实施意见,优化二手车交易登记程序,加强二手车市场主体信用体系建设,促进二手车便利交易。

(2)优化消费网络平台。规划建设一站式社区便民消费服务中心、街区生活服务集聚中心,促进社区生活性服务智能化、便利化。规划建设农村生活综合服务中心,支持市县打造特色商贸小镇,促进农村生活服务业发展。大力推进郑州会展名城建设,发挥河南会展人才优势,积极引入会展总部企业和品牌展会,做大做优一批品牌展会。强化市场运行监测,完善肉菜等重要商品储备制度。健全应急调运体系,持续开展消费促进月活动,继续办好精品年货博览会,满足群众多样化、多元化、多层次消费需求。

(3)营造安全消费环境。将商务综合监管执法体制改革纳入省委全面深化改革试点,出台《全面推进商务综合监管执法体制改革工作的指导意见》,全面落实"双随机一公开"监管工作方式,提高商务综合监管执法工作信息化水平,整合综合执法职能,创新监管方式,理顺省、市、县三级执法职责,推进监管执法力量向基层倾斜,不断加强事中事后监管体系建设。

深化打击侵权假冒跨区域跨部门合作,持续开展"丝路清风"行动。推进互联网、农村市场、进出口环节等重点领域治理,开展"剑网2018"网络市场监管、"绿剑护农"农资打假等专项行动,保持高压态势。开展汽车市场专项执法行动"回头看"活动,巩固扩大行动成果。深化商务领域信用体系建设,探索依托二维码技术建立商品流通身份证试点。加强单用途商业预付卡管理,提升肉菜、中药材追溯体系试点建设成效,加快推进省级重要产品追溯管理平台建设。

5. 着力推进贸易强省建设

推进贸易强省建设任重道远,需要迎难而上,上下联动,稳增长、调结构、转动能,加快形成以技术、品牌、质量、服务为核心的外贸竞争新优势。

(1) 壮大外贸主体。落实国家和省政府出台一系列外贸发展政策,用足用活外经贸发展专项资金,确保政策发挥最大效用。实施新一轮外贸高成长企业培育工程,省市县联动,精准施策,培育一批具有国际影响力的龙头企业。鼓励中小微企业走"专特精新"和与大企业协作配套发展的道路,加快培育一大批小而全、小而专、小而精的中小外贸主体。实施出口品牌战略,加快培育食品农产品等优势出口商品国际知名品牌。拓宽外贸企业出口渠道,巩固美国、欧盟、日韩、东盟等传统市场,加快开拓"一带一路"沿线国家市场,打造多元化市场体系。

(2) 夯实基地建设。研究出台推进外贸转型升级基地建设的政策措施,重新认定一批省级基地,支持省级基地创建国家级基地。鼓励基地加强公共服务平台建设,开展集体商标注册、地理标志产品保护等,推动基地开展对外交流合作,引进配套企业,完善产业链条,建设境外营销网络和公共海外仓。落实基地动态管理机制,开展省级基地年度考核,对年度考核不合格的通报批评,责令限期整改,直至取消称号,确保出口基地发展质量。

(3) 加快培育新业态。外贸综合服务企业是河南省外贸发展的突出短板,没有一家全国知名企业,数量少、规模小、服务链条不完善,这是困扰

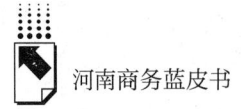

河南省多年的大问题。要尽快出台省级外贸综合服务企业认定管理办法和支持政策，引进全国知名外贸综合服务企业在豫设立分支机构，推动省内专业外贸公司引入成熟管理经验，完善风控机制，提升服务能力，向外贸综合服务企业转型。同时，支持传统外贸企业利用跨境电商平台开拓国际市场，密切跟踪EBAY郑州跨境电商全球物流基地、京猫供应链全球网络等项目建设，争取跨境电商零售出口有较大突破。

（4）大力发展服务贸易。贯彻落实省政府《关于加快发展服务贸易的实施意见》，完善服务贸易政策支持体系，建立重点联系企业监测制度，支持文化、旅游、建筑、软件、研发设计等服务出口，打造"河南服务"国际品牌。加快发展服务外包产业，发挥郑州国家服务外包示范城市的引领作用，推进省级服务外包示范园区建设，扶持一批优势突出、带动显著的龙头企业，培育一批创新能力强、特色鲜明的中小企业。

（5）有效扩大进口。落实国家进口贴息政策，调整河南省鼓励进口技术和产品目录，促进先进技术设备、关键零部件和紧缺资源型产品进口。开展国家汽车平行进口试点，简化通关流程，创新贸易模式，探索建立运营管理体系，力争建成中部地区汽车平行进口销售中心。突出做好省内企业参加首届中国国际进口博览会的组织工作，积极向境外客户推介邀请参展。

（6）推进贸易便利化。加强与海关、商检、国税等部门协作，推动建立贸易便利化联席会议制度。加快推进国际贸易"单一窗口"和"信息互换、监管互认、执法互助"大通关建设，完善"一站式"服务体系。稳步推行"一次申报、分步处置"通关模式，对进出口货物实行"进口直通、出口直放"，提高通关效率，有效压缩通关放行时间。全面推进税单、报检无纸化以及监管场所联网放行，取消纸质放行签章作业方式，继续清理、规范进出口环节收费项目。加强两用物项和技术的进出口管理。

（7）完善贸易救济措施。加强贸易摩擦"四体联动"应对工作机制建设，不断提升贸易摩擦应对能力和水平。开展贸易摩擦形势分析及案件预警。加大对涉案企业应诉支持力度，抓好大案要案应对工作，力保重点产品出口市场稳定。加强贸易政策合规工作，进一步完善法制化营商环境。

6. 着力促进对外合作健康发展

围绕促进平衡健康发展、提升管理服务水平两大任务，统筹推进对外投资、工程承包、劳务合作，继续鼓励有实力的企业"走出去"，一手促发展一手防风险，不断提升企业参与国际产业分工的层次和水平。一方面，要有序引导对外合作。研究出台《关于进一步做好对外直接投资工作的实施意见》，实施境外经贸合作区创新工程，提档升级，做大做强，继续争创国家级境外经贸合作区。完善全省对外经济合作项目库，争取河南省走出去项目列入国家"丝路明珠"和首批"一带一路"战略合作项目。聚焦重点国别和产业，推动河南省农业、水泥、矿产开发等优势产能合作，组建"走出去"企业联盟，带动省内装备、技术、标准、服务出口。同时，积极支持和鼓励企业参与对外援助项目，开展对外援助培训，服务国家经济外交。另一方面，要创新监管服务方式。完善以备案为主的对外投资管理制度，加强对外投资合规性审查，配合商务部做好境外投资项目企业实时监测服务和风险处置平台建设，初步建成省级监控分平台，进一步规范对外劳务合作和对外承包工程风险处置备用金管理。建立"走出去"公共服务平台，强化政策咨询、风险预警、在线办事等服务，妥善应对处置境外经贸纠纷和突发事件，保障境外人员安全，维护境外合法利益。

7. 着力提升电商发展水平

在促进电子商务与传统产业、线上与线下融合发展的同时，延伸电商发展触角，拓展电商发展空间，促进电子商务城市与农村之间优势互补、一体化发展。

（1）全面推进电商进农村。加快普及农村电子商务，完善农村电商服务功能，继续开展省级电商进农村综合示范工作，争取更多的县（市）进入国家级综合示范行列。优先选择一批综合示范县，开展农产品电商出村试点，加强特色农产品分等分级、加工包装、物流仓储、冷链等基础设施建设，推进农产品电商标准化建设，创新农产品电商销售模式，提高农产品上行综合服务能力。实施农村电商万名带头人计划，探索公益性培训与市场化

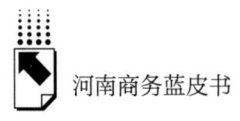

培训相结合的可持续发展机制,建立覆盖对象广泛、培训形式多样、服务支撑有力的电商培训体系。

(2) 深入推进电商进社区。大力发展社区电子商务,选择条件适宜的城市社区、县城社区和新农村社区开展试点。依托连锁零售企业、龙头物流企业、居民服务企业及电子商务企业,整合线上线下资源,建成集网络购物、商品代收、智能终端配送、家庭服务等功能于一体的社区电子商务服务网点,解决物流配送"最后一百米"问题。积极推广"一店多能"模式,开展网订店取、网络订票、预约上门、社区配送、电子缴费等便民服务,培育一批有效满足居民生活服务需求、专业化服务能力较强的区域性社区电子商务服务品牌,推动社区生活服务便利化、品质化发展。

(3) 推进电商与物流协同发展。电子商务与现代物流业相辅相成,互为动力,相互促进。一是要加强规划协同引领。各市县综合考虑地域区位、功能定位、发展水平等因素,统筹规划电商与快递物流发展,推动电商园区与快递物流园区发展,形成产业集聚效应。认定一批电商物流示范园区并给予扶持。二是要健全企业数据共享制度,鼓励和引导电子商务平台与快递物流企业之间开展数据交换共享和业务联动,建立数据中断等风险评估、提前通知和事先报告制度,共同提升配送效率。三是要推动供应链协同。支持仓储、快递、第三方技术服务企业延伸服务链条,优化电子商务企业供应链管理。鼓励快递物流企业、电子商务企业与连锁商业机构、便利店、物业服务企业、高等院校开展合作,提供多样化、个性化服务。

8. 着力办好商务领域民生实事

贯彻落实以人民为中心的理念,发挥商务优势,集中各方资源,使人民在商务发展中有更多的满意度和获得感。

实施电商扶贫工程。以电商进农村综合示范为主抓手,将省级贫困县纳入省级电商进农村综合示范县,争取国家级贫困县申报国家级电商进农村综合示范县,年内争取实现贫困地区电商进农村综合示范全覆盖。各地要摸底排查,对适宜从事电商产业链相关工作的贫困户建立专门档案,精准帮扶。以促进贫困户创业就业和增收为重点,建立扶贫指标体系。支持贫困地区创建省级电商示范基地和企业,培育贫困地区特色电商平台和品牌。组织知名电商平台与贫困地区合作,与建档立卡贫困村、贫困户精准对接,加大与阿里、京东、苏宁、国美等知名电商平台的协调力度,支持更多的贫困县参与"电商扶贫频道"创建,推动农产品上行。开展电商专家下乡活动,加强对适宜搞电商的贫困人员培训,促其尽快脱贫。加强部门联动和督查考核力度,不断增强电商扶贫精准度和实效性。

开展家政扶贫试点。积极参与"百城万村"家政扶贫试点工作,组织需求城市与贫困县签订对接协议,建立长期稳定的对接机制。组织省内家政服务企业深入贫困县开展服务技能培训,举办供需见面会,为更多贫困群众提供家政就业机会。

开展外派劳务扶贫。制定支持贫困县开展外派劳务扶持政策,加大贫困地区对外劳务合作服务平台建设,提高贫困地区外派劳务比例。充分发挥"中韩雇佣制"试点省优势,扩大对韩外派劳务。争取年内拓展以色列建筑、德国和奥地利厨师等外派劳务。加强外派劳务宣传培训,引导贫困地区劳务人员通过正规渠道出国务工、脱贫致富。

做好环境污染防治工作。深入开展成品油流通市场专项整治,坚决取缔违法违规经营加油站点,强化油品质量监管,配合做好油品质量升级、车用尿素推广使用、地下油罐防渗改造等相关工作,加大废旧汽车回收拆解、再生资源回收利用工作力度,做好餐饮业散煤禁烧工作,继续推进施工现场"两个禁止",坚决完成商务领域环境保护任务。

B.2
加快制度创新步伐
高标准推进河南自贸试验区建设

焦锦淼*

摘　要： 经过一年来的实践探索、改革创新，健全组织机构、完善配套政策、落实试点任务、抓好复制推广、加强人员培训、强化宣传推介等方面重点工作加快推进，河南自贸试验区实现良好开局，取得明显成效。李克强总理考察调研开封片区时对河南自贸试验区工作给予充分肯定。下一步，河南自贸试验区建设将以党的十九大精神为指导，紧紧围绕国家战略定位，以制度创新为核心，以可复制可推广为基本要求，以风险防控为基本底线，对标国际先进规则，强化改革举措系统集成，深入推进"三大重点、五大体系、五大专项"建设，形成更多制度创新成果，进一步彰显全面深化改革和扩大开放的试验田作用，切实发挥好示范带动和服务全国作用。

关键词： 自贸区　两体系一枢纽　自由贸易港

河南省委、省政府把加快融入国家自贸试验区战略作为新形势下深化改革、扩大开放的重大战略抓手，经过近3年的不懈努力，2017年3月15日国务院正式批复设立中国（河南）自由贸易试验区（以下简称河南自贸试

---
* 焦锦淼，河南省自贸试验区工作办公室主任。

验区),并印发河南自贸试验区总体方案。按照党中央、国务院统一部署,2017年4月1日河南自贸试验区正式挂牌运行。在省委、省政府的正确领导下,省商务厅、省自贸办充分发挥牵头协调、统筹管理作用,全力推进河南自贸试验区建设,着力在健全组织机构、完善配套政策、落实试点任务、抓好复制推广、加强人员培训、强化宣传推介等方面着力加快推进,实现良好开局,取得明显成效。李克强总理考察调研开封片区时对河南自贸试验区工作给予充分肯定。

一 抓重点打基础,确保改革任务落地生根

河南省自贸试验区自挂牌以来,主要抓了五方面工作。

1. 初步健全管理机制

河南省委书记王国生到任后在经济口首选自贸试验区、跨境电商综试区进行调研,新一届省委、省政府将深化改革、扩大开放放到更加突出的位置。陈润儿省长担任河南自贸试验区建设领导小组组长,多次召开省政府常务会、领导小组会和省长议事会,专题研究河南自贸试验区建设实施方案、管理试行办法、重大改革专项方案、"证照分离"改革方案等系列重要方案文件。设立了河南自贸试验区工作办公室,承担领导小组日常工作,统筹组织、协调管理自贸试验区建设发展工作。片区层面成立了郑州、开封、洛阳3个片区管委会,作为省政府派出机构,享受省级经济社会管理权限,实现了自贸试验区的扁平化高效管理。

2. 基本搭建"四梁八柱"

省政府发布河南自贸试验区《管理试行办法》,对河南自贸试验区的管理体制、投资管理、贸易便利化、金融财税管理、现代交通物流体系与"一带一路"建设、综合管理与服务、法治环境等提供法治保障;印发《建设实施方案》,明确建设工作重点;协同指导同郑州、开封、洛阳片区制订印发片区建设实施方案,研究起草河南自贸试验区招商引资、招才引智政策措施。省检察院、发改委、公安厅、食药监局、银监局等省直及中央驻豫单

位、金融机构出台了41个配套文件481项支持措施；省商务厅、财政厅联合出台了《河南自贸试验区和跨境电子商务综合试验区省级专项资金管理暂行办法》，支撑河南自贸试验区建设的"四梁八柱"基本搭建完成。

3. 稳步落实试点任务

推动各片区完成了上海、广东等自贸试验区三批111项试点经验、两批12个创新经典案例的复制推广工作。加快总体方案试点任务落实，省自贸办建立了试点任务台账。截至2017年底，河南自贸试验区160项改革任务中，"投资项目承诺制""多证合一"等67项任务已基本完成，"事中事后监管""多式联运"等91项任务正在积极推进并取得明显成效。围绕"两体系、一枢纽"战略定位，探索推进相关制度创新，在"一单制"上，郑州国际陆港通过多式联运提单质押开展贷款业务，使提单具备金融服务特性；在综合服务平台上，建成集跨境物流服务、外贸服务、冷链服务、防伪溯源、金融服务、电子运单等功能和智慧物流云服务为一体的跨境多式联运综合服务平台。

4. 打造营商环境高地

围绕打造国际化、市场化、法治化营商环境，河南自贸试验区积极探索适合中部地区发展的营商环境指标体系，打造中部地区营商环境高地。开封片区在全省率先探索开展了自贸试验区营商环境体系建设，制定完成了由8个一级指标、31个二级指标、70个三级指标和100个四级计算指标组成的营商环境指标体系。目前，开封片区营商环境调研已顺利完成，正在进行全面梳理和量化分析，以营商环境建设促自贸区制度创新系统化、集成化。郑州片区从准入、准建、准营、准退4个维度，构建5个一级指标、16个二级指标、50个三级指标的营商环境指标体系，积极探索打造营商环境高地。

5. 加强对外推介交流

为营造良好舆论氛围和干事创业环境，省自贸办联合河南日报社、国际商报社分别组建了河南自贸试验区记者站，会同河南广播电视台成立了河南自贸试验区工作站，完善了自贸试验区和各片区官方网站、微信公众号等宣传平台，全方位展示河南自贸试验区形象、解读相关政策。借助第十一届中国（河南）国际投洽会、中博会、现代物流业大会、东盟博览会等，广泛宣传推介，持续扩大河南自贸试验区的影响力。

二 抓专项带全面，促进建设工作成效明显

经过一年来的实践探索、改革创新，河南自贸区推进顺利，实现了良好开局，成效显著。自2017年4月1日挂牌至2018年2月底，河南自贸试验区新注册入驻企业27661家，注册资本3554.6亿元，新注册企业数约占全省同期新增企业的1/10。其中，外资企业165家，合同利用外资8.56亿美元，实际利用外资5.18亿美元；入区的国内外500强企业137家，占全省国内外500强的48.1%。

1. 商事简便、快捷高效、一次通办的政务服务体系初步形成

各片区管委会享受省级管理权限，大幅减少行政审批，推进"一次办妥"改革，不断降低创业创新制度性成本。全面推行"多证合一"和"一址多照"、"一照多址"等新模式，开展"证照分离"改革试点。全面实现企业登记全程电子化和电子营业执照应用，打造形成全天候网上政务服务模式。率先推出"政银合作"代办工商登记"直通车"服务模式，将工商登记注册服务窗口延伸到银行网点。

2. 通关便捷、安全高效、一单关检的通关监管服务体系加快构建

建立与国际通行规则和最优标准相适应的大通关管理制度。实行出口和内销产品"进口直通、出口直放"新举措，货物通关和检验检疫放行时间均压缩1/3。现场查验采取审单放行和"双随机"抽批方式相结合，近八成入境货物经审单后可直接签证放行。对大宗生鲜、冷链货物实行"提前报关、简化流程、货到验放"的快速通关模式，水果、食用水生动物、冰鲜水产品等进口货物实现"秒通关"，跨境货物通关由每秒2单提高至100单，峰值可达500单。2017年跨境电商零售出口模式监管出口清单同比增长8.5倍，出口商品总值同比增长22.8倍。

3. 多元融资、服务高效、一体联控的金融服务体系逐步完善

推进金融改革创新，实行基本存款账户核准"直通车"服务，一天即可实现；简化银行业机构事前准入事项，实现"一个口子"进出；将自贸试验区内保险支公司高管任职资格准入改为事后备案，3个工作日完成。跨国公司外汇资金集中运营管理准入门槛降低50%，跨境电商可采用人民币结算。挂牌以来入驻自贸试验区的金融、类金融机构超过500家，中原银行、郑州银行、国家开发银行、人保财险、郑州商品交易所等机构利用自贸试验区平台实现业务创新突破，推动跨境融资、飞机等大型设备租赁、重大技术装备保险等金融创新业务快速发展。

4. 机制健全、仲调结合、一律平等的法律服务体系加快形成

建立与国际投资贸易规则相适应的法律争议解决机制，成立了自贸片区国际商事仲裁院、自贸区法庭和郑州知识产权法庭；探索开展了调解与仲裁、仲裁与诉讼相衔接的新型服务模式，引入案外人加入仲裁程序，避免虚假诉讼，有效化解纠纷；同时在自贸试验区涉外案件处理中，尝试引入小额诉讼程序及诉前调解程序，形成了简案快审工作格局，有效维护了各类市场主体的合法权益。

5. 互联互通、物流全球、一单到底的多式联运服务体系加速推进

郑州机场跻身全球50强，客货运规模中部地区"双第一"，"郑州—卢森堡"双枢纽全货机满负荷运行，客货运公司数量、货运航线、通航城市、全货机运力及航班量均居全国第五位，基本形成横跨欧美亚、覆盖全球主要经济体的枢纽航线网络。中欧班列（郑州）实现每周"去八回八"均衡对开，率先推行"一次委托""一口报价""一单到底""一票结算"的"一票式"门到门全链条服务模式，初步形成"以运带贸、以贸促运"格局，实现自主物流运输与贸易有机融合发展。郑州机场多式联运数据交易服务平台、郑州国际陆港中欧国际多式联运综合服务信息平台上线运行。邮政速递、顺丰、圆通等物流企业纷纷入驻郑州国际物流园区，河南全国性快递集散中心投入运营，郑州成为继北上广之后新的国际邮件集散中心，交通物流枢纽功能加快凸显。

三 抓保障促服务，推进建设工作再上台阶

习近平总书记在党的十九大报告中指出"赋予自由贸易试验区更大改革自主权，探索建设自由贸易港"。李克强总理在2018年的政府工作报告又提出"全面复制推广自贸试验区经验，探索建设自由贸易港，打造改革开放新高地"。下一步，河南自贸试验区建设将以党的十九大精神为指导，紧紧围绕国家战略定位，以制度创新为核心，以可复制可推广为基本要求，以风险防控为基本底线，对标国际先进规则，强化改革举措系统集成，深入推进"三大重点、五大体系、五大专项"建设，加大总体方案改革试点任务落实力度，着力营造法治化、国际化、便利化营商环境，加快建设现代立体交通体系、现代物流体系和服务"一带一路"建设的现代综合交通枢纽，带动产业集聚发展，形成更多制度创新成果，进一步彰显全面深化改革和扩大开放的试验田作用，切实发挥好示范带动和服务全国作用。

1. 围绕简政放权，赋予自贸试验区更大改革自主权

加快《中国（河南）自由贸易试验区条例》立法进程，突出自贸试验区改革试验主体地位，完善片区职能，健全片区机构，赋予各片区更大改革自主权。进一步梳理研究，力争再向片区下放一批、委托一批省级经济社会管理权限，构建各级各部门支持自贸试验区大胆试、大胆闯、自主改的体制机制。

2. 围绕三大重点、五大专项，搞好服务体系建设

抓好商事制度、多式联运"一单制"创新、投资贸易便利化等重点领域改革。重点围绕构建政务服务、监管服务、金融服务、法律服务、多式联运服务五大服务框架体系，统筹推进五大改革专项方案的实施。

3. 围绕改革集成，加快自贸试验区经验在全省的复制推广

及时总结试点经验，认真做好年度评估工作，每半年系统集成一批综合性改革成果经验，按程序进行复制推广。坚持联动发展，选择若干基础条件较好的经开区、高新区和海关特殊监管区，探索建设自贸试验区联动发展

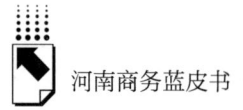

区,进一步发挥自贸试验区的综合示范和辐射带动效应。

4. 围绕产业发展,加快推进开放招商工作

围绕提升产业发展质量效益,进一步扩大开放,突出招商引资在自贸试验区建设中的支撑作用。切实提升利用外资规模和水平。持续进一步扩大开放领域,优化外商投资备案审批流程,大力发展总部经济。突出产业招商。推动各片区围绕自身功能布局和重点产业,认真谋划一批产业项目,着力引进一批有特色的重大项目,形成一批特色产业集群。

5. 围绕深化改革,积极创造条件申建自由贸易港

充分发挥航空港、铁路港、公路港和各类海关特殊监管区的独特优势,以中国(河南)自贸试验区特别是郑州片区、郑州航空港经济综合实验区等为载体,深化改革开放,强化创新驱动,借鉴国际最高标准的自由贸易港先进经验,启动开展中国(河南)自由贸易港(内陆无水港)申建工作,推进河南打造内陆开放新高地,形成全面开放新格局。

行业篇

Industry Topics

B.3
2017~2018年河南省对外开放形势分析与展望

苏国宝 李虹 贾春奇[*]

摘 要： 改革开放40年发展历程表明，对外开放是推动经济社会发展的有效手段和强劲引擎。持续高水平扩大对外开放是党的十九大在新时代对开放工作提出的新目标、新任务和新要求，是赋予开放工作的重要责任和使命。本文在回顾2017年河南省对外开放工作成绩的同时，认真分析了2018年面临的形势、存在的困难和问题，提出了新时代发展更高层次开放型经济的对策和措施。

关键词： 对外开放 内陆开放高地

---

[*] 苏国宝、李虹、贾春奇，河南省对外开放服务办公室。

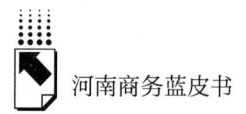

2017年，面对复杂的国际国内形势和繁重的改革发展任务，河南省坚持对外开放基本省策，加快构建开放型经济新体制，开放型经济持续快速发展，有力促进了经济社会发展和民生改善。2018年是全面贯彻落实党的十九大精神开局之年，也是改革开放40周年，河南省将把握开放发展新理念，顺应高质量发展新要求，继续深入实施开放带动主战略，加快推进内陆开放高地建设，形成全面开放新格局，为新时代全省经济高质量发展做出新的更大的贡献。

一 2017年河南省对外开放基本情况

2017年是"十三五"承前启后之年，全省上下深入贯彻落实以习近平同志为核心的党中央决策部署，围绕省委、省政府中心工作和重点工作，大力实施开放带动主战略，开放型经济成效持续显现，综合带动作用日益增强，对全省经济贡献度不断提高。2017年，全省引进境内外资金合计超过10191亿元，占全社会固定资产投资的近1/4；外商投资企业税收总额达到113.7亿元，同比增长21.1%；对外贸易增长促使郑州海关关税和进出口环节税实际入库达281.8亿元，同比增长40.6%。

1. 招商引资质量提升

2017年，全省实际吸收外资172.2亿美元，同比增长1.4%；实际到位省外资金9106.8亿元，同比增长7.9%。投资1000万美元以上的外资项目113个，10亿元以上省外资金项目达到424个。服务业领域吸收外资占比35.4%，占比继续上升；第三产业实际到位省外资金占比达到45.5%。美国江森自控、荷兰宜家、苹果公司、摩根大通、法国电力、百事可乐、泰国正大、百威英博等世界500强及跨国公司纷纷在豫增资。浙江合众新能源汽车投资40亿元的安阳年产10万辆新能源汽车项目、北京航天科技投资22亿元的洛阳智能装备产业园项目等一批优质省外资金项目落地。截至2017年底，在豫投资的世界500强企业达到127家，国内500强企业达到158家，为全省经济发展注入了强劲动力。

2. 对外贸易持续增长

2017年，全省货物进出口5232.8亿元，同比增长10.9%；其中，出口3171.8亿元，同比增长11.8%；进口2061.0亿元，同比增长9.6%。进出口在全国排名第10位，出口排名第8位，前移2位。全省服务贸易额80.4亿美元，在全国排名13位，前移2位；全省外贸依存度达11.6%。全省加工贸易进出口3501.0亿元，占比66.9%，同比增长8.9%；一般贸易进出口1594.9亿元，占比30.5%，同比增长21.4%。民营企业进出口1221.5亿元，占比23.3%，同比增长17.9%，增速最快。富士康在豫企业进出口累计3318亿元，同比增长4.6%；其中，出口1936亿元，同比增长6.9%；进出口、出口分别占全省的63.4%和61.0%。跨境电商快速增长，2017年全省跨境电商进出口1024.7亿元，占全省进出口总额的19.6%，居全国前列。其中出口762.5亿元，B2B出口占比53.0%；快递包裹出口6803.0万件，货值147.3亿元。

3. 对外投资回归理性

2017年，全省对外承包工程和劳务合作完成营业额47.7亿美元，同比下降9.4%，降幅逐步收窄。全省新签对外承包工程合同额1000万美元以上项目64个，合同额33.9亿美元。中铁七局、中石化中原石油工程、中铁隧道、机械工业第四设计院、河南国际合作等龙头企业带动作用明显。2017年，对外投资中方协议投资17.6亿美元，同比下降59.5%。郑州煤机联合香港崇德资本、中安招商以6.69亿美元并购德国老牌工业巨头博世公司SG子公司，从事新能源汽车发动机、发电机等业务；阿维亚融资租赁（中国）公司在香港投资1.2亿美元，从事飞机租赁。

4. 开放平台建设日益完善

郑州航空港经济综合实验区龙头作用凸显，郑州—卢森堡空中丝绸之路实现每周18班全货机满负荷运行，"郑州航空港引智试验区"成为我国第三个引智试验区，获批全国首批"双创"示范基地；郑州机场年旅客吞吐量突破2400万人次、年货邮吞吐量超过50万吨。河南自贸试验区加快建设，自获批以来，构建了政务、监管、金融、法律、多式联运"五大服务体系"，入驻企业和注册资本在同批自贸区中位居前列。郑州跨境电商综试区建设加快推进，河南国际贸易"单一窗口"上线运行，实现口岸通关"三个一"，李克强总理对河南省跨境电商发展给予充分肯定。中欧班列（郑州）实现"去八回八"高频次运营，综合运营能力领跑全国中欧班列，河南省"陆上丝绸之路"建设加快推进。郑州新郑综保区三期、南阳卧龙综保区、商丘保税物流中心封关运行。肉类、水果、水产品等7个进口商品指定口岸建成并运营良好，进口肉类指定口岸业务量居全国内陆口岸首位，河南省成为内陆地区功能性口岸最丰富的地区之一。

5. 开放领域进一步拓宽

科教文卫、旅游、金融、物流和农业等领域对外开放取得了新的突破。全省引进或共建研发机构及技术转移中心15家，新建国际联合实验室31家，新培育省级技术转移示范机构21家。新增中外合作办学项目30个，其中，本科项目14个。深圳华侨城、华为公司、大连海昌等来豫投资文化产业。六大国家区域医疗中心建设加快推进，建成中美（河南）荷美尔肿瘤研究院、中美（河南）结核病防治工程、省人民医院梅奥国际中原中心、郑州大学马歇尔医学研究中心等重点合作项目。全年共接待海内外旅游人数6.65亿人次，旅游总收入6751亿元，同比分别增长14.07%、17.12%。浙商银行郑州分行开业，3家全国性政策性银行、12家全国性股份制银行已全部入驻河南。河南省在境外从事农业种植、养殖及深加工的企业68家，投资区域分布到世界40个国家和地区，投资总额73.6亿美元，是全国农业领域对外投资存量最大的省份。全省食品农产品出口达254.8亿元，同比增长27.4%，创历史新高。

6. 开放环境进一步优化

启动了构建开放型经济新体制综合试点经验复制推广工作。全面实施外商投资准入前国民待遇加负面清单管理模式，将负面清单以外的外资企业设立和变更由逐案审批改为网上备案，全年受理外商投资企业设立和变更备案完成率达到99%，办理时间大幅缩短到平均3个工作日以内。建立了外商投资企业投诉工作厅际联席会议制度，外商投诉结案率超过90%，安阳铃木铸造有限公司投诉案、香港荣泰有限公司投诉案等重点案件均已结案。狠抓项目落实，多次开展招商引资签约项目专项督查，合同履约率、资金到位率、项目开工率明显提高。同时，继续实施投资项目无偿代理制和服务承诺限时办结制，全年共为160家企业提供咨询服务，无偿代理企业审批项目35件，全部按期办结，企业满意率100%。

7. 开放影响力稳步提升

2017年河南省谋划举办、承办了一系列国家级国际性活动，邀请、吸引了大批国内外政要、知名企业、商协会参会，成功签约了一大批高质量合作项目。如第十一届中国（河南）国际投资贸易洽谈会、欧美同学会第六届年会暨海归创新创业郑州峰会、第十届（2017）中国绿公司年会、河南省现代物流业开放合作洽谈会、全球跨境电子商务大会等，尤其是中国（河南）国际投资贸易洽谈会作为河南省唯一的国家级、国际性经贸盛会，已成为全省开放招商第一品牌，受到社会各界的广泛关注和境内外客商的高度认可。各省辖市、直管县（市）也举办了各具特色的开放招商活动，均取得显著成效。

8. 全方位开放格局加快形成

在河南省委、省政府的统领下，各级、各部门普遍加大对开放工作的重视和支持力度，各有关部门树立开放"一盘棋"思想，更加积极主动参与服务对外开放，形成了开放合力。各地结合实际，坚持每年召开高规格的对外开放工作会议，出台对外开放工作年度行动计划和相关领域对外开放专项方案，研究制定开放招商纲领性文件，通过出台政策措施、理顺工作机制，形成了务实高效、运转协调的工作推进体系。省市县三级政府上下齐动，各有关部门携手联动，加力推动开放向更高层次、更大规模、更好效果迈进，全方位、宽领域、多层次的开放格局已经形成。

综上所述，2017年河南省开放型经济发展水平进一步提升，开放机制进一步完善，但是仍有一些困难和问题必须引起重视。一是开放型经济发展结构不合理。对外贸易对富士康等少数重点企业依赖度高，缺乏新的增长动力；大项目、龙头企业偏少，招商引资规模和质量亟待提升。二是要素保障瓶颈有待进一步破解。融资难、融资贵现象仍然比较突出，用地指标不能满

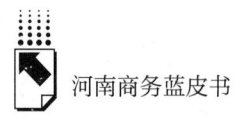

足需求问题依然没有得到有效缓解,技术工人、高科技人才、专业招商人才和管理人才缺乏的问题依然存在。三是投资环境仍需进一步优化。部分县市区基础设施不健全,配套服务不完善;个别地方行政审批部门大局意识和服务意识淡薄,行政审批效率不高。四是开放意识仍需进一步强化。个别部门在工作中主动作为意识不强,开放合力发挥不够充分,导致一些领域开放滞后、措施落实不力。

二 2018年对外开放形势分析

当前,我国经济社会发展进入了新时代,经济由高速增长阶段转向高质量发展阶段,这对河南省扩大对外开放提出了新的更高的要求。综合分析,河南省扩大开放面临的形势依然复杂严峻,挑战与压力增大,机遇与空间也在增大。

从挑战看,国际形势错综复杂。世界经济回暖的基础尚不稳固,虽然有一定程度的复苏,但还没有恢复到强劲、可持续的增长轨道上。世界经济低迷状况有所好转,但国际贸易活跃的基础并不是特别稳固。世界经济正在深度调整中曲折复苏,但增长动能明显不足,外需持续低迷,贸易保护主义时有抬头,地缘政治复杂,国际投资普遍放缓,各国都面临着结构调整、稳定增长的新任务,全球产业竞争和规则竞争更趋激烈。特别是美国的"缩表加息"配合其"降税减负"的产业政策以及美国制造业的不断复苏和扩张,争抢世界金融、人才和先进制造业的资本,促使资本和制造业不断回流,从而导致新兴经济体外部融资和制造业发展更加困难,进一步加剧了国际市场竞争。

传统经济发展方式难以为继。当前,我国经济发展进入新时代,既要防控化解风险、促进经济持续协调发展,又要解决不平衡不充分发展问题、满足人民美好生活需要,推动高质量发展、发展更高层次的开放型经济任务更加艰巨。从改革开放发展历程看,我国经济实现了人类历史上未曾有过的人口大国经济长时间高速增长的奇迹,但这种数量规模快速扩张不可持续,已经累积和引发了一些不平衡、不协调的矛盾。近年来，我国经济增速逐步放缓，从根源上看，支撑经济增长的因素和条件发生了重大变化，传统的粗放式增长模式已经走到尽头。摆脱速度情结、路径依赖，摒弃以增长论英雄、以生产总值论成败比高低的惯性思维迫在眉睫。在这样的形势下，各省都采取了更加积极的开放战略，进一步加剧了开放招商区域竞争。

推动高质量发展任务艰巨。河南省发展方式落后，投资总量和经济总量基本相当，投资规模的过度扩张，已出现了投资边际效益递减的现象，一味靠扩大投资支撑经济增长，风险有可能进一步积聚甚至爆发，显然难以持续；环境污染依然严重，尽管下大力气治理，但由于基础太差、底子太厚，河南PM10、PM2.5累计浓度持续居高不下；资源能源消耗较多，河南万元生产总值能耗较高，地下水超采，如果不加快转变经济发展方式，就会出现环境容不下、资源撑不住、发展保不了的情况。结构矛盾突出，从供给结构看，传统产业产能严重过剩，全省水泥、原煤、粗钢产能利用率仍处于较低的水平，产品"多的不优、优的不多"，特别是工业产品，更是高端产品品种少、产量低。从产业结构看，三次产业结构中服务业占比明显偏低，三次产业内部结构层次也相对较低，工业中冶金、建材、化工、轻纺、能源等传统产业占比高，服务业中金融、信息服务、租赁和商务服务等现代服务业占比低；农业中仍以传统农业为主，优质农产品明显偏少。从区域结构看，河南省贫困县、贫困村、贫困人口数量仍然较多，城乡之间、地区之间发展水平和质量差异都比较大。

增长动力不足。从内生活力看，河南企业数量偏少，规模以上工业企业更少；从创新能力看，创新投入少，研发活动少，创新人才少，科技进步贡献率低。从产业实力看，新兴产业增长难以弥补传统产业下降的影响。风险隐患增多，企业、金融、财政三大风险相互交织，一旦某个环节出现问题，极易引发区域性系统性风险。

从机遇看，世界经济稳步复苏。虽然世界经济复苏进程缓慢曲折，逆全球化思潮有所抬头、投资和贸易保护主义日渐盛行等诸多不稳定不确定因素依然存在，但出现企稳向好态势，美国、欧洲、日本等主要经济体有望继续回升或复苏,各大国际权威分析机构相继调高2018年经济增速预期,国际货币基金组织已多次上调世界经济增长预测值,世界经济呈现回暖向好态势,当前仍处于可以大有作为的重要战略机遇期。我国仍然是全球最具吸引力和增长最快的市场,新产业、新业态和新商业模式快速发展,开放型经济新体制加快构建。

宏观政策将助力开放发展。新一轮对外开放(自贸区建设、外商投资新模式),以及"一带一路"建设的积极推进将稳定和激发我国的外部需求。近年来中央围绕适应把握引领经济发展新常态、贯彻落实新发展理念、推进供给侧结构性改革出台的一系列财政政策、货币政策、产业政策、社会政策正在落地生效,比如"营改增""债转股"、加大减税降费、处置"僵尸企业"、优化信贷结构等,这些政策对于推动稳增长、促改革、调结构、防风险、惠民生等正在发挥积极效应,而且今后中央将继续实施积极的财政政策并突出聚力增效,继续实施稳健的货币政策并突出中性适度,同时结构性政策将发挥更大作用,社会政策注重解决突出民生问题,改革开放将加大力度。总的来看,宏观政策有利于深化供给侧结构性改革,有利于保持开放型经济持续健康发展。

企业应对危机能力进一步增强。在"三期叠加"、外部需求乏力和传统产能过剩情况下,虽然一些传统企业受到严重影响,但不少企业在市场中历经风雨、淬火成钢,实现了凤凰涅槃、浴火重生,企业适应性和抗风险能力不断增强。全省国有企业整体素质得到了提升,一批民营企业在激烈的市场竞争面前锤炼了自身素质,尤其是一批传统企业经过技术改造焕发出新的生机,一批新业态、新模式表现出强劲的增长势头。

市场化的营商环境进一步优化。随着"放管服"改革深入推进,市场开放更加有序,投资自由化、贸易便利化、监管法治化水平日益提升,负面清单广泛实施,统一高效、竞争有序的市场环境得到改善,为企业更好利用两个市场两种资源,寻找市场、发现价格、提高质量、放大效率提供了方便、增添了活力。

河南开放发展优势进一步累积。河南省开放发展的累积效应逐步凸显,综合比较优势依然突出,特别是自贸区、跨境电商综试区和一批功能性口岸等引领高水平开放发展的新优势加快形成,完全可以通过"引进来"扩大增量、优化存量,"走出去"扩大经贸合作、拓展更大发展空间,在新一轮开放竞争中抢占先机。

三 对策与措施

2018年,全省上下将深入贯彻落实党的十九大关于新一轮扩大开放的战略部署,围绕省委、省政府中心工作和重点工作以及省十次党代会有关建设内陆开放高地的总体要求,牢固树立创新、协调、绿色、开放、共享发展理念,继续深入实施开放带动主战略,积极融入国家"一带一路",加快构建开放型经济新体制,大力推进贸易强省建设,重点推动"引进来",积极稳妥"走出去",开展全方位全要素对外合作交流,不断拓展开放的广度和深度,切实以开放促改革促创新促发展,发展更高层次的开放型经济,打造内陆开放高地。

1. 突出开放倒逼改革,加快构建开放型经济新体制

更加注重以开放倒逼改革,全面提升政府服务效能,探索形成开放型经济运行管理新模式;全面融入"一带一路",打造全方位双向开放新格局;大力培育开放市场主体,完善现代市场体系,推动商品、资金、技术、人才等各种要素自由流动,完善市场配置资源新机制;全面开展构建开放型经济新体制综合试点经验复制推广工作,研究制定实施意见,在全省推广试行;深化商事登记制度改革,提升投资贸易便利化水平;强化监管优化服务,着力营造国际化营商环境,培育开放新优势。

2. 突出开放带动结构调整,着力培育现代产业体系

围绕推进供给侧结构性改革要求,从"三去一降一补"五大任务入手,以开放招商优化存量、引导增量、主动减量,推动产业层次向中高端迈进、供需平衡向高水平跃升。巩固推进先进制造业开放发展,重点围绕电子信息、装备制造、食品等优势主导产业引进龙头企业和知名品牌,推动生物医

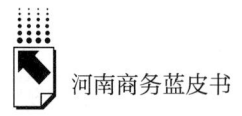

药、新型材料、机器人等新兴产业引进新技术新工艺。全面拓宽开放领域，加大科教文卫等社会事业领域引智引技力度；鼓励社会资本进入生产性、生活性服务业领域，重点引进一批大型企业总部和区域性研发、物流、销售、结算中心；鼓励外来资金参与城镇基础设施、交通能源、生态环保、农林水利建设。加强与知名电子商务平台合作，积极引进境内外电商企业入驻，加快网络经济领域开放发展。

3. 突出精准招商和方式创新，全面提升招商引资质量和水平

继续把招商实效性和针对性放在首位，加强对自身优势和短板的研究，精选目标区域和目标企业，更加注重"精准"招商。盯紧国内外500强、大型跨国公司、行业50强等行业龙头和产业领军企业，在继续抓好产业转移传统区域的同时，突出北京、天津、上海和港台、日韩、欧美等重点区域招商，有针对性地举办专题性招商活动，开展"一对一"专题对接洽谈，着力引进一批带动作用强的标志性企业和重大项目。更加突出引资与引智引技相结合，加强与知名科研机构、技术密集型企业的合作，积极引进技术服务型企业和科技创业型高层次人才。强化签约项目跟踪落实，督导检查，优化服务，推动招商项目快落地、快建设、快投产。

4. 突出结构调整和动力转换，推动外贸转型升级可持续发展

加快外贸转动力调结构，推动技术创新、业态创新、管理创新、制度创新，积极培育外贸品牌商品，提高企业核心竞争力；大力引进出口型产业项目，促进加工贸易创新发展；加快发展服务贸易，促进货物贸易与服务贸易协调发展；加快外贸转型升级基地建设，增强辐射带动能力和外贸发展后劲；大力开拓新兴国际市场，支持企业建立国际营销网络；积极培育外贸队伍，支持外贸综合服务企业为中小企业代理出口；加快形成以技术、品牌、质量、服务为核心的外贸竞争新优势。

5. 突出提升国际化经营水平，加快"走出去"发展步伐

放宽境外投资在审批、外汇、金融、货物进出口、人员出入境等方面的限制，推动省内装备制造龙头企业开展重大国际项目合作和国际工程总承包，带动关键零部件出口和企业服务增值。创新对外投资合作方式，有序引

导和规范对外投资，延伸境外合作产业链条，打造河南投资品牌。积极参与国际产能合作，组建"走出去"企业联盟，推动优势产能走出去，拓展发展空间，增强全省在全球范围内配置要素资源的能力。

6. 突出构建平台支撑体系，着力培育开放竞争新优势

高水平建设自贸试验区，切实发挥好引领示范作用。积极推进中国（河南）自由贸易港（内陆无水港）申建工作。推动郑州航空港经济综合实验区建设，提升国际航空货运枢纽和物流中心功能。高标准建设跨境电商综试区和EWTO（电子世界贸易组织）核心功能集聚区，推进"网上丝绸之路"建设。推动中欧班列（郑州）进一步加密班次，开辟新线路，扩大集货和辐射半径，推进"陆上丝绸之路"建设。支持郑州新郑国际机场开通国际新航线，加快推进郑州—卢森堡"空中丝绸之路"建设。推动各类开发区、产业集聚区协同创新发展，提升海关特殊监管区域、口岸综合功能和竞争力，健全多层次、全方位、立体化的开放平台载体支撑体系。

7. 完善对外开放工作推进机制，为扩大开放提供坚强支撑

健全开放领导机制，强化省对外开放工作领导小组的统筹协调作用，加强上下联动、部门协作工作机制，切实形成省直部门抓"条"、各地抓"块"的条块结合、分工明确、协调一致的联动开放工作新格局，构建党政齐抓、部门协作、各级联动、社会参与的开放发展新机制。同时，进一步完善财税、金融、人才、土地、环评等方面政策支撑和服务配套，用足用活现有开放政策，全面清理调整或废止不适应开放发展的政策，打破部门利益，大胆尝试新的有利于开放发展的政策和措施。

B.4
2017~2018年河南省国内经济合作形势分析与展望

刘兵 刘汝良 杨懿楠*

摘　要： 2017年，面对复杂的国际国内环境和繁重的改革发展任务，全省深入贯彻落实党中央大政方针和省委决策部署，牢固树立和自觉践行新发展理念，坚持稳中求进工作总基调，着力深化改革开放创新，加大区域合作力度，积极推进招商引资，经济实力大幅提升，经济结构持续优化，项目质量效应显现，招商成果再上新台阶。本文对2017年河南省国内经济合作取得的成绩进行了回顾，全面分析了当前河南省国内经济合作面临的有利形势和困难挑战，并对2018年河南省国内经济合作形势给出了相关对策建议。

关键词： 区域经济合作　产业招商

一　2017年河南省国内经济合作回顾

2017年，在河南省委、省政府的正确领导下，全省上下认真贯彻党中央决策部署，不断增强"四个意识"，以提高发展质量和效益为中心，以推进供给侧结构性改革为主线，凝心聚力，真抓实干，务实推进招商引资提质

---

* 刘兵、刘汝良、杨懿楠，河南省商务厅国内经济合作处。

增效，积极开展区域经济合作，项目结构不断优化，实现全省实际到位省外资金突破9100亿元大关，同比增长7.9%，引资额度较上年同期增加668.7亿元，保持稳中有进。

1. 引进省外资金实现稳步增长

2017年，全省新增省外资金项目5161个，同比增长4.1%；合同省外资金21021.6亿元，同比增长9.5%；实际到位9106.8亿元，同比增长7.9%，超全年目标进度0.9个百分点，实现引进省外资金工作新突破。

（1）区域经济合作深化

全省不断提升对内对外开放水平，区域经济合作进一步深化。北京、广东、浙江、上海等6省市到位资金5996.4亿元，同比增长9.6%，占全省的65.8%，较上年提高1.0个百分点。沿"一带一路"省份中陕西省到位227.6亿元，同比增长9.0%；新疆维吾尔自治区到位46.2亿元，同比增长7.9%；青海省到位20.2亿元，同比增长12.2%；甘肃省到位33.7亿元，同比增长46.5%；宁夏回族自治区到位8.6亿元，同比增长56.4%。东北三省中辽宁省到位80.6亿元，同比增长14.7%；吉林省到位47.2亿元，同比增长7.0%；黑龙江省到位53.1亿元，同比增长30.1%。这些资金的引入为河南经济发展注入了强大活力。

（2）产业结构持续优化

全省上下进一步推动第一、第二、第三产业协调发展，第三产业发展略快于第一和第二产业。第一产业到位549.3亿元，同比增长8.1%。第二产业到位4409.6亿元，同比增长7.6%；其中，制造业到位3712.8亿元，同比增长7.0%。第三产业到位4147.9亿元，同比增长8.3%，增长最快，占全省总额的45.5%，比上年提高0.1个百分点。

（3）项目质量效应凸显

全省关注项目规模效应的同时，更加注重项目质量效应，先后吸引了浙江合众新能源汽车、上海同捷科技、浙江北能新能源汽车、江苏中晶汽车科技、北京北辰亚运村汽车交易市场中心、北京航天科技等大集团投资新能源、物流园、电子产业园等项目，成效明显。据统计，合同省外资金10亿元以上项目达424个,合同省外资金约6511.9亿元,这些大项目的相继落户,有力推动了河南经济实现高质量发展。

2. 经贸合作活动务实丰富

组团参加第十届中国中部投资贸易博览会。会议期间,成功举办了第十届中博会中国(河南)自由贸易试验区推介会暨项目签约仪式,签约92个项目,投资总额共计481.3亿元。项目主要涉及先进制造业、高新技术、基础设施、现代服务业等领域,单个项目平均投资额达5亿元,其中,10亿元以上项目12个,投资总额199.1亿元,占签约项目投资总额的41.4%,呈现投资规模大、支撑带动能力强、领域广、符合产业发展方向、布局集中、集群发展态势明显等特点。承办第十一届中国(河南)国际投资贸易洽谈会,共邀客商2226人。

3. 豫沪战略合作初见成效

上海是河南承接产业转移、引进省外资金的重要来源地,豫沪合作关系密切,合作领域广泛。为加快推进豫沪合作步伐,2017年10月27日,河南省商务厅与上海中军投资集团正式签署战略合作协议,成为战略合作伙伴,在投资、贸易等多个领域精诚合作,探索"豫沪通"投资贸易合作新模式,共同推动"豫品入沪、沪品入豫",促进河南、上海两省市经贸合作和产业发展升级。据统计,"十二五"期间,全省与上海合作项目1196个,合同利用上海资金6090.4亿元,已实际投入河南2742.3亿元,位居全国前列。2017年上海企业在豫投资额达759.6亿元,同比增长6.0%。上海升龙、上海红星美凯龙、上海绿地、上海金丝猴等一大批企业相继投资河南,豫沪两地合作前景广阔。

4. 项目跟踪检查工作有序推进

一是重点对第十一届中国(河南)国际投资贸易洽谈会内资签约项目按季度进行跟踪通报。截至第四季度,第十一届投洽会签约内资项目102个,投资总额1936.62亿元人民币,合同额1785.32亿元人民币。其中,88个项目履约,占比86.3%;66个项目开工建设,占比64.7%;到位资金194.09亿元人民币,占合同省外资金的10.9%。二是做好境内奖励资金项目实地查验工作。

二 2018年河南省国内经济合作面临的形势

从外部环境看，虽然世界经济复苏进程缓慢曲折，逆全球化思潮有所抬头、投资和贸易保护主义日渐盛行等诸多不稳定因素依然存在，但短期企稳向好，美国、欧洲、日本等主要经济体有望继续回暖或复苏，全球贸易和投资回升，国际金融市场总体稳定，新产业、新技术、新业态等成果层出不穷，跨境产业链、价值链、供应链等正在加速整合，世界主要国家都在竞相抢占未来发展的战略制高点，重塑各自的竞争新优势。各大国际权威分析机构陆续调高2018年经济增速预期，2017年国际货币基金组织已两次上调世界经济增长预测值，消费和投资信心改善，世界经济呈现回暖向好态势。河南仍处于可大有作为的重要战略机遇期。从国内经济形势和宏观政策看，2017年中国经济稳中向好、超于预期，经济活力和潜力不断释放，协调性、稳定性和可持续性显著增强，国内生产总值（GDP）达到827122亿元，比上年增长6.9%，实现了6年以来的首次回升。近年来中央出台的一系列财政政策、货币政策、产业政策、社会政策正在落地生效，如"营改增"、处置"僵尸企业"、优化信贷结构等，对推动稳增长、促改革、调结构、防风险、惠民生等正在发挥积极效应，而且2018年中央将继续实施积极的财政政策和稳健的货币政策，同时结构性政策将发挥更大作用，改革开放将继续加大力度。总的来看，宏观政策有利于全省保持经济持续健康发展和推进国内经济合作工作。从全省发展态势看，经济发展总体平稳，正处于爬坡过坎、转型攻坚的关键期，随着开放带动主战略的深入推进，粮食生产核心区、郑州航空港经济综合实验区、郑洛新国家自主创新示范区、中国（河南）自由贸易试验区、中原城市群、中国（郑州）跨境电子商务综合试验区等一系列国家战略加快实施，航空网络、高速铁路网、公路网和现代综合交通枢纽格局正加速形成，与周边地区的市场、交通、人力资源、产业配套等综合比较优势依然相对突出。

在看到有利条件的同时，也要清醒认识全省经济发展面临的困难和挑

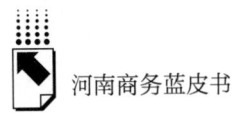

战。一是世界经济目前尚未走出亚健康和弱增长的调整期，长期积累的结构性、体制性矛盾并未彻底解决，新的增长动力尚未形成，不确定因素较多。新旧动能能否转换，成为全球经济复苏的关键。如何在错综复杂、充满变数的全球经济形势下抓住招商引资机遇、化解挑战，是全省国内经济合作工作面临的重要任务。二是我国经济发展进入新常态，劳动力成本持续上升，资源约束越发趋紧，环境承载能力已接近上限，开放型经济传统竞争优势逐步削弱，传统发展模式遭遇瓶颈。三是全省经济发展仍旧面临发展方式落后、结构矛盾突出、增长动力不足、风险隐患增多等困难和困难背后深层次的问题，需设法解决投资边际效益递减、环境污染严重、资源能源消耗较多、供给产业结构比例失调、企业创新能力较低等制约经济发展的不利因素。国内招商引资工作难度逐年增大，2015年全省引进省外资金项目数及合同资金额出现负增长，2016年全省实际到位省外资金增长7.9%，2017年全省实际到位省外资金9106.8亿元，同比增长7.9%，与上年同期持平，引资增幅缩窄，预计今后引资增速的下行压力依然较大。

三 发展对策

2018年，认真贯彻党的十九大精神，落实省委十届四次全会、省委十届五次全会、省委经济工作会议、全国商务工作会议要求，坚持稳中求进工作总基调，坚定不移贯彻新发展理念，坚持高质量发展根本要求，统筹推进"五位一体"总体布局和协调推进"四个全面"战略布局，坚持国内国际两个市场并重、引进来走出去并举，着力提升"三区一群"建设水平，深化改革开放创新，突出招大引强、实现数量质量全面提升，争取2018年全省实际引进省外资金在去年基础上增长5%。

1. 推动国内招商高质量发展

新时代招商引资工作中，抓住全球产业重新布局和国家实施"中国制造2025"的机遇，更加注重选商择资，探索承接产业转移新路径。

(1) 利用开放平台，大力引进优势企业

要坚持招商与招才并举，引资与引智并重，从单纯引才、招商，向"人、财、项目"叠加引进的模式转变，形成"团队、资本、技术"融合的招商新模式，实现人才与项目良性互动和高效融合，着力引进一批具有较强带动作用的标志性企业和重大项目，发挥利用内资的产业升级效应。优化区域开放布局，高水平推进自贸试验区和跨境电商综试区"网上丝绸之路"建设，高质量推进航空港建设，精心搭建品牌化、国际化、市场化高端开放平台，提升引资综合优势，深化高端制造业对外开放，扩大现代服务业开放合作，进一步加大招商引资和承接产业转移力度。坚持务实创新，突出专题性推介和区域性对接，积极参与办好第十二届中国（河南）国际投资贸易洽谈会、河南省名优特产品进京推介暨投资洽谈会、"豫沪通"投资贸易洽谈会、承接珠三角地区产业转移洽谈会等活动，加强跟踪服务和对接洽谈，聚焦高端装备制造、电子信息、食品工业、汽车工业和生活性服务业等关键领域，力争引进符合产业规划、科技含量高、辐射带动能力强的项目，着力提高引进省外资金质量和效益。

(2) 开拓招商思路，探索招商工作新模式

当前，全省利用省外资金总量偏小，具有重大带动和支撑作用的战略性项目偏少，投资领域主要集中在传统制造业、房地产，先进制造业、高端服务业偏少。要着力探索方式、创新路径，把提升招商实效性和针对性放在首位，突出市场化利用省外资金导向，引导省外资金由成本取向转为市场、创新取向，促使产业链高端环节进入，向产业链的两端延伸，促进开放招商良性发展。引导全省各市结合自身实际，在围绕产业延链、补链、壮大产业集群的过程中，注重多种具体招商方式的综合运用，不断拓宽项目信息渠道。围绕全省支柱产业和新技术、新业态、新模式实施产业集群招商、精准招商、专业招商、务实招商，积极推行代理招商、以商招商和股权招商、并购招商等"资本+招商"新方式，加快培育一批纵向链接、侧向配套的特色产业集群，打造一批千亿级、百亿级优势产业集群和外向型产业集群。强化产业导向招商的同时，围绕长三角、京津冀等重点区域，坚持大区域招商与

产业链对接相结合，突出龙头带动作用，积极实施产业链招商，营造"引进一个项目，带动一个产业，营造一个大市场"的招商格局。

（3）明确招商重点，突出重点产业招商

加强对国际国内产业转移研究，挖掘符合全省产业发展导向的重点招商项目及前沿技术项目，努力提升项目质量，精选目标企业。围绕"四个强省"建设，依托全省重点优势产业和发展资源，充实完善国内500强、行业50强等行业龙头、产业领军企业的客商资源库和招商项目库，深入研究其地域、行业、未来发展的战略布局等情况，充分分析尚未来豫投资的企业潜力。进一步细化战略性新兴产业的产业链招商，以打造创新链、提升产业链、促进产业集群为重点，就高附加值项目有针对性地开展专业性对接洽谈，吸引中小企业集团式转移。当前全省正构建绿色产业链体系，招商中要实行绿色招商、生态招商，坚决杜绝引进高污染、高耗能、低水平项目。

2. 全面深化区域经济协调合作

国内经济合作工作中，重点盯紧京、粤、浙、沪、苏、鲁等省市的产业和技术转移，进一步拓展深化与长三角、珠三角、京津冀及国家批准设立自贸区的区域的交流合作，瞄准目标区域和重点企业，针对智能制造装备、生物医药、节能环保和新能源装备、新一代信息技术等开展专题招商，依托河南自贸试验区、航空港、跨境电商综合试验区等开放平台，围绕国内500强、知名央企和行业龙头企业，突出高层次产业链和价值链招商。积极融入"一带一路"建设，加强沿"一带一路"省份经贸合作，落实京津冀协同发展、长江经济带发展等区域协调发展战略，重点加大与中西部、东北重工业基地等省区的互补合作，利用沿丝绸之路经济带省份举办的各类经贸会展活动，大力宣传推介河南区位、产业、资源、环境及政策优势，组织企业参会参展，鼓励更多企业走出去，抢抓机遇主动对接，提升河南名优特产品在国内市场的知名度和影响力。充分利用河南驻外地及外地驻豫商协会资源，切实发挥各商协会在招商工作中的桥梁纽带作用，在省内相关省辖市开展协会企业间的精准对接活动。

3. 强化项目跟踪督导实效

创新管理方式，建立项目协调机制，坚持台账管理、动态监控、跟踪督导、定期通报，紧盯合同履约率、项目开工率、资金到位率，确保项目有序实施。重点跟踪第十二届中国（河南）国际投资贸易洽谈会签约的省外资金项目，实行按季通报，力争推动签约项目落地取得实质性进展。建立项目跟踪督办机制，适时组成检查小组赴基层实地查验合同省外资金10亿元以上项目的建设进展情况，及时掌握项目建设过程中政策落实、承诺兑现、要素保障、服务质量等方面的困难和问题，有针对性地提出建议对策。完善招商引资工作考核机制，增加对引进规模大、科技含量高、知名品牌多的主导产业项目的考核。

4. 完善引进省外资金体系建设

一是继续加强引进省外资金统计工作。结合新形势变化，及时修订和完善《河南省引进省外资金统计报表制度》，在统计类别上增加央企、企业500强、高新技术类、知名品牌类等指标；在统计范围上提高投资1亿元以上项目作为统计门槛。健全省外资金项目档案和台账，实行归档管理。二是更新和升级引进省外资金管理系统。当前，全省引进省外资金统计范围、指标、内容等变化较大，统计数据量逐步加大，管理系统服务器日趋老化，将尽早更换现有服务器，实现逐级管理模式、多样化分类检索、综合查询等功能，增加签约项目跟踪查询、录入、分析以及商协会业务等查询功能。三是逐步提升基层统计工作人员工作技能和业务水平。在全省范围内择机举行引进省外资金统计业务培训或招商引资专题讲座，侧重于产业集聚区、专业园区、特色商业区和中心商务区的省外资金统计培训，加强招商人员整体业务能力建设。

5. 持续改善营商环境

在法定权限范围内，进一步完善招商引资各项优惠政策，培育引资竞争新优势，发挥政府引领作用，努力优化服务质量，诸如简化审批手续、加强政府监管、降低营商成本、促进社会诚信等，营造稳定透明、竞争有序、法治化、可预期的营商环境，维护投资企业合法权益。继续认真落实招商引资专项资金，完善重大招商引资项目和社会资本投资社会公益事业项目资金奖励办法，加快对河南自贸试验区经验的推广，以制度、环境、服务吸引投资。严格执行招商引资工作制度，加强对重大项目的运营保障，做好客商投诉和权益保护工作，把优化软环境和建设硬环境结合起来，着力改善当前营商环境，推进河南招商引资高质量发展。

B.5
2017~2018年河南省利用外资形势分析与展望

王卫红 连俊凯 侯 锐*

摘　要： 2017年，全省利用外资工作取得了新发展、新提高、新突破，全省实际利用外资172.2亿美元，继续保持稳定增长，为经济社会发展和对外开放工作做出了新的贡献。2018年世界经济有望继续复苏，企业投资信心增强，但也面临贸易冲突、减税竞争等诸多挑战。本文对2017年河南利用外资工作进行了回顾，对2018年利用外资目标和前景做出预测，并对2018年引资重点领域和重点工作给出了政策建议。

关键词： 招商引资　要素保障　营商环境

2017年，河南省认真落实国务院、省政府关于吸收外资工作的各项部署，营造良好营商环境，着力培育吸收外资新优势，推动外商投资领域不断拓宽，产业结构更加优化，吸收外资实现稳中向好。

一　2017年河南省利用外资回顾

1. 全省实际利用外资平稳增长

2017年，全省设立外商投资企业210家，同比增长7%；合同外资86.5

---

* 王卫红、连俊凯、侯锐，河南省商务厅外资促进处。

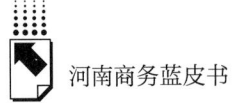

亿美元，实际吸收外商投资 172.2 亿美元（按河南省全口径数据，含外商投资企业资本金、外商投资企业再投资、境外借款、境外上市融资、设备出资等），同比增长 1.36%，利用外资实现了稳中有进、稳中向好。

（1）重大外资项目支撑外资规模稳中有进。2017 年，全省利用外资增长主要得益于一批重大外资项目落地。其中投资额 1000 万美元以上项目 113 个，投资总额 203 亿美元，占新设项目总投资额的 97%。较大的项目如：香港中华国际投资建设工程集团有限公司在洛阳市投资的河南亿之祥实业有限公司，投资额 16.8 亿美元，经营范围为农业产业园开发、农业生态观光、旅游开发等。香港华威丝绸路国际投资集团控股有限公司投资的新乡市中泰华威复合材料有限公司，投资额 8.6 亿美元，经营范围为航空、航天、交通、能源、建设领域复合材料及制品生产与销售。

（2）知名企业增多，外资质量不断提高。美国江森自控、苹果公司、荷兰宜家等世界 500 强及跨国集团一批项目陆续落地河南，在豫投资境外世界 500 强企业达到 88 家。江森自控亚太投资有限公司投资 2 亿美元设立河南江森自控能源动力有限公司。苹果公司在河南投资 6000 万美元设立南阳润唐新能源有限公司，美国摩根大通电梯有限公司投资 3600 万美元设立摩根电梯（信阳）有限公司，荷兰宜家投资 1.3 亿美元设立郑州宜家家居有限公司。泰国正大、华润集团等公司加大在河南投资力度。

（3）吸收外资来源地高度集中。吸收外资涉及 40 个国家和地区，主要集中在港台、美国、新加坡等国家或地区。其中 27 个国家和地区在河南新设外商投资企业，较多的有：中国香港地区 81 家，中国台湾地区、美国各 12 家，新加坡 8 家，以上 4 个国家和地区合计 113 家，占全省的 53.9%。新增合同外资主要集中在香港地区，合同利用港资 65.5 亿美元，占全省的 75.7%。英属维尔京群岛、丹麦、塞舌尔、塞拉里昂、澳大利亚投资企业有减资现象。实际吸收外资方面，36 个国家和地区有资金到位，较多的国家和地区有：中国香港地区 102 亿美元、中国台湾地区 12.8 亿美元、英国 7.8 亿美元、新加坡 5.9 亿美元、美国 6 亿美元，合计 134.5 亿美元，占全省的

78.1%。其中"一带一路"沿线国家新设外商投资企业15家，合同外资7.5亿美元，实际到位11.5亿美元，同比下降23.3%。其中新加坡项目8个，实际吸收外资5.9亿美元。

（4）外商投资方式以合资、独资为主。2017年，共设立独资企业114家，合同外资41.8亿美元，实际到位105.6亿美元，分别占54.3%、48.3%、65.8%。设立合资企业84家，合同外资27.5亿美元，实际到位57.5亿美元，分别占40.0%、31.8%、35.8%。

2. 重大招商引资活动务求实效

2017年，全省深入贯彻落实习近平总书记打好"四张牌"要求，围绕实施"三区一群"战略、融入"一带一路"建设，进一步创新招商方式，开展小分队、点对点、精准化招商，举办了2017年豫籍香港企业家春茗系列活动、河南省现代物流开放合作洽谈会等一系列招商活动，为中外客商搭建交流合作平台，组团参加了厦门国际投资贸易洽谈会，取得了丰硕成果。第十一届中国（河南）国际投资贸易洽谈会共签约境内外经贸合作项目319个，总投资3558亿元，117个项目现场集中签约，总投资2375亿元，项目规模大、领域广、新兴产业多，体现了河南产业发展转型要求。河南省现代物流开放合作洽谈会共邀请400余名嘉宾客商参会，共达成42个合作项目，投资总额370亿元人民币。推动河南航投与立陶宛AviaAM租赁集团合作重大项目取得新突破。

3. 落实重大外资政策，推动外资结构更加优化

2017年，全省认真贯彻《国务院关于扩大对外开放积极利用外资若干措施的通知》（国发〔2017〕5号）、《国务院关于促进外资增长若干措施的通知》（国发〔2017〕39号）、《关于扩大对外开放积极利用外资的实施意见》（豫政〔2017〕26号）等政策措施，减少了外商投资的限制，扩大了外商投资的领域，激发了外商在高端制造业和现代服务业领域的投资活力。河南省服务业领域利用外资占比持续上升，传统制造业吸收外资保持平稳。其中服务业领域新设外商投资企业132家，占63%；合同外资32亿美元，占37%；实际吸收外资61亿美元，占35.4%。服务业外资项目主要集中在批发和零售、租赁和商务服务业、科学研究等行业。制造业领

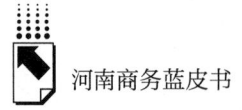

域新设外商投资企业60家，占28.6%；合同外资40亿美元，占46.2%；实际吸收外资103.5亿美元，占60%。第一产业新设16家企业，合同外资14.4亿美元，实际吸收外资3.4亿美元，占全省份额分别为8%、16.6%、2%。

4. 外商投资平台载体不断取得新进展

河南自贸试验区开展制度创新，初步构建政务、监管、法律、金融、多式联运五大服务体系，入驻企业和注册资本在同期自贸区中位居前列。新郑综合保税区三期、南阳卧龙综合保税区一期封关运行，郑州经开综合保税区通过预验收，建成进口肉类、冰鲜水产品、食用水生动物、屠宰用牛、水果、汽车整车、进境粮食、进境种苗8个功能性口岸，成为全国进口指定口岸数量最多、种类最全的内陆省份。深度融"一带一路"建设，郑州—卢森堡"空中丝绸之路"实现每周18班全货机满负荷运转，郑州机场年旅客、货邮吞吐量居中部地区双第一，郑欧班列每周"八去八回"，累计开行超过1000班。通过不断加强平台载体建设，进一步提升了河南吸引外商投资的承载能力。

二 2018年河南省利用外资形势分析

2018年，全球资本市场出现了新的情况和特征，国际国内竞争更加激烈，但总体上产业转移的趋势没有改变，河南的比较优势在持续扩大，仍处于利用外资的重要机遇期。

1. 全球经济回暖趋势明显，但波动加剧

2017年全球经济复苏迹象明显，国际货币基金组织（IMF）在《世界经济展望》2018年1月最新预测报告中称2017年的全球增长率为3.7%，比2017年初预测调高了0.4个百分点。2017年，约120个经济体（占全球GDP的3/4）同比增速都出现上升，是2010年以来范围最广的全球增长。在发达经济体中，2017年第三季度的增长高于秋季预测，特别是德国、日本、韩国和美国。巴西、中国和南非等主要新兴市场和发展中经济体第三季度的增长率也高于原来预测。2018年全球经济有望由复苏走向繁荣,据IMF预测2018年全球增长速度将达到3.9%,其中美国经济有望实现稳健增长,通货膨胀将进一步接近政策目标;欧元区经济将继续稳步复苏,预计欧央行将于2018年退出量化宽松;日本经济增长受能源资源价格走高的影响可能小幅放缓;新兴市场国家整体复苏加快,有望迎来新的增长。全球经济回暖有利于投资的增加,同时也要警惕市场波动加剧。西方的贸易保护主义政策可能会对全球自由贸易体系构成重大威胁,如"北美自由贸易协定"的再谈判、英国脱欧谈判和中美贸易冲突。在美国贸易保护主义政策阴影下,贸易壁垒增加和监管调整都将给全球投资造成压力,导致生产效率下降,影响跨国公司供应链,造成跨国公司的再布局,从而拖累发达经济体、新兴市场和发展中经济体的潜在增长。

2. 中国对利用外资工作更加重视

2017年,中国吸引外商直接投资1310亿美元,居世界第二位。在华外资企业进出口接近全国进出口总额的50%;在工业产值方面接近全国的25%;在税收方面提供了20%左右的全国税收;就业方面提供了约10%的就业。同时中国的快速发展为外资企业发展提供了良好机遇,实现了互利共赢、共同发展。中国的引资政策不断完善。一是国务院接连出台《关于扩大对外开放积极利用外资若干措施的通知》《关于促进外资增长若干措施的通知》两个扩大利用外资重要文件,推出了扩大开放、创造公平竞争环境、加强招商引资一共40多条具体的政策措施,提振了外商投资信心。二是在全国实行了外商投资准入负面清单管理制度,《外国投资法》立法正在积极推进;修订了《外商投资产业指导目录》,限制性措施减少33条,制造业基本放开,服务业准入限制进一步放宽;修订了《中西部地区外商投资优势产业目录》,新增139条鼓励条目;实行了以备案为主的外资管理体制改革。三是促进内外资企业公平竞争。"中国制造2025"政策、科技计划项目、政府采购、标准制定等方面都给予内外资企业平等待遇。据联合国贸发会议调查显示,目前在全球最具吸引力的投资目的地中中国仍然排在第二位。

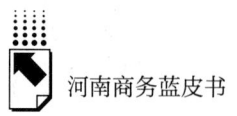

3. 河南利用外资仍处于重要机遇期

一是消费快速增长。十八大以来，河南社会消费品零售总额年均增长12.5%。2017年全省电子商务交易额达到1.3万亿元，其中跨境电商交易额1025亿元。河南快速增长的消费规模，为外商投资企业提供了市场基础。二是基础能力不断增强。米字形高速铁路网加快建设，郑徐高铁和郑开、郑焦、郑机城际铁路通车运营，郑州机场二期工程建成投运，信阳明港机场基本建成，高速公路网连通所有县城，多式联运、高效衔接的现代综合交通体系初步形成。全国十大通信网络交换枢纽地位确立。"疆电入豫"、西气东输二线等重大工程建成投用。为外商投资提供了强有力的基础设施支撑。三是创新能力进一步加强。新增国家重点实验室5家，达到14家，新建院士工作站163家，达到292家，新增国家高新区2家，达到7家，高新技术企业达到2270家，科技型中小企业突破1.6万家。新建省级以上科技企业孵化器91家，其中国家级23家。为外资企业提供了智力支持。四是载体平台不断完善。郑州航空港经济综合实验区、郑洛新国家自主创新示范区、中国（河南）自由贸易试验区、中原城市群发展规划等一批国家战略规划和平台获批实施。河南还有9个国家级经济技术开发区、20个省级经济技术开发区、7个国家级高新技术开发区，河南功能性口岸数量继续领跑内陆省份。

三 2018年河南省利用外资展望

2018年是决胜全面建成小康社会、实施"十三五"规划承上启下的关键一年，也是新一届政府的起步之年。深入贯彻党的十九大精神，全面落实全国商务工作会议和省委经济工作会议部署，以习近平新时代中国特色社会主义思想为指导，坚持稳中求进总基调，把握开放发展新理念，顺应高质量发展新要求，把招商引资摆在更加突出位置，创新招商方式，升级招商模式，扩大引资规模，提高引资质量，增强招商引资的精准度和实效性，推动招商引资高质量发展。力争2018年河南省实际利用外资稳步扩大规模，提高质量，力争在全国位次前移，居中部地区前列。营商环境更加优化，全面实行"准入前国民待遇+负面清单"管理模式，招商方式更加务实有效，高端制造业、现代服务业利用外资比重大幅上升。力争引进世界500强企业达到150家，其中境外世界500强企业达到100家。

四　发展对策

1. 围绕延链、补链精准招商

引导各地以供给侧结构性改革为契机，全面梳理本地资源禀赋、产业基础，加强对国际产业转移研究和分析，找准承接产业转移的契合点，围绕主导产业进行精准化招商选资，提高招引企业的规模、科技含量、产品附加值和品牌价值。同时围绕龙头型企业进行延链、补链招商，提高产业集聚度、投资强度和产出强度，从价值链低端向价值链中高端延伸。

2. 加强招商选资与招才引智相结合

从单纯招商引资，向"人、财、项目"打包引进的模式转变，形成"团队、技术、资本相互叠加"的招商新模式。要集成人才政策和招商政策，实现人才政策和招商政策共同推介。要整合招商和招才两支队伍，实现招才和招商共同推进。要建立完善招商和招才资源信息库，切实加强"资"与"智"信息资源的共用机制，实现招商与招才资源最大限度共享。

3. 创新招商工作方式

实施代理招商、以商招商和股权招商、并购招商等新方式、新模式。依托河南省重点优势产业，立足招大引强，突出高层次产业链和价值链招商，建立客商库和招商项目库，研究企业投资需求，寻找结合点，找准突破口，积极跟进联系，提高对接成功率。筛选一批具有核心资源、成长性高、市场前景好的企业推荐给股权投资机构，开展股权招商，通过转让部分股权，进而引入资本和管理理念，帮助企业壮大实力、开拓市场、提高效益。鼓励引导社会资本参与设立产业基金，开辟招商引资和企业融资新渠道，促进实体经济发展。鼓励境内外企业依法依规在河南设立创业投资、风险投资等各类私募基金和投资性公司。

4. 发挥企业招商引资的市场主体作用

调动企业招商引资的主动性、积极性，持续加大政府购买服务力度，将政府工作人员从招商引资具体事务中解脱出来，专注于制定政策、优化环境、打造平台载体等工作，为项目落地达产提供保障和服务，构建政府推动，企业主动、市场运作的招商机制。

5. 打造一流营商环境

全面实施外商投资准入前国民待遇加负面清单管理模式，深入推进外资企业设立、变更备案管理改革，推进外商投资企业商务备案与工商登记"二合一"改革，实行"单一窗口、单一表格"受理新模式。在政策标准制定、资质条件确认等方面，推动实现内外资同等待遇。发挥外商投资协会作用，畅通外资企业联络渠道，建立跨国公司服务档案制度，修改完善外商投诉应急、处理办法，做好外商权益保护工作，提升对外来客商的服务水平。

6. 抓好项目跟踪落实

探索建立科学化常态化项目跟踪落实机制。一是分层分类建立招商项目跟踪考核推进机制。二是建立完善招商引资台账管理制度。推动各市、县参照省里做法，进一步提高签约项目的"三率"。三是修订完善招商引资考核评价体系。推动考核评价指标由重规模速度向规模速度、质量效益并重转变，结合项目在税收、就业等方面的贡献，科学确定指标权重，进一步修订完善招商引资综合考评体系。

7. 强化要素保障

不断创新方式方法，破解制约项目落地的土地、资金、劳动力等瓶颈因素。在项目用地方面：一是盘活土地存量，建立招商引资退出机制，对长期"圈而不建项目"进行全面清理整顿；对投资方无力履约的，严格按照合同约定收回土地。二是针对企业普遍反映的手续办理周期长、项目等土地等问题，进一步优化审批程序，分类施策，提高审批效率。三是积极倡导大力发展高科技、高附加值、对土地依赖小的新兴产业项目；注重土地的集约利用，提高新供地项目单位面积产值。在企业融资方面：一是协调银行、信托等金融机构提高信贷投放规模,简化信贷审批手续,解决中小企业融资渠道不畅、融资成本高问题。二是通过引进国内外金融机构、投资银行来豫设立办事处,提升河南金融服务水平。三是引导各类金融机构向基层延伸服务、合理布局、重心下沉。四是加强省级融资平台同地方政府、企业和银行的合作,支持地方政府探索建立企业贷款风险基金、企业转贷资金池、中小企业发展基金等,撬动银行贷款和社会资本投入,对符合产业发展方向的企业,采取"以投代补"的形式,解决企业担保难、融资难问题。在人力资源方面:一是建议制定高端人才引进扶持激励专项政策,研究解决企业引进高端人才个税减免、配偶就业、子女入学、医疗保障、文化生活等问题,确保高端人才引得来、留得住,通过高端人才引进提高企业研发、创新、营销、管理水平。二是着力打造特色职业教育体系,强化中等职业技术学校师资力量培训,加强产业园区、企业与职业技术院校的合作,大力开展"订单式"技能培训,提高培训的针对性,为企业发展提供人才保障。

B.6
2017~2018年河南省对外贸易形势分析与展望

张新亮 周彤 井鹏 吴安安*

摘　要： 2017年，河南省货物进出口完成5232.8亿元，成绩超出预期，出口在全国位次前移，上升至第8位，创历史新高。2018年，外贸形势总体向好，但不确定因素依然存在，国际贸易比较优势下降，企业成本上升，外贸结构不优、发展质量不高等问题依然不容忽视，外贸发展任务仍然十分繁重，河南省将聚焦问题，补齐短板，稳规模、提质量、优结构，推动外贸高质量发展。

关键词： 对外贸易　跨境电商　外贸综合服务企业

2017年，河南省对外贸易工作紧紧围绕省委、省政府的重大决策和部署，把服务企业和培育外贸竞争新优势作为工作重中之重，狠抓各项外贸政策落实，培育外贸新业态，发展外贸转型升级基地，创新加工贸易发展，大力开拓国际市场，积极培育外贸主体，开展外贸业务培训，持续提升贸易便利化水平，全省外贸保持良好发展态势，成绩超出预期。

一　2017年河南省对外贸易运行分析

2017年，河南省货物进出口5232.8亿元，同比增长10.9%，其中出口

---

* 张新亮、周彤、井鹏、吴安安，河南省商务厅对外贸易处。

3171.8亿元，同比增长11.8%，高于全国平均增幅1个百分点；进口2061.0亿元，同比增长9.6%。进出口在全国排名保持第10位，出口从第10位上升至第8位，进出口、出口在中部六省均位列第一。

1. 运行特点

（1）外商投资企业占据主导地位，民营企业增势显著。全省外商投资企业进出口3592.4亿元，占比68.7%，同比增长9.5%；民营企业进出口1221.5亿元，占比23.3%，同比增长17.9%；国有企业进出口418.9亿元，占比8.0%，同比增长4.8%。

（2）加工贸易占比最大，一般贸易增速最快。全省加工贸易进出口3501.0亿元，占比66.9%，同比增长8.9%；一般贸易进出口1594.9亿元，占比30.5%，同比增长21.4%；其他贸易占比仅2.6%，同比下降28.1%。

（3）传统优势进出口商品均保持增长，商品结构进一步优化。出口方面，机电产品、高新技术产品（与机电产品有重合）出口分别为2345.7亿元、2070亿元，分别同比增长9.4%、10.2%，占比分别达到74.0%、65.3%。第一大出口商品手机出口首次突破1亿台，出口额达到1934.3亿元，同比增长8%；服装、箱包、家具等传统劳动密集型产品出口173.7亿元，同比增长6.4%；农产品出口148.9亿元，同比增长16.1%；发制品出口87.7亿元，同比增长11.7%。进口方面，集成电路为第一大进口商品，进口额达到781.9亿元，同比增长4.6%；农产品进口104.2亿元，同比增长15%；铜矿砂进口66.8亿元，同比增长4.1%；化妆品进口64.9亿元，同比增长89.8%。

（4）传统市场份额保持稳定，新兴市场快速增长。美国仍是河南最大贸易伙伴，对美国进出口1083.5亿元，同比增长25.4%，占比20.7%，份额稳定；对中国香港地区、日本、韩国、东盟进出口分别同比增长32.3%、14.8%、3.3%、27.2%；对欧盟出口手机同比下降31.7%导致进出口下降14.2%；对金砖4国进出口307.6亿元，同比增长16.3%；对"一带一路"沿线国家进出口965.0亿元，同比增长20.2%。

2. 主要措施

（1）研究落实外贸政策，支持政策体系不断完善。一是认真落实国家相关外贸政策，2017年河南省出台了《河南省人民政府办公厅关于加快培育外贸综合服务企业的实施意见》（豫政办〔2017〕59号）、《河南省国际知名品牌评选办法》。二是积极开展调查研究，省商务厅先后组织召开多次进出口工作座谈会，认真开展政策解读和督导调研，召开企业座谈会，深入重点企业实地调研，利用广交会期间走访调研了河南参展企业，全面、深入了解企业发展情况，摸清了当前制约河南外贸发展的热点、难点问题。三是省商务厅会商省财政厅研究制定具体外贸资金支持方向、标准等，组织提升国际化经营能力、进口贴息、出口信保等项目申报，加大对企业开拓国际市场政策支持力度。四是省商务厅积极发挥牵头作用，加强部门协作，推进大通关、国际贸易"单一窗口"建设，进一步优化监管方式，简化办事流程，加快通关速度，提升贸易便利化水平。

（2）培育发展外贸基地，外贸发展基础不断夯实。深入开展基地调研，全面了解全省基地发展现状，对基地实行动态管理，培育、认定一批发展潜力大、技术含量高、带动能力强的产业集群为省级外贸转型升级基地，支持、指导省级基地创建国家级外贸转型升级示范基地。目前，商务部拟认定河南10个省级基地为国家级转型升级示范基地。

（3）积极承接产业转移，加工贸易不断创新发展。一是支持加工贸易承接地和加工贸易企业发展。二是利用"2017中国加工贸易产品博览会"平台，抢抓沿海地区产业转移机遇，举办豫粤加工贸易产业专题对接活动，郑州、洛阳、焦作、新乡4市及郑州航空港经济综合实验区进行了推介对接，广东省河南商会、深圳市河南商会等多个商协会130余名企业家参会，取得良好效果。2017年，全省加工贸易进出口额达到3501亿元，同比增长8.9%，占比66.9%，是河南省最主要的进出口贸易方式。

（4）加快培育外贸新业态，外贸新动能不断集聚。一是继续推进跨境电商综合试验区建设，鼓励更多的省内企业，特别是传统制造企业"上线触网"、转型发展。2017年，全省跨境电商进出口（含快递包裹）1024.7亿元，其中，出口762.5亿元，B2B出口占比53.0%；快递包裹出口6803.0万件，货值147.3亿元。二是培育外贸综合服务企业，认真解读

《关于加快培育外贸综合服务企业的实施意见》，正在抓紧出台《河南省外贸综合服务企业认定和管理办法》，引进和培育本土相结合，推动外贸供应链整合，提升外贸综合服务企业服务水平，为中小企业提供专业集成服务。

(5) 大力开拓国际市场，市场布局更加合理。顺利组织企业参加第十一届中国（河南）国际投资贸易洽谈会、第121、第122届广交会、第十四届东盟博览会、亚欧商品博览会、中国品牌商品美国展、中国品牌商品波兰展等知名展会和专题贸易对接活动，组展规模、参展人数、成交效果等方面均有不同程度突破，收效良好。2017年以来，与河南省有贸易往来的国家和地区达到227个，对美国、日本、东盟和中国香港等传统市场进出口增速保持快速增长，市场份额更加巩固；对金砖4国、"一带一路"沿线国家等新兴市场进出口分别达到241.0亿元、681.8亿元，市场份额快速增长。

(6) 培育外贸经营主体，外贸队伍不断扩大。2017年全省发生进出口业绩企业6751家，较上年增加623家。全省进出口前50名的企业中，3家企业是2017年新增外贸企业。积极培育新外贸企业，培养外贸专业人才，积极开展外贸政策、进出口实务、报关报检、出口退税、外汇管理、国际货代等实用知识培训，帮助、指导企业做好外贸业务，2017年，河南省商务厅举办了春秋两期全省进出口业务骨干培训班，培训人员近千人次，培训效果明显。

二 2018年对外贸易发展形势

展望2018年，随着世界经济稳步复苏势头改善，国内经济平稳增长，河南外贸发展既面临有利条件，也存在制约因素。综合来看，河南外贸发展稳中向好的基本面没有改变，全年基本能够实现外贸增长预期目标。

1. 外贸发展面临的机遇

(1) 世界经济持续回暖。随着国际金融危机的影响逐渐减弱，2018年世界经济有望延续回升向好态势，复苏势头相对强劲，内生增长动力持续增

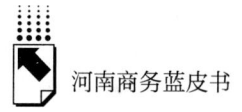

强,金融环境加速改善,大宗商品价格可能稳中有升,国际市场需求持续增长。国际货币基金组织预计2018年世界经济将增长3.7%,较2017年略有提高。2018年一季度WTO世界贸易景气指数达到102.3,高于100的趋势水平。特别是出口订单指数增势强劲,达到104.3,为2011年来历史最高。

(2)国内发展环境总体稳中向好。国家保持宏观政策的连续性和稳定性,继续实施积极的财政政策、稳健的货币政策和统筹协调的区域政策,支撑外贸发展的条件不断增多。国际国内市场持续改善,企业信心稳定,进出口贸易将延续向好态势。

(3)河南外贸发展基础不断巩固。近年来,河南省不断完善外贸政策体系,积极融入"一带一路"倡议,积极推进自贸试验区和跨境电商综合试验区建设,持续强化交通区位优势,加快推进各类指定口岸和海关特殊监管区等载体建设,郑州成为功能性口岸数量最多的内陆城市,中欧班列(郑州)综合运营水平是全国第一,郑州机场客货运量中部双第一,对外开放平台不断完善,贸易便利水平不断提高,都为河南外贸稳定发展奠定了坚实的基础。

(4)外贸竞争新优势基本形成。河南持续推动开放招商,积极承接产业转移重点项目,培育形成了一批特色产业集群,出口产业链日趋完善。进出口企业主动培育竞争新优势的意识不断增强,产品国际竞争力明显提升。跨境电子商务、外贸综合服务企业等新业态迅速发展,越来越多的传统生产企业利用新业态新模式实现进出口,外贸发展后劲更加充足。

2. 河南外贸发展面临的挑战

(1)外贸发展环境仍错综复杂。世界经济增长动力虽然有所增强,但复苏并不稳固,"逆全球化"思潮并未消失,贸易保护主义仍然盛行,国际产业竞争更加激烈,国内比较优势不断下降,外贸形势依然存在诸多不确定性因素。

(2)规模上与先进省份还存在差距。河南省进出口规模虽然进入全国前10阵营,但是在全国占比仅1.9%,份额较少。与先进省份比,河南与这些省份差距不在一个数量级上,广东、江苏、上海、浙江、北京、山东、福建进出口都是数万亿元，广东、浙江、福建省一个省辖市的进出口都比河南全省进出口总额多。与中西部省份比，河南省在中西部虽然排名第一，但四川、重庆与河南进出口仅相差六七百亿元，其中，四川省正在打造全球有影响力的电子信息和光电显示产业基地，已经形成多极支撑的良好局面，发展势头迅猛，随时可能赶超河南；其他中部省份也在步步紧逼。

（3）外贸依存度有待提高。从经济发展的内在要求看，河南省生产总值达到4.5万亿元，已经是全国有影响的经济大省，但全省进出口还处在5000亿元的层级，外贸依存度仅11.6%，对外贸易对经济增长的拉动作用还非常有限。

（4）外贸发展高度依赖富士康。2017年，富士康进出口占全省外贸进出口总额的63.4%，全省外贸受富士康进出口季节性因素影响显著。近几年，富士康生产经营已到稳定期，且受三星、华为、小米等智能手机冲击，苹果手机国际市场占有率逐步下滑，富士康将难以支持河南进出口在高基数下持续快速增长。剔除富士康因素，全省进出口超10亿元企业仅23家，占有进出口实绩企业的0.3%；而进出口300万美元以下的小微企业数量达5672家，占比达83.4%，进出口额仅占全省3.4%，中坚力量缺乏，稳定增长基础不牢。

（5）进出口商品缺少拳头产品。2017年，河南全省出口超10亿元的商品仅24个，且主要出口产品中终端消费品少，高技术、高附加值产品少，缺乏市场竞争力；剔除富士康，全省机电产品、高新技术产品出口占比分别为33.2%、10.8%；进口超10亿元的商品仅18个，剔除富士康，主要集中在农产品、资源型产品和化妆品进口。

（6）新型外贸发展模式有待加强。缺乏外贸综合服务企业是河南外贸发展的突出短板，外贸综合服务企业数量少、服务不完善、链条短、水平低，2015～2017年全省外贸企业通过外省一达通出口达到9658.6万美元，造成省内出口外流。虽然河南跨境电商发展迅速，正在成为外贸发展新动力，但总体规模还不大，对区域经济和整个外贸的带动作用还不强，与特色

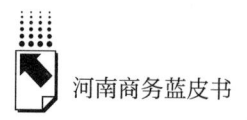

产业融合度还不高,产业链、生态圈都不尽完善。

(7)企业成本增加、融资困难。近年来,随着物价不断上涨,企业原材料、土地、水电、人工、物流、环保等成本持续攀升,利润空间受到挤压,且由于中小企业自身抗风险能力弱,信用水平不高,缺乏资产抵押,从银行贷款难度大,而民间融资成本高,中小企业普遍存在资金短缺困难,造成有的企业人力资本投入低,缺乏专业人才,国际化经营能力弱,不得不放弃一些订单或采取供货出口方式。

(8)贸易便利化水平需进一步提高。部分省辖市还没有海关、商检分支机构、海关特殊监管场所等平台,外贸企业只能异地办理通关手续,影响了企业成本和通关效率,有些本地企业为了更快出口,选择异地出口;一些在谈外向型项目因口岸硬件配套设施不完善而无法推进落地。

(9)全省区域发展不协调。各地(市)发展不平衡明显,全省进出口超100亿元人民币的地市仅有郑州、洛阳、焦作、许昌、南阳、济源6家,其中,郑州进出口占全省进出口的76.1%。鹤壁、商丘等自然资源丰富、人力资源充足、区位优势明显的省辖市进出口仅十几亿元,外贸占比较低。

三 发展对策

1. 狠抓外贸政策落地

一是完善外贸促进政策体系。坚持问题导向,深入基层企业,摸清存在问题,掌握企业需求,加强政策研究,进一步完善适合河南外贸发展的促进政策。二是加强跟踪督导。加大政策宣传力度,让企业充分了解政策、用足用好政策。继续做好提升国际化经营能力、进口贴息、出口信保等外贸专项资金项目工作,加强跟踪问效,提高促进资金使用效益。

2. 加快培育外贸综合服务企业

积极推动省内有意向转型的外贸龙头企业与世贸通等省外龙头综服企业合作,引入成熟的业务操作和流程管理经验;组织省内综服企业到国家试点学习考察，完善风控机制，提升综合服务能力；尽快出台《河南省外贸综合服务企业认定和管理办法》，认定一批省级综服试点企业重点推介支持，吸引本省通过省外综服企业出口"回流"和更多省外生产企业通过河南出口。在支持全流程综服企业发展同时，也注重培育专注于外贸链条某些环节、提供精细化服务的特色服务企业，打造外贸综合服务生态圈。

3. 大力发展跨境电子商务

举办全球跨境电子商务大会，持续推进中国（郑州）跨境电子商务综合试验区建设，支持郑州 EWTO 核心功能集聚区建设，加大跨境电子商务平台、企业引进和培育力度，推动跨境电子商务与特色优势产业深度融合，支持传统外贸企业利用跨境电子商务平台开拓国际市场，做大做强 B2B 进出口。同时，密切跟踪跨境电商重点项目，搞好协调服务，争取跨境电商零售出口有较大突破，继续保持零售进口全国先发优势。

4. 强力推进出口基地建设

鼓励国家级基地加强公共服务平台建设，支持基地开展集体商标注册、地理标志产品保护、生态原产地产品保护，打造区域品牌，提高基地发展规模和国际竞争力。指导各地精准开展高层次产业链、集群式招商，打造具有较强竞争力的特色出口产业集群，重新认定一批省级基地，开展专题调研，适时召开现场交流会，通过现场观摩、经验交流，推动全省基地建设。落实基地动态管理机制，对年度考核不合格的通报批评，责令限期整改，直至取消称号，确保出口基地发展质量。

5. 大力开拓国际市场

收集整理重点展会信息，利用商务厅网站和云平台进行对外发布，引导企业有针对性参加境内外知名展会，重点组织企业参加华交会、广交会、匈牙利品牌展、加拿大品牌展、俄罗斯品牌展等境内外重点展会，力争在参展规模、参展效果上取得突破。鼓励企业在商品销售集中的国家或地区建立品牌展示中心、分拨中心、商品市场、专卖店、海外仓等国际营销网络和售后服务保障体系，巩固传统市场份额；组织企业到商务部重点支持的境外中国

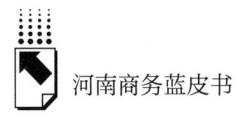

品牌商品贸易中心参观、考察、对接,并逐步开展产品展示及营销活动,拓展新兴市场。做好首届中国国际进口博览会相关工作。加快推进招展招商工作,动员发动省内重点进口企业积极邀请境外合作客商参会参展,组织本省有进口需求企业参会采购,进一步扩大河南进口规模。

6. 加强出口品牌建设

继续实施以质取胜和出口品牌战略,鼓励企业加大技术创新力度,提高智能制造、绿色制造水平,支持企业开展境外专利申请、商标注册、管理体系认证、产品认证,培育具有竞争优势的新产品和新服务。指导、支持创建自主品牌,认定一批河南省国际知名品牌,加大宣传推介力度,提高河南省自主品牌国际知名度。

7. 持续提升贸易便利化水平

推动建立贸易便利化联席会议制度,加强部门协作,加快国际贸易"单一窗口"建设推广,推进口岸监管部门"三互"大通关改革,提升通关效率;继续清理和规范进出口环节收费,推动实施收费正面清单,为企业减负助力;持续推进减政放权,放管结合,优化服务,积极为有需求的企业争取进出口资质、配额,限时办结许可证等各类服务事项;缩短出口退税时限;扩大出口信用保险覆盖面,为外贸企业发展营造宽松环境。

8. 加强外贸业务培训

重点加强外经贸干部队伍、管理人员和业务人员的外贸促进政策、进出口业务、贸易新业态、品牌建设、贸易摩擦应对、世贸组织规则和有关法律法规的宣传培训,不断提高河南省外经贸管理水平和从业人员素质,鼓励企业引进和培养高层次创新人才和团队,为本省外贸事业可持续发展提供人才储备。

9. 积极应对贸易摩擦

一是提高贸易摩擦应对能力。贯彻落实商务部关于进一步加强贸易摩擦"四体联动"应对工作机制要求,完善贸易摩擦应对工作保障机制,加强对涉案企业应诉案件跟踪服务。二是完善贸易救济措施。运用商务部贸易救济预警系统，结合河南省重点产业、重点产品进行预警监测；加强对省内遭受进口冲击企业依法实施产业损害救济措施申请工作的指导。配合商务部做好国外对我国贸易救济调查和对河南省涉案企业的实地核查工作，做好贸易救济效果跟踪调查。三是提升贸易政策合规工作。做好贸易政策合规性评估工作，进一步完善全省贸易政策合规工作制度，探索建立合规评估事后反馈机制。

B.7
2017~2018年河南省对外投资和经济合作形势分析与展望

张旭升　张志立　潘菊芬*

摘　要： 2017年，对外投资和经济合作业务迎来了政策方面的较大变化，对企业"走出去"提出了新的挑战与要求，尽管如此，河南省企业"走出去"工作仍取得了新成效、新突破。2018年，河南省"走出去"工作要不断创新，强化服务和监管，努力解决企业"走出去"过程中遇到的种种困境，推动河南省企业"走出去"业务持续稳定向前发展。

关键词： "走出去"　政策新变化

一　2017年河南省对外投资和经济合作业务运行情况

2017年，河南省的企业"走出去"工作是在对企业对外直接投资实行阶段性管控，国外承包工程市场萎缩、竞争加剧，相关政策和监管办法变化较大，对外劳务市场秩序规范专项行动全面进行的情况下展开的。在商务部和省委、省政府的统一部署和正确领导下，全省企业"走出去"工作系统，特别是"走出去"企业，以落实国家"一带一路"倡议为重点，结合河南实际，理清工作思路，明确重点任务，扎实推进各项工作，取得了明显成

---

* 张旭升、张志立、潘菊芬，河南省商务厅对外投资和经济合作处。

效。全省全年对外承包工程及劳务合作新签合同额完成37.5亿美元，同比下降16.1%，在全国排名第13位，是2012年34.7亿美元的1.08倍；对外承包工程及劳务合作完成营业额为47.7亿美元，同比下降9.4%，全国排名第13位，是2012年37.09亿美元的1.29倍；实际外派劳务5.77万人次，同比下降19.5%，在全国排名第6位，比2016年的6.87万人次下降16%；期末在外总人数61622人次，同比下降38.1%，在全国排名第5位；对外投资项目新备案（核准）210个，其中在境外新设企业77家（含境外机构），变更或增资36家，注销97家；中方协议投资额17.58亿美元，同比下降59.5%，在全国排名第11位，是2012年10.84亿美元的1.62倍。

二 2017年河南省对外投资和经济合作主要措施及成效

1. 省级境外经贸合作区建设取得新突破

河南省对境外经济贸易合作区建设始终高度重视并积极推动。在商务部的支持下，2016年河南国家级境外经贸合作区实现"零突破"，2017年全省境外经贸合作区建设又取得了重大进展，河南省有8个境外经贸合作区纳入商务部统计范围，在全国排名第三。联合省财政厅共同印发《河南省支持省级境外经济贸易合作区建设实施意见》，将推动河南省级境外经贸合作区的创新和提速发展，为河南企业通过建设境外经贸合作区，全面参与国际产业布局、开展国际化经营、拓宽新的发展空间提供新支撑。河南省境外经贸合作区建设工作得到了商务部充分肯定。

2. 规范外派劳务市场秩序专项行动取得阶段性成效

（1）按照商务部开展外派劳务排查整顿、加强管理的通知要求和河南省政府领导批示精神，部署开展了外派劳务合作市场秩序排查、抽查督导和清理整顿工作。同时立足河南实际，在商务部总体工作要求的基础上，结合全省对外劳务合作领域出现的情况和问题，研究制定并印发了《河南省开展规范外派劳务市场秩序专项行动工作方案》，经过部署安排、调查摸底、规范整顿、重点督查、通报总结五个阶段的精心组织，重点抓住了宣传发动、全面排查、联合执法等关键环节，全省共出动执法人员1100余人、执法车辆260余台，收集汇总违法违规外派劳务线索500多条，依法取缔各类非法中介机构和个人210余家，妥善处理各类外派劳务纠纷案件80多起，涉及外派劳务人员400余人次，切实维护了外派劳务人员合法权益，确保了社会稳定。

（2）结合外派劳务企业资质年审，将全省有资质的外派劳务企业和对外劳务合作服务平台名单及联系方式在《河南日报》整版公告并在相关网站发布，同时提醒群众，出国务工必通过有资质的外派劳务企业和政府设立的对外劳务服务平台办理相关手续，还公布了咨询投诉电话和电子邮箱。全面清理整顿现有各类外派劳务机构，对原确定的外派劳务基地县、外派劳务专业基地、外派劳务培训中心，长期未开展相关业务、机构设置和管理不规范的予以取缔或限时整改。

（3）积极开展外派劳务扶贫工作。动员发动全省各级商务主管部门，积极组织对外劳务服务平台和外派劳务企业深入贫困地区举办各类推介会、政策宣讲会、外派劳务对接活动150余场。商务部对河南省开展规范外派劳务市场秩序专项行动、外派劳务扶贫和企业"走出去"工作给予充分肯定。

3.境外直接投资监管得到进一步加强

（1）经过广泛征集筛选，省商务厅建立了《河南省对外投资和经济合作项目库》，并在此基础上分类建立了参与"一带一路"建设项目库、推进国际产能和装备制造合作项目库、矿产资源开发国际合作项目库、境外并购项目库、基础设施建设国际合作项目库、中非十大合作计划项目库六大项目库，对所有入库项目实行动态管理，定期更新，对重大和标志性项目实施重点跟踪。

（2）结合编制对外直接投资年报，省商务厅对全省境内投资主体已注销或设立的境外80多家企业从未开展过相关业务的"僵尸"企业（机构）

及时予以撤注销，不仅规范了对外投资企业和项目管理，更为准确反映全省对外直接投资现状和变化情况，为强化事中事后服务和监管奠定了基础。

（3）积极引导推进河南省"走出去"骨干企业开展战略合作。推动中建七局分别与洛阳市政府共建乌兹别克斯坦经贸合作区、与河南林德国际物流公司共建德国中欧空港产业园等战略合作。积极谋划并大力推动在省内"走出去"企业相对集中的国家（地区）和省内同时建立双跨经贸合作区。

（4）积极配合做好境外企业和对外投资联络（监测）平台建设工作，启动了河南省分平台的筹备工作。进一步强化对外直接投资统计管理和培训工作。

4. 强化为"走出去"企业服务取得新进展

（1）省商务厅为各省辖市、省直管县（市）商务主管部门和河南自贸区建设办公室及郑汴洛3个片区、郑州航空港经济综合实验区、郑洛新国家自主创新示范区管委会申报开通了对外投资合作信息服务系统统计管理端口。

（2）将"河南经贸网"改版升级为"河南企业走出去网"，为全省对外投资和经济合作系统、"走出去"企业搭建起了信息沟通、经验交流、政策解读、风险预警、项目推介平台和窗口。

（3）积极推动组建河南省"走出去"企业联盟，配合做好河南省企业国际合作协会换届工作，把全省重点并具有代表性的对外投资企业、对外承包工程企业、对外劳务合作企业、境外经贸合作区省内实施企业、驻豫工程类和装备制造中央企业、政策性和商业性金融保险机构作为协会会员单位，打造以信息交流咨询服务、项目评估论证、投融资为主要业务、面向全省"走出去"企业服务的平台，推动企业抱团出海，形成合力。

（4）立足于改革创新，简化程序，提高效率，减轻企业负担，积极探索对企业"走出去"专项支持资金分配方式进行改革，建立了企业"走出去"政策性统保平台，专项用于"走出去"企业境外政治风险赔付和保障。

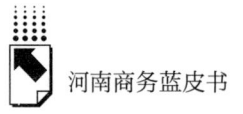

5. 主动利用和搭建平台，推动更多企业"走出去"

2017年，省商务厅先后组织省内"走出去"企业组团参加了中国—俄罗斯博览会（哈尔滨）、东盟博览会（南宁）、厦洽会（厦门）、中国—阿拉伯国家博览会（银川）、中国—蒙古国博览会（呼和浩特）等由商务部举办的重大经贸活动，配合商务部投促局在豫举办了中韩雇佣制系列宣讲活动。结合省领导和省商务厅领导出访，组织"走出去"企业组成经贸团随访，推动了有关国家与河南省的双向投资经贸合作。

经过不断努力，近年来河南省的企业"走出去"工作取得了显著成效。

一是优势产能"走出去"步伐加快，企业发展空间进一步拓展。目前，河南省主要工业企业和绝大多数装备制造业企业，均已在境外设立了企业（分公司、办事处）并积极开展对外直接投资、对外承包工程业务，一批装备制造企业已在国际市场上站稳脚跟并发挥举足轻重作用，有力地带动了工程、机电设备、原材料的进出口，带动了对外劳务发展。二是农业"走出去"成效显著，优势进一步发挥。结合河南省的优势，省政府及时出台《河南省人民政府办公厅关于促进农业对外合作的若干意见》，明确了目标、任务、重点项目和支持措施，建立了联席办公会议制度，编制了发展规划。河南省涉农企业深耕中亚、东欧和非洲地区并取得明显成效，已成为河南企业"走出去"的新亮点。三是海外并购迎来高潮，一批企业全球战略布局初步形成。近年来，河南企业抓住机遇，加大对发达国家（地区）、"一带一路"沿线国家和地区、"空中丝绸之路"主要节点国家（城市）的直接投资并购力度，不断创出新业绩、闯出新路子，涌现了洛阳钼业、郑煤机、河南航投、河南林德、南阳国宇、淅减、中内配、河南美景等一批重大投资并购项目。四是省级境外经贸合作区初具规模，发展提速。河南企业在境外规划建设的境外经济贸易合作区纳入商务部统计范围的数量排名全国第3，仅次于黑龙江、山东。省内企业在境外设立的12个省级境外经济贸易合作区进展顺利并初具规模。五是服务、监管和防风险并重，企业"走出去"的外部环境不断得到优化。省商务厅加强与政策性和商业性金融、保险机构的战略合作，初步构建起"政府推动、银行融资、企业承建、保险保障"为主要内容的政银企保"四位一体"企业"走出去"融资机制。积极向国家和省有关部门、各类政府基金和金融机构推荐对接河南企业"走出去"重大项目，定期组织开展企业"走出去"政策宣讲和业务培训。加强对外直接投资管控，强化对外承包工程和对外劳务合作风险备用金管理，全面落实对外承包工程备案管理制度，企业"走出去"的政策支持体系和服务体系更加完善，扶持力度进一步加大。

三 面临的主要问题

随着近年来各项重大改革的不断深化，企业"走出去"业务涉及的政策法规调整变化频繁，在减少审批事项、强化"双随机一公开"的同时，都要求注重和加强各级商务主管部门的监管责任，而相应的实施细则出台滞后，在依法行政的大环境下，一些工作的法律、法规依据和具体抓手缺失。从河南情况看，改革开放以来，河南省一直没有专门出台对企业对外直接投资的指导性文件；过去已出台的一些涉及企业"走出去"工作（主要是对外劳务合作和对外承包工程业务）的文件，着眼于放权多，很少有加强监管的要求和办法，同当前形势和要求不相适应。对此，一方面需要采取有效措施，切实加强相关政策的宣传培训，另一方面，更需要尽快从强化监管的角度，抓紧研究提出一些具有针对性、指导性、规范性的政策和办法。

企业融资渠道窄、融资难，各地企业"走出去"业务发展不平衡。企业"走出去"项目一般具有周期长、资金需求量大的特点，而金融机构对"内保外贷"支持较多，而对"外保内贷"不积极，再加上对民营企业金融支持授信额度控制严、渠道不畅、审批环节多且周期长，虽然各金融机构对"一带一路"建设和企业"走出去"项目都很关注，但企业真正能够得到的资金支持很少。从全省情况看，个别省辖市（如周口市等）既没有开展"走出去"业务，也没有"走出去"公共服务机构和企业，一些省辖市仅开展有对外劳务合作业务，规模小且过于单一，10个省直管县（市）的这一情况更为突出。

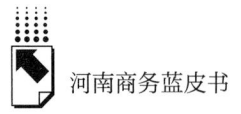

四 2018年面临机遇与挑战

2018年和今后一个时期,企业"走出去"、对外投资和经济合作既面临难得的机遇,也存在不少风险和挑战,企业"走出去"之路永远是机遇与挑战并存,困难和希望同在。

从机遇方面看,一是党的十九大胜利召开,为对外投资和经济合作工作、企业"走出去"指明了方向,省委、省政府重视对外投资和经济合作工作,加大对企业"走出去"政策支持,增强了企业的信心。二是国家层面一批以经贸为主题的大型主场外交活动的成功举办,以河南省投洽会为代表的系列国际性、针对性、实效性经贸活动的举办,为进一步深化对外投资和经济合作工作、推动企业"走出去"营造了良好氛围,搭建了更广阔、更实用的平台。三是省内企业拥有强大的产能、适用的技术和一定的实力,扩大对外投资和经济合作、加快企业"走出去"的条件比以往更为成熟。四是随着以供给侧结构性改革为内容之一的各项改革加快推进,"放管服"改革成效进一步显现,为河南省发挥产业竞争优势、增强企业"走出去"的动能提供了重要支撑。五是世界经济短期企稳向好,全球贸易投资回升,新一轮科技和产业变革蓄势待发,新产业、新技术、新业态层出不穷,为扩大对外投资和经济合作、加快河南企业"走出去"创造了更为有利的条件。

从风险挑战方面看,一是河南省企业"走出去"起步晚、起点低,质量效益不高,虽然总量和规模不小,但仍处于快速发展、初始发展、转型升级的"三段交汇"期,与沿线、沿边和经济发达省份的相比还有一些差距,缺乏具有知名度、影响力的投资品牌和一批骨干企业。二是企业海外经营行为有待规范,个别企业存在非理性对外投资和海外行为不规范的问题,盲目性和不敢闯是河南企业"走出去"同时存在的最明显弱点和软肋,过度竞争等现象时有发生,对项目实施、企业形象和国家、河南声誉带来一些负面影响。三是外部环境存在诸多不确定性因素,世界经济尚未走出业健康和弱增长的调整期，深层次结构性矛盾并未有效解决，新的增长动力仍未形成。特别是美国针对我国、我国企业启动"贸易战"，欧美西方主要经济体货币政策转向，启动"缩表"和加息进程，可能导致全球经济不稳定、流动性趋紧。不少国家社会分化严重，保守主义、民族主义抬头，将影响经济增长前景。四是美国等发达国家一方面加快实施"产业回归""投资回归"政策，另一方面又对其他国家提出种种限制，特别是通过安全审查等手段对我国企业投资并购的限制明显上升。五是安全风险不容忽视。大国博弈和利益冲突加剧，境外传统、非传统安全风险持续蔓延，"走出去"企业的境外利益、境外项目、境外人员面临的风险不断加大。

五　发展对策

2018年是全面贯彻落实党的十九大精神的开局之年，是改革开放40周年，也是实施"十三五"规划承上启下的关键一年，是河南省企业"走出去"、对外投资和经济合作工作面临转型、提质、强效的重要一年。既要适应新形势，又要符合新要求，既要解决新问题、克服新困难、应对新风险，又要抓住新机遇、做出新成绩、闯出新路子。将按照商务部、省委和省政府的统一部署和要求，从河南省实际出发，始终围绕"创新、发展、服务"这一主线，突出重点，针对短板和弱项，抓住关键，积极推动并做好各项工作。

1. 在"创新"方面

按照深化"放管服"的要求，在继续加强对外直接投资真实性、合规性审查的基础上，创新对外直接投资方式，突出实体经济导向，结合河南经济社会发展需求和产业、企业优势，继续支持战略清晰、坚持主业的企业"走出去"，有序引导和规范对外直接投资。探索试行企业对外直接投资备案（核准）"容缺受理"制，根据企业或项目性质，简化办事程序，提高办事效率，提升服务质量。争取上半年在重点企业和产业中试行。同时，按照

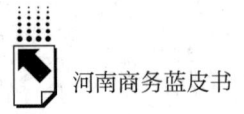

商务部统一部署,围绕实施"丝路明珠"示范工程,积极推进境外经贸合作区创新工程,加快境外经贸合作区建设。

2.在"发展"方面

更好地发挥企业的主导作用,明确主攻方向,盯紧重点项目,用好河南优势,促进全省对外投资和经济合作各项业务快速健康发展。一是以牵头配合好商务部从国家层面加快推进"空中丝绸之路"建设,编制好中卢、中国(河南)与卢森堡共建郑州—卢森堡"空中丝绸之路"经贸合作发展规划为重点,上半年配合商务部研究院完成"规划"编制工作。会同商务部欧洲司办好第十二届中国(河南)国际投资贸易洽谈会的2018中国(河南)—卢森堡共建"空中丝绸之路"高峰会专题活动。同时按照商务部的部署和省政府明确的分工,扎实推进商务系统参与"一带一路"建设的各项工作。二是适应新形势,按照"鼓励发展+负面清单"原则,进一步支持规范对外直接投资,全面落实对外承包工程"备案+负面清单"管理措施,争取省内更多的企业列入商务部重点联系和支持的"走出去"企业名单,更多的项目成为商务部认定和打造的"丝路明珠"项目和首批"一带一路"重大战略性项目,完成好促进各项业务平衡稳定健康发展和提升管理服务水平两大任务。三是进一步推动境外经贸合作区建设,一季度全面启动2018年度省级境外经贸合作区申报工作,统筹组织安排好实地审核确认,在现有基础上争取进一步加大专项资金支持力度。四是巩固规范外派劳务市场秩序规范专项行动成果,上半年研究制定规范对外劳务合作的意见,同时抓紧启动招标程序,采取措施,出台规范性意见,进一步加强和规范对外劳务合作风险处置和对外承包工程风险处置备用金管理。五是在商务部合作司和中国对外承包工程商会的支持下,共同办好第十二届中国(河南)国际投资贸易洽谈会豫企对外合作洽谈对接会,为更多的河南企业"走出去"搭建洽谈对接和沟通交流新平台。在巩固做好中韩雇佣制的同时,争取年内在拓展以色列建筑劳务、德国和奥地利厨师等业务上取得进展,进一步拓宽全省外派劳务渠道。六是按照商务部要求,完善鼓励支持政策,动员并组织开展好劳务扶贫工作。

3. 在"服务"方面

一是结合河南实际，贯彻落实好国务院和商务部有关文件精神，上半年研究出台《河南省进一步做好对外直接投资工作的实施意见》，加强规划引导，完善促进政策，健全工作机制和服务保障，规范企业海外经营行为，加强对外投资和"走出去"企业境外安全，加快境外项目和对外投资监测服务平台和风险防控体系建设，有序引导和规范企业对外直接投资，增强河南省企业在全球范围内配置要素资源的能力。二是结合河南省企业国际合作协会换届，加快组建"走出去"企业联盟，推动异业联合、强强联合，提高河南"走出去"企业国际市场竞争力。三是依托"河南企业走出去网"，年内争取建立省级"走出去"公共服务平台，更好地为全省"走出去"企业提供政策解读、信息咨询、风险预警、在线办事等各项服务。四是继续强化企业"走出去"各项业务培训和统计工作。在配合商务部做好境外项目和对外投资联络（监测）服务平台建设的同时，重点围绕项目跟踪、监测和服务等工作内容，年内初步建成省级分平台。五是在用足用好现有企业"走出去"专项支持资金的基础上，争取继续加大政策资金支持力度，全面落实"双随机一公开"监管办法，切实做好各类财政专项资金使用的绩效评价工作。

B.8 2017~2018年河南省消费品市场运行分析与展望

郭海燕 张亮哲 陆军 邹君*

摘　要： 2017年，河南省消费品市场规模进一步扩大，消费结构升级步伐加快，新兴业态和新商业模式继续保持强劲发展势头，全省消费品市场运行呈现总体平稳、稳中有进、稳中向好的增长态势。预计2018年，在国民经济运行持续稳中向好、居民收入逐步提高等多因素带动下，传统实体零售业有望保持回暖态势，新兴业态继续快速增长，新商业模式不断涌现，消费转型升级态势将会延续，全省消费品市场仍将保持平稳较快增长。

关键词： 消费品市场　消费升级

一　2017年河南省消费品市场运行情况

随着全省深入推进供给侧结构性改革效应的不断显现，全省城乡居民收入逐年增加，消费能力稳步提升，消费需求持续增长，全省消费品市场进入消费规模不断扩大、消费结构加快升级、商品结构不断优化的新阶段，消费继续发挥着经济增长主要驱动力的作用。2017年全省国民经济继续保持平

---

* 郭海燕，河南省商务厅市场运行调节处；张亮哲、陆军、邹君，河南省博览事务局有限公司。

稳较快增长,生产总值增长率为7.8%,其中,第三产业增加值同比增长9.2%,全省社会消费品零售总额完成19666.77亿元,比上年增长11.6%,增速高于全国1.4个百分点,增速在全国位居第8位,在中部6省位居第3位,总量在全国位居第5位。

1. 全省消费品市场总体保持平稳较快增长

2017年,全省社会消费品零售总额19666.8亿元,比上年增长11.6%,增速比上年回落0.3个百分点。从零售额增速的月度走势看,全省社会消费品零售额当月增速高开低走,在小幅波动中逐月回落：2017年上半年每月零售额增速均保持12%左右,7月增速开始逐月回落,10月回落到全年的最低点10.9%,到12月当月增速又回升到11.4%,与2016年的走势形成"剪刀叉"(见图1);从季度累计增速看,一季度增长12%,上半年增长12%,前三季度增长11.8%,全年增长11.6%,亦呈现高开低走,小幅回落态势。

从零售额的行业构成来看,零售行业增速回落明显。2017年,全省社会消费品零售额四大行业中零售业同比增长11.6%,比上年回落0.4个百分点,批发、住宿、餐饮业的增速分别为10.7%、10.3%、12.9%,分别比上年提升0.1个、1.3个、0.2个百分点。由于零售业占比高达75.2%,零售业增速回落直接影响全省社会消费品零售额增速回落。

2. 城乡市场发展更趋协调,农村消费品市场增长持续快于城镇

随着全省城镇化水平不断提高,全省城乡居民购买力不断增强,消费环境持续优化,城乡消费品市场均保持了较快增长。特别是随着农村居民收入平稳增长,农村市场体系日益完善,消费便利性日渐增强,乡村消费品零售额增速快于城镇,城乡消费差距继续缩小,消费市场城乡结构持续优化。2017年,全省乡村实现消费品零售额3622.30亿元,同比增长12.5%,高出城镇市场增速1.1个百分点。虽然乡村消费市场保持了较快增长,但从比重上看,城镇消费品市场依旧占据主导地位,2017年全省城镇消费品零售额实现16044.48亿元,同比增长11.4%,占全省社会消费品零售总额的比重为81.6%。

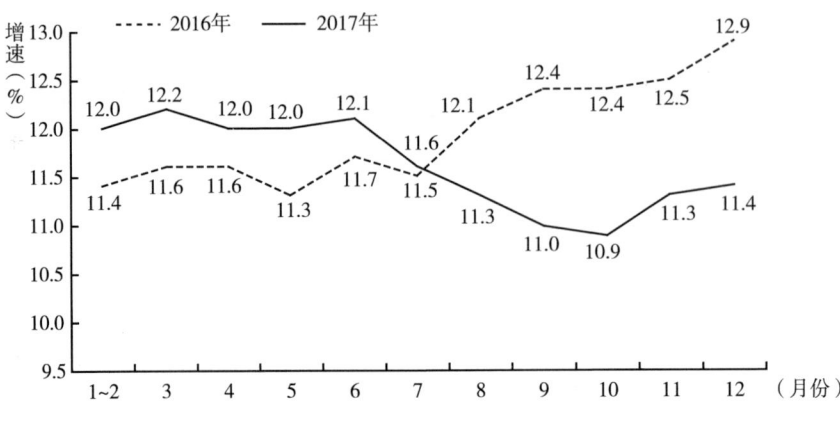

图1 2017年全省社会消费品零售额各月增速对比

3. 批发和零售行业零售额保持稳步增长

全省批发和零售贸易企业以扩大消费为立足点，创新市场营销方式，积极拓宽销售渠道，在流通领域依然占据主导地位。2017年，全省批发和零售业完成零售额16893.36亿元，同比增长11.4%，占全省消费品零售总额的比重为85.9%。其中批发业完成零售额2102.28亿元，同比增长10.7%，零售业实现零售额14791.08亿元，同比增长11.6%。

4. 餐饮行业加快转型步伐，行业保持较快增长

2017年全省餐饮业实现营业收入2743.13亿元，同比增长12.7%，增幅比上年提升0.2个百分点。其中限额以下餐饮企业实现营业收入2229.76亿元，同比增长12.9%，占餐饮业总收入的81.3%，大众餐饮依然是消费市场的主力。近年来，城市高档餐饮企业放低身价，纷纷把目标锁定大众餐饮，大力发展家庭餐、婚寿宴、商务餐饮等大众消费，企业转型成效显著，营业额增长速度逐年提升，2017年全省限额以上餐饮业实现营业额513.37亿元，同比增长11.6%，比上年提升1个百分点。

5. 多数商品增长比上年加快，消费结构持续优化

从全省限额以上批发零售企业商品零售分类额来看（见表1），2017年多数生活类商品零售额增速提高，消费升级类商品零售额增速提升明显，消

表1 限额以上批发零售企业商品零售分类情况

单位：万元，%

商品类别	2017年	增长	占限上零售额比重
粮油、食品类	8015861	15.6	10.5
饮料类	1772071	14.1	2.3
烟酒类	2660811	12.5	3.5
服装、鞋帽、针纺织品类	6868442	8.8	9.0
化妆品类	1595963	37.5	2.1
金银珠宝类	1446640	9.2	1.9
日用品类	3111626	10.8	4.1
五金、电料类	994685	4.3	1.3
体育、娱乐用品类	339130	12.0	0.4
书报、杂志类	578745	7.4	0.8
电子出版物及音像制品类	69431	28.2	0.1
家用电器及音像器材类	4869863	14.9	6.4
中西药品类	3050041	15.8	4.0
文化、办公用品类	1251534	8.3	1.6
家具类	1991691	16.5	2.6
通信器材类	976690	15.9	1.3
煤炭及制品类	656050	3.4	0.9
石油及制品类	8566911	13.9	11.2
建筑及装潢材料类	1137973	11.1	1.5
机电产品及设备类	701622	9.0	0.9
汽车类	23831284	6.4	31.2
棉麻类	6929	-48.4	0.0
其他类	1889775	20.6	2.5
总计	76383768	11.2	—

资料来源：河南省统计局。

费结构升级不断深化。一是粮油、食品，饮料，烟酒类商品增长较快，分别比上年增长15.6%、14.1%、12.5%，分别提高1.2个、1.6个、0.4个百分点。二是与交通、通信相关的商品增速较快，加速明显。通信器材类、石油及制品类（主要指汽油）商品分别同比增长15.9%、13.9%，增速分别比上年提高6.4个、10.3个百分点。三是美容、保健、文化娱乐等反映居

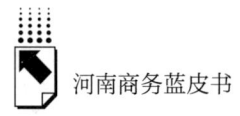

民消费升级类商品快速增长，提高幅度明显。化妆品、中西药品、金银珠宝类商品分别同比增长37.5%、15.8%、9.2%，分别比上年提高34.1个、4.9个、1.6个百分点。其中，化妆品类和电子出版物及音像制品类增速（28.2%）在23类有限上零售统计的商品中居前2位。四是与居住相关的商品保持着较快增速。家用电器及音像器材、家具类商品分别增长14.9%和16.5%，分别比上年提高6.6个和0.1个百分点；建筑及装潢材料类商品同比增长11.1%，比上年回落1.6个百分点。

6. 互联网消费继续保持快速增长势头

2017年，全省电子商务交易额、网络零售额分别达到1.3万亿元、2493亿元，同比增长30%以上，总体水平进入全国前十。全省拥有国家级电商示范基地达到3个、示范企业达到12家，省级电商示范基地达到56个、示范企业达到218家，累计备案电商企业达到7319家。阿里巴巴、微软、百度等知名企业布局河南，世界工厂网、中钢网、鲜易网等省内电商平台位居细分行业前列。全省国家级电商进农村综合示范县达到34个、省级示范县达到42个，农产品网络零售额达1033亿元。

二 全省消费品市场运行存在的困难和问题

1. 纵向看，全省社会消费品零售总额增速呈逐年回落态势

随着全省社会消费品零售总额规模总量的不断扩大，增长速度保持较高水平的难度越来越大。连续观察近11年来河南省社会消费品零售总额及增速的变化趋势：2006~2010年（"十一五"）期间，全省消费品零售总额年均增速为18.9%；2011~2015年（"十二五"）期间，零售额总量从8000多亿元增加到15740亿元，净增7700余亿元，年均增速为14.5%；2016~2017年两年间零售额总量净增3927亿元，年均增速为11.7%。由此可见，"十三五"时期，河南省消费品市场呈现出新常态特征更加明显，零售额增速正由高速向中速转变，年均增速会保持在11%左右。

2. 消费品市场中限额以上企业占比降低，影响全省零售额的增长

2017年，全省限额以上单位消费品零售额实现8182.03亿元，占全省社会消费品零售总额的41.6%，比上年降低0.4个百分点，低于全国平均水平2.3个百分点。限额以上企业单位零售额增长11.2%，比全省零售额增速低0.4个百分点，对全省零售额增长的支撑作用减弱。

3. 传统商品消费有所降温，新的消费热点尚未形成

2017年，在全省限额以上商品零售额中占比较大的传统商品零售额增速有所下降（见表1）。比如，服装、鞋帽、针纺织品类，日用品类，建筑及装潢材料类，五金、电料类，文化、办公用品类等商品零售额增速分别为8.8%、10.8%、11.1%、4.3%、8.3%，分别回落1.9个、2.3个、1.6个、12.4个、4.9个百分点。反映居民消费升级的化妆品，电子出版物及音像制品，体育、娱乐用品类商品零售额增长较快，但由于其占限额以上商品零售额的比重很小，对全省消费品市场的拉动作用有限，不能持续形成真正新的消费热点。

4. 汽车类消费增速明显下滑影响全省零售额增速

2017年，受小排量汽车购置税减免政策变化（购置税减免比例由50%降为25%）的影响，汽车消费热度明显下降，汽车类消费在2016年增速较高的基础上，同比增速呈逐月回落态势。2017年，全省汽车类商品零售额增速为6.4%，比上年回落6.4个百分点。由于汽车类零售额占全省限上商品零售额比重为31.2%，对全省零售额增速影响较大，成为全省零售额增速回落的主要原因。

三 2018年河南省消费品市场环境分析和展望

1. 促进河南省消费品市场增长的有利因素

（1）宏观经济发展平稳。进入"十三五"时期，全国及全省经济进入中低速增长的新常态，宏观经济保持稳中有进、稳中向好的增长态势，综合实力和经济总量迈上新台阶，经济结构不断优化，发展方式加快转变，经济增长质量不断提高。2017年,全省生产总值实现44988亿元,比上年增长7.8%,增速高于全国平均水平0.9个百分点;第三产业增加值完成19199亿元,同比增长9.2%,对GDP增长的贡献率达48.4%,高于第二产业2.8个百分点。

(2)促进消费的政策效应持续支撑消费品市场发展。近年来,国务院、省政府陆续出台一系列推进传统消费提质提效、新兴消费快速发展的政策措施,推动国内贸易流通现代化建设,旨在将内贸流通打造成经济转型发展的新引擎。2018年,这些政策效应将进一步显现。

(3)城镇化建设的深入推进为全省消费品市场增长提供原动力。近年来,河南省城镇化进程不断加快,与全国平均水平及与沿海省份的差距逐步缩小。2016年全省常住人口城镇化率达到48.5%,比2015年提高1.6个百分点,高于全国提高点数0.3个百分点。未来几年河南省仍将处于工业化、城镇化发展的赶超阶段,消费品市场拓展空间巨大。大量农村劳动力转移和集聚,将释放巨大消费市场增长空间,从而促进消费品市场总量扩张和结构升级,形成对市场需求的规模效应,成为拉动消费和经济增长的重要引擎。

(4)城乡居民收入不断提高,消费信心逐渐增强。2017年,全省各地全面落实中央关于改善民生和打赢脱贫攻坚战的要求,随着扶贫力度持续加大,低保标准陆续提高,城乡居民医保制度加快整合,企业和机关事业单位退休人员基本养老金继续上调等措施的落地,全省城乡居民收入保持较快增长。2017年,全省居民人均可支配收入20170.03元,比上年增长9.4%,增速比上年提高1.7个百分点,高于全国0.4个百分点。按常住地分,城镇居民人均可支配收入29557.86元,同比增长8.5%;农村居民人均可支配收入12719.18元,同比增长8.7%。全省居民人均消费支出为13729.61元,同比增长8.0%,增速比上年提高0.6个百分点。2018年,随着多层面社会保障制度的不断完善,全省城乡居民收入不断提高,居民消费能力、消费预期不断提高。尤其是国家实施精准扶贫、精准脱贫战略以来,大量贫困家庭脱贫,有助于提振贫困人口的消费信心,加快释放贫困家庭吃、穿、用方面的消费需求，满足基本生活需要。

2. 制约河南省消费品市场增长的不利因素

（1）消费品价格波动影响消费品零售额增长变化。2017年，全省居民消费价格与上年相比上涨1.4%，涨幅同比回落0.5个百分点。分城乡看，城市居民消费价格上涨1.5%，农村居民消费价格上涨1.2%。分类别看，食品烟酒价格下降1.6%，衣着价格上涨1.3%，居住价格上涨3.6%，生活用品及服务价格上涨1.5%，交通和通信价格上涨0.2%，教育文化和娱乐价格上涨2.7%，医疗保健服务价格上涨6.3%。12月份当月，居民消费价格同比上涨2.3%，环比上涨0.6%。预计2018年，全省居民消费价格保持温和上涨的态势。

（2）传统消费向新兴消费转换的动力不足。经济发展新常态下，排量式、模仿型传统消费模式增长空间有限，个性化、多样性的新兴消费模式逐渐成为主流，发展空间巨大。然而，受消费环境、消费成本等因素制约，河南省一些新兴消费领域发展相对滞后，消费转型升级步伐缓慢。

（3）消费品市场缺乏超大型龙头企业的引领。与工业相比，河南商业领域市场主体资产和销售规模都普遍偏小，盈利能力不高，网络化布点相对滞后，引领和带动作用较弱。全省10亿元以上零售企业不足40家。本土企业如郑州丹尼斯百货、大张实业、新玛特购物广场、国美电器、西亚和美、世纪联华、大商集团等实力较强企业，目前还欠缺商业领袖风范，未能实现省内全面布局，全国战略布局更是刚刚起步，并且进展缓慢。

综上分析，2018年，河南消费品市场挑战与机遇并存，压力与动力并行。在全国经济进入新常态的背景下，只要全省认真贯彻落实党的十九大和中央经济工作会议精神，以习近平新时代中国特色社会主义思想为指导，贯彻落实习近平总书记调研指导河南时的重要讲话指示精神，坚持稳中求进工作总基调，坚持新发展理念，以实现高质量发展为根本方向，着力提升经济发展质量与效益，促进经济社会持续健康发展，消费品市场仍然具备保持较快增长的空间和潜力，预计2018年全省社会消费品零售总额增速保持在11%~11.5%区间。

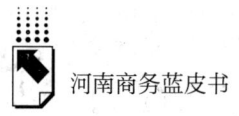

四 促进河南省消费品市场健康发展的对策建议

（1）提供优质服务，优化发展环境。着力解决消费者"能消费、愿消费"的问题，除要切实提高居民收入，消除后顾之忧外，还要解决消费产品质量、消费环境的问题。一是相关职能部门要健全扶优扶强激励机制。重点扶持在"调结构、转方式、惠民生"方面贡献突出的批发零售、住宿餐饮企业、电子商务企业，增强竞争力，扩大市场覆盖率。加大外资商贸品牌引进力度，简化程序，主动服务，为企业搭建招商平台，促进河南商业品牌丰富度和国际化水平的提高。二是建立健全商业信用体系。进一步建设完善讲诚信、守契约、重规范、反欺诈的市场秩序。三是要加强市场监管，提升消费信心。各部门要协同合作，对食品安全、产品质量、服务诚信等方面严格监管，加大违法处罚力度，切实扭转打击违法犯罪"成本过高"、违法犯罪"成本过低"的被动局面，营造和谐消费环境，切实保护消费安全，保障消费者权益，长效促进全省消费市场稳步增长。

（2）培育发展特色市场，改造提升商品交易市场。大力发展专业市场、特色市场，提升改造大型商品交易市场。合理定位各类专业市场的分工，推进商品交易市场创新。探索利用专业市场优势，增加会展功能，培育知名会展品牌；延伸市场服务链条，加快推进商品交易市场向物流配送中心的转变。

（3）引导企业不断创新消费服务、创造新市场，寻求新的增长点。改善商贸流通服务功能，创新消费服务方式，提高资源配置效率。开拓农村市场，促使城市中心区商业设施不断向郊区、中心镇延伸。不断开拓特殊人群市场，更加重视人性化营销，满足不同人群的消费需求。

（4）着力培育大型商贸流通企业集团。大型商贸流通企业集团，是零售业的主导力量。应鼓励有实力的流通企业积极参与国内国际市场竞争与合作，通过连锁经营、参股、控股、兼并、合资、合作等方式，跨行业、跨地区整合资源，实现资本化扩张，在新型城镇化和城市化发展进程中，形成一批新的有竞争实力的大型流通企业，提高河南本土商贸流通市场主体竞争力。

B.9
2017~2018年河南省商务监测重点商品市场分析与展望

黄友文　张亮哲　梅雪峰*

摘　要： 2017年世界经济增速明显提升，劳动力市场持续改善，全球物价水平温和上升，大宗商品价格有所上涨，国际贸易增速提高。河南重点商品市场发展总体平稳，市场形势基本符合预期，市场需求稳中有升，新发展理念和供给侧结构性改革初有成效，销售规模稳步增长，消费价格温和上涨。展望2018年，中国经济将步入新时代，中国经济增长韧性强劲、政策空间充裕、比较优势显著，国企改革、消费升级、"一带一路"、新经济等结构性投资机会依然值得期待，在新时代下河南经济将保持中高速增长区间，商品市场有望继续保持稳中有升。

关键词： 食用农产品　重要生产资料

一　食用农产品市场形势分析与展望

2017年，河南省全面贯彻中央一号文件精神和落实省委农村工作会议要求，深入贯彻创新、协调、绿色、开放、共享的发展理念，不断加大对农业的扶持力度，大力推进农业现代化，实施藏粮于地、藏粮于技战略，推动

---

* 黄友文，河南省商务厅市场运行调节处；张亮哲、梅雪峰，河南省博览事务局有限公司。

粮经饲统筹、农林牧渔结合、种养加一体、一二三产业融合发展，保障了农产品生产和供应，稳定了消费价格，为稳增长、调结构、促改革、惠民生做出了突出贡献。

1. 2017年河南农产品市场运行状况

2017年，河南食用农产品市场供应充足，交易活跃，品种丰富，价格总体平稳。但受养殖周期、恶劣天气、供求关系和季节性因素等影响，蔬菜、鸡蛋和猪肉等品种部分时段价格波动较大。

（1）粮食生产连年丰收，价格稳中略涨。2017年河南省认真贯彻中央农村工作会议精神和落实省委农村、农业会议要求，推进农业供给侧结构性改革，全省粮食生产持续保持稳定。调查结果显示，2017年全省夏粮总产710.8亿斤，较上年增产15.5亿斤；秋粮总产量为483.84亿斤，比上年减产10.12亿斤，减幅为2.0%。尽管秋粮略有减产，但夏增补秋减，全年粮食总产量仍高于上年，2017年全省粮食总产量为1194.64亿斤，比上年增产5.38亿斤。同时，河南省积极推进农业供给侧结构性改革，减少玉米种植面积，增加优质花生面积。河南省粮食生产连年丰收，库存充裕，市场供需平衡，价格涨跌互现。1月末，全省粮食零售均价为5.31元/公斤（见图1），同比下降1.7%。12月末，全省粮

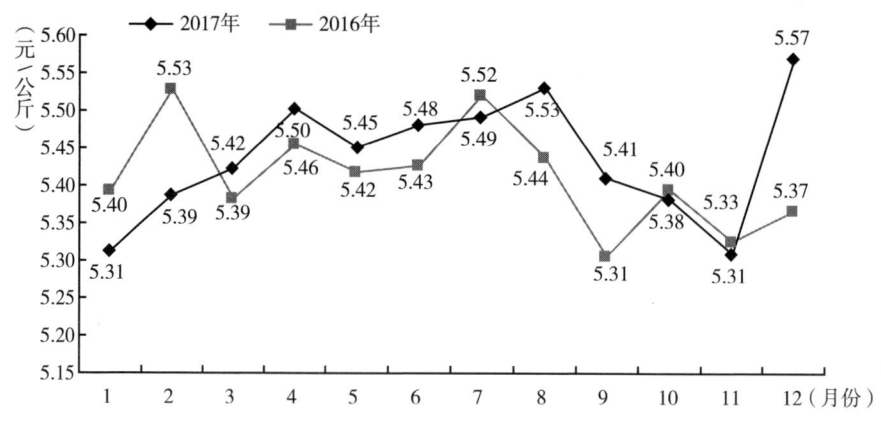

图1　2016~2017年按月份粮食（零售）价格走势

资料来源：河南省商务厅监测数据。

食零售均价为 5.57 元/公斤（见图 1），同比上涨 3.7%，其中小包装面粉零售均价 4.73 元/公斤，小包装大米零售均价 5.93 元/公斤，同比分别上涨 1.72% 和 0.51%（见表 1）。

表 1　2017 年 12 月粮油价格情况

单位：元/公斤，%

商品	本期价格	同比	环比
粮食（零售）	5.57	3.70	0.18
小包装大米	5.93	0.51	0.17
小包装面粉	4.73	1.72	0
粮食（批发）	4.57	-2.97	0
粳米	5.02	0.40	-0.39
籼米	4.96	-1.39	0.21
面粉	3.74	-8.56	0.55
桶装食用油（零售）	16.80	8.04	-1.37
大豆油	12.75	15.59	-0.76
花生油	23.56	2.79	-0.53
菜籽油	16.07	9.84	-2.24
调和油	14.83	9.04	-2.26
食用油（批发）	13.10	-12.43	1.26
大豆油	9.42	-10.46	-2.33
花生油	19.73	-15.68	6.75
菜籽油	12.43	-7.72	-4.12
调和油	10.83	-12.87	0.47

资料来源：河南省商务厅监测数据。

（2）原料价格上涨，食用油价格同比涨幅较大。2017 年前期大豆压榨利润较低，开机率偏低，进入三季度以来国内豆油、豆粕库存持续下降，而国内饲料产量长期维持平稳增长，短期迎来季节性旺季，下游需求坚挺叠加库存持续下降，造成食用油价格上涨较大。12 月末全省桶装食用油零售均价为 16.80 元/公斤（见图 2）。其中大豆油上涨 15.59%，菜籽油上涨 9.84%，调和油上涨 9.04%，花生油上涨 2.79%（见表 1）。

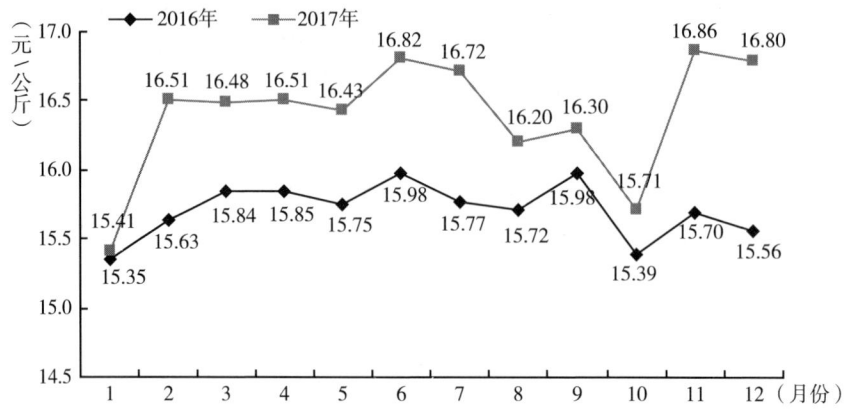

图 2　2016~2017 年按月份桶装食用油（零售）价格走势

资料来源：河南省商务厅监测数据。

(3) 猪源宽松，猪肉价格下行。从供给端来看，养殖大企业 2016 年新投项目产能于 2017 年持续释放，生猪出栏量同比继续增长，这部分产能对生猪价格的影响非常之大，如期释放加快猪价的跌势。但是，环保继续，社会猪场补栏缓慢，禁养区继续退市，产能有所减少，下行趋势震荡运行。整体来看，2017 年养殖饲养成本上升，玉米和豆粕价格震荡上移，兽药和饲料涨价，盈利继续缩水，猪价在下行趋势中，呈现短期震荡，价格仍处于高位运行。

猪肉价格与生猪行情走势基本一致。1 月全省鲜猪肉零售均价 28.56 元/公斤，12 月末均价 25.54 元/公斤（见图 3），降幅达 10.6%，同比下降 4.31%（见表 2）。

(4) 鸡蛋供应偏紧，价格小幅上涨。由于前段时间鸡蛋价格在成本价以下低价位运行，蛋鸡养殖业亏损惨重，养殖户为了减少损失，纷纷大量淘汰蛋鸡，蛋鸡数量随之急剧减少，进入"蛋周期"的恶性循环，造成鸡蛋价格快速上涨。同时南方部分地方发生洪涝灾害致使养鸡场受损，鸡蛋减产，鸡蛋外调增加，导致价格上涨。从全年价格走势看，因端午节促销，5 月价格为全年最低，鸡蛋零售均价 5.64 元/公斤（见图 4），较 1 月下降

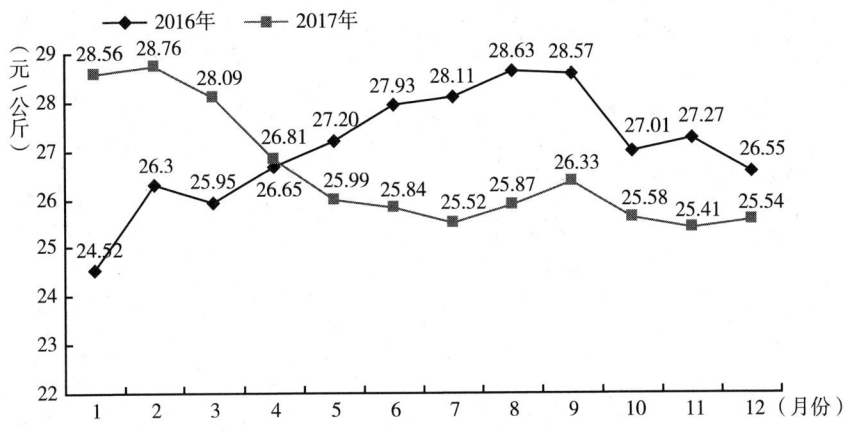

图3 2016~2017年按月份鲜猪肉（零售）价格走势

资料来源：河南省商务厅监测数据。

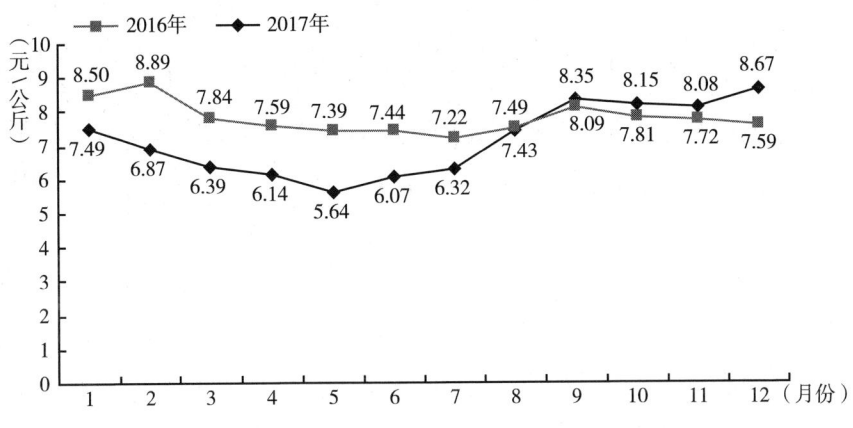

图4 2016~2017年按月份蛋类（零售）价格走势

资料来源：河南省商务厅监测数据。

24.7%。5月中旬以后，随着气温升高，蛋鸡进入"歇伏期"，价格开始企稳反弹。随着中秋、国庆临近，鸡蛋价格呈加速上涨态势，至9月全省鸡蛋均价回升至8.35元/公斤。随着市场供求关系的变化，年末鸡蛋价格再度达到全年最高位。12月末，全省鸡蛋零售均价8.67元/公斤（见图4），较年初上涨15.75%，同比上涨16.85%（见表2）。

表2　2017年12月肉类、蛋类零售价格情况

单位：元/公斤，%

商品	本期价格	同比	环比
鲜猪肉	25.54	-4.31	0.37
其中：精瘦肉（猪肉）	29.57	-7.65	0.34
五花肉（猪肉）	26.93	-6.95	0.65
禽类（零售）	15.28	-4.98	0.07
白条鸡	15.28	-4.98	0.07
蛋类（零售）	8.67	16.85	7.48
牛肉（零售）	64.64	5.21	-0.71
羊肉（零售）	59.32	7.10	0.47

资料来源：河南省商务厅监测数据。

（5）牛、羊肉供应局面偏紧，价格小幅上升。随着生活水平提高和健康意识增强，人们减少了猪肉消费，相应增加了牛羊肉消费量，牛羊肉消费增长，局部地区供求偏紧，市场价格持续上涨；另一方面，受养殖效益偏低、养殖成本上升和市场需求等多重因素影响，全省肉牛、肉羊存栏减少，产量增长减缓，局部地区出现牛羊肉供不应求，供求关系趋紧。12月末全省牛肉零售均价64.64元/公斤（见图5），比年初增长1.99%，同比上涨5.21%（见表2）；全省羊肉零售均价59.32元/公斤（见图6），比年初增长5.66%，同比上涨7.10%（见表2）。

（6）蔬菜价格"两头高、中间低"，季节性波动明显。1月份蔬菜价格持续冲高，最高达到4.37元/公斤（见图7）。6月份全省蔬菜批发均价2.32元/公斤（见图7），为全年最低。7月中旬以后，受高温闷热天气影响，蔬菜生产进入"伏缺期"，市场供应减少，价格开始反弹，后几个月蔬菜价格弱势震荡运行。12月末全省蔬菜批发均价2.97元/公斤，同比下跌23.65%（见表3）。

重点监测的18个蔬菜品种，12月末价格同比上涨的仅2种，下跌的16

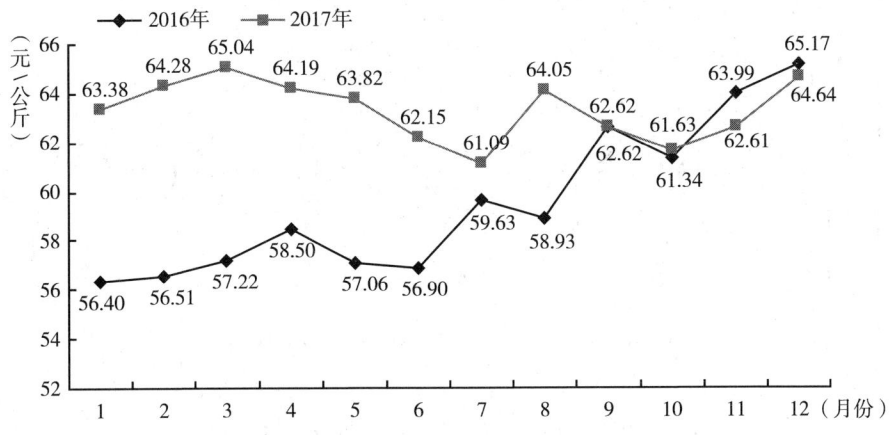

图5　2016～2017年按月份牛肉（零售）价格走势

资料来源：河南省商务厅监测数据。

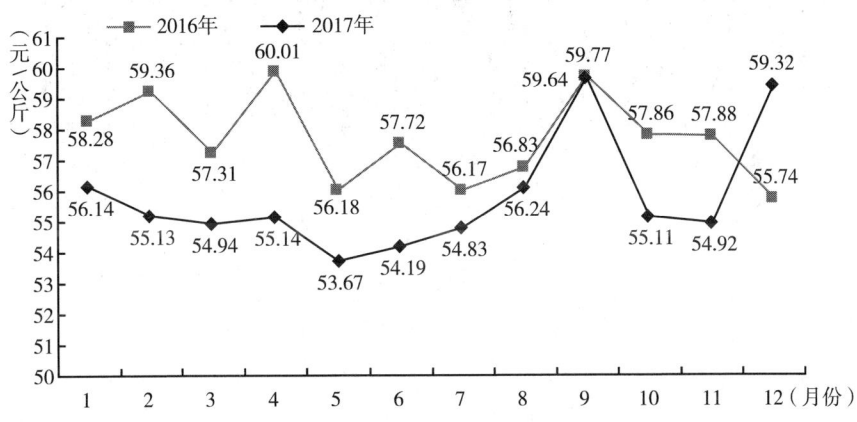

图6　2016～2017年按月份羊肉（零售）价格走势

资料来源：河南省商务厅监测数据。

种。从具体品种看，冬瓜和黄瓜分别上涨19.83%和3.01%。蒜头、圆白菜、白萝卜和芹菜，跌幅较大，分别为57.75%、46.36%、31.09%和30.36%（见表3）。

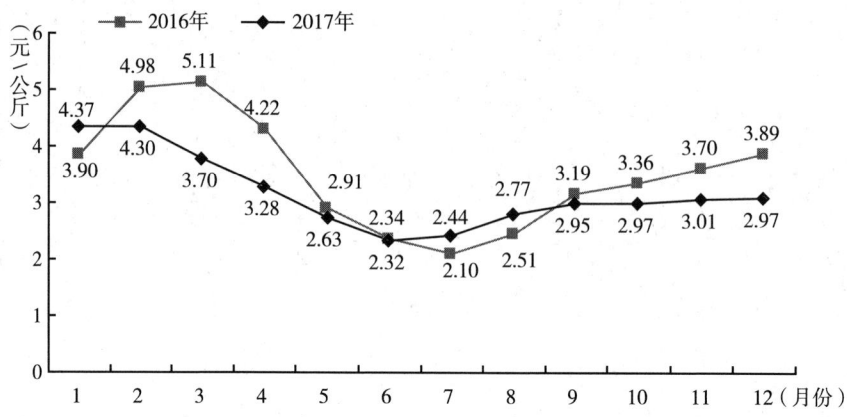

图7 2016~2017年按月份蔬菜（批发）价格走势

资料来源：河南省商务厅监测数据。

表3 2017年12月蔬菜（批发）价格情况

单位：元/公斤，%

商品	本期价格	同比	环比
蔬菜（批发）	2.97	-23.65	3.06
其中：圆白菜	1.18	-46.36	-7.69
油菜	2.61	-5.78	8.3
芹菜	1.95	-30.36	-8.26
生菜	2.78	-1.07	-8.39
大白菜	0.82	-25.45	-23.36
白萝卜	0.82	-31.09	-18.10
土豆	2.10	-18.60	1.46
洋葱	1.62	-19.40	3.07
蒜头	5.64	-57.75	-2.82
生姜	5.05	-9.66	-9.68
西红柿	2.94	-27.05	0
黄瓜	3.42	3.01	-2.25
茄子	2.98	-16.76	18.83
辣椒	3.59	-14.93	20.19
青椒	3.11	-25.06	16.42
豆角	5.99	-4.62	28.8
冬瓜	1.45	19.83	32.38
苦瓜	5.37	-23.4	-0.74

资料来源：河南省商务厅监测数据。

2. 农产品市场存在的问题

（1）生产者营销观念淡薄，组织化程度低。一些生产者往往存在重生产、轻营销的思想，认为农产品不需要促销的传统观念十分严重，不能积极主动与市场对接，产品营销渠道严重不畅。分散、弱小的农户经营格局、随意性的种植制度，不能有效解决产销环节中存在的小生产与大市场的矛盾。

（2）销售渠道不畅。以农产品批发市场、集贸市场为主导的营销渠道体系，从生产者到达消费者要经过多个环节。过多的渠道层次导致流通时间过长，价格差异及变化大，并且造成资源极大的浪费。

（3）农产品科技含量不高，品种单一，名优产品比例低，品质不高，精深加工不足，农药残留及其他有害有毒物质难以做到有效监控。

3. 对策建议

一是多方培育壮大营销主体。突出区域性农产品批发市场建设，合理搞好布局规划，持续完善市场基础设施配套，强化市场管理，以确保市场公平竞争、交易公开、公正有序。二是树立现代农产品市场营销观念。引导农户树立以消费者需求为中心的现代市场营销理念。三是加强农产品科研投入。要积极引进先进技术，集聚优势资源，加速农产品科技研发，提高产品的质量。

4. 2018年河南农产品市场展望

2018年河南农产品市场将以稳为主，局部小幅波动。

粮油价格以稳为主。河南是全国重要的粮食生产基地，粮食连年丰收，储备较多，市场供给相对宽松，价格将以平稳为主，但仍存在较大的下行压力。食用油市场供应充裕，市场需求稳定，但受国际食用油原料价格影响，预计后期食用油价格将高位运行。

猪肉价格震荡运行，牛羊肉价格高位运行。2018年春节消费旺季，猪肉价格稳中趋升，节后进入传统消费淡季，价格走弱。但能繁母猪存栏量增长，生猪生产将维持平衡状态，加上居民饮食特点，市场猪肉消费短期内不会有太大变化，价格震荡运行。牛羊养殖周期长、风险大、数量少，短期内市场供应偏紧的格局难以根本缓解，预计牛羊肉价格高位运行。

禽蛋价格以稳为主。禽蛋价格高位运行，有效刺激了养殖户补栏积极性，家禽养殖业基本恢复，禽蛋市场供求总体平衡有余。若没有大的疫情出现，预计禽蛋价格不会出现大幅涨跌，市场相对平静，价格以稳为主。

蔬菜价格波动较大。春节前后，严寒天气，蔬菜供应量减少，加之市场经营大都以大棚菜和外地菜为主，运输成本增加，蔬菜价格呈现明显的上涨态势。春节后，气温回升，市场供应量增加，节日拉动因素消退，价格进入季节性回落通道。预计蔬菜价格还将遵循冬季上涨、夏季回落的态势，随季节明显波动。

二 重要生产资料市场形势分析与展望

2017年，世界主要经济体普遍呈现稳步复苏态势，制造业回暖，需求转旺，去产能对缓解供应过剩起到了积极作用，生产资料价格总体相对稳定。国内宏观经济稳中向好，稳定性、协调性和可持续性明显增强，生产资料市场规模稳步回升，供需两旺，产销衔接顺畅，价格在波动中保持上涨。整体来看，河南生产资料市场运行良好，钢材、煤炭价格小幅回升，成品油价格高位运行，有色金属、水泥价格大幅上涨，化肥价格弱势震荡运行。

1. 2017年生产资料市场运行的主要特点

2017年，经济增速稳中趋升，供需平衡增长，经济发展的平衡性增强、效益提高、协同性改善。在宏观经济和制造业运行稳中向好态势的带动下，企业生产经营形势良好，生产资料市场销售状况保持良好发展态势。主要体现在以下几方面。

（1）市场销售增速加快。供给侧改革政策措施不断落实，生产资料市场需求增加，销售增速加快。2017年全省流通领域十大类限上生产资料销售额9208.9亿元，较上年增长19.02%。其中金属材料类增长22.7%，棉麻类增长19.6%，煤炭及制品类增长19.4%，建筑及装潢材料类增长13.5%，木材及制品类增长11.3%（见表4）。

表4 2017年全省限额以上十大类生产资料销售情况

单位：万元，%

品种	销售额	同比
煤炭及制品类	12501870	19.4
木材及制品类	80670	11.3
石油及制品类	17706212	9.4
化工材料及制品类	5942614	9.6
金属材料类	16943243	22.7
建筑及装潢材料类	5951304	13.5
机电产品及设备类	4607489	9.8
汽车类	26321741	4.9
种子饲料类	1092482	4.6
棉麻类	942346	19.6

资料来源：河南省统计局数据。

（2）市场供求过剩缓解。随着国家经济结构调整和增长方式的转变，生产资料需求增加，下游需求回暖，企业库存下降，供求过剩状况有所缓解。据省商务厅网上调查显示，2017年下半年河南省300种主要生产资料中，认为供求基本平衡的意见比重为82%，较上半年上升10个百分点；供过于求的意见比重为16%，较上半年下降6个百分点；供求偏紧的意见比重仅为2%。

（3）市场价格波动上升。省商务厅监测的成品油、煤炭、钢铁、水泥、有色金属和化肥六大类商品，以12月为例，同比价格全部上涨，环比仅有煤炭和有色金属价格小幅回落。

12月末全省汽油零售均价7.00元/升，柴油零售均价6.34元/升（见图8），同比分别上涨8.0%和9.7%，环比分别上涨2.0%和2.4%。

供给侧改革政策措施不断落实，煤炭下游行业兼并重组，行业集中度提高，需求增加，煤炭市场供应偏紧的局面推动煤炭销售价格持续震荡走强。12月末全省煤炭均价763.68元/吨（见图9），同比上涨5.6%，环比下降0.8%。

钢材、水泥等建材价格上涨较大。国家经济结构调整和增长方式转变，

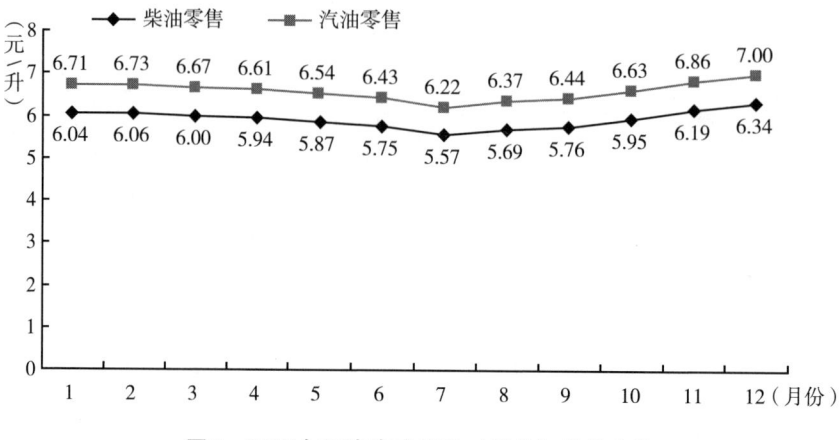

图8 2017年河南省成品油（零售）价格走势

资料来源：河南省商务厅监测数据。

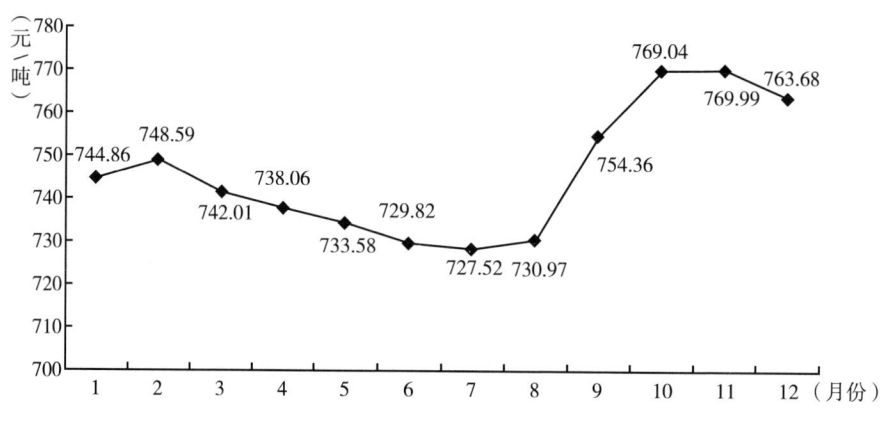

图9 2017年河南省煤炭（零售）价格走势

资料来源：河南省商务厅监测数据。

钢铁去产能持续推进，市场竞争环境进一步改善，宏观经济平稳发展，钢材消费进入旺季，市场供求矛盾有所缓解，价格上涨。水泥在供应端受限、限产停产、生产成本增加和供需关系转变等因素共同作用下，价格大幅上涨。12月末全省钢材均价4649.99元/吨（见图10），同比上涨32.0%，环比上涨4.4%；全省水泥均价428.61元/吨（见图11），同比上涨22.1%，环比上涨16.5%。

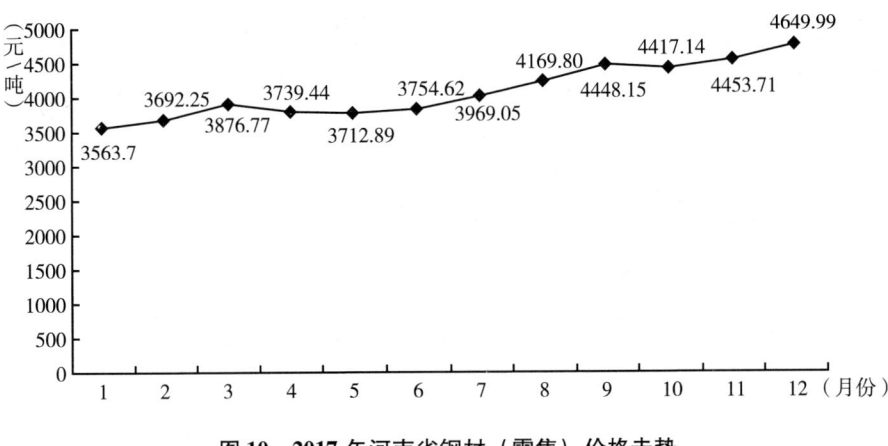

图 10　2017 年河南省钢材（零售）价格走势

资料来源：河南省商务厅监测数据。

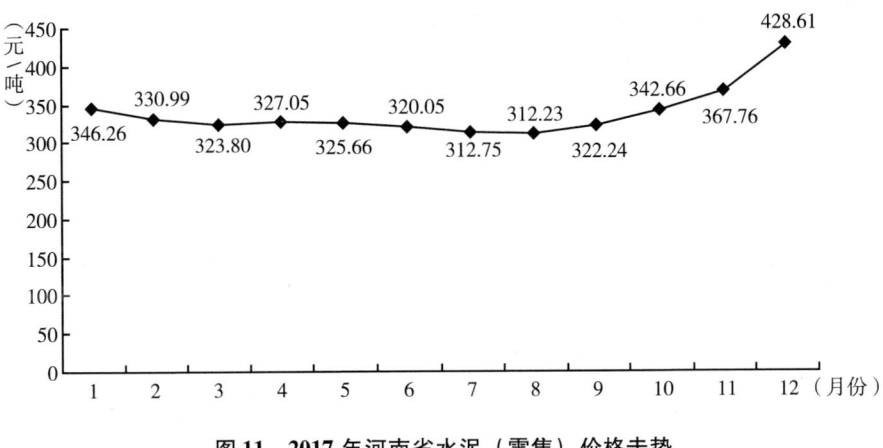

图 11　2017 年河南省水泥（零售）价格走势

资料来源：河南省商务厅监测数据。

有色金属价格高位运行。受益于中国的"一带一路"倡议和全球的经济复苏，国内外市场有色金属供需缺口仍存，有色金属价格总体呈偏强震荡走势。但由于当前全球经济复苏态势还不稳固，工业金属需求仍较疲弱，有色金属价格反弹仍有反复。12 月末全省有色金属均价 27752.56 元/吨（见图 12），同比上涨 11.2%，环比下降 1.70%。

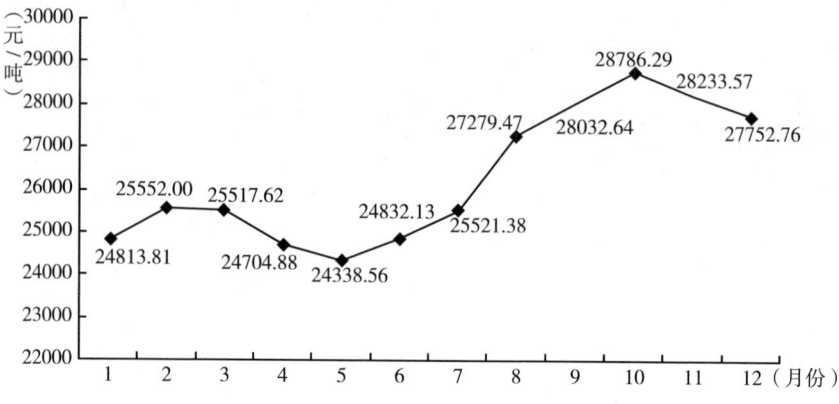

图12 2017年河南省有色金属（零售）价格走势

资料来源：河南省商务厅监测数据。

化肥价格先降后升，震荡趋稳。受经济大环境影响，2017年国内化肥出口低迷，内需不旺，价格总体呈平稳弱震荡态势。12月末全省化肥均价2441.81元/吨（见图13），同比上涨1.7%，环比上涨0.2%。

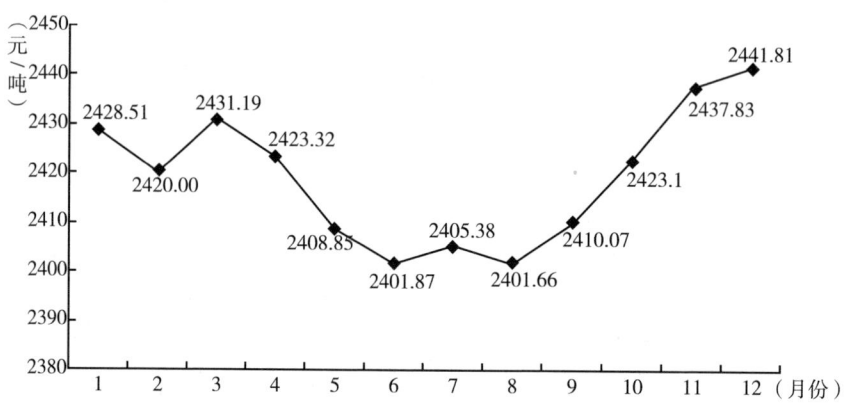

图13 2017年河南省化肥（零售）价格走势

资料来源：河南省商务厅监测数据。

2. 当前生产资料市场存在的主要问题

（1）生产资料流通现代化水平低。生产资料行业发展还存在一些深层次问题，主要表现在：企业规模小，组织方式落后，流通基础设施建设缺乏整体规划和布局，投入严重不足，电子交易模式、供应链融资等新型交易方式缺乏政策引导和法律规范。这些问题制约了生产资料流通业的发展，迫切需要转型升级，必须由传统贸易商向贸易服务商和供应链一体化方向发展；推动生产资料流通向信息化支撑的、能够融合资源的、多层次的服务平台发展，促进与金融业的融合，促进流通方式转变，推进生产资料流通方式现代化。

（2）企业税费高，盈利弱。河南多数生产资料企业靠规模扩张和买卖差价获得效益，盈利能力较低，创新能力较差。据对部分重点生产资料流通企业调查，企业运营成本高，企业支付税费增加，进一步压缩了企业利润空间。

（3）国际市场变化对国内影响增大。世界经济一体化，国际市场对能源、原材料需求减弱，价格走低，对国内生产资料价格起传导效应。国际贸易摩擦不断，新的国际贸易保护主义抬头，国内产品出口困难，对一些生产资料企业生产造成不利影响。国际金融市场动荡不稳，以美元计价的国际市场原材料、能源、燃料价格高位运行，国内生产资料企业压力增大，困难增多。

3. 对策建议

完善稳价保供长效机制，夯实去产能和环保督查工作。夯实市场长效稳定机制，关键要加快培育和衔接钢铁、有色金属等行业的新动能和新需求，引导社会合理解读去产能、去杠杆、环保督查等政策，不给游资借题炒作的机会。继续严控过剩行业低效产能的增量，严控地方十九大之后由于引导不当造成部分行业产能的再次无序扩张和价格的大幅回落。积极引导骨干企业加快建设优质高效产能，强化资源能源和环境硬约束，多管齐下确保"僵尸企业"退出和善后机制到位。动态调整环保限产工作的节奏和幅度，避免"一刀切""运动式"减产限产，正确处理好抓环保、保供应和稳价格的辩证关系。

4. 2018年生产资料市场趋势展望

2018年河南省将持续推进供给侧结构性改革，加快工业增长新旧动能转换，生产资料需求将继续缓慢回升，价格震荡运行、企稳反弹的可能性大。

（1）市场需求好转。随着郑州被确立为国家中心城市，一大批重点基础设施项目建设进程加快，拉动生产资料需求的增长。此外，2018年的一些特殊情况可能使得市场需求恢复力度超出预期。一方面，冷冬叠加采暖季限产限制了部分工地开工，天气转暖之后，这部分需求或加速释放。另一方面，环保政策将进一步趋严，冬季采暖季限产、停产预计继续执行，且市场对此有一致预期，所以一些建筑工程的工期将会前推，进一步推动市场需求的释放。

（2）国内资金状况的变化对后期市场行情或将产生影响。2018年国内的货币环境将呈现中性略偏紧的态势，强调企业金融去杠杆。建筑工程投资的启动资金状况如何，将成为影响市场需求强度和节奏的主要因素，尤其是PPP项目（政府和社会资本合作）的资金到位情况。目前，作为PPP项目主要的资金供给方——银行对新增PPP项目持谨慎态度，有的银行已经暂停新增PPP项目。因此，资金供给存在不确定性，将直接影响生产资料市场行情走势。

（3）上游生产资料价格向下游消费品传导将进一步提速。目前，大宗商品价格上涨势头已经持续两年，多数生产资料价格已回到2011年的高位水平。由于目前企业是按订单生产，一旦原材料和工业品价格长时间高位震荡，那么在2018年新订单合同签订时，上游价格上涨成本必然会更大面积向下游消费品转嫁。届时，钢铁、水泥等中下游领域已经出现的成本推动价格上涨态势将波及更多领域。在成本推动型的通胀预期下，预计2018年CPI波动中枢较2017年有一定幅度提升，核心CPI也会保持中高位运行。

B.10
2017~2018年河南省电子商务形势分析与展望

张巍 袁文卓*

摘　要： 2017年，河南省委、省政府高度重视电子商务工作，深入贯彻落实党中央、国务院决策部署，将发展电子商务作为实现动力转换、经济转型的重要举措，以跨境电商、农村电商、电商物流等为重点，加快推动业态创新、模式创新，全省电子商务呈现出健康、持续、快速发展的良好态势。展望2018年，随着中国（郑州）跨境电子商务综合试验区、中国（河南）自由贸易试验区、国家大数据（河南）综合试验区、郑洛新国家自主创新示范区等一系列国家战略规划、战略平台的全面推进，1+1>2的叠加效应正在形成，为中原更加出彩提供强大动力，在这个新的战略机遇期，河南省电子商务将继续保持快速发展态势。

关键词： 电子商务　农村电商　跨境电商

一　2017年河南省电子商务发展回顾

2017年，河南省电子商务继续保持快速发展，电子商务交易额12535

---

* 张巍、袁文卓，河南省商务厅电子商务办公室。

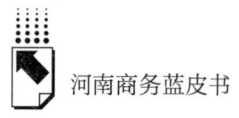

亿元，同比增长24.9%，是同期河南省GDP增速的3.2倍，成为经济发展的新引擎，带动新旧动能加速转换。其中，网络零售额2493亿元，达全省社会消费品零售总额的1/8，同比增长30.8%，是同期全省社会消费品零售总额增速的2.7倍，成为消费新热点；跨境电商交易额1024.7亿元，同比增长33.3%，成为外贸转型升级新动力；国家级、省级电子商务进农村综合示范县电商交易额2030亿元，农村电子商务为县域及农村经济发展增添了新活力；电子商务进农村综合示范覆盖45个贫困县，累计服务贫困户92.55万人次，帮助贫困户增收1.39亿元，电商扶贫成为脱贫攻坚的重要抓手。

1. 政策体系不断完善

全面贯彻国家及河南省支持电子商务发展、推进"互联网+"行动的各项政策措施，先后出台了河南省人民政府办公厅《关于深入实施"互联网+流通"行动计划的意见》《关于开展加快内贸流通创新推动供给侧结构性改革扩大消费专项行动的实施意见》，制订实施了《河南省"互联网+流通"行动计划》《河南省"互联网+"电子商务行动工作方案》，完善了电子商务发展顶层设计和促进体系。各地结合实际，研究制定电子商务发展规划，出台促进电商发展的配套措施，加大财政资金支持力度，健全电商支撑服务体系。

2. 电商应用深入发展

随着《河南省人民政府办公厅关于推动实体零售创新转型的实施意见》的出台，内贸流通体制改革步伐加快，有力地推进了实体商业的转型升级和线上线下融合发展。传统生产、流通企业积极自建网上商城或利用第三方平台开展电商业务。2017年全省新增电子商务企业2385家，新增电子商务平台105家，网店13万家，大中型企业电子商务应用率超过80%，全省重点餐饮企业"上线率"超过85%，餐饮业线上营业额占总额的10%以上。众品食业入驻淘宝、京东等电商平台，自建"日日鲜"网络营销平台和智能仓储物流系统，在56个城市实现了生鲜品共同配送。郑锅股份开通自媒体平台，国外社交媒体平台询盘量每月3000多条，电商成交额占合同总额的

65%。黎明重工、宇通客车、安阳锻压、好想你枣业、娅丽达服饰等企业电商应用水平突飞猛进，交易额超过亿元。濮阳市爱佳家政、驻马店市大德家政等示范企业通过自建网站和微信公众号平台，匹配供求信息，提供家政服务，年带动就业超过1万人。

3. 农村电商稳步推进

2017年，河南省继续加大对农村电子商务的投入，在争取国家级电子商务进农村综合示范县的同时，省级示范县创建工作也有条不紊，全年新增国家级电子商务进农村综合示范县13个，省级示范县15个。截至目前，全省已有34个县被确定为国家级示范县，42个县被确定为省级示范县，国家、省两级示范县累计达76个，已覆盖全省一半县市，投入之大，覆盖之广，全国少有。建成县级电商综合服务中心59个、乡镇服务站656个、村级服务点10138个，新开农村网店5.4万个，累计实现电商交易额2030亿元，农产品网络零售额1033亿元，开展电商培训40.4万人次，带动就业20多万人。引进阿里、京东、苏宁、一亩田、一扇门、农购网、乐村淘等电商企业来豫开展涉农电商服务，培育了亿品达、来村网、找菜网等本土涉农电商平台，为农村电商发展增添了活力。

4. 跨境电商增速迅猛

跨境电商无边界，全省实行一顶帽子大家戴、多种模式同步试、万众创业齐心干，全面推进中国（郑州）跨境电子商务综合试验区建设，跨境电商竞相发展。统筹推进三大平台、七大体系初见成效，出台66项创新举措已有55项落实到位。河南省以促进产业发展为重、以扩大出口为主、做大做强B2B、规范发展B2C的发展模式得到国家肯定。跨境电商园区认定办法、与自贸试验区融合发展等多条经验在全国复制推广。河南跨境电商从过去的"一枝独秀"发展到如今的"众木成林"，初步实现了多模式发展、多网点布局、多主体运行、全省联动发展的新格局。2017年全省跨境电商交易额1024.7亿元人民币（含快递包裹），同比增长33.3%，其中出口762.5亿元，B2B出口404.2亿元，占出口总额的53.0%，快递包裹出口6803万件，货值147.3亿元。郑州海关共监管跨境电商零售进出口清单9128.7万

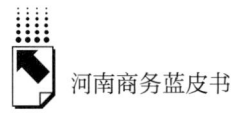

票，货值113.9亿元，同比增长59.1%，其中出口清单1761.8万票，同比增长8.5倍；进口清单7366.9万票，同比增长32.7%。

5. 电商扶贫精准发力

拓宽电子商务精准扶贫渠道，探索电子商务带动社会力量扶贫，实现了电商项目的精准对接，充分展现了互联网在助推脱贫解困攻坚中的作用。在电子商务进农村综合示范评定中优先支持贫困地区，全省53个贫困县中已有45个被确定为国家级或省级电商进农村综合示范县，覆盖率85%，高出全国平均覆盖率25个百分点。全省示范县电商服务站点已覆盖2790个贫困村。2017年"双11"期间，省商务厅联合多家知名电商平台，开展电商扶贫专题活动，一场活动，销售特色农产品8亿多元。镇平县、台前县、封丘县进入"中国电商扶贫行动"100个国家级贫困县电商扶贫销售前20名。农村电商对于调整农业产业结构，促进农业增效、农民增收，扩大农村就业创业，实现精准扶贫发挥了积极作用，已成为拉动农村消费增长的新引擎，促进农村经济快速发展的新动力。

6. 孵化培训全面开花

加强"政、校、协、企"合作，省商务厅与郑州师范学院共建电子商务发展规划研究院，与郑州大学共建电子商务与物流协同发展研究院，开展多层次、多类别电子商务培训。2017年，省级以上电子商务示范基地建设电商孵化平台222个，举办培训班3500多次，培训55万人次，有效降低了创业风险和成本，提高了创业成功率。成功举办了河南省电子商务双创技能大赛。

7. 电商发展不断规范

持续开展电子商务企业认定备案，2017年新认定备案电子商务企业2385家，累计达到7319家，为电商管理服务奠定了基础。省打击侵权假冒领导小组办公室统筹安排，加大对重点网站和网络交易平台的监管力度，开展互联网领域侵权假冒专项治理，严厉打击网上销售侵权假冒商品行为。省商务厅会同省工商局、省通信管理局推进网络市场监管信息归集，将电商领域各监管部门掌握的企业信息归集共享，实现部门间的企业信息互联共享和联动监管，提升监管效能。省商务厅、省发展改革委等部门，指导16家省内知名电商、快递企业签署《反"炒信"信息共享协议》，组成河南反"炒信"联盟，联合开展惩戒行动，加强电商领域诚信建设，均取得了良好的社会效益。

尽管河南省电子商务发展仍然存在人才结构不合理，区域、行业发展不均衡，覆盖深度、广度不够等问题，但电子商务作为互联网经济新的主要应用领域，仍然以难以估量的速度发展，影响和改变着社会经济的方方面面。展望2018年，随着中国（郑州）跨境电子商务综合试验区、中国（河南）自由贸易试验区、国家大数据（河南）综合试验区、郑洛新国家自主创新示范区等一系列国家战略规划、战略平台的全面推进，1+1＞2的叠加效应正在形成，为中原更加出彩提供强大动力。在这个新的战略机遇期，河南省电子商务将继续保持快速增长态势。

二 2018年河南省电子商务发展形势分析

1. 电商发展环境将不断完善

随着国家政治体制改革的深入及经济体制改革的进一步完善，电子商务已成为社会经济发展新动力。其应用范围也将深入到生产、流通、消费、服务等各领域以及人类社会生活的各个层面。国家电子商务法即将出台，省内有关电子商务的政策法规也在筹划，可以预见，电子商务的法制环境也将日益完善。与此同时，信用、支付、物流等电子商务支撑体系的日趋便捷安全，也为电子商务发展迈进新的更高的层次提供了坚实的支撑。

2. 电商应用将达到新的广度和深度

当前，国家《电子商务"十三五"发展规划》贯彻落实已进入攻坚期，电子商务将在社会生活各个领域得到进一步的深化。在区域发展方面，电子商务也将从长三角、珠三角和环渤海等沿海及经济发达地区向中西部地区辐射，河南省的电子商务发展也将在这轮辐射波中提升到新的广度和深度。

3. 新零售成为电子商务新代表

随着人们消费环境的变化及选择的多样化，线下实体店和线上虚拟店的竞争也进入了白热化，"新零售"便应运而生，逐渐从进入大众视野，成为电商的新代表。它是以产业融合为基础、以消费升级为背景、以新技术为手段的一场新的革命，从线上线下的资源打通、到大数据云计算的合理运用、高效便捷的物流整合，终将引发整个零售业产业链新的革命。

4. 农村电商将向标准化规模化发展

全省电子商务进农村综合示范县已有 76 个，覆盖范围全国居首，已初步形成了以县级电子商务公共服务中心为平台、镇乡村电子商务服务站点为节点、县乡村三级物流快递网络为支撑的农村电商体系，"工业品下乡，农产品进城"的双向流通渠道基本形成。一方面，这个流通渠道在拓展农产品上行的同时，在市场这个无形大手的操控下，农业生产会自觉向规模化、标准化、品牌化方向发展。另一方面，随着大批有知识、有技能的返乡农民工及下乡大学生的加入，也将促进传统农业生产向规模化、标准化、品牌化方向迈进。

5. 跨境电商将朝品质电商发展

近两年，河南省跨境电子商务交易额年均增长速度一直保持在 30% 以上，但在其高速增长背后，就出口商品而言，却主要是低质低价，甚至是易耗产品等低附加值的产品出口。但随着中国制造 2025 的深入实施，以前省内制造业技术含量不高，一直处于国际产业价值链低端环节的窘况将逐步改善。从大环境来看，中国的转型升级，是从加工制造向品牌、技术的转型升级，河南省也不例外，省内企业走出去是必然，中国品牌国际化是必然，一批有实力的卖家，终将会把省内好产品通过跨境电商渠道卖往全球。

三 促进河南省电子商务健康持续发展的对策

1. 落实政策、壮大队伍

全面贯彻落实国家及河南省支持电子商务发展、推进"互联网+流通"

行动的各项政策措施，把大力发展电子商务作为引领内外贸流通升级，培育经济新动力的重要抓手。壮大电商人才队伍，以京、沪、浙等电商发展较快的地区为主要对象，重点引进省外豫籍电子商务中高层次人才回乡发展。依托省内高校、河南省电子商务人才继续教育基地、河南省电子商务培训中心等教育培训机构开展有针对性的电子商务业务培训，壮大电商人才队伍，提高企业电商应用创新发展水平。

2. 示范引领、扩大规模

积极参与国家级电子商务示范创建，争创一批国家级示范基地和示范企业。加强对电子商务示范单位的动态管理，采用择优推荐、逐级推荐方法，完善国家、省、市（县）三级电子商务示范创建体系。拓宽工作思路，重点支持国家级和省、市级经济技术开发区、产业聚集区、众创空间等创建电子商务示范基地。加强对电子商务产业园区和企业的指导、服务，培育一批发展潜力大、示范效果好的电商产业园区和企业，认定为省级电子商务示范基地和示范企业，积极推荐符合条件的基地和企业申建国家级电子商务示范基地和示范企业。鼓励有条件的电子商务网站向行业电子商务平台转化，形成一批垂直细分行业具有竞争力的本土电子商务平台。通过示范带动，以点带面，促进电商繁荣。

3. 跨境电商、创新发展

全省一盘棋，明晰建设规划，壮大产业主体，加大创新、加快进度，以 B2B 为重点，探索创新适应不同业务模式、不同贸易形式的跨境电商进出口质量安全和通关监管流程。积极与商务部汇报沟通，跟踪可复制推广创新举措情况，争取全部在豫实施；积累总结一批创新经验，争取在全国复制推广。加快推广国际贸易"单一窗口"标准版，力争2018年底前实现"单一窗口"标准版功能全覆盖、省内全覆盖。用好专项资金，建好平台，支持一批跨境电商园区、培训孵化基地和海外仓建设，引进龙头项目和关键配套项目，打造优势出口产业集群。

4. 农村电商、深入推进

继续开展省级电商进农村综合示范工作，争取更多的县（市）进入国家级综合示范行列。优先选择一批综合示范县，开展农产品电商出村试点，加强特色农产品分等分级、加工包装、物流仓储、冷链等基础设施建设，推进农产品电商标准化建设，创新农产品电商销售模式，提高农产品上行综合服务能力。实施农村电商万名带头人计划，建立覆盖对象广泛，培训形式多样、服务支撑有力的电商培训体系。继续开展信息进村入户工程整省推进示范，在2017年建成运营37600个益农信息社的基础上，力争到2018年益农信息社基本覆盖全省所有行政村，实现农村产品与市场产销对接、供需联通。

5. 积极探索、社区电商

以建设电子商务示范社区为抓手，依托省内电子商务企业、物流快递企业、连锁商业零售企业及社区便民服务企业，打通线上线下渠道，打造集网络购物、终端配送、家庭服务等功能于一体的社区电商服务网点，提升社区居民生活的信息化、便利化水平。大力推广"一店多能"模式，拓宽社区便民店服务功能，开展网订店取、社区配送、电子缴费、预约上门等便民服务，培育一批专业化、品质化的社区电子商务服务品牌或企业。在促进电子商务与传统产业、线上与线下融合发展的同时，延伸电商发展触角，拓展电商发展空间，促进电子商务城市与农村之间优势互补，全面提升电商发展水平。

6. 电商物流、协同发展

一是要加强规划协同引领。各市县综合考虑地域区位、功能定位、发展水平等因素，统筹规划电商与快递物流发展，推动电商园区与快递物流园区发展，形成产业集聚效应。二是要健全企业数据共享制度，鼓励和引导电子商务平台与快递物流企业之间开展数据交换共享和业务联动，建立数据中断等风险评估、提前通知和事先报告制度，共同提升配送效率。三是要推动供应链协同，支持仓储、快递、第三方技术服务企业延伸服务链条，优化电子商务企业供应链管理。鼓励电子商务企业、快递物流企业与连锁商业机构、便利店、物业服务企业等开展合作，提供多样化、个性化服务。

7. 电商扶贫、伟大工程

以电商进农村综合示范为突破口，将省级贫困县纳入省级电商进农村综合示范县，争取国家级贫困县申报国家级电商进农村综合示范县，年内争取实现贫困地区电商进农村综合示范全覆盖。深入基层，摸底排查，对适宜从事电商产业链相关工作的贫困户建立专门档案，精准帮扶。以促进贫困户创业就业和增收为重点，建立扶贫指标体系，支持贫困地区创建省级电商示范基地和企业，培育贫困地区特色电商平台和品牌。组织知名电商平台与贫困地区合作，与建档立卡贫困村、贫困户精准对接，加大与阿里、京东、苏宁、国美等知名电商平台的协调力度，支持更多的贫困县参与"电商扶贫频道"创建，推动农产品上行。开展电商专家下乡活动，加强对适宜搞电商的贫困人员培训，促其尽快脱贫。

B.11
2017~2018年河南省散装水泥绿色产业发展形势分析与展望

刘焕胜　王锋剑*

摘　要： 2017年河南省散装水泥工作深谋发展思路，找准工作路径，抓实重点举措，全省散装水泥、预拌混凝土和预拌砂浆"三位一体"科学发展的基础更加巩固，前进的动力更加强劲，好的势头更加明显，总体呈现稳步向好的态势，全年目标任务顺利完成。坚持绿色产业发展，立足行业特点，凝聚行业力量，在扬尘治理、节能减排、发展循环经济和生态文明建设中发挥了重要作用。

关键词： 散装水泥　绿色产业

2017年，全省共计完成散装水泥供应量10238.88万吨，居全国第二位、中部地区第一位，完成了各项指标任务。坚持绿色产业发展，积极推进散装水泥、预拌混凝土和预拌砂浆及散装水泥、预拌混凝土下乡等重点工作，在推广应用、服务建设方面做出了积极贡献。

一　2017年全省散装水泥绿色产业发展情况

1. 全省水泥行业和散装水泥产业总体发展概况

（1）2017年全省水泥行业大力推进供给侧结构性改革，以"稳增长、

---

* 刘焕胜、王锋剑，河南省散装水泥办公室。

调结构、增效益"为重点,采取了包括化解过剩产能、水泥错峰生产、开展行业自律、加强区域协调、市场整合等一系列控产提质增效的措施,产业结构的优化调整取得显著成效,全行业的经济效益大幅提高。2017年全省水泥生产量14938.71万吨,同比减少665.51万吨,下降4.26%,已连续三年负增长(见图1)。

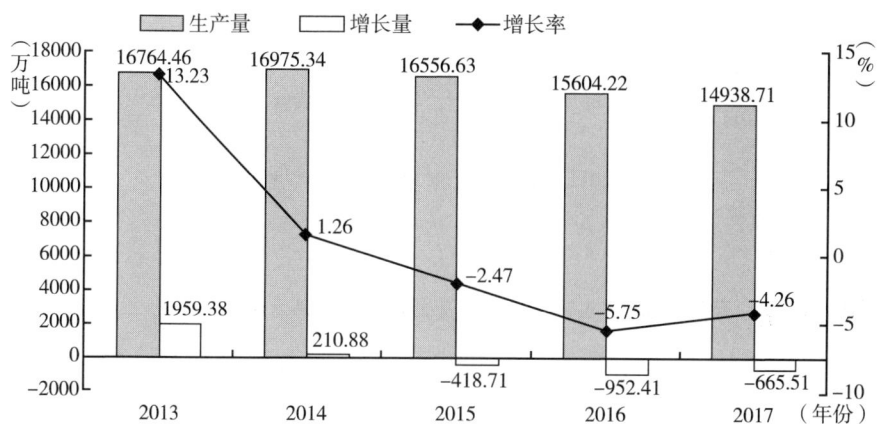

图1 2013~2017年全省水泥生产量、增长量、增长率

(2)散装水泥供应量概况。2017年全省散装水泥供应量10238.88万吨,位居全国第二、中部第一,比上年增加317.98万吨,增幅为3.21%(见图2)。全省水泥散装率68.54%,超过全国2017年水泥散装率5.86个百分点。

全省超过全国散装水泥率平均水平的有:安阳市92.32%,许昌市91.65%,濮阳市85.18%,漯河市83.73%,商丘市81.90%,邓州市81.03%,南阳市78.13%,郑州市72.00%,驻马店市69.83%,信阳市69.54%,平顶山市68.33%,汝州市65.28%,开封市64.60%,周口市63.87%,新乡市63.81%,洛阳市63.54%。

2. 全省各地发展散装水泥的有关情况

按照河南省散装水泥办公室向全省各地市下达的全年散装水泥供应量的完成目标,各个省辖市和省直管县(市)目标任务完成情况(见表1)。

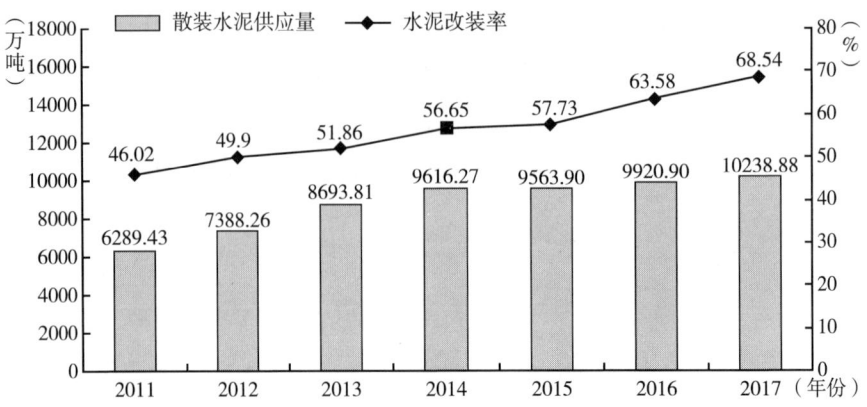

图 2　2011～2017 年散装水泥供应量、散装率

资料来源：河南省散装水泥办公室。

表 1　河南省省辖市和省直管县（市）散装水泥供应情况

单位：万吨，%

单　位	本年发展目标	实际完成散装水泥供应量	完成年发展目标
郑 州 市	1230	1254.37	101.98
开 封 市	70	81.40	116.29
洛 阳 市	430	467.90	108.81
平顶山市	540	509.00	94.26
安 阳 市	710	779.88	109.84
鹤 壁 市	280	285.98	102.14
新 乡 市	1150	1175.00	102.17
焦 作 市	430	408.97	95.11
濮 阳 市	100	74.20	74.20
许 昌 市	750	1068.67	142.49
漯 河 市	65	71.99	110.75
三门峡市	310	317.28	102.35
南 阳 市	950	981.00	103.26
商 丘 市	230	231.00	100.43
信 阳 市	395	403.86	102.24
周 口 市	100	112.50	112.50
驻马店市	950	1053.85	110.93
济 源 市	280	280.32	100.11
巩 义 市	240	246.00	102.50
汝 州 市	185	200.69	108.48
邓 州 市	130	154.42	118.78
永 城 市	75	80.60	107.47
全省合计	9600	10238.88	106.65

3. 农村散装水泥发展情况

2017年全省农村（县及县以下）地区使用水泥总量5695.08万吨。同比增加114.61万吨，增长2.01%，比上年8.49%降低了6.48个百分点。其中散装水泥使用量为3394.92万吨，同比增加247.59万吨，增长7.87%（包括：农村混凝土使用1138.01万吨，同比增长8.07%，水泥制品1094.98万吨，同比下降了3.78%）。农村散装水泥使用率达到59.61%，同比提高3.21个百分点（见图3、图4）

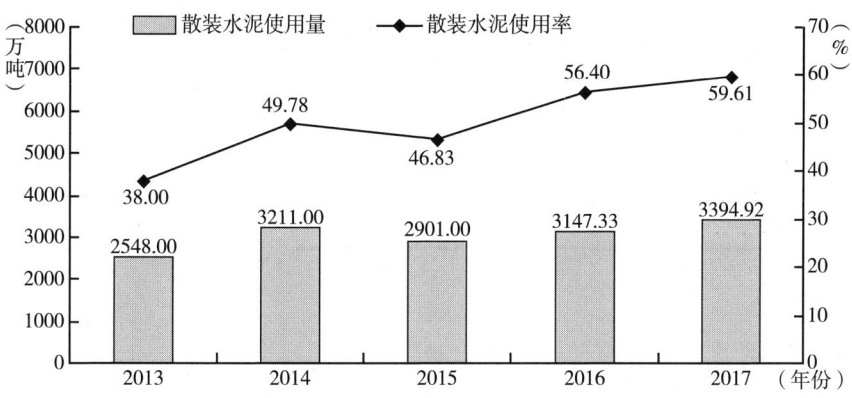

图3　2013~2017全省农村水泥使用量、使用率

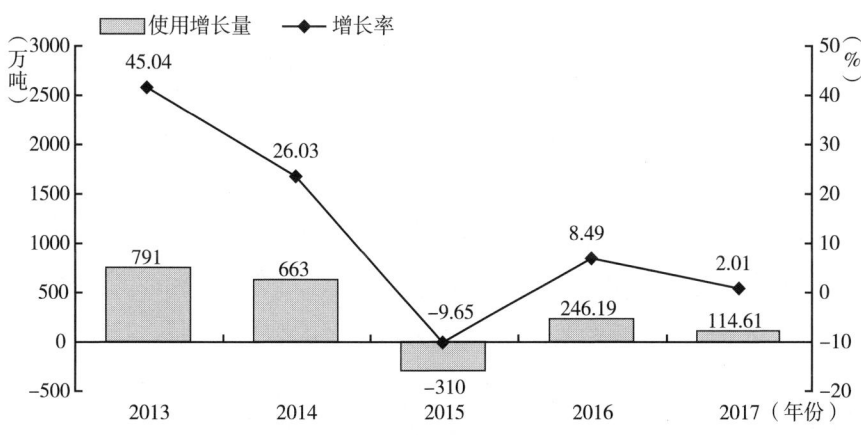

图4　2013~2017年全省农村水泥使用增长量、增长率

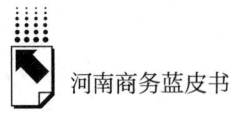

2017年，全省农村现有散装水泥销售点1568个，同比减少35个（水泥生产企业建点减少18个，其他社会力量投资建点减少17个），下降2.18%。散装水泥销售量1349.94万吨，同比减少25.95万吨，下降1.89%，散装水泥流动储罐4000个，同比减少61个，储罐总容量190662万吨。

从数据看，农村地区散装水泥的使用量、使用率呈稳步增长态势，水泥企业向农村地区发展的趋势明显增强。随着预拌混凝土下乡及供应能力的增强和供应量的增加，将从根本上改变农村的水泥消费结构，农村的生态文明建设水平将大幅提高。

4.散装水泥物流设施设备发展情况

2017年末，全省拥有散装水泥发放库1197个，同比减少15个，降幅1.24%；库容量633.38万吨，同比减少8.00万吨，降幅1.25%；中转库21个，库容量20.42万吨，与上年无大的变化；固定接受库2389个，同比减少2个，降幅0.08%，库容量51.44万吨，同比减少2.96万吨，降幅5.44%。

2017年末，全省拥有散装水泥专用车辆4247辆，同比减少29辆，降幅0.68%；随着预拌混凝土和预拌砂浆的广泛应用，水泥用户使用散装水泥流动储藏罐的水泥继续呈下降趋势。全省现有散装水泥流动储罐10491个（其中农村拥有4000个），同比降低0.1%。

二 2017年全省预拌混凝土产业发展情况

1.预拌混凝土发展概况

2017年，全省预拌混凝土生产企业696家，增加11家，同比增长1.61%；从业人员32448人，同比增长950人，增幅3.02%。年设计能力34385.12万立方米，同比增长425.28万立方米，增幅1.25%。

全年生产预拌混凝土8471.00万立方米，同比减少218.86万立方米，降低2.52%，比上年同期2.35%减少了0.17个百分点（见图5）。其中城市混凝土使用量5004万立方米，占总量的59.07%，农村混凝土使用量

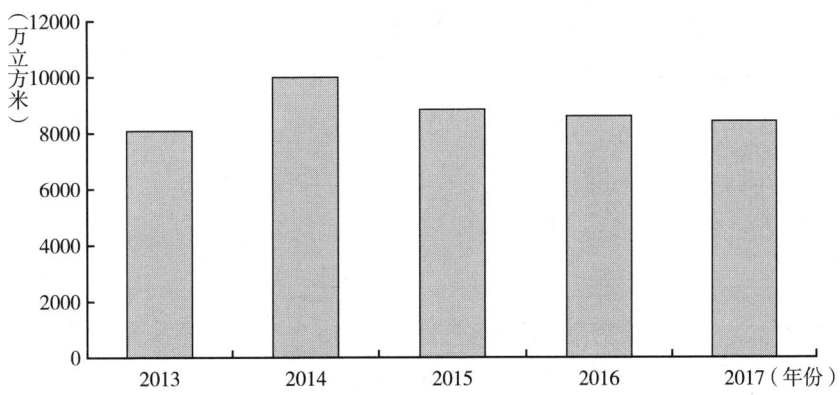

图5 2013~2017年全省预拌混凝土生产量

3467万立方米,占总量的40.93%。

2017年全省生产预拌混凝土使用散装水泥量3289.92万吨,利用固体费弃资源1156.49万吨。

2. 预拌混凝土物流装备发展情况

2017年末,全省拥有预拌混凝土搅拌车8563辆,同比增加95辆,增幅1.12%,额定量99898万立方米,同比增加323万立方米,增幅0.32%;拥有预拌混凝土泵车1259辆,同比增加9辆,增幅0.72%,设计泵送能力82796万立方米,同比增长425万立方米,增幅0.52%。

3. 预拌混凝土行业存在的主要问题

预拌混凝土行业面临产能过剩、产品价格竞争、原材料涨价、用户拖欠货款等问题,使预拌混凝土企业陷入困境。老旧搅拌站不符合环保要求,致使混凝土搅拌站转型升级迫在眉睫。

三 2017年全省预拌砂浆发展情况

1. 预拌砂浆发展概况

2017年全省生产预拌砂浆779.31万吨,同比增加269.87万吨,同比增长52.97%,增长率同比上年144.71%下降了91.74个百分点(见图6)。生产预拌砂浆共使用散装水泥208.54万吨,同比增加74.81万吨,增幅55.94%。

2017年全省年设计能力20万吨以上的干混砂浆生产企业共79家,较上年增加34家,增长75.56%;年设计能力2584万吨,增幅65.85%,相比2016年同期增长率72.12%,下降6.27个百分点。

2017年生产干混砂浆583.92万吨,同比增加250.82万吨,增幅75.30%;生产湿拌砂浆122.12万立方米,同比增加11.91万立方米,增幅10.81%。生产干混砂浆使用散装水泥量208.54万吨,同比增加74.81万吨,增幅55.94%;废弃物综合利用量达到113.70万吨,同比增加42.70万吨,增幅60.14%。

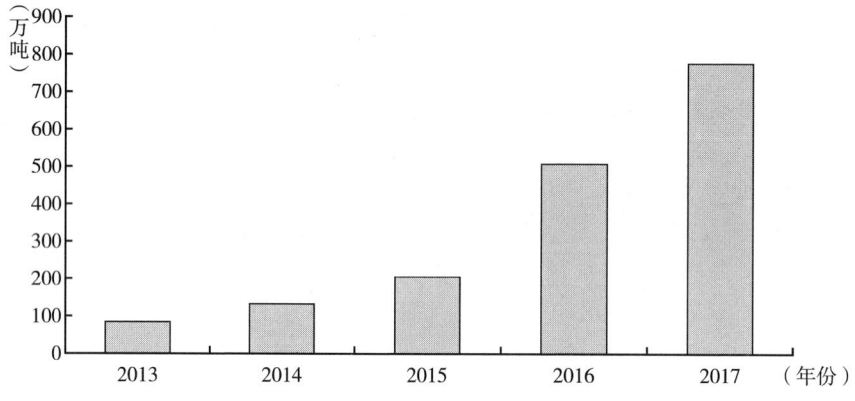

图6 2013~2017年全省预拌砂浆生产量

2. 预拌砂浆物流装备发展情况

2017年末,全省拥有干混砂浆运输车443辆,同比增加272辆,增幅159.06%,设计装载量同比增加5845吨,增幅7.41%;拥有干混砂浆移动筒仓4043个,同比增加2219个,增幅121.66%,设计容量同比增长121.66%;拥有干混砂浆运输背罐车65辆,同比增加28个,增幅75.68%。

3. 预拌砂浆行业存在的主要问题

影响河南省预拌砂浆产业发展的因素有:一是禁止建筑工地现场配置砂浆的政策在部分地市落实不到位,当地职能部门引导和监管措施不力,致使各地预拌砂浆发展不平衡。二是预拌砂浆机械化施工的技术难题尚未根本解决,致使预拌砂浆产品的质量优势和效率优势难以充分体现,建筑施工使用方对使用预拌砂浆积极性不高。

四 2017年全省散装水泥及相关产业发展指标构成与效益评估

2017年全省散装水泥供应量10238.88万吨,散装水泥使用量9238.45万吨。其中生产预拌混凝土使用散装水泥3289.92万吨,较上年同期增加277.50万吨,增幅9.21%;生产预拌砂浆使用散装水泥208.54万吨,较上年同期增加74.81万吨,增幅55.94%;生产水泥制品使用散装水泥2365.46万吨,较上年同期减少159.22万吨,增幅-6.31%;其他方面使用散装水泥3374.54万吨,较上年同期减少65.20万吨,增幅-1.90%。分别占全省散装水泥使用总量9238.46万吨的35.61%、2.26%、25.60%和36.53%(见图7)。

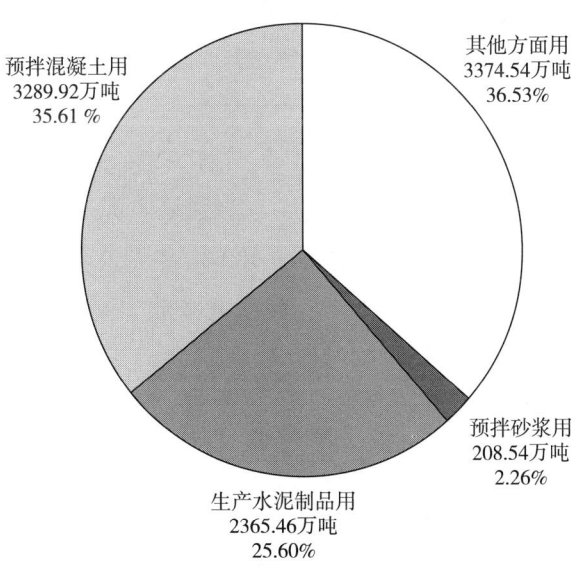

图7 2017年全省散装水泥使用量构成

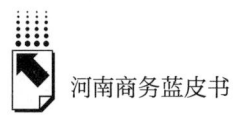

2017，全省完成节能减排指标任务的106.66%，利用固体废弃物1270万吨，同比增长11.40%。其中：减少使用水泥包装袋20.48亿个，减少水泥损耗59.90万吨，减少粉尘排放102.90万吨、二氧化硫排放1.99万吨、二氧化碳排放611.65万吨，节省电力7.37亿度、节约标准煤235.25万吨、水资源1.54亿吨、石油46.08万吨、棉纱4.10万吨，实现社会综合效益46.08亿元。

五 2018年全省散装水泥绿色产业发展展望

从散装水泥行业面临的形势来看，散装水泥绿色产业政策环境出现新变化，一是散装水泥专项资金的取消，对散装水泥行业产生很大影响，基层散办的经费得不到保障。二是行政性事业单位改革对行业队伍稳定造成了影响。三是立法滞后，政策不配套。现有的政策已不能适应当前散装水泥发展的需求。这些都将是影响散装水泥行业发展的重要因素。

站在新的历史起点，河南省散装水泥行业要深入学习贯彻党的十九大精神，以习近平新时代中国特色社会主义思想为指引，不忘初心，牢记使命，践行新发展理念，坚持稳中求进总基调，深化供给侧结构性改革，创新驱动河南省散装水泥绿色产业发展，紧密联系当前散装水泥绿色产业发展的实际，奋力开拓。

1. 2018年总目标

全省散装水泥供应量达到9600万吨，预拌混凝土使用量达到8500万立方米，预拌砂浆使用量达到800万吨，农村散装水泥使用率达到57%。减少使用水泥包装袋19.20亿个、水泥损耗56.16万吨、粉尘排放96.48万吨、二氧化碳排放573.48万吨、二氧化硫排放1.87万吨，节约标准煤220.57万吨、电力6.91亿度、水资源1.44亿吨、石油43万吨、棉纱3.84万吨，实现综合效益43亿元。

2. 主要措施

（1）认真贯彻全省商务工作会议精神。全省散装水泥行业要制定行业发展水平的指标体系，推进供给侧改革并引导行业健康发展，推进绿色发展并切实抓好清洁生产工作，推动农村使用预拌混凝土，推动预拌砂浆应用工作,夯实依法行政来推动行业发展动力的转变,夯实专用车辆安全监管来打造安全生产,夯实宣传教育来提高行业影响力,夯实人才队伍建设来提高行业整体素质。

(2)认真贯彻商务部、河南省"十三五"散装水泥绿色产业发展指导意见。加强清洁生产、发展循环经济、综合利废、强化低碳发展、降低单位产品能源消耗和碳排放强度,完善清洁生产和绿色发展规章、规范和标准,提高散装水泥行业对工业固体废弃物的综合利用水平,减少预拌砂浆和预拌混凝土对天然资源的消耗。

(3)贯彻落实《河南省2018年大气污染防治攻坚战实施方案》。全省各级散装水泥办公室2018年要按照《河南省环境污染防治攻坚战领导小组办公室关于进一步加强扬尘污染专项治理的意见》(豫环攻坚办〔2017〕191号)要求,严格落实城市规划区内建筑工地禁止现场搅拌混凝土、禁止现场配置砂浆"两个禁止"。围绕建筑扬尘治理,严格落实《河南省大气污染防治〈城市建筑工地散装水泥与预拌砂浆使用工作〉年度考核细则》《落实河南省大气污染防治攻坚战"两个禁止"工作措施》,完善督查考核制度,建立奖惩问责机制,落实扬尘污染防治主管责任,建立"两个禁止"工作的长效机制。

(4)促进预拌砂浆生产与使用,加大预拌砂浆推广力度。进一步加强预拌砂浆推广使用工作的行业指导,不断扩大预拌砂浆生产规模,满足全省建设工程的使用需求。加强监督检查,确保产品质量和环保要求;试点发展预拌砂浆生产企业开展"生产施工一体化"服务,推广预拌砂浆机械化喷涂作业。为预拌砂浆应用营造良好的发展环境,推动行业健康发展。

(5)进一步抓好农村推广散装水泥工作。加强全省农村发展散装水泥示范县(市)、示范点的监督与管理,发挥农村发展散装水泥示范县(市)、示范点的引导作用,引导农村推广使用预拌混凝土及预拌砂浆,提高农村水泥散装化水平。

(6)积极开展散装水泥宣传和立法工作。在2017年散装水泥立法调研工作的基础上,进一步做好散装水泥立法的调研、起草、沟通、协调等工作,积极推动河南省散装水泥管理条例早日出台。

专题篇

Special Topics

B.12
创新招商方式提高招商实效对策研究

苏国宝　李玉瑞　王振飞 *

摘　要： 党的十八大以来，面对资源环境压力大、招商引资竞争激烈的现状，全省各地把创新招商方式放在更加突出的位置，不断探索招商引资方式方法。本文归纳总结了全省各地创新招商方式的典型经验做法，分析了当前招商引资工作中存在的突出问题，并对下一步如何提高招商实效提出了对策，并在加强招商引资工作顶层设计方面提出了工作建议。

关键词： 集群招商　以商招商　平台招商

---

* 苏国宝、李玉瑞、王振飞，河南省对外开放服务办公室。

党的十八大以来，面对错综复杂的国内外经济形势，全省上下主动适应经济发展新常态，认真把握招商发展新机遇，持续激发招商工作新动力，积极扩大对内对外开放，开放招商综合带动作用日益显现。2016年，全省实际吸收外资169.9亿美元，实际到位省外资金8438.1亿元，分别是2012年的1.4倍和1.6倍，引进境内外资金占全省固定资产投资的23%。2017年实际吸收外资172亿美元（含投资性公司再投资、外资企业再投资、境外借款、境外上市融资、设备出资等），同比增长1.4%，实际到位省外资金9107亿元，同比增长7.9%，为全省稳增长、促改革、调结构、惠民生赢得了主动，打下了基础，积蓄了后劲。

一 创新招商方式的实践及成效

面对资源环境压力大、招商引资竞争激烈的现状，全省各地把创新招商方式放在更加突出的位置，不断探索招商引资方式方法，实施专业化、精准化招商，招商选资与招才引智并举，取得了良好的成效。

1. 立足主导产业，突出集群招商

全省各地结合自身产业基础和资源禀赋，加强产业链和价值链研究，瞄准1~2个重点产业，延链补链集群招商。郑州市依托汽车产业基础，2016年成功引进上汽集团乘用车郑州基地项目，围绕该项目，浙江天成自控等15家整车产业链上下游企业纷纷落户。商丘市发挥本市资源优势，抢抓产业转移机遇，每个县区都培育了1~2个产业，以大项目带动大产业、大产业促生大项目，形成了民权的"冷"、柘城的"硬"、夏邑的"纱"、虞城的"尺"、睢县的"鞋"、宁陵的"肥"、睢阳区的"衣"、梁园区的"药"、示范区的"车"等产业集聚特色。夏邑县紧盯纺织业发达地区，引进赛琪体育、永安纺织、杰瑞服饰、大洋纱线等纺织服装企业103家，产品覆盖纺纱、织布、染色、服装等多个领域。大洋纱线缝纫线生产规模超过50万锭，居世界第一。2016年又引进落地了中国恒天集团投资80亿的年产100万锭新型智能化纤纺项目，进一步完善提升了当地纺织服装产业链条。鹤壁市围

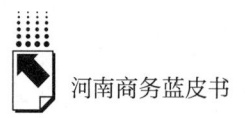

绕河南仕佳光子科技股份有限公司为龙头打造的中原光谷，聚集了河南仕佳通信有限公司、河南杰科新材料有限公司、鹤壁腾天光通信技术有限公司、鹤壁威讯光电股份有限公司、河南标迪科技有限公司等一批光电企业，以河南仕佳光子科技有限公司为龙头企业的产业集群已经初步形成。

2. 以企业为主体，坚持以商招商

坚持突出企业招商主体地位，鼓励引导企业积极开展战略合作，以商招商、以企联企、以外引外，积极吸引关联产业和配套企业，形成了"引来一个、带来一批、辐射一片"的集聚效应。安阳市殷都区依托辖区安钢集团、远大可建等大企业，引进数家相关的产业企业，成功引进了北京三聚环保新材料有限公司与殷都区四大焦化合作蒽油加氢、焦油加氢、脱硫制酸，以及脱硫脱硝、深化水深度处理等环保技术改造项目。漯河市大力引导本土优势企业和已入驻企业积极靠大联强，装配制造、医疗器械、造纸等主导产业日益发展壮大。如远大住工入驻临颍后，主动与安徽鸿路钢构集团等行业内知名大企业、大集团强强合作，带动了该县绿色装配式建筑产业快速发展，并引进了致远住工、盼盼门业、安利达钢构、三联机械装备等20多家相关知名企业，一个占地5平方公里的超百亿产业集群——绿色装配式建筑产业园迅速形成，被省政府命名为河南省两大绿色装配式建筑产业生产基地之一。长垣县河南亚都实业有限公司，引进了深圳华大基因投资10亿元的高科技医疗器械产业园项目；中国防腐蚀之都建设集团，引进了河北晨阳工贸集团投资7亿元的环保水性防腐涂料；驼人集团引进了德国阿尔法普兰公司合作投资1.43亿元的年产400万支血液透析器等项目。2017年以来，长垣县以商招商的项目达83个，合同金额135.3亿元。

3. 实施股权并购，开展资本招商

通过合作设立基金，参与定增和二级市场买入，与目标企业形成利益攸关体，夯实双方互信合作的基础，同时解决融资服务等后续发展问题，影响目标企业决策，比单纯依靠优惠政策招引项目更直接有效。2017年1月份，中原资产全资子公司中原股权投资管理有限公司斥资20亿元参与上汽集团定增认购和二级市场买入，成为上汽集团第六大股东；6月份，上汽乘用车郑州基地落成，成为上汽乘用车继上海临港、江苏南京后的第三大生产基地。中原资产又与上汽集团联合发起成立规模60亿元的上汽中原股权投资母基金和规模20亿元的中原上汽汽车产业基金，通过参与中国国航、中铁工业、中国电建的定向增发，敲开了与三家国企深度合作的大门。

南阳市润唐新能源有限公司联合投资方积极与美国苹果公司洽谈，以外资并购方式出让项目公司30%股权，共同推动绿色电力的发展。洛阳市采取天使投资或股权投资等方式扶持企业入驻科技园区成长发展。滑县抢抓国家扶持贫困地区IPO企业上市的机遇，组建IPO专业招商团队，大力推动IPO绿色通道招商，已有投资2亿元的中环国投、投资1亿元的量子纳米产品等IPO拟上市企业落户。

4. 瞄准行业龙头，靶向精准招商

紧盯境内外知名企业、意向央企、知名院校开展精准招商，仅央企平均每年向河南投资1000亿元以上。郑州市筛选有意在郑布局的国内外500强和行业10强作为重点招商目标，深度对接洽谈，推动了宜家家居、卡特彼勒、修正药业、中电科等一批强企名企落户；洛阳市梳理出"有龙头、有配套，重点提升产业规模和质量；有龙头、没配套，重点完善配套拉长产业链；没龙头，有一定产业链条基础，重点引进或培育龙头"三个层次，定向引进重大产业项目，格力电器与洛阳市共建的中国洛阳自主创新智能制造产业基地、新加坡丰树集团洛阳现代综合物流园、正大集团现代化养殖基地等项目成功签约；济源市在获悉美国江森自控集团（世界500强企业，生产的蓄电池占据全球市场份额的1/3左右）有进一步扩大建设蓄电池生产基地的信息后，与江森集团开展了20余次高密集高频度对接洽谈，在省委、省政府主要领导推动下，2017年1月25日双方正式签订项目合作协议。济源江森自控新建蓄电池项目一期拟投资2亿美元，生产600万只汽车用起停蓄电池，项目建成后可实现年产值18亿元左右，年贡献税收约1亿元，后期有望继续扩产到900万～1200万只。

5. 引资引智引技结合，多元并举招商

未来的竞争根本在于创新能力的竞争，而创新的根本在人才，各地在引进资金、项目的同时，更加注重引进与产业匹配的先进技术、优秀人才和现代管理模式，通过引进行业领军人才、设立研发中心，加快了要素禀赋升级。鹤壁市连续8年实施高层次人才引进计划，建立了高端人才联合会，十八大以来吸引各类科技创新创业人才2200余人，争取博士服务团成员数量连年居全省首位。与全国50余家知名科研院校、17家学会协会合作建立83家省级以上创新平台，催生了仕佳光子PLC光分路器芯片等一批高科技项目。郑州市推进"智汇郑州·1125聚才计划"，通过引进领军人才带来领先科技成果，领先科技成果形成高端产业项目，高端产业项目吸引资金汇聚。洛阳市实施"河洛英才计划"，引进一批自贸区、自创区、"565"现代产业体系建设急需人才。长垣县引导企业与知名院校、科研院所合作，成功组建北京起重运输设计研究院河南分院、华大基因研究院长垣分院、中国防腐学会长垣防腐新材料研究所、深圳健康产业长垣研究所等。

6. 创新合作模式，推动园区招商

发挥境内外知名企业示范带动效应，探索园区招商新模式。许昌市推动对德合作，通过与德国前国防部长鲁道夫·沙尔平先生运营的咨询公司签订合作协议，探索"政府+机构+园区+企业"对德开放合作新模式，建设中德（许昌）产业园，新签约21个项目、新增14个投资意向，晟丰科技不锈钢冷轧、大森机电并购德国GTA、大盛微电开关设备研发合作、宝润达自动化涂装生产线等10个项目相继落地。郑州市与华夏幸福、亿达软件园、锦联集团等知名企业合作，开展政府与企业PPP合作招商模式。漯河市推动"招园区、园区招"的良性循环，中国（漯河）电子商务产业园招引200多家电商物流企业入驻，成为省内仅次于郑州的第二大快递转运集散中心。兰考县与恒大集团签约恒大家居联盟产业园，投资100亿元，集聚索菲亚、联邦、曲美等七大家居巨头。固始县与深圳金睿财富控股共同设立中原金睿（固始）高新产业园，投资总额100亿元，已与法国欧力工业、上海览意科技、武汉元丰等企业达成锂动力电池、无人机、高铁制动器等8个投资意向。

7. 强化要素保障，实施平台招商

受资源环境的影响，要素保障成为制约招商引资的瓶颈，各地探索打造要素服务平台，促进招商引资项目尽快落地达产。郑州市成立了商贸物流产业发展投资基金和科技发展投资基金，通过市场化运作，带动吸引目标企业或关键项目布局郑州。郑州航空港区建立了退税资金池、供应链金融、物流运输、校企合作等服务平台，为企业创造低税费、低融资、低要素、低物流、低土地房产的"五低成本"环境，成立了总规模50亿元的产业引导股权投资基金，建立了初创阶段的天使投资、快速成长阶段的创业投资、成熟运行阶段的技改投资，促进产业发展和项目引进。漯河市建立了土地整理储备平台，通过"要、增、挤、腾"等手段盘活项目建设用地。焦作市设立1亿元应急转贷资金、3亿元产业发展基金，为73家企业提供"过桥"资金8.6亿元，为442家企业提供贷款担保21.7亿元。

8. 注重错位发展，探索飞地招商

飞地招商是指发达地区与欠发达地区双方政府打破行政区划限制，把"飞出地"的资金和项目放到行政上互不隶属的"飞入地"的工业园区，通过规划、建设、管理和税收分配等合作机制，从而实现互利共赢的持续或跨越发展的招商模式。随着产业转移速度的加快和招商引资竞争的日趋激烈，打破行政区划界线、形成招商合力的"飞地招商"亦成为本省招商引资创新发展的有效方式。安阳市按照"谁招商、谁受益，谁付出、谁受益"的原则，出台《招商引资飞地项目管理办法》，打破行政界线鼓励各区县形成招商合力，推进各县（市、区）主导产业差异化、特色化、集群化发展。比亚迪、合众等一批新能源汽车项目，美国航空运动协会、中航新材、麦道直升机等通航产业项目，哈工大机器人、上海交大机器人、润科达机器人等机器人项目相继落地。濮阳市制定利益分成配套机制，与上海金山区和奉贤区、天津滨海新区签订飞地合作协议，承接了天津蓝星丁二烯、天津大田包装等产业转移项目，通过设立飞地园区，实现了两地合作共赢。三门峡市加强顶层设计，出台了《关于鼓励"飞地经济"发展的意见》，探索实施飞地招商。

各地在开放招商过程中，还进行了很多成功的实践。濮阳市还注重以市场换投资、换产业，寻求合作共赢最大公约数，通过德力西、昊华骏化、东方雨虹在该市的污水处理、垃圾发电等项目建设合作，直接带动了德力西智能电气、昊华骏化醋酸制乙醇、东方雨虹防水涂料项目落地。周口项城市围绕现有医药企业开展战略重组招商，吸引知名医企北京乐普、北京悦康医药集团参与重组，引进了上海六合堂，使传统产业焕发活力。汝州市无中生有引进机绣产业，西华县无中生有引进美国乔治海茵茨小型飞机制造项目，发展临空经济实验区，打造无人机生产基地。固始县实施劳务回归工程，引导成功人士回乡投资光伏发电、农业种养殖、电商产业园等项目，以产业促脱贫。

二 困难问题

1. 国际国内竞争环境不容乐观

美国等发达国家实施再工业化战略，部分高端制造业"回流"。发展中国家依托更低的要素成本加大引资力度，低端制造业"外流"。发达经济省份出于本省区域协调发展的考虑，纷纷加大省内产业转移力度，部分资金和项目本地"分流"。外资企业从"超国民待遇"变为国民待遇，在融资、上市、招投标等方面存在"低国民待遇"现象，外商投资意愿下降。周边省份利用国家战略和政策优势，纷纷出台招商引资优惠措施，均对河南招商引资形成挤压态势。发达地区产业升级带来的"虹吸效应"，将吸引内地企业研发中心及高端科研机构入驻。同时省内各地之间招商引资竞争激烈，同质化竞争严重，在省外开展招商引资活动时，不同地方经常"碰头"，相互"抢商"现象屡见不鲜。

2. 招商引资方式方法有待创新

总体看，招商方式方法还比较传统，真正把握招商内在规律的新型招商方式运用不够，招商谋划层次有待提升，定位有待进一步明晰。尽管政府重视招商工作，也投入大量精力开展专题招商活动，但招商的针对性和时效性不够理想。在创新方式模式、充分发挥企业主体作用，构建政府推动、企主导、市场运作的招商机制上办法不多、效果不好。

3. 招商引资规模和质量亟待提升

在利用外资方面，虽然河南省利用境外资金居中部前列，增幅较大，但总量太少，与河南经济大省的地位不相称。世界500强、跨国公司重大项目少，在豫投资境外世界500强企业不足百家。外资来源地单一，中国港台地区占65%以上，欧美、日韩等发达经济体占比小。一些地方利用外资主要集中在传统制造业、房地产等领域，招商领域还不够宽，战略性支撑项目和先进制造业、高端服务业少，外资研发中心和地区总部几乎空白。在引进省外资金方面，各地签约落地项目不少，高质量、高科技、高附加值的项目也在逐渐增多，但对当地具有重大带动和支撑作用的国内外500强、行业龙头和重大战略性项目偏少。

4. 资源要素制约因素逐步显现

河南省作为产粮大省，土地约束强、项目用地紧张，一些急需开工的项目用地无法保障，存在项目等土地现象，成为承接转移的较大瓶颈。融资渠道不畅，受信贷结构、金融环境以及违约频发等因素影响，企业融资渠道狭窄，贷款审批程序烦琐，审批周期较长，融资难、融资贵现象比较普遍。新兴产业、技术性职业需要的高素质劳动力短缺，县域企业技术人员和熟练工缺口较大。从外地引进高管和技术人员，在生活、教育、就医等方面吸引力不大。夏秋农忙季节部分农民工回乡务农，影响正常生产经营。各地招商队伍存在机构薄弱、人才缺乏、一线工作人员能力不足问题，懂产业政策、懂项目运作、懂法律法规及国际惯例的复合型专业人才少。

5. 投资环境需进一步优化

部分县市区基础设施、配套服务功能还不健全，公共服务平台不完善，载体平台层次还需提升，还存在物流成本高，缺乏生活配套设施等问题。个别地方行政审批部门缺乏大局观、权力意识强，服务意识淡薄，工作效率低下，办事程序复杂且缺少透明度，存在相互扯皮现象，还有的部门怕担责任，自设审批前置，要求其他部门预先审批，导致行政审批效率不高。有的项目前期评估论证不够深入，项目成熟度低，甚至在招商时"先上车、后

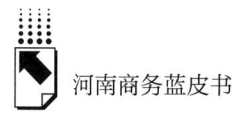

买票"随意承诺,导致后期履约困难,影响投资者信心。受工作效率、环保政策等因素的影响,项目建设周期仍然相对较长。总体上政策体制环境、基础设施环境、生态生活环境、部门服务环境等仍有进一步优化提升的空间。

三 对策

贯彻落实党的十九大精神,从社会主要矛盾发生变化和发挥市场在资源配置中决定性作用出发,完善招商引资的政策、措施、机制,加快推进招商引资转型发展,引导招商引资由追求速度向追求质量转变,由政府主导向市场主导转变,由同质化竞争向差异化发展转变,由硬环境见长向软环境取胜转变,进一步提高招商引资的质量和水平。

1. 创新招商方式,提升招商实效

加强"顶层设计",研究制定"创新招商方式,提升招商引资质量和效益"的政策措施,强化产业布局,突出各地特色,避免低层次重复建设和不良竞争。积极引导各地转变思路,发挥市场、资源、区位、交通、产业优势,由打造政策洼地转为打造制度高地,靠制度、环境、服务吸引外来投资;引导各地以供给侧结构性改革为契机,依托本地资源禀赋、产业现状,对标产业转移目标区域,加强研究谋划,找准契合点,明确路线图,实施精准化招商选资,探索实施资本招商、平台招商、飞地招商、园区招商等新模式,加强招商选资与招才引智相结合;调动企业招商引资的主动性、积极性,将政府工作人员从招商引资具体事务中解脱出来,专注于制定政策、优化环境、打造平台载体等工作,构建政府推动、企业主动、市场运作的招商机制。

2. 深化区域合作,拓展招商空间

发挥好中国(河南)国际投资贸易洽谈会和"豫沪通""豫京通"等投资洽谈活动的品牌效应,继续深化与长三角、珠三角、京津冀,以及与沿"一带一路"等省份经贸合作,精心组织规模小、方式活的专题招商活动,提高招商引资的针对性、精准性、实效性，力争再签约一批对经济社会发展有推动作用的重大项目。

3. **强化要素保障，破解瓶颈制约**

完善招商引资专项资金管理办法，降低门槛，加大对重大招商项目的扶持力度。支持省内重点项目融资，加强与非金融公司的合作，探索建立多种形式的担保机制与激励机制，推行企业、财政、担保公司等多方参与的信贷联保模式，为客户提供一揽子全方位金融服务，切实解决融资难问题。进一步完善重点招商项目建设用地服务保障机制，分级建立用地服务台账，拓宽"绿色渠道"，简化审批程序，加快用地预审和报批；严格控制环境影响大、环境风险高的项目，简化已完成规划环评审查区域内建设项目的环评审批内容，加快办理项目环评审批手续；着力强化人力资源保障，制定专项政策，切实解决高端人才引进中涉及的家属子女就业、上学等问题。完善职业教育院校和产业集聚区、企业的合作机制，加快针对性、实用型人才和熟练工人培养，保障企业稳定用工。

4. **完善工作机制，狠抓跟踪落实**

深入推进外商投资管理体制改革，优化外资企业设立变更备案程序，强化外资企业备案的事中事后监管，加强与工商、税务、海关、外汇等部门的信息共享、监管协同，切实做到"真放、实管、重服务"。继续把签约项目落实作为招商引资工作的核心环节，把好项目准入关，建立重大项目预审机制和综合研究论证，从源头上增强项目落实的可操作性。建立完善重大项目责任推进机制，在全省范围内筛选一批重大在谈、签约项目，全程跟踪服务，加快项目落地。坚持"台账管理、三级联动、动态监控、跟踪督导"，分级、分类、分档建立健全招商引资项目台账，紧盯合同履约率、项目开工率、资金到位率"三率"，进一步强化签约项目跟踪落实。加强诚信建设，政府应该有诺必践。研究制定招商承诺事项备案制，督促推动各地谨慎做出承诺并抓好落实，维护诚信政府形象。

5. **提升服务水平，优化营商环境**

着力构建"亲""清"新型政商关系。完善世界500强企业及重大外资项目服务档案，提供及时有效的投资服务。加强同时适用于内外资企业的产业、区域等鼓励政策的研究，针对执法不统一、地方保护、不公平竞争等突出问题开展投资环境优化专项整治活动。继续精简行政审批事项、中介服务项目，深化商事制度改革。完善职能部门信息共享、协同监督制度，强化信息披露和诚信档案制度、失信联合惩戒机制和黑名单制度，加大市场秩序整顿，维护和构建良好市场发展环境，营造国际化法治化便利化营商环境。全面贯彻落实《国务院关于扩大对外开放积极利用外资若干措施的通知》（国发〔2017〕5号）、《国务院关于促进外资增长若干措施的通知》（国发〔2017〕39号）、《河南省人民政府关于扩大对外开放积极利用外资的实施意见》（豫政〔2017〕26号）、《河南省人民政府关于促进外资增长的实施意见》（豫政〔2018〕3号）等政策措施，全面实施准入前国民待遇加负面清单管理制度，进一步减少外资准入限制，支持各级政府在法定权限范围内出台利用外资优惠政策。

四 建议

（1）以2018年改革开放40周年为契机，建议召开高规格全省对外开放工作会议，总结工作，交流经验，推动开放招商方式创新、质量提升，坚持高位推动，掀起新一轮河南开放招商的高潮，加快推进内陆开放高地建设，构建开放型经济新体制。

（2）建议加大工作力度，优化口岸布局，支持地方申建功能性口岸和建设B型保税物流中心、综合保税区等海关特殊监管区，通过口岸功能的完善和投资贸易的便利化，吸引境内外企业投资河南。同时，建议理顺口岸管理体制，参照全国大多数省份情况，实行集中归口管理，便于统筹开放资源。

（3）建议抓住国家"一带一路"建设、对外援助、加强国际产能合作的机遇，利用好现有河南友好省州资源，综合运用境外合作区建设、境外股权并购等手段，加大与相关国家、地区、企业交流合作力度，通过相互交流、深度合作，为河南省吸引外资储备后劲。

（4）鉴于目前河南省利用外资总量小、来源单一的现状，建议加大对欧美、日韩等发达经济体的引资力度，每年有重点地安排有省领导参加的针对欧美、日韩等发达经济体举办的专题招商活动，通过对本省区位优势、市场优势的推介，吸引发达经济体财团、世界500强企业来豫投资，破解省辖市单独组团赴境外招商信息量少、影响力小的实际困难，增加外资项目储备，为全省利用外资持续增长奠定基础。

（5）建议发挥省级投资基金的引领作用，支持地方政府探索建立企业贷款风险基金、企业转贷资金池、中小企业发展基金等，撬动银行贷款和社会资本投入，解决中小企业担保难、融资难问题。

B.13
河南省内贸流通体制改革发展探讨

任秀苹　张进才　梁荣华　薛革新*

摘　要： 内贸流通是联结生产与消费的中间环节，是决定经济运行速度、效益的引导性力量。内贸流通体制改革发展试点工作启动以来，河南省在健全内贸流通发展体系、创新发展方式、强化保障能力、建设法治化营商环境、探索管理体制等方面探索创新，试点工作取得了积极成效。但同时，试点工作也反映出一些问题值得深思、探究。本文从总结河南省内贸流通体制改革发展综合试点成效入手，对试点中存在的问题进行了深入思考，同时就下一步内贸流通体制改革发展提出了针对性的对策建议。

关键词： 内贸流通　改革发展　试点经验

2016年河南省出台了《关于在洛阳等8市开展国内贸易流通体制改革发展省级综合试点的通知》（豫政办〔2016〕105号），同意在洛阳、许昌等城市开展国内贸易流通体制改革发展综合试点，明确要求各试点市通过一年左右的探索，在健全国内贸易流通现代化发展体系等五大任务方面形成一批可复制推广的经验和模式，为全省国内贸易流通体制改革提供有益借鉴。

---

* 任秀苹、张进才，河南省商业经济研究所；梁荣华、薛革新，河南省商务厅流通业发展处。

一 河南省内贸流通体制改革发展综合试点总体情况

河南省内贸流通体制改革发展综合试点工作启动以来,洛阳等8个试点市结合本地实际,加强组织领导、明确工作思路、制定实施方案、完善推进机制、强化政策措施,在内贸流通体制、机制及模式等方面积极开展探索创新,确保了各项改革试点任务有序推进并取得了积极成效。

1. 试点工作保障措施

(1)组织重视,成立工作领导机构。绝大多数试点市成立了市级内贸流通体制改革发展省级综合试点领导小组或试点工作联席会议制度。试点领导小组一般由试点市政府主要领导担任组长,市政府分管领导任副组长,市直有关单位主要负责人和各县区主要领导为成员组成。试点领导小组办公室设在商务局,统筹内贸流通体制改革和发展工作,定期研究、协调、解决改革推进中的重大问题。许昌市委把试点工作列入许昌市整体改革的重要事项,南阳市将试点工作纳入市委、市政府对市级有关部门和各县区2016年、2017年目标考核内容,巩义市将试点工作列入巩义2017年重点工作并纳入巩义市全面深化改革重点督查事项。

(2)思路明确,制定试点工作方案。各试点市根据《河南省人民政府办公厅关于在洛阳等8市开展国内贸易流通体制改革发展省级综合试点的通知》(豫政办〔2016〕105号)文件精神,均制定了试点实施方案,以市政府办公室名义印发实施,并结合自身特点在试点工作中有重点地推进。

(3)部门联动,建立综合协调机制。多数试点市制定了试点工作联席会议制度和工作例会制度,充分发挥组织领导和部门联动的协调作用,多次召开工作协调会,推进情况汇报会以及经验交流会,形成了市、县(区)及市直部门联动、共同推进内贸流通体制改革发展的良好局面,为试点工作顺利推进提供了制度保障。

(4)政策支持,出台专项扶持措施。洛阳、许昌、南阳、巩义、安阳等试点市出台了资金扶持政策,落实了国家及省出台的税费等相关政策。许

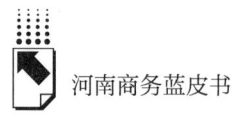

昌市仅农产品市场体系建设和电子商务两项工作，市级财政每年预算安排4000万元专项资金，县级财政配套3200万元予以支持。安阳市出台了免费办理鲜活农副产品配送车辆入市通行证、允许此类车辆按照规定线路进入市区建成区禁行道路行驶政策。

（5）责任落实，健全考核督办机制。多数试点市建立了工作责任目标、考核办法和工作督查机制。绝大多数试点市研究制定了《试点工作专项资金使用管理办法》，确保专项资金使用不违规并发挥最大效益。洛阳、许昌、安阳、焦作4市建立了试点任务分解表或工作台账，将试点任务分解落实到各部门，明确了责任单位和时间进度，协调推进试点改革的具体工作。其中洛阳市出台了《洛阳市人民政府工作部署》，将推进任务落实作为推进试点工作落实的关键，把试点任务分解细化为65项具体工作任务，截至年终评估前均已完成。

（6）宣传示范，营造改革发展氛围。各试点市对试点政策、试点工作动态、试点过程中好的经验和典型做法及时在电视、报纸、网络等各类主流媒体多层次、多角度报道，宣传试点成效，凝聚社会共识，营造了良好改革发展氛围。

2.试点内容情况

从试点内容情况看，8个试点市对现行管理体制突破不多，试点多集中于健全内贸流通现代化发展体系和创新国内贸易流通发展方式方面。

（1）在健全内贸流通现代化发展体系方面。试点市多以内贸流通规划为总领统筹内贸流通现代化发展体系建设，分别从"龙头企业+乡镇"农村商业网点建设、整合资源建设乡村综合服务网点、农产品市场体系建设长效机制、产销一体农产品市场建设和以智慧农批市场为导向的产地市场建设、构建物流骨干网络等方面进行探索创新。

（2）在创新国内贸易流通发展方式方面。试点市在创新内贸流通发展方式方面的探索创新最多，主要集中在运用互联网思维提升内贸流通发展水平、物流信息平台化和实体零售转型升级方面，跨境电子商务产业带发展模式、"电商+产业"农村电商发展、电商精准扶贫、物流信息服务体系、冷链物流公共信息平台模式、电商与物流协同发展、以物流园区为支撑打造区域分拨中心、省级区域性商贸物流中心建设、以整合区域资源为核心的云平台模式及实体零售创新发展等都取得了较好成效。

（3）在强化国内贸易流通稳定运行保障能力方面。试点市主要从完善市场信息服务体系、以农贸市场信息化为依托健全农产品质量安全追溯体系、建立骨干企业促进机制等方面进行探索。比如，许昌市通过及时发布"许昌价格"和"许昌指数"，强化了市场运行监测分析和预测预警制度，提高了公共信息和市场调控的预见性和针对性，确保了内贸流通市场规范稳定运行。

（4）在建设法治化营商环境方面。试点市多从推进流通领域地方立法、加快流通领域信用体系建设、构建行政权力标准化机制等方面进行了有益的探索。流通信用体系建设方面处于政府职能部门管理信息共享阶段，以政府行政许可、行政处罚信息推送、公示为主。

（5）在探索健全统一高效的流通管理体制方面。试点市在完善内贸流通管理体制架构、健全内贸流通部门协作机制等领域进行了不同程度的探索。尤其是洛阳将商务部门列为规划委员会成员单位，制定（修订）相关规划要征求商务部门意见，制定控制（修建）性详细规划时要与商业网点发展规划相衔接，使得商务部门在规划委员会拥有了"发言权"。

二 试点取得的成果及成效

省级综合试点工作实施一年多以来，洛阳等8个试点市围绕内贸流通体制改革发展目标，结合本地实际，突出地方特色，坚持整体推进与重点突破相结合，着力补短板、治痛点，在五大试点任务方面积极探索，试点工作取得了积极成效。

1. 关于农村商业网点建设

（1）"龙头企业＋乡镇"农村商业网点建设模式。南阳、洛阳和巩义市通过整合提升原有流通资源，以本土龙头企业为带动、以乡镇为中心，布局

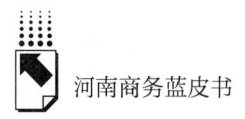

大中型连锁超市，推进农村商业网点建设，改善农村消费环境，满足农村居民消费升级需求。洛阳大张、南阳百乐福、巩义金好来等本地龙头企业纷纷加大乡镇市场开拓力度，服务当地居民消费需求。

(2) 乡村综合服务网点建设模式。许昌市通过邮政网络对全市村邮站点进行升级改造，充分利用现有资源，打造集邮政自有网点、村邮站、"三农"服务站、便民服务站、电子商务进农村村级服务点为一体的综合便民服务平台，承接包括移动、联通、电信、水、电等在内共12个项目的公共便民服务。

2. 关于农产品流通体系建设

(1) 农产品市场体系建设长效机制。许昌市每年设立市级财政2000万元、区级配套1200万元的农产品市场体系建设专项资金，出台项目建设标准及建设与运营规范、财政补贴资金管理办法、星级农产品市场考评与奖励办法等文件，按照"布局合理化、建设标准化、运营规范化、管理信息化"的要求，组织实施市区三级农产品市场体系建设，新建或改造提升一批以一级龙头批发市场、二级零售骨干市场和三级零售终端市场社区生鲜便利店为主体的市区三级农产品市场；探索生鲜农产品统一集采、加工、配送方式，健全食品安全检测体系、冷链共同配送体系和电子化全程追溯体系，市区三级农产品市场体系建设成效显著。

(2) 产销一体农产品市场建设。南阳市立足当地农业大市及消费地优势，积极引导、支持中商农产品批发市场加大万吨级保鲜库、电子结算中心、检测中心等基础设施建设力度，完善提升产地、销地和集散地等多重市场功能。

(3) 以智慧农批市场为导向的产地市场模式。安阳市内黄县依托当地蔬菜水果种植基地优势和互联网技术，以智慧农批市场为导向，以"市场＋基地＋农户"的产业模式，引入省级蔬菜质量检测中心，建设先进且规模化的气调保鲜库，开展农产品地理标志认证，打造产地农产品品牌，与销地市场开展产销战略合作，拟发展线上线下交易模式，探索现代农批行业新模式。

(4) 以农贸市场信息化为依托的农产品追溯体系。安阳市以安泰苑智慧农贸市场为示范，以设施标准化、经营模式现代化、培育发展有序化为原则，推进农贸市场信息化建设，实现了产品溯源、信息公示、市场监管一体化运作。许昌、南阳等试点市着力从不同流通环节健全农产品质量安全追溯体系，商品检测从生产端向中间流通及终端市场延伸并逐步实现流通环节全覆盖。

3. 关于电子商务创新发展

（1）跨境电子商务产业带发展模式。许昌市采取政府主导、市场化运作模式与知名电商平台开展深度战略合作，共同打造许昌跨境产业带，提供平台打造、培训托管、孵化运营、物流仓储、退税融资、线下展馆等功能，与保税物流区及海关紧密合作，设立阿里全国唯一假发仓，制定发制品跨境电商行业标准，打造"许昌假发"高端品牌。许昌跨境产业带上线一年多以来交易额已突破1亿美元，产品销往世界100多个国家和地区，成为阿里巴巴全球速卖通平台上最成熟、最完善的跨境产业带，成功孵化出许昌靓发、龙祁、盛源、金福源等销售明星企业。2017年，全市跨境电商交易额97亿元，同比增长31.2%，交易额稳居全省第2位。

（2）"电商＋产业"农村电商发展模式。焦作市博爱县构建创业服务、物流服务和金融服务三大支撑，立足本地原有产业基础和资源，以"一乡一业""一县一品"为抓手，以线上市场开拓带动线下产业发展，全县9个乡镇（街道）初步培育的特色产业达到了26个。洛阳市孟津县注重商业与文化、旅游融合发展，引入洛阳鼎润实业有限公司经营运作"中国平乐牡丹画创意园区"，注册"牡丹画第一村"商标，按照"公司＋园区＋画家"模式打造集绘画创作展销、教育培训、旅游观光于一体的农民牡丹画创意基地；引入洛阳闪迅电子商务有限公司设立电商孵化基地，打造"平乐牡丹画"淘宝村，实现了牡丹画社会效益和经济效益的双丰收。

（3）创新电商精准扶贫模式。南阳市唐河县引入杭州一扇门电商集团，搭建县域大数据运营中心，打造电子商务孵化基地，强化电商人才培训培育，组建以唐河邮政公司牵头的农村物流配送企业，推动农副产品上行，以"双百＋三个全覆盖"（建成100个产业扶贫基地，实施100个整村推进项目;贫困村及需要产业扶持的贫困户实现电子商务、扶贫车间、扶贫粮仓全覆盖)为抓手,通过政策支持、教育培训、资源投入、提供服务等形式,形成了"政府+服务商+电商平台+农产品"的唐河电商扶贫模式;桐柏县采取"电商企业+贫困户+合作社"点对点的帮扶模式,以"一村一品""一乡一特"为主攻方向,实现电商按需帮扶、精准扶贫。

(4) 以整合区域资源为核心的云平台模式。焦作市通过推广公共场所无线网络免费覆盖,利用本地网络平台整合区内餐饮、商超、宾馆、娱乐、保险、加油等商家资源,实现联网引流至云平台,引导商家资源共享、互推平台,推广本地支付方式——易支付,打造线上商圈。已完成公共场所安全免费无线WIFI设备投放2600余台,覆盖区域餐饮、商超、宾馆、娱乐、交通、快递等10多个行业,日均后台接入上网用户150000人次,商家后台服务模块已正式运营。

(5) 平台销售型电商模式。洛阳市哈他科技公司以电子商务起家,通过线上营销网络、瑜伽SNS社区门户、健身人才网等网络平台成功打造瑜伽用品"哈他"品牌,集产品设计、销售、物流配送于一体,深耕瑜伽产业链,打造集B2B、B2C、SNS社区、瑜伽培训、瑜伽馆、瑜伽资讯为一体的综合性瑜伽健身全产业现代服务平台。目前哈他公司已成为中国瑜伽用品销量第一企业,全国市场占有率高达15%。

4. 关于物流转型升级发展

(1) 构建物流信息服务体系。洛阳市搭建市物流快递公共信息服务平台,选择重点物流企业开展信息化改造、物流托盘标准化建设和包装编码标准化应用,鼓励、支持一点通、林安物流等平台服务商建立物流交易平台,采取市场化运作模式,通过互联网实现车货高效匹配、在线交易、供应链优化、互联网金融、信用评价等服务,构建线上物流体系,提升物流交易效率,降低社会物流成本。目前大一物流有限公司一点通信息服务平台、林安物流园物流信息交易中心已投入运营,物流资源整合效应日渐显现,物流空载率不同程度下降。

(2) 冷链物流公共信息平台模式。许昌市实施国家商贸物流标准化专项行动计划，积极发展第三方物流，构建全国性冷链物流公共信息平台和冷链资源交易中心——冷链马甲，支持企业应用、推广现代信息技术，以冷链物流资源为主要交易标的，构建互联网＋车库货匹配、互联网＋供应链管理等服务模式，为用户提供信息发布、通车联网等基础业务服务以及交易撮合、在线支付、物流金融、供应链优化等增值服务，促进货源、车源和物流服务高效匹配。

（3）建立电子商务与物流协同发展机制。洛阳市以国家第二批电子商务与物流快递业协同发展试点为契机，出台了《关于促进快递服务业发展的意见》《洛阳市电子商务与物流快递协同发展工作实施方案》，加强电商快递物流园区规划建设，构建洛阳城市物流快递公共信息服务平台，推广现代物流快递技术应用，拓宽物流快递网络通道，优化末端配送网点布局，加快建设容威电商物流产业园和中通快递分拨中心等大型分拨中心。目前，1.1万平方米的洛阳中通快递分拨中心已建成投用，日分拣快件量达到20万件，派送时效缩短8小时，辐射周边300公里范围；洛阳邮寄邮件处理中心经标准化整体改造，日均处理邮件能力由不足2万件提升到8万件。

（4）以物流园区为支撑打造区域分拨中心。驻马店市立足城市区位优势和构建全国性物流节点分拨基地目标，加大物流设施建设力度，以恒兴物流园为重要载体，引入华为、海尔、伊利、京东、菜鸟等国内知名品牌，打造区域分拨中心，辐射豫东南地区。

（5）省际区域性商贸物流中心建设。南阳市以被纳入国家区域级流通节点城市为契机，围绕打造"豫鄂陕省际区域性商贸物流中心城市"的总体战略和目标定位，由商务、发改、规划等部门组织编制《区域性商贸物流中心规划》，筛选18个重大支撑项目，成立8个专责小组推进重大支撑项目建设。

（6）农村联合配送模式。安阳市通过引导、整合快递资源"四通一达"（圆通、申通、中通、百世汇通、韵达快递），成立通达快递公司，建设仓储中转基地，初步对农村快递进行统一联合配送，降低"最后一公里"和"最初一公里"配送成本。

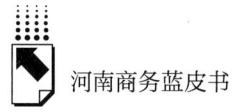

5. 关于实体零售业转型升级发展

以回归商业本质为核心的实体零售转型升级模式。洛阳市、许昌市、巩义市通过积极引导，推动实体零售商业向买手制、自主经营转变，降低成本、贴近市场，提升核心竞争力；自建物流配送及信息系统支撑连锁化扩张，线上线下融合不断开拓市场范围；打造自有品牌，实行差异化经营，凸显自身特色；永城市引入专业商业人才团队，盘活大体量商业资产，形成品牌聚集，占领商业制高点，推动实体零售商业跨越式发展。洛阳大张通过实行买手制，发展买断经营，不断提高自营商品比重，突破传统"租金＋联营"盈利模式，提升盈利能力和差异化经营水平，回归商业本质。巩义金好来企业通过自主开发140多个单品品牌，建设信息化系统，创立零售小业态——"厨鲜生"主题超市，以差异化经营实现精细、创新发展，企业竞争力得到不断提升。

6. 关于健全流通管理体制机制

（1）以规划统领内贸流通管理。洛阳市通过将内贸流通规划纳入市县两级国民经济和社会发展规划及商务部门列为规划委员会成员单位，明确"内贸流通规划由商务部门牵头、有关部门配合编制""制（修）订相关规划要征求商务部门意见，制定控制（修建）性详细规划时要与商业网点发展规划相衔接"，商务部门在规划委员会取得"发言权"，有效提升了内贸流通规划的地位，有助于解决商务部门有关规划与其他规划无法衔接的问题，有利于解决内贸流通网点无序发展、过度竞争等问题，提升流通管理效率。

（2）以立法明确流通管理权责。洛阳市出台了《洛阳市二手车流通管理办法》《洛阳市商品现货交易场所监督管理办法》《洛阳市商业网点管理办法》（后两者已上报市政府），以立法形式明确管理权责，提高行业管理法制化规范化水平。

（3）完善市场信息服务体系。许昌市重点加强市场监测及信息预报，规范、完善全市监测体系，利用手机报、微信等媒体每日发布主要农贸市场、超市的农产品销售价格，对工业、商业、餐饮业和其他零售企业等16

个大类商品、229个基本分类的商品零售价格及时向社会发布"许昌价格"和"许昌指数",适时引导商品供应和需求,提高了公共信息和市场调控的预见性、针对性和有效性,确保了内贸流通市场规范稳定运行。

(4)以骨干企业为重点的流通促进机制。南阳市通过实施"三个一百"行动计划,重点扶持支柱型商贸流通类、特色服务类、电子商务类企业(三类企业各100家)发展,培育一批具有带动辐射作用的龙头骨干企业。

三 关于内贸流通体制改革发展试点工作的思考

河南省内贸流通体制改革发展省级综合试点工作在有序推进的同时,也反映出一些问题值得深思,主要体现在以下几方面。

1. 内贸流通体制改革发展试点工作是一项系统工程

内贸流通体制改革发展综合试点工作作为促进流通产业创新发展,增强国内贸易流通服务经济社会发展能力、增强经济发展内生动力和活力的重要途径,是一项全局性的工作,涉及发改、工商等诸多政府职能部门,而非单个部门可以完成,需要各级政府高度重视,站位全局、统筹规划,围绕确定的各项重点改革任务,充分发挥组织作用,强化职能部门协同合力,共同推动试点工作的顺利开展。商务部门作为流通行业主管部门更应积极利用此次试点契机推动流通行业发展。

2. 创新性、突破性不够,机制体制很难突破

部分试点市对试点工作本身的认识不够深刻,试点工作局限于常规的工作手段和工作思路,把工作重点放在了项目建设上,试点内容过窄,工作的全局性、创新性、突破性不够。一些试点市试点面过于宽泛,项目过多、范围过广在一定程度上冲淡了改革重点,不利于集中精力、财力抓好改革重点并取得突破。从河南省内贸流通体制改革发展试点内容情况看,8个试点市对现行管理体制突破不多,试点多集中于健全内贸流通现代化发展体系和创新国内贸易流通发展方式方面,内贸流通相关政策也是以落实国家及省已出台政策为主,突出的创新成果不多,典型少。尤其是一些体制机制性改革措施

缺乏政策依据，实施难度较大，如将商务执法纳入市场综合监管执法体制等。

3. 内贸流通体制改革发展与经济基础紧密相关

受经济条件制约，一些经济落后区域的试点工作开展受人员限制、专业人才缺失等诸多因素影响，存在试点推进缓慢、扶持政策欠缺等问题，虽然也开展了一些工作，但大多也是以往常态工作的延续，没有较大突破。相比较之下，经济基础好的试点市人员配备强、工作机制全，工作推进力度大，实施效果也较好。

4. 扶持方式较为单一

由于试点内容较多，且专项资金扶持方式单一，多采用"以奖代补"的方式，总体上单个试点项目获得的资金补贴较少，对一些实施好见效快的企业缺乏足够的吸引力，进而影响到试点项目的建设和试点工作的推进。

5. 试点效果需要时间检验

试点项目建成后，一些项目短期内无法准确评判其效果，应有一个继续运行、适应发展的过程。从电商进农村工作开展来看，农产品上行"最初一公里"成本下降还未取得显著效果，多数本土电商平台流量缺失处于亏损经营状态；部分电商园区运营模式不成熟、招商存在一定困难、集聚效应有待显现、电商与当地产业结合不甚紧密等等，其运行效果均有待观察。

6. 规划引领相对滞后

8个试点市中洛阳将商务部门列为规划委员会成员单位，制（修）订相关规划要征求商务部门意见，商务部门在规划委员会拥有"发言权"，其他试点市规划引领相对滞后。加之一些市级商贸流通业、电子商务发展等专项规划未能及时出台，对一些重点创新项目尚未发挥指导和引领作用。

四 进一步深化河南省内贸流通体制改革发展的对策建议

为进一步深化河南省内贸流通体制改革发展，促进流通业提质增效、实现创新转型发展，提出以下建议。

1. 高度重视试点经验复制推广工作

（1）各省辖市应把国家试点经验和省级综合试点经验复制推广工作作为促进内贸流通体制改革发展的重要举措，结合当地发展实际及面临的突出矛盾和问题，学习和借鉴先进市县的成熟经验，继续深化内贸流通改革发展体制机制，优化营商环境，推动内贸流通创新转型发展。

（2）经济实力强的市县应更有作为。洛阳市作为中原经济区副中心城市，应主动承担体制改革功能，力求在体制机制上有所突破创新，带动周边地区和全省经济发展。南阳应借此试点契机强力建设"豫鄂陕省际区域性商贸物流中心城市"，建议南阳市政府就此项工作重点争取省政府政策支持，借助上层合力强力推进。许昌市应充分发挥许昌跨境产业带的示范带动作用，继续开拓创新，加强宣传推介，力争为全省乃至全国跨境电商发展提供可借鉴的试点经验和模式。

2. 建立工作推进机制

各省辖市应针对试点经验复制推广工作强化组织领导，加强协调指导，建立工作台账和督导问责机制，严格目标考核，压实责任，确保各项工作任务落到实处。对一些内容比较广、实施时间较长的重大改革事项，要制订专项行动计划，抽调人员组成实质性的工作组，后续逐年连贯推进，攻难克艰最终取得预期成效。

3. 加大财政扶持及整合力度，创新资金扶持方式

一是进一步加大财政性资金扶持力度，有效调动参与企业的积极性，全力助推内贸流通体制改革顺利开展。二是创新资金扶持方式，探索以基金、股权投资、PPP、财政贴息等形式支持流通产业发展，逐渐改变现今主要依靠财政资金"以奖代补"的支持方式，实现资金来源及扶持方式多样化。建议设立流通产业发展基金，加强对内贸流通产业扶持资金的整合力度，引导社会资本广泛参与，充分发挥财政扶持资金的撬动效应。

4. 解放思想，更新观念

思想是行动的先导，解放思想是改革创新的前提。内贸流通体制改革发展要围绕改革主线，在解决关键性问题上大胆探索、重点突破，破解城乡流

通发展的体制机制障碍，促进实体商业转型升级，大力推进电子商务发展创新，不断提升流通信息化、标准化水平，持续降低物流成本、提高流通效率，推进放管服改革，加强流通领域信用体系建设，探索打造先行先试平台，推动流通业创新转型、提质增效，增强流通业服务经济社会发展全局的能力。各省辖市要在复制推广试点经验的基础上，针对当地面临的关键性问题梳理总结、补齐短板弱项，并结合实际进行深化创新，力争取得更实更好的效果。

B.14
河南省餐饮业发展浅析

王苏 孙琪 李艳艳*

摘 要： 近年来，河南省餐饮业品牌建设取得新进展，"互联网+餐饮"快速发展。本文分析了河南餐饮业的发展现状、存在的问题，并提出了今后的工作方向和思路，以期对促进餐饮业供给侧结构性改革、服务民生起到重要参考作用。

关键词： 餐饮业 品牌化经营 中央厨房

一 河南省餐饮业发展现状

1. 河南省餐饮业基本情况

2016年，河南省餐饮业实现收入2320.8亿元，同比增长12.7%，实现了重要突破，扭转了增长率在两位数之下徘徊的态势，是服务业中增长率较高的行业之一，总体规模稳居全国第四位、中西部第一位。2017年，河南省餐饮业增长强劲，销售收入达2773.16亿元，占全省社会消费品零售总额的近1/7，同比增长12.9%，增幅在全国名列前茅，高于全省社会消费品零售总额增幅1.1个百分点，高于全国餐饮业增幅1.8个百分点。规模与稳居全国第三位的江苏省相比，差距进一步缩小。

全省住宿餐饮企业品牌建设取得新进展。据不完全统计，截至2016年底，全省重点住宿餐饮业连锁品牌企业发展势头较好，已达33家，特别是

---

* 王苏、孙琪、李艳艳，河南省商务厅服务贸易处。

连锁品牌增长势头猛、发展快,已达500多个,全年销售额预计突破200亿元。河南目前和餐饮业有关的中华老字号企业16家,国家驰名商标3家,中华餐饮名店84家,豫菜品牌示范店18家。此外,和餐饮业有关的河南老字号有97家。

"互联网+餐饮"快速发展。在促进餐饮业结构性改革、转型升级的背景下,特别是在互联网推动下,营销模式不断创新,餐饮品牌也在互联网的"浪潮中"形成了百花齐放的新局面。老品牌"真不同"、"第一楼"、"合计"烩面、"萧记"烩面等不断地丰富产品内容,创新服务形式,依托老客户做背书,实现品牌的持续性发展。洛阳餐旅、姐弟俩、阿利茄汁面、巴奴、阿五黄河大鲤鱼等新品牌通过实体店与互联网、移动通信以及微博、微信等社交媒体的合作,发展线上预订,在引爆消费热点和引领餐饮时尚的基础上,通过新媒体实现品牌的影响力。目前,全省重点餐饮企业线上线下协同发展,"上线率"达到80%以上,销售额约占全部销售额的10%以上。莲菜网、香菜网、鲜易网等餐饮业平台企业不断壮大,机制和模式不断创新。

2. 河南餐饮业品牌化经营的主要做法

(1) 突出顶层设计

河南省出台了《河南省商务厅关于促进餐饮业转型发展的实施意见》(豫商服贸〔2017〕2号),提出了进一步提升餐饮企业服务质量和管理水平的重点任务。支持餐饮企业争创"中华老字号""国家驰名商标""中华餐饮名店""全国餐饮百强""河南老字号""豫菜品牌示范店"等服务品牌,以品牌促质量、促发展。制订了《2017年餐饮业工作行动计划》,联合省直11个部门共同举办了河南省第五届豫菜品牌大赛、河南省第七届烹饪技能大赛、河南省第二届饭店服务技能大赛,并成功举办了2017中原餐饮业博览会。印发了《河南省商务厅关于进一步加快住宿餐饮业连锁化品牌化发展的通知》,推动餐饮业连锁化、品牌化发展。

(2) 加强政策支持

印发了《河南省商务厅河南省财政厅关于做好2017年省级餐饮业发展

专项资金申报工作的通知》（豫商服贸〔2016〕11号），对30家豫菜品牌餐饮企业给予项目资金支持。下发了《河南省商务厅河南省财政厅关于做好2018年省级生活性服务业发展项目资金申报工作的通知》，对实施品牌化、连锁化发展的中央厨房建设项目给予资金支持。

（3）积极推进中央厨房产业园建设

2017年，国内最大、中西部唯一的中央厨房产业园，在新乡市原阳县建成投产。目前已有福状元粥、阿利茄汁面、姐弟俩土豆粉、巴奴毛肚火锅、须水邓记叫化鸡、韩国土大力、麦多馅饼、76人老烩面、禾胜合、好利来、香雪儿等36家企业入驻，形成了集种植、养殖、食品加工和商贸服务等多功能于一体的完整产业链，为餐饮行业集聚发展，带动农业、种植业、养殖业等上下游协同发展，进行了有益的探索，也标志着河南餐饮连锁行业站在了新起点，推动了行业标准化、规模化、品牌化和连锁化发展。

（4）加强品牌宣传，促进餐饮业特别是中央厨房产业园的联动发展

为保障餐饮业食品安全，原阳中央厨房产业园同有关农业合作社广泛联合，建成了30余个农产品种植基地；为便于央厨产品走向门店餐桌，央厨产业园与莲菜网战略合作搭建O2O电商平台。园区通过种植养殖、加工制作、经营销售三产有机融合，有望3年内产值达到100亿元，成为河南乃至全国中央厨房的一张名片。

（5）节能减排，推动产业园绿色发展

河南中央厨房产业园内的中央厨房，有完善的排污管道，直接将污水排到园区1000吨的大型污水处理中心。中央厨房产业园依托产业集群化理念，实现餐饮企业共享公共配套设施，最大程度发挥中央厨房的节约功能，为践行餐饮业绿色发展提供了可行方案。

二　餐饮业发展存在的问题

1.行业发展环境仍需改善

目前，餐饮业发展虽然总体趋稳回升，但餐饮布局不合理、经营成本高

企、专业人才匮乏等诸多难题仍没有得到完全解决。房租、人力资源成本不断上升，减免税费政策落实不到位、负担较重，融资难，企业经营压力较大。随着餐饮经营进入微利时代，业内同质化竞争激烈、经营成本上升、供求结构性失衡、企业社会保障负担加重等现象将持续成为行业发展常态，这也是餐饮企业无法回避、必须积极面对的课题。

2. 管理水平待提高，"用工难""用工荒"问题依然突出

低端生活服务供给较多，有品质的生活服务供给不足；服务标准不健全，诚信水平不高，从业人员大多缺乏专业培训，服务不够规范。一方面人才不足，另一方面，餐饮行业由于行业发展的限制，普遍工资水平不高，职业社会评价度不高，特别是由于工作环境封闭、劳动强度较大、工作时间较长等内在因素，人员流动率居高不下。餐饮业"人海战术"逐渐被抛弃，为了应对不断增长的人工成本、解决"用工荒"难题，如何挖掘有限人力资源的无限潜能成为企业经营者的新课题。

3. 品牌企业少，结构不优，组织化程度低，连锁化水平不高

品牌是由名称、标志、象征物、包装、口号、音乐或其组合等符号所带来的无形资产。丰富的产品内容、产品工艺的改进、服务形式的创新等，都是品牌的核心内容，是促进餐饮业成长、持续发展的力量源泉，也是企业与竞争者争夺消费者强有力的手段。目前，河南餐饮业绝大部分企业规模小，管理制度落后，抗风险能力差。2012年以来，中国餐饮百强企业排名中，河南仅有5家上榜。餐饮业品牌建设非常迫切。

三 河南餐饮业发展思路、目标及举措

1. 发展思路及目标

深入贯彻十九大会议精神、中央经济工作会议精神、省委经济工作会议精神、全国商务工作会议精神，以满足人民对美好生活的需求为目标，以供给侧结构性改革为重点，紧紧围绕"增加服务供给，提高服务质量"，培育"河南服务"国际竞争新优势，促进服务精细化、多样化、标准化，以改革

促服务，以服务促消费，以消费拉动经济增长。推动餐饮业向大众化、信息化、标准化、集约化、国际化方向发展。到2020年，使全省餐饮业零售额在全省社会消费品零售总额占比从"十二五"末的1/7提高至1/6，餐饮行业发展规模在全国排名从"十二五"末的第5位上升至第3位，培育50家重点餐饮业连锁化、品牌化企业，成为拉动全省经济增长的重要力量。

2.重点举措

（1）大力促进大众化餐饮发展

积极发展早餐、快餐、特色餐、地方小吃、美食广场、食街排档、农家乐等服务方式。引导餐饮企业发展与商务餐饮、婚寿宴、家庭聚餐、旅游团餐等细分市场相适应的业态，满足不同层次的大众化餐饮需求，促进大众化餐饮布局更加合理，品种更加丰富，占餐饮市场的比重提高到90%以上。

（2）积极推动品牌化、规模化、特色化发展

实施酒店酒家分等定级，推动"名企名店名菜"建设工作，进一步提升餐饮企业服务质量和管理水平。支持餐饮企业争创"中华老字号""国家驰名商标""中华餐饮名店"等服务品牌，以品牌促质量、促发展。弘扬豫菜文化，挖掘河南传统菜系和地方特色餐饮，打造豫菜品牌。到2020年，组织认定50家省级餐饮业转型升级示范企业，整合组建1~3个餐饮业食品（材）电子商务平台，培育5~10个餐饮产业化示范企业，着力打造以中原文化为底蕴，品牌豫菜为特色，名企名店为代表的转型发展新格局。

（3）鼓励餐饮业创新发展

推动餐饮业与旅游、文化、民俗建设融合发展，推动餐饮业集聚式发展。鼓励餐饮企业运用互联网、大数据、云计算等技术提高管理水平，开展线上线下融合，实现实体店与互联网等社交媒体的合作，发展线上预订、营销、团购、外卖、餐厅索引和评价服务。

（4）倡导餐饮业绿色发展

提高餐饮业绿色安全保障水平，提高食材绿色、有机比例。支持餐饮企业建设、改造中央厨房工程，加强餐饮企业节能减排工作，提倡节能产品应

用，减少大气污染，大力倡导绿色消费。到2020年，培育形成3~5家示范性中央厨房企业，建设一批"绿色饭店"。

（5）坚持餐饮行业安全发展

认真搞好食品卫生安全工作，保证餐饮食品质量，使广大消费者吃得安全，吃得放心。贯彻消防安全规定，推动企业安全、健康发展。

（6）鼓励国内外交流合作

组织策划饮食文化推广、美食节、厨艺展示等活动，挖掘整合河南省地方特色美食资源，鼓励餐饮企业通过参加国内省内重大经贸活动，扩大河南企业品牌和豫菜的知名度和影响力。鼓励省内优秀餐饮企业"走出去"，在海外设立企业和开展人才培训，宣传河南餐饮文化，同时学习借鉴国外先进的餐饮经营理念，提升自身竞争力，促进河南企业海外发展。

B.15 河南省成品油市场管理机制探索

郭海燕 杨舒翔*

摘　要： 近年来，河南省动用了大量的人力、物力、财力深入开展成品油市场专项整治，使得市场秩序更加规范的同时，也暴露出了许多问题，相关部门如何建立新的管理机制、守住这个来之不易的成果就显得尤为重要。本文介绍了河南省成品油市场的发展现状，分析了存在的问题及其形成的原因，并在新的管理机制建立方面做了一些大胆的探索。

关键词： 成品油　市场秩序　管理机制

成品油是国家重要的战略性物资，是支持国民经济发展必不可少的能源资源，也是与国计民生联系紧密的生产、生活资料。近年来，随着经济社会的不断进步，物流业的长足发展，以及汽车保有量的日益增加，人们对成品油的需求量呈现出快速增长的态势。但由于历史遗留问题较多、监管制度不完善、管理制度落后等原因，目前全国成品油市场不同程度地存在着市场混乱、管理不规范等问题，河南市场也不例外，因此逐步规范成品油市场秩序、积极探索新时代管理机制就显得尤为迫切。

一　河南成品油市场发展情况

近年来，随着经济社会的不断进步，物流业的长足发展，以及汽车保有

---

* 郭海燕、杨舒翔，河南省商务厅市场运行调节处。

量的日益增加，人们对成品油的需求量呈现快速增长态势，河南作为人口大省、消费大省、物流大省，成品油市场发展迅速。

1. 市场规模不断扩大

一是供需基本平衡。据统计，2017年全省共计销售成品油1728.8万吨，购进1714.8万吨，全年库存水平保持在65万吨左右，约相当于全省13天的消费量，市场供给充足，未出现局部地区油品供应短缺现象。二是购销平稳增长。2017年成品油销售量和购进量分别较2012年增长33.4%和30.4%，年均增长率分别为4.92%和4.51%，与经济总量、消费水平及汽车保有量大致呈正相关关系。三是分销体系日趋完善。截至2017年底，成品油仓储能力达到174.6万立方米，实现全省18个省辖市全覆盖，铺设输油管道2450公里，油品保供能力进一步增强。

2. 网点布局逐步优化

河南省加油站发展规划是以保障供应为基础、以市场需求为导向、以技术规范为原则、以促进行业发展为目标编制的，拟在建设适应经济发展、满足消费需要、服务功能完善、覆盖全省深入乡村的成品油零售网络，同时尽可能地减少资源浪费、避免重复建设。与前几年相比，成品油零售经营网点布局逐步优化，主要表现在两方面：一是加油站盲目建设势头得到遏制。目前，全省在营加油站共有8888座，年增长量不足百座，公路通车总里程26.7万公里，加油站密度降至3.3座/百公里。二是单品种加油点逐渐减少。由于此前农村地区汽油动力车辆较少，汽油需求量不大，因此在农村地区建设了大量的单品种加油点，只销售柴油用于保障"三农"用油，然而与当前农村经济发展水平已经不相适应，这些单品种加油点急需升级改造成为兼营汽油的加油站。目前全省共有单品种加油点1708个，较2016年底减少202个，大多通过完善手续升级成为经营范围更加广泛、服务功能更加完善的加油站。

3. 经营主体多样发展

近年来，越来越多的民营成品油经营企业如雨后春笋般出现，在各自地域内形成了一定的规模效应和品牌效应，市场份额占有量不断增加，对传统国有企业形成巨大冲击。中石化、中石油两大集团公司作为市场供应主渠道，2017年销售量和购进量分别占全省份额的68.9%和65.2%，虽然仍据主导地位，但较2012年分别下降了15.9个和19.8个百分点，降幅非常明显。相比国有企业，民营企业先天具有运营成本较低、销售手段灵活、服务类型多样、油品价格较低等优势，在市场规模不断增大的情势下趁机迅速扩张，成品油分销领域多种经济成分并存的市场格局已经基本形成，如大桥石化和中太石化在新乡等地分别建设加油站37座和35座，奇春石油在南阳地区有46座，来自山东的东明石化和鲁明石化也在豫东地区分别有23座和13座。

4. 服务质量明显提升

随着民营企业的崛起，市场竞争更加充分，成品油经营企业各显神通，服务质量有了明显提升。一是专业素养显著提高。大多加油站除了站长需要具备一定的专业资质外，还配备了安全员、消防员和计量员等专业技术人员，为加油站的日常经营管理提供了有力技术支撑，民营企业纷纷效仿中石化、中石油，制定加油站员工服务规范，并组织参加相关技术培训，加油站服务更加标准化、规范化、专业化。二是延伸服务不断扩展。面对日益激烈的行业竞争，加油站经营者积极拓展非油品业务，加油站便利店、洗车、汽车维修等服务成为市场经营的主要补充，通过增值服务提高企业营业额，延伸企业经营价值链。三是服务手段灵活多样。在调研中发现，中石化、中石油下属加油站经常开展充值送油卡、加油送礼品等活动，民营加油站则更加灵活，加油送洗车卡，城区加油站为顾客准备免费甜点、冷饮，位于国、省道等加油站为重型车辆司机免费供应简餐、茶水、茶叶蛋等，个别高速公路服务区甚至为顾客提供免费住宿，通过各类服务有效聚拢人气的同时，也提高了顾客的满意度和美誉度。

二 河南成品油市场管理现状

为统筹推进新时代"五位一体"总体布局战略目标实施，建设富强、民主、文明、和谐、美丽河南，近年来，河南省委、省政府高度重视环境保

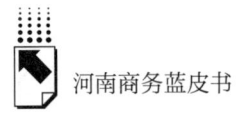

护工作，连年将深入开展大气污染防治攻坚战列入全省重点民生实事。为配合打赢大气污染防治攻坚战，充分发挥加强成品油市场监管对大气环境质量的改善作用，连续两年组织开展成品油市场专项整治行动，市场秩序得到有效规范。

1. 取缔"黑加油站点"

先后开展了打击黑加油站专项行动、专项行动"回头看"、全省黑加油站大排查等活动，对违法违规经营加油站点进行了多轮次的"地毯式"打击。活动期间，累计排查加油站点2万余家次、查处违规站点8000多个、罚没油品近3000吨、收缴加油机5000余台、处理涉案人员3000多人，对违法违规经营成品油者形成了强力震慑，切实保障了消费者和正规加油站的合法权益。

2. 打击劣质油、低标油

重点查处销售假冒伪劣及不达标油品、销售成品油缺斤短两、加油站（点）假冒商标及标识等违法违规经营行为，同时，连续两年不间断对加油站点油品质量进行抽样检测，实现常态化监管。据检测结果显示，河南成品油流通市场已经全面销售国家第五阶段车用汽、柴油，其中豫北地区已率先完成国家第六阶段车用汽、柴油升级置换。

3. 建设农村加油站

由于农村地区汽油消费量不大、利润空间有限、市场前景较差，因此投资主体在对比投资和产出后，往往忽视农村市场，客观上导致农村加油站数量较少。为了保障正常生产生活用油，河南针对农村及偏远地区出台了各类优惠政策，降低了准入门槛、放宽了土地标准、减少了建设投资，大大提高了农村地区加油站建设热情，共计布局了2100多个规划点，涵盖了成品油供应能力相对薄弱的117个县（市、区）的1000多个乡镇，基本实现了成品油零售网络全覆盖。

三 河南省成品油市场管理存在的问题及原因分析

连续两年的成品油市场专项整治行动收到了显著成效，取缔、关停了大量的违法违规经营加油站点，油品质量大幅提高，整个流通市场面貌为之一新，但随之而来也暴露出不少的问题，其中区域发展不平衡、监管难度增大、农村市场混乱和立法层级较低等问题尤为突出。

1. 区域发展不平衡

成品油零售经营网点的布局需符合当地成品油行业发展规划、土地利用总体规划和城乡建设规划。其中，成品油行业发展规划由商务部门以技术规范为原则、依据行业发展需要编制，该规划与国家"十五"规划同步进行；土地利用总体规划则以 15 年为期，由国土资源部门根据社会经济可持续发展的要求和当地自然、经济、社会条件，对土地的开发、利用、治理、保护在空间上、时间上所做的总体安排和布局，达到土地利用的宏观调控、合理组织、规范监督等目的；城乡建设规划是为确定城乡建设的发展方向和规模、合理组织各建设项目的用地与布局、妥善安排建设项目的进程，由建设部门进行编制。这些规划分别由不同的部门编制，其主要目的和编制原则各不相同，缺少统筹安排，因此在规划实施过程中很难将三者统一起来，导致规划难以落实。据统计，"十二五"期间河南省成品油零售体系发展规划执行率不足一半，其中商丘市 5 年时间共计经批准新建设加油站不足 10 座。

据有关部门统计，目前河南全境共有在营成品油零售经营网点 8888 个。其中，加油站通常意义上指的是既销售汽油也销售柴油的成品油零售网点，共有 7180 座；加油点是指为满足农机用油，只销售柴油的零售网点，绝大部分分布在农村地区，共有 1708 个。

如表 1 所示，郑州市单站服务车辆最多，达到平均每站服务 3607 辆车，比最少的驻马店高出 5 倍还多；加油站分布密度最高的是新乡市，平均每 16.3 公里有 1 座加油站，而最低的商丘市密度只有新乡市的 1/3。由此可见，成品油零售网络发展极不平衡，农村地区更是过犹不及。

2. 监管难度增大

一是黑加油站打击难度大，死灰复燃严重。部分较为顽固的黑加油站，由于种种原因没有拆除或没有完全拆除，留下了死灰复燃的隐患，这些经营

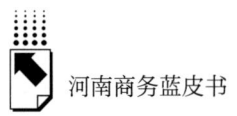

表1 河南省各省辖市成品油零售网点分布及道路、汽车保有量情况

省辖市	零售网点总数（个）	加油站（座）	加油点（个）	民用车拥有量（辆）	公路里程（公里）	单站服务车辆（辆/站）	加油站密度（公里/站）
郑 州	742	629	113	2676879	13510	3607	18.2
开 封	418	321	97	456195	9566	1091	22.9
洛 阳	607	549	58	855771	19390	1409	31.9
平顶山	434	399	35	518276	14606	1194	33.7
安 阳	541	460	81	599488	12955	1108	23.9
鹤 壁	197	190	7	198172	4573	1005	23.2
新 乡	830	613	217	753106	13490	907	16.3
焦 作	374	337	37	434955	8013	1162	21.4
濮 阳	294	217	77	493502	6784	1678	23.1
许 昌	374	367	7	503403	9936	1345	26.6
漯 河	248	171	77	249452	5374	1005	21.7
三门峡	240	224	16	249157	10089	1038	42.0
南 阳	905	787	118	774697	39956	856	44.2
商 丘	491	418	73	744346	24674	1515	50.3
信 阳	615	460	155	442645	26557	719	43.2
周 口	766	542	224	648595	23880	846	31.2
驻马店	699	386	313	471786	21583	674	30.9
济 源	113	110	3	132391	2504	1171	22.2
合 计	8888	7180	1708	11202816	267440		

资料来源：河南省成品油零售经营企业2017年度检查，《河南统计年鉴2017》。

者普遍抱有侥幸心理，铤而走险私自销售成品油，检查严的时候关上门，一阵风过去了再开业，有的加油站甚至给加油机安装了带轮子的底座，执法人员来了就把加油机推走藏起来，走了就再推出来继续售油，和监管部门打起了"游击战"，严重损害了政府行政威信。二是黑加油站由明转暗、由静转动逃避打击。慑于当前全省打击黑加油站的高压态势，一些成品油违法经营者采取了更加隐蔽的方式，如通过网络联系提供送油上门服务、利用改装油罐车私自售油、随机兜售散装成品油等，各种招数层出不穷，严重威胁了人民群众人身财产安全。三是部分正规站违规经营侵害消费者权益。突出表现为与不具备成品油批发资质的企业签订供油协议，购进来路不明的低标油、劣质油，以次充好；对加油机违规改装，加油时缺斤短两；国五油、劣质油多油罐分装，遇到检查就给抽国五油，平时销售就卖低标油、劣质油；恶意哄抬油价或压低油价等，严重扰乱了市场正常经营秩序。

究其原因：一是国家燃油税改革后，成品油含税价格上涨，从非正规渠道购进劣质油、低标油存在较大获利空间。二是职能部门在执法过程中处境尴尬，部分农村及偏远地区正规加油站数量较少，若取缔了非法加油网点，会影响部分村民的正常生产生活，加之"图便宜"落后消费观念作祟，遭到一些群众的埋怨。三是2015年实行"先照后证"改革后，企业无须取得《成品油零售经营批准证书》即可在工商部门注册登记，并取得《危险化学品经营许可证》，导致很多经营者误认为无须行业主管部门审批就可以经营，造成了事实上的"未批先建"，由于此前已投入了大量的人力、物力、财力，执法部门在对其设施、设备进行拆除时，极易产生对抗，取缔难度极大。四是市场监管力量严重不足，河南人口基数大，执法部门执法人员较少，且各个部门不相统属，难以统筹协调，监管力量和装备严重缺乏，跟不上形势发展要求。

3. 农村市场混乱

随着农村经济的快速发展，越来越多的私家车走进农村家庭，农村现有的零售网络已无法满足快速增长的消费需求，加之农村及偏远地区正规加油站建设成本较高，监管力量薄弱，客观上造成了农村市场混乱的现象。

（1）油品质量难以保证。目前城区及国道、省道等干线公路的成品油零售市场供应渠道主要来自以中石化、中石油为代表的大型国有企业，而广大乡镇以下的农村市场，国有零售网点极少。农村加油站销售量本来就远低于城市加油站，在经营成本增加、无利可图的情况下，极易形成恶性竞争，较低的价格成为吸引顾客的重要砝码，"劣驱良"的奇怪现象也就成了寻常。

（2）普遍存在安全隐患。很多农村加油站点建设简陋，经营业主严重缺乏安全意识，部分加油站点以杂货店、机车修理店甚至自家住宅为依托对

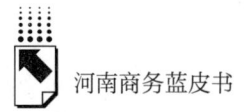

外兼营成品油,存在重大安全隐患。一是安全距离严重不足;二是加油和储油设施简陋,售油的将汽油散装在铁桶、塑料桶对外销售,消费者为了方便往往带上几个桶同时加上油带回家备用;三是私自购买或改装流动加油车,在乡间公路、田间地头临时设点销售;四是从业人员安全意识淡薄,缺乏最起码的安全设施,安全隐患十分突出。

(3) 日常管理缺乏规范。由于主要面向农村市场,农村加油站销量少、运费高、利润薄,不管是成品油国有主渠道或是社会投资者,都不愿把加油站布局到农村市场,即便是现有农村加油站,也缺少持续投入,管理不够规范。

4. 管理办法滞后

(1) 技术规范落后,难以满足现阶段经济社会发展需要。成品油零售行业发展规划的编制原则依据的是国家商务部于2004年颁布的《成品油零售企业管理技术规范》,当年公路通车总里程、汽车保有量以及成品油需求量与现今已不可同日而语,但技术规范并没有做相应的调整,客观上对行业管理部门科学、合理规划成品油零售经营网点造成了技术障碍,合理不合规、合情不合法的情况时有发生,让管理部门陷入两难境地。

(2) 立法层级太低,难以协调相关部门形成合力。我国法律的效力层级自上而下依次是宪法、法律、行政法规、地方性法规或条例、部门规章、地方规章,上位法优于下位法。《成品油市场管理办法》属于第五层级"部门规章",而涉及成品油市场管理的安监、工商、环保、国土等部门都有各自遵循的法律规定,譬如安监有《危险化学品安全管理条例》、工商有《无证无照经营查处办法》、环保有《中华人民共和国环境保护法》、国土有《中华人民共和国土地管理法》,其立法层级都高于《成品油市场管理办法》,在实际工作中往往各自为政,发生冲突时很难加以协调,影响整个工作进程和力度。

(3) 管理幅度过窄,难以对各类复杂问题提出解决方案。由于行业主管部门缺少专业技术人员和执法装备,无法对成品油经营行为是否违反

《成品油市场管理办法》做出有效判定，譬如检查加油站油品质量，因没有抽检人员和检测设备以及检测资金，借助第三方检测机构的检测结果又无法作为执法依据，因此日常监管难度较大。

（4）处罚力度较小，难以在思想上对违法违规经营者形成威慑。《成品油市场管理办法》中对成品油市场违法违规行为可视情节依法给予警告、责令停业整顿、罚款等，处罚力度较小。以罚款为例，《成品油市场管理办法》规定最多处以违法所得3倍以下或3万元以下罚款，相比违法违规经营获取的暴利而言，违法成本过低，经营者极易为了不菲的非法所得而甘冒法律风险。

四 河南成品油市场管理机制探索

当前河南成品油市场正处于一个历史矛盾的集中爆发期，也是一个管理机制变革的重要历史机遇期，按照国务院深化简政放权、放管结合、优化服务的总体要求，直面问题、找准矛盾、抓住机遇，积极推进成品油流通领域"放管服"改革，探索建立适应河南省情、符合企业要求的成品油市场管理机制尤为迫切。

1. 强化属地管理，加强部门联动，建立联合执法机制

由于成品油市场的监管涉及多个部门，"多龙治水而水患频仍"的现象长期存在，为了从根本上、制度上解决这个问题，河南省政府办公厅出台了《关于加强联合执法建立成品油流通市场监管长效机制的通知》（豫政办〔2017〕57号）。按照属地管理原则，成品油流通市场监管由各县级以上政府负总责，承担主体责任，厘清了相关职能部门的职责分工，明确了监管重点，规范了查处程序，完善了协作机制，初步建立了成品油流通市场监管长效机制。

机制建立之后重在落实，由县级以上政府组织成立联合工作组，定期召开会议，通报工作进展情况，研究解决存在的问题，确保形成工作合力，共同维护成品油流通市场秩序。

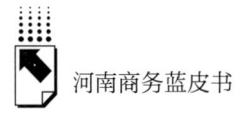

为了便于对成品油行业监管，除了建立联合执法机制之外，还可以考虑成立独立的管理部门，如盐和烟草等都成立有专门的管理机构，与之相比，成品油在居民消费占比、市场容量和国家税收等方面都远远超过盐和烟草，成立独立的成品油市场管理机构也不失为一个解决多头监管的好办法，尤其是在当前成品油市场管理内涵不断加深、外延不断扩大的新形势下，成立独立的管理机构有利于形成专业专管、上下联动的新型工作模式，持续加强行业监管。

2. 开发信息系统，建设信息平台，建立规范管理机制

目前并未开发全国统一的成品油行业信息管理系统，无法及时掌握企业经营状况，难以实现信息整合和有效的监管。应结合工作实际设计信息管理系统：一是开发包含行业主管、土地资源、规划建设、工商登记、环境保护、消防安全等部门数据的信息管理系统，实现信息共享；二是开发集规划、验收、变更、延续、歇业、注销、年审等诸多审批功能于一体的信息管理系统，实现线上审批；三是开发完备的地图查询系统，拥有测距、标记等多种功能，实现多规统一。

（1）借助信息管理平台，可以大幅提高管理效能。认真研究不同管理层级的职能，按照权责对等的原则，赋予省、市、县三级成品油行业主管部门相应的管理权限，对企业开放数据及年检情况报送端口，面向个人开通查询端口。通过信息技术构建大数据平台，建立自上而下统一的工作标准，提高管理效率的同时也能更好地为基层、为企业服务。

（2）借助信息管理平台，可以有效降低廉政风险。信息管理能够大大减少失误率，提高行政审批的准确率，同时减少人为因素的干扰，通过建立信息化和程序化的管理机制，实现行业管理的科学化和规范化，同时实现信息公开，提高透明度，接受全社会监督。

（3）借助信息管理平台，可以建立预测预警机制。强化地方和企业数据报送，提高数据报送的及时率和准确率，通过数据分析，加强市场研判，为政府决策提供依据。譬如在农村地区，由于农业生产具有很强的季节性，淡旺季油品消费量差别较大，通过监测分析，密切跟踪市场供求情况，及时

报告市场波动，有利于预先做好调拨、库存、运输、供应等各项准备，适时采取应对措施，保障农村市场旺季供油。

（4）借助信息管理平台，可以有序下放审批权限。认真研究有关法律法规，进一步简政放权，在"权责对等"的原则下，有序下放审批权限，调动基层管理部门的积极性；结合地方实际，因地制宜地规划布局成品油零售经营网点，激发市场活力的同时，更好地服务消费者，方便群众生活；强化属地管理，落实监管主体责任，提高监管效能。

3. 注重日常监管，发挥年检效力，建立市场退出机制

（1）建立进销存管理机制。要求企业建立进销存管理台账，同时将实时数据通过信息平台上报，通过对照进油票据、税控加油机出油数量和库存情况，掌握企业是否从合法渠道购进、销售符合国家标准的油品，以及是否缺斤短两、偷税漏税，依法责令存在违法违规经营的企业整改。

（2）建立"黑名单"制度。将违法违规经营成品油企业纳入"黑名单"，责令限期整改，并向全社会公开，列为重点监管对象。同时，对"黑名单"实行动态管理，适时进行更新，将整改合格、通过验收的企业从"黑名单"中去除，把新发现的违法违规经营企业列入"黑名单"，发挥社会舆论的引领导向作用。

（3）建立社会监督机制。公开举报热线，热情受理举报，通过举报线索，及时核实查处，让违法违规经营成品油行为无所遁形。建立有奖举报机制，鼓励同行、企业内部职工以及人民群众对违法违规经营行为进行监督举报，甚至可以对举报者进行一定的奖励，提高举报热情；建立法律免责机制，健全相关法律法规，注意保护举报人的隐私，打消举报人的后顾之忧。

（4）发挥年度检查效力。严格企业年度检查，通过信息平台报送年检材料，对不符合要求的企业不予通过年检，对年内多次因违法违规经营遭受处罚的企业不予通过年检，对连续三年及以上无故不参加或未通过年检的，依法注销其成品油经营相关资质，实现优胜劣汰，让不良企业有序退出市场。

B.16
2017年河南省国际贸易摩擦情况及趋势分析

李晋 李慧 杨军岐 李伟华*

摘　要： 当前，以欧美为首的主要经济体逆全球化思潮和保护主义倾向抬头，贸易保护措施的形式和尺度不断升级，河南省与全国一样面临贸易摩擦高发的严峻态势。本文介绍了2017年河南省贸易摩擦案件基本情况，研判国际贸易摩擦形势及趋势，提出要从加强应对机制建设、抓好大案要案应对等多方面着手做好贸易摩擦应对工作。

关键词： 贸易摩擦　"双反"调查　贸易救济

2017年以来，世界经济呈现同步复苏迹象，但全球经济的结构性强劲增长仍未出现，经济增长低迷态势仍在延续。以欧美为首的主要经济体逆全球化思潮和保护主义倾向抬头，贸易保护措施的形式和尺度不断升级，河南省与全国一样面临贸易摩擦高发的严峻态势，给企业正常经营活动造成严重困扰，对河南省对外贸易的健康发展形成不利影响。

一　河南省贸易摩擦案件基本情况

1. 出口产品遭遇贸易摩擦案件情况

2017年，河南省遭遇14个国家贸易救济调查案件55起，涉案金额

---

* 李晋、李慧、杨军岐、李伟华，河南省商务厅国际经贸关系处。

4.55亿美元,涉案企业412家。具体包括:反倾销39起(新立案19起、复审20起)、反补贴11起(新立案7起、复审4起)、反规避2起、保障措施3起。其中:新立案31起,与2016年同期持平;涉案金额4.29亿美元,占全年涉案金额的94%,较2016年增长5.6倍;涉案企业287家,增长1.03倍。涉案产品涉及铝箔、铝板、光伏电池及组件、轮胎、陶瓷辊、陶瓷餐具和厨具等43种(类)出口商品,同比增加53%。除此以外,河南省还遭遇美国337调查一起。2017年是加入世贸组织以来河南省遭遇贸易摩擦形势最为严峻的一年。

2. 进口产品贸易救济情况

2017年,河南省没有企业对进口产品提起新的贸易救济申请。存续案件有1起获商务部裁定,即2016年2月14日洛阳中硅高科技有限公司等国内4家企业提起申请对原产于韩国的进口太阳能级多晶硅所适用的反倾销措施进行倾销及倾销幅度期中复审,同年11月22日商务部发布立案公告。2017年11月21日,商务部对原产于韩国的进口太阳能级多晶硅倾销及倾销幅度期中复审进行裁定。自11月22日起,将原产于韩国的进口太阳能级多晶硅反倾销税率分别给予韩国企业调整为4.4%~113.8%,依法保护了河南省及国内产业的合法权益。

二 河南省贸易摩擦案件的主要特点

1. 铝板(箔)、轮胎、光伏电池及组件产品成涉案重点,对生产企业出口影响较大

2017年,在新立案件中河南省铝合金薄板及铝箔产品涉案金额高达2.81亿美元,占新立案件涉案金额的65.88%,成为河南省贸易摩擦的重灾区。轮胎、太阳能光伏电池及组件产品涉案金额分别为6384万美元和4086万美元,占新立案件涉案金额的14.9%和9.5%,继续延续传统贸易摩擦态势,成为河南省近年来持续多年遭遇贸易摩擦的涉案产品。2014年以来,风神轮胎等企业出口的卡客车轮胎产品先后遭遇了美国反倾销和

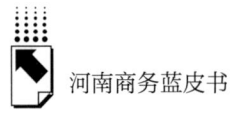

反补贴调查、欧亚经济委员会反倾销调查、印度反倾销调查和2017年8月欧盟的反倾销、反补贴调查,轮胎出口市场受到严重挤压。近两年受贸易摩擦影响河南省轮胎出口持续下降:风神轮胎出口额2016年下降23.8%、2017年又下降5.0%,全省轮胎出口额2016年下降13.4%,2017年下降10.9%。此外,河南省对印度出口光伏太阳能电池在2013年遭遇印度反倾销调查时涉案金额达1.37亿美元,至2017年7月印度再次反倾销立案调查时已下降至2298万美元,降幅达83%。截至2017年底,除手机外,铝及铝材、轮胎出口分别列河南省出口主要商品第3位和第7位。目前,美国对我国铝板"双反"调查,欧盟对我国卡客车轮胎"双反"调查和印度对我国光伏太阳能电池实施的反倾销调查正在进行,尚未裁决。如果上述案件获肯定性裁决,将对河南省2018年出口形势产生较大影响。

2. 大案增多,应对困难

2017年河南省个案涉案金额超过1000万美元的案件有6个,合计涉案金额达4.06亿美元,占全年全部涉案金额的89%。其中,案值超过5000万美元的案件2个,超过1亿美元的案件1个。2017年11月,河南省铝板遭遇美国"双反"立案调查,仅此一案涉案金额高达2.59亿美元,占全省案件涉案金额的57%,成为河南省有史以来涉案金额最大的涉案产品。明泰铝业涉案2亿多美元,以对美出口第一位列入强制应诉企业;8月份欧盟对我国卡客车轮胎发起"双反"立案调查,仅风神轮胎一家企业涉案金额达6381万美元。由于铝板"双反"案是美国政府25年来未经产业申请而自主发起的调查,且此案是美对我国钢铁产品采取各种贸易救济措施,我国钢铁产品几乎退出美国市场后,铝作为我国输美标志性大宗商品遭遇调查,其案件应诉难度之大可想而知。河南省铝板产能占全国的1/4以上,明泰铝业常年位居国内铝板带加工行业出口第1位,案件的应诉结果无论对河南铝板行业还是对我国大宗商品出口美国市场来说,无疑具有很大影响。为此,商务部高度重视美对我国铝板"双反"调查应对工作,指导地方政府部门和企业开展应对工作。

3.遭遇贸易救济形式多样,"双反"案件多发、频发

2017年,河南省出口产品遭遇14个国家和地区包括反倾销、反补贴、反规避、保障措施及美337调查等,几乎涵盖了所有的贸易救济形式,是河南省有史以来遭遇贸易救济形式最多的一年。2017年,河南省遭遇"双反"新的立案调查7起(美国发起6起,欧盟1起),较上年增长75%。美国对我国发起"双反"调查的频率最高,上半年河南省平均每2~3个月1起,进入四季度平均每月1起。"双反"案件往往合并征收高关税,应对难度相对较大,不仅涉及企业,同时也涉及政府。其中《反补贴政府调查问卷》的填答工作涉及面广,任务艰巨繁重。如美对我国铝板反补贴政府调查问卷的填答,河南省商务厅要根据美对我国指控补贴项目,协调省、市相关部门梳理在调查期内和附加10年的追溯期内给予涉案企业的补贴政策及补贴金额,并提供法律文件等。2017年,省商务厅配合商务部,按照省政府的要求,积极协调、组织省、市发改等部门,分别就欧盟对我国卡客车轮胎"双反"案、美对我国铝板"双反"案较好完成了《政府调查问卷》的填答工作。

4.与发达国家摩擦加剧,与发展中国家摩擦持续扩大

2017年,对我国发起贸易摩擦且涉及河南案件的前三位国家为美国19起、印度12起、欧盟8起,占全年案件总数的71%。美欧等发达国家的涉案金额3.77亿美元,占全省涉案金额的82.8%。其中,美国对河南省涉案金额2.93亿美元,是对河南省产品立案数量最多、涉案金额最大的国家;欧盟涉案金额8406万美元,居第2位。发展中国家共发起21起,较2016年增加11%,其中,印度发起12起,涉案7527万美元,居发展中国家之首。此外,土耳其2起,哥伦比亚、秘鲁、智利、阿根廷、巴基斯坦、墨西哥、泰国、中国台湾地区各1起。

三 国际贸易摩擦形势及趋势研判

我国已连续23年成为全球反倾销调查最多的目标国,连续12年成为反补贴调查最多的目标国。据世贸组织统计,近些年中国货物贸易占

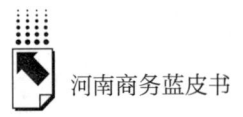

全球贸易比重稳定在 14% 左右，全球 1/3 的贸易救济调查是针对中国的。当前，面临美联储加息、欧洲政治不确定性和地缘政治动荡等潜在风险，全球贸易复苏缓慢，美、欧、日等主要经济体以贸易保护主义、民粹主义、孤立主义为代表的逆全球贸易思潮涌动，外部不稳定、不确定因素增多。未来一段时间，我国对外贸易特别是出口仍将受到全球高度关注，依然面临不少风险和不确定因素，仍将面临贸易摩擦高发的严峻挑战。

1. 面临的贸易摩擦形势越来越复杂，越来越严峻

贸易救济形势的复杂性主要取决于国际经济格局和形势发生的变化，一是中国的经济和贸易超常规地发展是人类历史上罕见的，美欧日等经济体的全球霸主地位受到挑战，都需要有一个调整和适应的过程，而这个过程是需要一定时间和付出一定代价的。二是 2008 年金融危机至今已 10 年，但危机对世界经济的影响仍未完全消散。虽然近两年美国、欧洲的经济形势都有一定好转，但仍处在低增长时期；全球经济持续低迷的情况下，各个经济体无论是其内部还是各个经济体相互之间对于相互市场、资源、技术、国际治理的话语权等方面的争夺都将是异常激烈。三是我国对外贸易快速发展，与美国等一些国家长期存在着较大贸易逆差。另外，贸易摩擦的严峻性主要表现在，涉华贸易摩擦案件的数量居高不下，贸易摩擦的形式花样繁多。近年来我国发展为货物贸易第一大国，也成为贸易摩擦第一大国。自加入世界贸易组织以来，全球共有 50 个国家和地区对我国发起贸易救济调查 1810 起。2017 年，有 21 个国家发起涉华贸易救济调查案件 75 起，涉案金额达到 110 亿美元。此外，美对我国发起 337 调查 16 起，启动了极少采用的 201、301、232、332 调查，聚焦我国钢铁、铝业产能过剩和知识产权问题。

2. 摩擦在部分重点产业集中爆发，范围上从传统行业向高新技术产业领域蔓延

金融危机前，我国轻工、机电行业劳动密集型产品是国外贸易救济调查的主要目标。2009 年开始，我国钢铁行业连续 9 年成为遭遇贸易摩擦最多的行业，美欧已对我国几乎所有出口大宗钢铁产品采取贸易救济措施，中国

对美的钢铁出口已打压在对美钢铁类进口货值的4%以内、数量的2%以内。现在美国又对我国钢铁下游产品——钢铁制品延伸贸易救济措施。2017年，美对我国工具箱、碳钢、铝合金钢、冷轧机械管、铸铁污水管及配件、不锈钢法兰、锻钢配件等发起了"双反"措施，现在又扩大到了铝箔、铝板"双反"调查。美欧等还多次对我国轮胎产品立案调查并采取措施。除了钢铁、轮胎、铝箔、铝板等传统行业以外，在光伏、光伏组件和其他涉及高新技术产品国外也都高度关注。此外，知识产权纠纷越来越多，2016年，美对我国发起的337调查22起，数量达历史之最。2017年，美对我国发起的337调查达15起，占同期美对外发起调查总数的50%以上。欧盟2017年8月对我国卡客车轮胎和翻新轮胎发起反倾销调查，9月又启动反补贴。预计2018年，我国钢铁、铝等制造业基础行业和以光伏、半导体产品为代表的高新技术领域将成焦点，涉及知识产权的贸易纠纷增多。

3. 贸易摩擦政治化，坚持对华歧视性做法

一是根据《中国加入世界贸易组织议定书》第十五条，即到2016年12月11日以后，世贸成员不能够根据《中国加入世界贸易组织议定书》第十五条对中国产品反倾销采用替代国的做法。但是美国、日本明确表示不履行《中国加入世贸组织议定书》第十五条到期义务，拒绝放弃"替代国"做法，并在美对华铝箔"双反"案中启动"中国是否应继续被视为非市场经济国家的调查"，在对铝箔反倾销初裁时对中国的非市场经济地位做出了确认，仍然认为中国是一个非市场经济国家。欧盟表面上取消了非市场经济国家名单，但欧盟正在通过修法达到既符合《中国加入世界贸易组织议定书》第十五条的规定，同时又不减弱对来自中国产品的限制水平。二是美欧一直在反补贴调查中将我国国有企业和商业银行认定为公共机构；在反倾销调查中认定我国为"非市场经济国家"，采用"替代国"数据计算出较高的倾销幅度；将中国国有企业视为一个整体，不给予企业单独税率，同时拒绝给予中国国有企业公平抗辩权利。三是美国等西方国家通过多种手段挑战我国体制机制，企图抑制中国发展势头。近年来，美方认识到针对具体产品的反倾销、反补贴等措施无法从根本上矫正中美贸易不平衡，必须从体制机制层面

寻求一揽子解决方案。一段时期以来，美国等西方国家密集炒作我国钢铁、铝业产能过剩问题，通过政策配合和外交抱团共同推动钢铁问题向多边领域和全球治理层面升级。近期，欧盟为中国量身定做"市场扭曲"六条标准，此外还拟加入环境标准、劳工保护等突破世贸规则的考虑因素。贸易救济调查的作用已远超行业正常的救济诉求，成为美国等西方国家实现其政治意图的工具。

4. 贸易限制措施手段多样，做法极端，对我国产业持续发展影响深远

各国调查机关对我国掌握规则趋严趋紧，钢铁等敏感产业一旦立案便很难扭转不利结果，有些案件"双反"税率超过500%，超过100%的税率屡见不鲜。许多案件持续多年，不终止。经过多次日落复审，多次维持限制措施，真正成了"日不落"。如欧盟于1993年对我国自行车采取反倾销措施，经历4次复审，措施持续了24年。最后一期措施到2017年6月到期，有可能再次启动复审并继续征税。

我国对欧盟自行车出口量已从20世纪90年代的每年300万辆，锐减至2015年的不足50万辆，仅占欧盟自行车进口量的7.4%，且所占比例仍呈逐年下降势头。2016年10月，经欧盟自行车协会申请，欧盟又对中国电动自行车进行反倾销立案调查，2017年12月又启动反补贴调查，涉及我国5.6亿美元的电动自行车出口。此外，为达限制进口之目的，各类贸易限制措施手段多样。美国以知识产权保护不力为由，持续将中国列入特别301报告优先观察名单，对中国商业窃密、盗版、假冒产品问题进行常态化信息披露。对我国钢铁和铝产品启动多年未曾使用过的232调查和332调查（即竞争力调查和国家安全调查）。

5. 反补贴调查立案增多，有向发展中国家蔓延势头

反补贴调查相比反倾销调查更复杂、更敏感，它涉及一个国家的经济政策、经济体制等问题。目前，国外对华的反补贴调查已经涉及我国20个国务院部门的50余项中央经济政策，16个省市自治区的百余项地方经济政策，是对我们各级政府的宏观政策、经济体制和相关的政策举措的挑战。历史上"双反"调查美、欧发起的比较多，近年来发展中国家也有扩散情况。除了反倾销以外，印度、巴西对我国都提起过反补贴调查，南非、埃及、土

耳其、马来西亚、巴基斯坦等发展中国家也都曾经酝酿对我国发起反补贴调查，但是我国政府都是通过及时、有力的交涉和劝阻，阻止了这些国家对我国发起反补贴调查。

6. 对美、欧出口面临的风险不断加大，贸易摩擦或成常态

当前，美国和欧盟在贸易政策与投资审查政策方面不断针对中国，修订其国内立法，发起各类调查。总体上看，未来美、欧对华贸易政策、投资政策趋严趋紧态势明朗。在美欧的示范下，多国联手运用所谓的国际通行规则压缩中国的海外市场和利润，制衡中国发展的意图越加明显，贸易摩擦或成常态。

中美贸易方面，美国对华贸易存在大幅贸易逆差。据海关统计，2017年中国对美国贸易顺差达到了1.87万亿元，扩大了13%。为达限制进口之目的，美国对我国发起的措施也是全方位的、创新型的，涉及我们所有的产业部门和门类，运用了所有世贸规则所允许的调查手段，以及世贸规则没有规定的调查手段。比如特朗普上台以来，奉行美国优先战略，2017年连续尝试采用了201、301、232、332等非常规的贸易调查手段。2018年1月22日，美国动用尘封已久的单边主义贸易救济工具"201条款"，对进口洗衣机和光伏产品分别加征3年和4年，关税高达50%和30%的"保障性关税"。而这一切，将导致美中贸易紧张关系大大升级，对中国出口行业形成巨大阻力，最终导致大宗商品消费和价格出现较大波动。目前，美国对外贸易政策依然没有定型，但其主要原则基本明确，即将贸易逆差与公平贸易挂钩，认为只要贸易不平衡，就是不公平，就要采取措施。因此，2018年特朗普的对华经贸战略成型之后，中美贸易摩擦形势将更加严峻。

欧盟方面我们面临的形势也是比较严峻。多年来，欧盟一直是我国出口产品遭遇贸易限制高发的地区，中欧贸易摩擦备受各方关注。现在欧盟处在比较内外交困的境地，经济是有所起色，但欧盟内部的矛盾由于金融危机、欧债危机、难民危机等组合交织在一起的影响，内部出现了不少的问题和分裂势头，不仅是英国脱欧和西班牙加泰罗尼亚公投独立的领土式分裂，欧盟

在观念、理念、政策方面的分裂也很明显。但是，对于限制中国出口和对欧投资的冲击方面，欧盟内部意见是一致的。如2017年欧盟对我国除了实施贸易救济调查措施之外还有几项新的贸易救济举措。比如，德国等其他成员国都有限制中国对欧盟投资的倾向和做法；欧盟知识产权局宣布，将编制一份"观察名单"，列出欧盟以外生产和销售假冒商品的最大市场，在欧洲边境口岸加强海关检查工作，并明确指出中国是全球最大的假冒商品来源地；还有在针对中国入世议定书第十五条到期问题上，欧盟正在加紧通过修法，继续保持对来自中国产品的限制措施。2017年，欧盟提起的涉华"双反"调查是比较少的，主要原因是修法的不确定性，但欧盟贸易救济新法案如果正式实施，引入"市场扭曲"的概念，仍然采用"替代国"的做法，将对我国企业造成更大的负担，欧盟将进一步滑向贸易保护主义。预计新法颁布后，将会对我国发起更多的贸易救济调查案件。

四 应对贸易摩擦的思考及措施

当前我国正处在转变经济增长方式、优化经济结构、转换增长动力的关键期，做好贸易摩擦应对工作，关乎涉案企业的生存和发展，是实现商务领域稳增长、促改革、调结构、惠民生、防风险等基本工作目标的重要保障。为此，要高度重视，积极主动作为，在商务部"四体联动"工作机制下，做好河南省贸易救济和贸易摩擦应对工作。

1.加强贸易摩擦应对机制建设

认真贯彻落实《商务部办公厅关于进一步加强贸易摩擦"四体联动"应对工作机制的通知》精神，加强贸易摩擦应对工作保障机制和能力建设，积极开展基层商务部门和外向型企业贸易摩擦应对培训，不断提升部门、企业协同应对贸易摩擦的能力和水平，形成一支熟悉国际贸易规则、掌握摩擦应对知识和流程、反应快速的摩擦应对骨干队伍。

2.抓好大案要案应对，力保重点产品出口市场

当前，重点做好河南省涉案的美对我国铝合金薄板"双反"立案调查、

欧盟对我国卡客车轮胎"双反"立案调查、印度对我国光伏太阳能电池及组件实施的反倾销调查应对工作。在商务部的指导下，做好反补贴政府调查问卷填答后续工作。动员、促进和指导河南省涉案企业积极应诉，加强对贸易摩擦涉案企业案件应诉进展的跟踪、协调、服务。根据应诉案件需要和企业诉求，对外开展案件交涉和游说工作。

3.继续做好专项资金支持河南省企业维护公平市场竞争环境项目的组织实施工作

重点做好年度项目的申报及审核工作，并落实好相关支持政策。2018年，结合河南省当前面临的贸易摩擦形势和应对工作实际需要，积极争取加大对省内涉案企业开展贸易摩擦案件应诉费用支持力度，力争将支持企业应诉费用不超过50%的比例和不超过50万元的限额，提高到支持企业应诉费用70%的比例和200万元的限额。以减轻涉案企业应诉负担，帮助其树立信心，提高其应诉的积极性。

4.配合商务部做好国外对我国贸易救济调查和对河南省涉案企业的实地核查工作

重点配合商务部、省政府做好国外反补贴调查问卷的填答及应对等工作，协同行业商协会做好案件预警工作。

5.进一步发挥"四体联动"应对机制作用，及时开展贸易争端预警和贸易摩擦案件应对工作

加强对国外重大技术性贸易措施的跟踪、研判，向企业提供信息与培训，提供符合规范和规则的帮助与补助。引导企业提高技术、服务和管理水平，积极应对国外的技术性贸易壁垒，突破技术壁垒，不断开拓国际市场，营造公平、健康、可持续发展的贸易环境。

6.运用商务部贸易救济预警系统，充分发挥平台功能加强监测

充分运用商务部贸易救济预警系统，发挥平台功能，结合河南省重点产业、重点产品进行预警监测；加强对河南省遭受进口冲击的企业依法实施产业损害救济措施申请工作的指导；及时了解、上报河南省企业在国外遭遇投资和贸易壁垒情况。

B.17
河南省许昌市发制品出口调研报告

王峰 杨智慧 张鑫*

摘　要： 河南省是全国重要的发制品生产和出口省份，许昌市具有悠久的发制品发展历史，目前已成为全国最大的人发制品生产基地，也是全国及全球重要的发制品文化、研发和出口基地。本调研报告旨在阐明许昌市发制品生产出口情况、影响发制品出口的因素、支持发制品出口的政策措施，并就有关问题提出了初步建议。

关键词： 许昌市　产业集群　发制品出口

一　河南省许昌市发制品生产概况

发制品是以人发或特种化纤丝为原材料的假发制品，绝大部分用于发型装饰，具有准必需品的时尚消费特征。制品以材质划分，可分为人发产品、化纤丝产品、人发与化纤丝混合产品等。

中国发制品企业大部分分布在华中、华南地区，集中度较高，河南、山东企业数量尤其多。2017年中国发制品仅河南一省出口额占比高达50.7%，河南省是全国发制品出口第一大省，许昌市发制品出口占全省同类商品出口额的70%左右。

许昌市具有悠久的发制品生产历史，目前已成为全国最大的人发制品生

---

* 王峰、杨智慧、张鑫，河南省商务厅进出口管理处。

产基地，也是全国及全球重要的发制品文化、研发和销售基地，长期以来发制品是许昌市第一大出口商品，也曾是全省第一大宗出口商品。目前，发制品出口占许昌市出口总额的60%左右，主要出口市场为美国、非洲、欧盟、韩国等国家或地区，贸易方式以一般贸易为主、加工贸易为辅。

二 许昌市发制品出口概况

有关数据显示，2017年，中国发制品全球进出口总额约为33.9亿美元，同比下降了5.4%，其中出口总额约为31.8亿美元，同比下降了5.8%；进口总额约为2.2亿美元，同比增长了近2%。虽然出口额仍有所下降，但整体发展态势相比2016年有很大好转。2017年，河南省发制品出口额为87.7亿元，同比增长11.7%；许昌市发制品出口64.3亿元，同比增长10.55%，占全市出口总额的59.9%，发制品出口虽然呈现复苏态势，但距高速增长时期还是有所差距。

2016年以来，许昌市部分发制品企业出口情况不容乐观，主要有三方面的原因：一是由于非洲、欧盟市场汇率不稳，企业虽有订单但不敢出口；二是美国市场购买力下降，档发进口订单迟缓；三是近年来市场上流行化纤发制品，虽然国际市场需求量很大，但与传统人发制品相比化纤发制品价值相对低廉。正是基于以上三个原因，形成部分企业出口订单较足而出口额却处于下降的局面。

近年来，由于发制品有关税收政策调整，许昌发制品出口曾呈现阶段性持续下滑态势，通过各级政府相关部门和企业多方面的努力，2017年许昌市发制品出口企稳回升，实现了较快增长。

三 影响许昌市发制品出口的主要因素

1.税收政策调整的影响

2015年4月1日起，档发出口退税率由15%调整为9%，下降6个百分点。2015年7月1日,人发原材料收购环节增值税即征即退率由100%调整为70%,企业增值税税负增加5.1个百分点。以上两项税收政策调整增加企业成本11.1个百分点,即出口1美元成本增加0.73元人民币。受税收政策调整影响,许昌市众多发制品企业出口曾经出现下降,整个行业出口增幅快速下滑,也有部分企业停产。

2. 汇率不稳因素的影响

曾经一个时期,非洲、欧盟国家货币出现10%~30%的贬值,制约了许昌市发制品出口的增长,出口非洲市场、欧盟市场都出现了大幅度的下滑。汇率不稳问题已成为许昌市发制品出口美国以外市场所面对的最大风险。

3. 主要市场消费需求的影响

美国等主要市场开始流行化纤发制品,对人发制品的需求量大幅减少。为适应主要市场消费需求,许昌市部分发制品出口企业不得不压缩附加值较高的人发制品的生产规模,转而生产价值较低的化纤发制品。

4. 海关统计范畴的影响

近年来跨境电子商务发展迅猛,发制品企业积极利用亚马逊、ebay以及金福源、龙生源、维库等本土电商平台开拓国际市场,在跨境电商交易过程中,B2C多采取邮政小包和国际快递方式按个人物品出境,这部分数据未纳入海关出口统计范畴,在客观上影响了发制品的出口额和增幅。

5. 企业融资难因素

由于个别发制品企业资金链出现问题,目前一些商业银行都把发制品行业列为高危行业,收窄了贷款规模,企业续贷难度加大,发制品企业融资环境堪忧。部分企业陷入担保圈,偿债压力加大。再加上国际市场需求不振,企业回收货款周期延长,造成资金周转困难、资金链风险加大,难以维持正常的生产经营,也在某种程度上制约了发制品的出口。

6. 农副产品收购发票因素

近年来，许昌市农副产品收购发票的使用受到严格的限制，而安徽太和、湖南邵阳等发制品企业集聚区以及河南部分地区却长期有效使用农副产品收购发票，吸引了许昌市部分发制品企业到外地进行报关出口，据测算，年流失出口超1.5亿美元。

四　促进发制品出口主要政策措施

1. 开展专项调研，强化目标责任

近年来河南省商务厅全面贯彻落实党中央国务院和省委省政府一系列稳增长、调结构、促进外贸高质量增长的决策部署，并按照省政府有关要求成立调研组，多次对许昌市进出口工作尤其是针对发制品出口情况进行了督导调研，积极推动进出口工作。许昌市出台了《关于促进外贸稳定增长的实施意见》，支持企业开拓国际市场，加强了对县区进出口目标的考核，启动了约谈机制，层层传递压力，提升服务水平，推动企业扩大出口。

2. 支持产业整合，稳定出口优势

许昌市鼓励瑞贝卡、龙正、金福源等骨干企业通过联合重组、代加工等形式整合部分中小型企业，走集团化、品牌化的发展道路。积极促成区域内发制品企业在同一价值链上协同作战，减少恶性竞争，稳定出口规模。积极支持龙头企业开展品牌培育、产品研发和市场开拓，推动许昌县、魏都区、禹州市、开发区4个发制品产业集群进一步发展壮大。

3. 对接电子口岸，规范数据统计

许昌市积极对接省口岸办电子口岸中心，海关、出入境检验检疫局、国税局、外汇局等单位分头对接上级有关部门，做好"线上单一窗口、线下综合园区"等各项创新举措的复制推广工作，支持跨境电商企业建立在线通关、结汇、退税申报系统，规范出口数据的统计管理。

4. 强化金融支持，破解融资难题

许昌市金融办牵头列出有订单、有效益、信誉好的外贸企业，加大信贷支持力度，帮助企业缓解资金压力。尝试在贷款到期后自动展期，增强企业抗击市场风险的能力。改善企业融资担保条件，拓宽贷款担保业务范围，将企业所持有的专利、知识产权、股权等无形资产纳入抵押范围。

5. 规范发票使用，促进出口回流

市、县两级税务部门积极指导发制品企业充分有效使用农副产品收购发票，积极解决企业原材料采购（进项税）问题，缓解两项税收政策调整对进出口带来的冲击。国税部门联合财政部门、发制品协会及中国轻工商会积极向国家税务部门反映企业存在的现实困难，争取将人发制品与动物毛采取统一税率。

6. 调整经营策略，提升竞争能力

为促进出口增长，企业自身也采取多种措施：一是积极开拓市场，寻求多样的销售渠道。许昌市发制品企业积极调整市场结构，开发多元市场，减轻对既有市场的过分依赖，切实规避市场风险。二是顺应市场变化，缩减传统产品的生产，研发多样化新产品，提高市场竞争力。例如针对美国市场流行化纤发制品这一现象，减少传统人发制品，增加化纤发制品，同时加大创新，增加不同类别，满足市场需求。三是加大内控，节俭增效。企业狠抓生产环节，注重生产效率，在保证产品质量的前提下，减少不必要的开支，降低生产成本。

五 目前存在的突出问题

1. 税收政策的调整，导致发制品企业利润大幅减少

以企业月出口1000万元为例，每月就减少退税111万元，占出口额的11.1%，而发制品市场整体利润率也就在9%~10%。受税收政策影响，许昌市大部分发制品企业出口下降，其中部分企业被迫停产。

2. B2C 跨境电商出口贸易未纳入海关统计范畴

许昌市跨境电商发展迅猛，以许昌靓发、许昌金福源、许昌龙祁、长兴蜂业等为代表的企业通过跨境电子商务方式出口业绩明显。2015 年不完全统计数据显示，许昌市发制品跨境电商日均订单量 2 万单，按每件平均货值50 美元计，全年约 3.6 亿美元货物通过快递包裹方式出境，而这部分数据未纳入海关统计范畴。

六　初步建议

1. 建议国家层面尽快对发制品税收政策进行调整

河南省发制品出口额占全国发制品出口总额的半壁江山以上，是全省除手机外最大宗出口商品，而许昌市发制品出口又占了全省七成以上。根据发制品税收政策调整过频、调幅过大的实际，建议相关部门、协会和企业向国家有关部门客观反映发制品相关税收政策调整对整个行业带来的影响，适当调高退税率和进项税抵扣比例。

2. 建议将 B2C 出口数据纳入进出口目标统计范围

许昌市现有跨境电商企业 750 多家，从业人员突破 1 万人，发制品、蜂产品、陶瓷、鲜切花、特色农产品等通过阿里巴巴国际站、ebay、亚马逊等国内外交易平台和企业自建平台，远销欧美、非洲等 100 多个国家和地区。每年全市跨境电子商务贸易额约 10 亿美元，建议相关部门抓紧制定统计办法并将这部分出口数据纳入进出口统计范围。

3. 切实解决中小企业融资难问题

建议有关部门、金融机构组织银企对接活动，协调金融机构扩大贷款融资规模，保障发制品企业融资需求；信保公司和金融机构发挥出口信用保险保障与便利融资功能，进一步丰富保单融资产品；鼓励担保机构为中小企业融资进行担保；全面落实银行业金融机构不规范经营专项整治工作各项要求，切实降低企业融资成本。

4. 进一步加强外贸业务培训

商务、海关、出入境检验检疫、国税、中信保等单位联合组织外贸培训，加大外贸政策、进出口实务、报关报检、出口退税、国际货代等实用知识培训。加强对世贸组织规则和有关法律法规的宣传培训，提高企业应对贸易摩擦的能力，充分利用世贸组织规则促进对外贸易健康发展。

B.18
河南省冷链物流转型发展探讨

方建佳 魏克龙 赵 雷*

摘 要： 随着经济和社会的全面发展，人民生活质量的不断提升，对冷藏保鲜食品、农产品、肉品、药品、花卉等需求量不断攀升，迫切需要加快冷链物流发展。河南省产业优势明显，交通区位优越，市场需求旺盛，对冷链物流发展具有得天独厚的优势和条件，全省冷链物流呈现出蓬勃发展的良好态势。

关键词： 冷链物流 冷链标准体系 信息化

河南省委、省政府高度重视冷链物流产业发展，将加快农产品冷链物流发展连续多年列入省委1号文件，省政府办公厅出台了冷链物流转型发展规划、工作方案和政策措施。目前，各市县都把促进冷链物流发展作为关系国计民生的重要工作列入议事日程，多策并举、强力推进，企业参与踊跃，群众广泛关注，全省冷链物流呈现出蓬勃发展的良好态势，在促进经济社会发展，提高人民群众生活水平中的地位和作用日趋显现。

一 我国冷链物流发展状况及趋势分析

1. 行业发展基本情况

据中物联冷链委统计，2016年全国蔬菜产量7.74亿吨，猪肉产量5299

---

* 方建佳、魏克龙，河南省商务厅市场体系建设处；赵雷，河南众品股份有限公司。

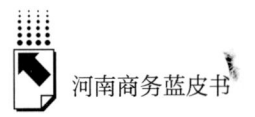

万吨，牛肉产量717万吨，羊肉产量459万吨，禽肉产量1888万吨，水果产量约为2.76亿吨，水产品产量6700万吨；冷库总量已达10037万立方米，冷藏车保有量115000台。随着新国标GB 1589（汽车、挂车及汽车列车的外廓尺寸、轴荷及质量限值）的出台实施，对规范和推动冷藏车市场发展提供了新的驱动力。

2. 行业发展主要特点

（1）政策和标准环境持续改善。近年来，国家出台多项冷链物流产业政策，明确了冷链产业发展目标。商务部和国标委印发了《关于开展农产品冷链流通标准化示范工作的通知》，国家发改委发布了《肉与肉制品冷链物流作业规范》《道路运输、食品冷藏车功能选用技术规范》等行业标准。

（2）农产品品牌化建设提速，产地冷链加快发展。随着"互联网+农业"的进一步发力，催生烟台苹果、宾川红提、云南褚橙、阳澄湖大闸蟹等一大批农产品品牌，产地冷库和农产品加工基地数量较过去有明显增加。

（3）传统物流龙头企业进入冷链物流市场。中通快递等大型物流企业已将发展冷链物流作为重中之重，依托其庞大的基础网络、先进的设施设备、专业化的人才技术，加大资金投入，抢占冷链物流市场。

（4）跨境贸易政策的优化促进冷链物流国际化。随着各省（市）自贸区、跨境电子商务综合试验区的设立，冷链物流国际化步伐进一步加快，从而也带动了业务量迅速增加。目前，已有很多冷链物流企业进驻自由贸易区和跨境电子商务综合试验区。

3. 行业发展趋势

当前，我国冷链物流行业整体上已由快速发展转向高质量发展。随着企业竞争的加剧，冷链行业的整合步伐明显加快，大型冷链物流企业全国范围网络化布局逐步形成，尤其是加快推进农产品产地"最初一公里"冷链网点和设施建设。以空运冷链、航运冷链、铁路冷链为主要形式，企业冷链"走出去"步伐加快。信息化、集约化、规模化，是冷链企业发展的主方向。

二 河南省冷链物流发展现状和优势

1. 产业基础日趋雄厚

河南省是农业大省,瓜果蔬菜、肉禽蛋奶等农副产品产量位居全国前列,发展冷链物流基础雄厚、优势明显。冷链装备产业不断壮大,全省冷藏车年产量5000余辆,国内市场占有率近1/3。规模以上冷链物流企业近200家,鲜易供应链、许昌众荣、河南大用、河南大象等8家企业入选全国冷链物流百强,前十强中河南占据三席,漯河双汇物流、河南鲜易供应链、众荣物流分别位居第二、第三、第八位。全省拥有冷藏车辆6600多辆,冷库库容量近200万吨,万吨以上库容企业130家,近50%企业建有多温区冷库。

2. 交通基础设施更加完善

河南地处中原,地理位置优越,加之近年来不断完善航空网、铁路网、公路网陆空衔接的综合运输体系,提升水运通道功能,打造现代化综合交通网络,形成多式联运的大交通格局,汇集能力强,集散、分拨、配送成本低,可以说区位和交通优势为河南省冷链物流发展奠定了坚实的运力基础。

3. 冷链物流发展前景广阔

随着河南省经济的快速发展,居民消费结构的不断升级,人们对生鲜、冷鲜产品的需求快速增加,冷链物流市场得到快速发展。据不完全统计,目前,河南省易腐食品每年的总消费量约为8000万吨,需要冷链服务量约3500万吨,已应用冷链的消费量仅为710万吨,冷链需求拥有巨大的发展空间。随着农产品深加工的转型发展,生活水平提升引导的消费结构升级,冷链物流将会迎来黄金发展期。

4. 促进冷链物流业发展政策体系逐步完善

河南省是国家财政部、商务部确定的中央财政支持冷链物流发展的10个省份之一,着力解决冷链不冷和断链的问题。河南省已将冷链物流作为现代物流业发展的重点领域,省政府办公厅印发了冷链物流转型发展规划、工作方案和政策措施,在财税、土地、投融资、交通运输等方面不断加大政策扶持力度。目前，各市县已经出台或即将出台支持冷链物流发展的政策措施。

三 存在的主要问题和差距

1. 冷链物流发展区域不均衡，集约化程度低

冷链物流企业主要集中在郑州、漯河和许昌等区域，多数以挂靠物流公司、委托经营等方式存在，服务功能单一，全国性网络化的龙头冷链物流公司相对较少。冷库、冷藏运输、低温配送等环节集约化程度低等。车辆空驶率高达30%以上，仓库闲置率高达40%。

2. 冷链技术和信息化应用水平低

省内多数物流企业信息化及物流技术应用层次较低，冷链需求和资源不能有效对接，导致企业的冷链效率低；由于缺乏信息接口，企业与上下游之间的信息不对称，交易成本高。现有冷链物流企业完全应用WMS（仓库管理系统云平台）或TMS（运输管理）系统不到10%，自主开发系统或能主动与客户系统相连接的企业更少。冷链物流行业人才缺乏，制约冷链行业信息化发展。

3. 冷链标准体系建设存在短板

我国现行的冷链物流标准有100多项，因缺失强制性标准及监管机制，标准执行不到位，而且部分领域和环节还存在标准缺失方面的问题，冷链物流标准体系建设任重而道远。

四 对策建议

1. 提升冷链物流信息化水平

依托河南省内大型物流园区、大型冷链物流企业，通过安装温度传感器、温度记录仪等冷链监控设备，建立冷链流通全程温控平台。建立集信息发布、全程温控、车辆跟踪等功能于一体的冷链物流公共信息交易平台。依

托大型农产品批发市场、食品冷链物流企业等,整合供应链上下游信息资源,打造产运销一体化的冷链物流供应链。着力打造在全国有一定知名度和影响力的冷链物流公共信息平台,并与国家商务部相关冷链信息平台紧密对接,实现冷链数据信息实时上传到国家信息平台。

2. 提高冷链物流标准化水平

推动制定和推广一批覆盖全链条的冷链物流操作规范和技术标准,督导制定实施冷冻食品、生鲜肉制品、乳制品等冷链物流温度监测技术要求与规范。推进《易腐农产品产地预冷作业规范和技术要求》《冷链物流安全生产技术规范》《冷藏运输车辆温度监测装置技术标准》等强制性标准的制定和实施,争创一批国家级服务标准化(试点)单位或区域。在冷链物流领域全面推广标准托盘和包装基础模数,促进包装箱、托盘、周转箱、集装箱等上下游设施设备的标准化。支持龙头企业制定实施高于国家和行业标准的企业标准,支持企业产品和服务标准自我声明公开和监督。

3. 完善冷链物流供应链

推动农产品原产地直采直销。支持"农批零对接"、"农校对接"、"农企对接"及"电商+冷链物流+智能菜柜"等生鲜农产品零售模式,推动城市大型生鲜农产品直供中心建设,打造以"生鲜直通车"为标识的生鲜配送物流体系。加快新建一批产地冷藏冷冻初加工储存设施。支持省内重点企业通过合资合作、兼并控股等方式,健全覆盖全国的冷链网络,加快技术创新,提升管理水平,增强国际竞争力。加强招商引资力度,引进一批境内外大型冷链物流企业和先进技术。支持河南万邦、河南鲜易冷链、漯河双汇等冷链物流企业发展壮大,尽快培育一批有较强辐射力、影响力和带动力的市场主体,确立河南在全国重要的冷链物流中心地位。依托冷链相关功能口岸建设,鼓励开展苹果、大蒜、大枣、茶叶、铁棍山药、食用菌、鲜切花卉、中药材等特色农产品跨境贸易,拓展东南亚、欧美和澳洲出口市场,培育全国性农产品跨境贸易龙头企业。

4. 抓好示范带动和典型引领

实施中央财政支持冷链物流发展试点,通过股权投资方式,支持培育一批骨干冷链物流企业，建立公共信息服务平台，构建覆盖农产品采收、产地处理、贮藏、加工、运输、销售等环节的冷链物流体系。开展省级示范物流园区评定和培育工作，强化示范引领，促进全省物流园区向规模化、专业化发展。加强对示范物流园区的指导和服务，充分发挥其示范引领作用，促进河南省冷链物流业加快发展。

5. 大力培养冷链物流标准化专业人才

由政府主导，引进相关培训机构，依托项目企业为实训基地，完善专业冷链技术人员培训机制。推动冷链物流企业与高等院校、科研单位开展多种形式的合作，多渠道建立冷链物流培训和实验基地或平台。

B.19 豫西南地区农村电商发展探索

方建佳 程全玉 党 莎*

摘 要： 近年来，河南农村电子商务呈现出快速发展态势。本文通过梳理河南省西南地区农村电商发展现状，总结归纳了典型县域电商发展模式，并就下一步促进豫西南地区农村电商发展提出了针对性的对策建议。

关键词： 农村电商 电商模式 电商扶贫

一 豫西南地区农村电商发展概况

近年来，河南农村网民规模持续扩大，网络购物日益普及，农村电子商务蓬勃发展。据河南省通信局数据显示，截至2016年底，河南省互联网用户总数达8145.5万户，居全国第6位，网民数量达7960万人。自2014年河南省被商务部首批确定开展国家级电子商务进农村综合示范工作以来，截至目前，全省共有34个国家级电子商务进农村综合示范县，42个省级电子商务进农村综合示范县。

1. 发展途径

（1）政府引导产业转型。发挥政府在农村电商发展中的重要推动作用，通过制定相关政策措施，降低准入门槛，优化服务方式，加强财政、用地支持，合理降税减负，强化金融服务等方式，引导农民开辟网络创业之路，推

---

* 方建佳、程全玉、党莎，河南省商务厅市场体系建设处。

动农村产业转型升级。

（2）传统产业衍生型。以农产品、服装、花卉、茶叶等传统产业为主导，众多中小企业及周边服务机构在一定空间范围内集聚而形成的电商集群，由于具备完整成熟的传统实体产业链，线下资源丰富，中小企业能较快将线下业务平稳拓展到线上业务，利用网络销售平台，开展错位经营。

（3）地方特色农产品驱动型。依托当地农特产品、旅游等地域性资源，通过订单养殖、直采直卖、便民服务等，拓宽特色产品销售渠道，推动特色农业做大做强。

2.网店经营特点

从年龄和学历看，豫西南地区农村电商网店经营者主力为大专以下学历的年轻人。从年龄看，在20～29岁之间最多，占总数的60%，30～39岁之间占35%，两者累计达95%。从学历看，大专及以下的占87%。其中，初中占20%，高中占45%，大专占22%，大学本科以上的占12%。

从产品来源看，直接从本地进货与自己设计加工两种模式并行。调研显示，244家农村网店从本地进货的有130家，占总数的53%，模仿设计加工的网店有60家，占总数的25%。

从网店设计及营销模式看，店铺设计及营销模式呈逐步多元化趋势。从店铺设计看，购买装修方案、聘请专业人员或公司进行设计的约占60%，其余均是自行设计、维护网站，这说明农村网店设计的专业服务渗透率不高。

从推广渠道看，农村网店目前营销推广渠道以淘宝、京东、1号店等平台为主，使用微信、微博平台推广的只占20%左右。除此之外，六成的网店店主已开始利用数据分析工具进行交易数据、消费者行为等方面的分析。

二　典型电商模式

国内各大电商平台纷纷看好农村市场，视农村市场为未来业务增长的新引擎。各地分别采取政策扶持、人才培训、宣传推广等措施，鼓励指导农民依托当地资源优势和产业特点从事网络经营，探索发展模式，整合多方资源，创立自有品牌，逐步形成极具特色的电商集群，在吸引农民返乡就业创业的同时，助推农村电子商务蓬勃发展，有效促进了农村产业转型升级、农民增收和农业增效。

1. 卢氏县——创新机制，内生脱贫

卢氏县率先尝试破解电商扶贫"农民收入哪里来"的难题，创建"互联网+"农特公共品牌——"原本卢氏"，实现了以核桃为主的农产品与网络大市场的有效对接，开辟了一条新的网上销售农产品渠道，助推建档立卡贫困户脱贫致富。2017年国庆节后，运营商从412户贫困户家里收购了共30000多斤"原本卢氏——野生核桃"，其中，卢氏县范里镇贫困户一天内就发货1万余件。

围绕农产品上行，开展"原本卢氏"公共品牌培育、专项供销体系建设、安全追溯可视化、农产品标准化体系等相关项目，通过打造县域内整体农村电商供销链条，逐步辐射同化相关产业，不仅创造链条式就业岗位，更改造升级县域新的产业链结构，形成县域内新的经济增长点，进而提升县域经济活力，反哺县域电商，形成共赢。

2. 镇平县——"县域智慧物流"

农村物流揽送路线不合理、基础设施建设不足等因素，经常导致包裹发货不及时、物流成本高、回款速度慢等问题，物流服务无保障。2017年，"县域智慧物流"落户镇平，重点解决农产品上行物流方案，畅通本地优质农产品运输、销售渠道。

"县域智慧物流"不仅是配送货物，而且是利用数据系统在农村搭建一张更密、更深配送网络。将各快递及物流公司运力整合，资源共享，提供一站式发货、货物管理、代收货款、货运保险等整体化解决方案，为物流公司及司机线上接单、管理订单提供更规范、更标准的平台，让农村物流更加智能。

3. 内乡县——由点扩面，抱团取暖，社交电商

内乡县高标准建设了电商产业孵化园，从单纯的销售逐步趋向整体产业

链建设。优先在贫困村建立39个农村淘宝服务站，1个苏宁云商直营店和5个乡镇加盟店，培植本土电商企业82家，为油桃、黑李、猕猴桃等鲜果建成冷藏量为2000吨的保鲜基地。

政府、企业多方协同联动。县长杨曙光主动为油桃代言，促成3000多个订单，众筹30余万元，开创了南阳市农产品公益众筹先河。2017年，内乡县10多家电商企业20天内网络销售油桃8万多单、200多吨、200多万元，为农产品上行总结了宝贵的经验，开启了农产品网销新时代。

通过产业集聚，整合末端运输等资源，探索一条独特的"社交电商"之路。内乡多次组织县域电商企业与家庭农场、专业合作社面对面交流洽谈，30多家电商企业与100多个家庭农场建立长期合作关系，已经建成5个"电商企业+家庭农场"合作示范基地，初步探索出"合作社+农产品网络销售+服务商""品控中心+服务商+网络分销商"两种农产品上行发展模式。

4. 西峡县——"四大工程"，稳扎稳打

政府搭台，推进"电商中枢"工程。西峡县按照"中西部电子商务特色商业区"的目标定位，坚持硬件、软件两手抓，物流、网点同布局，全面提升电商产业基础，制定系列文件，推出免费注册电商企业、免费提供办公场所、免费培训农村学员、免费提供货源信息、免费指导个体网店的"五免"政策，确保电子商务进农村工作高位启动、有序推进。投资拉动，建设城乡互联的物流中枢。

产业转型，推进"全企入网"工程。全县8家平台企业自建2个微商城平台，拥有网商2000余家、电子商务企业226家，其中规模以上35家，开办企业网上专营店80余家，B2C、B2B跨境销售企业41家。

人才造血，推进"农村智库"工程。打造孵化基地，实施"两区一协会"和淘宝村"双千万"计划。即在县城建成集研发、展示、销售、服务、运营、培训等功能为一体的现代化电子商务产业园区，在豫陕交界最大的香菇交易市场所在地建成双龙镇农村电子商务孵化园区；成立西峡县电子商务协会，为中小电商提供免费指导，彻底解决县域电商"小散乱杂"等问题。

社会参与，推进"网络扶贫"工程。针对19个乡镇、街道中有劳动能力的贫困人员,优先安置 60 余名建档立卡贫困群众就地或就近到电商企业工作。目前,累计服务建档立卡贫困户 1639 人,帮助贫困户网销农产品 230 万元,实现人均增收 1300 元。

5. 泌阳县——多措并举,转型升级助脱贫

发挥产业优势。依托电子商务,发展特色优势产业,重点发展夏南牛、食用菌两大优势产业,使泌阳县成为全国闻名的夏南牛肉制品生产基地和全省第一个澳牛入豫承接地,引导贫困户与龙头企业组成利益共同体。通过优工优酬、挂靠绑带形式,带动 3400 户贫困户发展肉牛养殖,每户年均收益不少于 3000 元。食用菌产业得到快速发展,全县食用菌种植量达到 2.3 亿袋,产量 34 万吨,实现产值 34 亿元。

发挥品牌优势。懿丰油脂"悦生合"商标被国家工商总局认定为"中国驰名商标",培育中国第一个肉牛品牌——夏南牛,"泌阳花菇"通过了国家地理标志产品认证,泌阳被确定为国家级出口食用菌质量安全示范区、国家有机产品认证示范区。立足这些品牌优势,直接带动夏南牛肉、泌阳花菇、泌阳驴肉、郭集粉条、马谷田瓢梨等特色产品线上、线下销售 3.8 亿元,在增加销售收入的同时,进一步提升企业扶贫能力。

完善基础平台,建立健全服务体系。在软件上,承办企业自筹资金建设电商交易平台——盘古农商网。自 2016 年 6 月上线运营以来,营销额达到 1000 多万元。与京东、天猫等知名网站互联互通,在线视频培训,进一步扩大了平台的影响力和延伸性。总投资 1700 万元的泌阳县县域电子商务运营服务中心投入运营,为入驻企业免费提供办公场所以及技能培训、品牌注册、融资担保等服务,入驻电商企业 22 家。改造建设乡村级电子商务服务站点 230 个,覆盖到全县 80% 的行政村,农村电子商务应用水平进一步提高。

三 支撑服务体系

1. 物流体系

蓬勃发展的农村电子商务,带动了物流业在农村地区的快速发展,国内

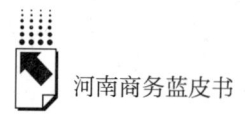

外各大物流企业和快递公司在电商交易比较集中的乡镇汇集。以镇平县为例，目前已经有超过30家快递公司和物流企业，近700名从业人员服务于网络销售，形成了以镇平杨营镇高速口物流快递园为核心，辐射周边的农村快递和物流服务格局。与此同时，地方自建物流仓储业开始起步发展，西峡县、卢氏县、内乡县等电商交易活跃的乡镇，以自建物流仓储业的方式开始逐步探索，助推当地电商的发展。

2. 金融服务

农村网店经营主体融资渠道不断拓展，呈多元化趋势。既有通过农业银行、邮政储蓄银行等金融机构进行融资，也有通过阿里小贷等互联网金融服务进行融资的趋势。

3. 技术和培训服务

针对农村网络应用和营销技能缺乏现象，政府培训力度不断加大。在豫西南电子商务发展较快的农村地区，已基本形成政府引导扶持、电子商务协会等组织开展培训、农民自发交流等多种学习方式的技术培训服务体系。

四 促进农村电商发展的对策建议

当前，豫西南大部分地区农村电商仍处于初级经营阶段，规模小、活跃程度低、抵抗市场风险的能力弱，缺乏专业技能和运营经验，加上专业技术人才和营销管理人才严重不足，网店的持续运营与发展受限。农村电子商务正处于发展壮大阶段，发展空间巨大，促进农村电子商务发展正当其时。

1. 持续加大扶持力度

以豫西南地区为例，相关职能部门及政府应进一步加大扶持农村电子商务发展的力度，重新整合优化扶持发展的政策和资金，在不脱离农村地区的产业布局和资源优势的前提下，从税收、资金、准入、人才、政策等方面着手，针对农村电商发展提出具体措施，以农村优势产业和特色产品为依托，借鉴成功的农村电商发展模式和经验，引导并推动"电子商务＋传统产业"、"电子商务＋地方特色产品"和"电子商务＋品牌农副产品"的进一步融合。

2.提升农村电商的品牌形象

促进农村电子商务持续发展,要增强农村电商品牌意识和质量服务意识,引导和鼓励个体电商开展商标注册和专利申请等工作,引导和推动市场主体、行业协会、专业合作社进行集体商标和地理标志的申请,切实提高地方特色产品质量、知名度及核心竞争力,努力打造地方特色电商品牌。

3.完善基础服务能力建设

网络配套设施的完善和高速网络普及率的提高,是电子商务发展的基础保障。只有加快移动数据通信、有线光缆传输等基础设施建设,才能为农村电商创造有利的发展空间。通过建立农村电商孵化基地、电商产业园、创业服务中心等方式,加强和完善配套服务,使农村市场主体更多地参与和利用电子商务,开展多层次、多渠道经营。

B.20
深化对内对外开放
助推郑州国家中心城市建设

王军 刘海涛 张伟 丁敏 乔云飞*

摘　要： 推进郑州建设国家中心城市，对促进中部地区崛起、打造内陆开放高地、形成引领中原城市群发展的核心增长极，意义重大。省商务厅高度重视，立足开放带动、改革推动，围绕实施中国（河南）自由贸易试验区、中国（郑州）跨境电子商务综合试验区建设等国家战略，在培育改革开放试验田、打造内陆开放型经济示范区、促进外贸转型升级、深化内贸流通体制改革、发展电子商务、提升服务业水平等方面，支持郑州市先行先试先改，助力郑州国家中心城市建设。

关键词： 自贸区　跨境电商综试区　国家中心城市

一　主要做法

1.全力推进中国（河南）自由贸易试验区建设

河南省政府成立了由陈润儿省长任组长的河南自贸试验区建设领导小组，领导小组办公室设在省商务厅，成立了郑州、开封、洛阳3个片区管委会，作为省政府派出机构，享受省级经济社会管理权限，实现了自贸试验区

＊ 王军、刘海涛、张伟、丁敏、乔云飞，河南省商务厅综合处。

的扁平化高效管理，已形成了省级统筹、片区落实、部门配合的管理推进机制。省政府印发了《中国（河南）自由贸易试验区管理试行办法》和《中国（河南）自由贸易试验区建设实施方案》，研究制定了政务、监管、物流、金融、法律五大改革专项方案，各片区制定印发片区建设实施方案，研究起草自贸试验区招商引资、招才引智政策措施。省直及中央驻豫单位、金融机构出台了41个配套文件481项支持措施。160项改革任务中，负面清单管理制度、"多评合一、统一评审"等28项试点任务已基本落实到位，建设国际物流通道等35项试点任务已取得阶段性成效，事中事后监管、社会信用体系等75项试点任务正稳步推进。率先在全省推广上海自贸试验区"28+6"项改革创新经验举措，基本完成了新一批改革创新19条、8个创新经典案例和由各部门自行推广的53项试点经验的复制推广，正在全力推进第三批5项改革试点经验和新一批4个创新经典案例的复制推广工作。围绕国家战略定位开展差异化试验，发展现代物流，打造国际物流中心城市，支持郑州市建设国际冷链物流中心，开展多式联运先行示范。召开了全省物流业转型发展工作会议，出台了发展规划，印发了冷链物流、电商物流、快递物流转型发展工作方案、建立了"4+1"工作方法，探索建立容错纠错机制。省自贸办联合《河南日报》组建了河南自贸试验区记者站，会同河南广播电视台开设河南自贸试验区频道，为各片区宣传提供载体，建立了常态化、规范化宣传机制。

2. 加快中国（郑州）跨境电子商务综合试验区建设

按照国务院"批复"精神和商务部要求，郑州市先行先试、首创带动，其他各地积极跟进实施，跨境电商发展的氛围日益浓厚。《中国（河南）自由贸易试验区建设实施方案》中66项创新举措已有55项得到落实。印发了《跨境电商产业集群发展的指导意见》，会同省财政厅制定了自贸区、综试区专项资金管理办法，充实完善了跨境电商项目库，成功举办了全球跨境电商大会。出台了示范园区和培训孵化基地认定管理暂行方法。会同省统计局初步建立了跨境电商统计制度，与河南出入境检验检疫局联合建设跨境电商产品质量安全风险监测中心。落实海关特殊监管区内自行运输、工单式核销等新模式,实施"通报、通检、通放""进口直通、出口直放"等新举措,大通关机制不断完善。郑州海关累计监管跨境电商进出口清单6040.4万票,商品总值77.4亿元,分别增长40.8%和72.1%。其中,郑州市跨境电商交易额352.1亿元人民币(含快递包裹),出口180亿元,占总交易额的51.1%;B2B出口115.3亿元,占出口总额的64.1%。

3.支持郑州对外开放向纵深发展

开放是应对各种复杂局面、破解各种制约、促进改革发展最有效、最直接、最综合的举措。郑州进出口总额占到全省的77%,实际直接利用外商占全省的近30%,在全省开放大局中具有举足轻重的地位。协调帮助郑州扩大对外开放,开放型经济成效持续显现,综合带动作用日益增强。一是扩大开放领域。认真贯彻落实国务院《关于扩大对外开放积极利用外资若干措施的通知》,进一步放宽市场准入。鼓励郑州在智能终端、高端装备、汽车制造、生物医药等先进制造业以及现代物流、国际商贸、跨境电商、现代金融服务、服务外包、创意设计、商务会展、动漫游戏等现代服务业加大招商引资步伐。二是加大引资力度。以自贸试验区建设作为扩大开放招商的主抓手,充分发挥先行先试功能,改革创新招商引资模式和机制,及时推广复制自贸试验区经验,营造法治化、便利化、国际化营商环境。结合郑州市产业优势及特点,大力实施产业招商、精准招商、代理招商、以商招商、股权招商、并购招商等多模式招商,吸引国内外500强企业入驻。利用招商引资推动新型城镇化建设,建设特色小镇,发展卫星城。富士康逸凯新世代科技、鸿富锦精密电子、中原航空融资租赁、钜信奥莱实业、云程文化旅游、菜鸟传泰物联网等一批电子信息、融资租赁、文化旅游、仓储物流等重大项目落户郑州。其中鸿富锦精密电子(郑州)有限公司扩大投资到59.5亿美元,成为省内规模最大的外资企业。三是壮大先进制造业集群。依托河南自由贸易试验区、跨境电商综合试验区、航空港经济综合实验区等,结合郑州市区位、资源、市场、产业等优势条件,围绕现代服务业,智能终端、电子核心基础部件、智能制造装备、生物医药、高端合金等高端制造业,开展一系列国内经济合作精准招商活动,引进一批科技含量高、发展前景好、辐射带动能力强、财税贡献能力大的项目落户郑州。四是支持开发区发展。积极推动了中信银行在郑州经开区开展试点金融支持工作。在郑州经开区复制推广自由贸易试验区改革创新成果，实行了"一站式审批""一条龙服务"，大幅降低了行政成本和营商成本。五是狠抓项目落实。省开放办对颐高之信电子商务产业园、天伦旅游楚河汉界文化产业园、大连海昌郑州极地海洋世界、浙江传化公路港·华商汇物流园等10个郑州市重点项目，以及朝虹二期及配套、麦奇教育vipabc在线英语教育、绿地双鹤湖双塔商务综合体、富士康综保区M区手机生产、年富智能终端供应链金融平台、基于互联网智慧能源系统的高端设备制造及电力服务、华中冷鲜港、国威手机生产基地、富士康液晶及触控显示器模组9个郑州航空港经济综合实验区的重点项目进行定期重点跟踪推进，确保重大签约项目早落地、早开工、早投产。

4. 支持郑州对外贸易发展

一是促进外贸转型升级。充分发挥国家加工贸易承接转移示范地、跨境电商综合试验区等优势，利用境内外知名展会平台，重点推介郑州的航空物流、高端制造业、现代服务业等，有针对性地介绍境内外客商、企业和知名商协会到郑州实地考察、投资兴业。支持电子信息、航空制造、生物医药等高端制造业发展，紧盯世界500强、国内500强和行业50强企业，协同郑州市积极开展对接，大力引进一批信息技术、高端装备、汽车及零部件、生物医药、航空制造等影响力大、辐射力强的行业龙头企业，打造具有国际竞争力的高端制造业产业集群。创新加工贸易发展，鼓励郑州与沿海或港澳台地区共建加工贸易产业园，打造具有较强竞争力的特色出口产业集群。支持郑州承接加工贸易产业转移项目，推进整机生产、零部件、原材料配套和研发结算一体化集群发展。二是加快发展外贸新型业态。指导郑州加大跨境电子商务平台、企业引进和培育力度，全省认定了中国中部电子商务港（总部基地）、郑州邮政圃田跨境电商产业园等21个园区为首批河南省跨境电子商务示范园区，郑州有7家，占比33%。同时，认定河南金城国际跨境电商孵化基地、世界工厂网跨境电子商务培训孵化基地等5家基地为首批河南省跨境电子商务人才培养暨企业孵化平台，均在郑州。推动省政府出台了

《关于加快培育外贸综合服务企业的实施意见》，引进一批全流程型龙头外贸综合服务企业，培育认定一批本土外贸综合服务企业，引导综合服务企业建设和完善线上服务平台，创新服务功能和手段，提升通关、退税、融资、外汇、物流等综合服务能力。探索发展市场采购，指导郑州市向浙江、广东、山东等先进省份学习市场采购贸易方式和外贸综合服务企业发展的先进经验，扶持新型业态做大做强。深化新型国际贸易结算中心试点，推进以人民币离岸业务为重点的离岸金融业务发展。三是提高贸易通关综合服务能力。积极推动《关于加快建设国际贸易"单一窗口"的意见》（豫政办〔2016〕106号）落实，利用自贸区战略，在郑州先行先试，加快推进政务和商务功能比较完备的国际贸易"单一窗口"建设。加快推进通关通检一体化建设，在实现与"一带一路"九大口岸通关通检一体化的基础上，积极推行"双随机"查验制度和"一机两屏"工作模式，积极参与全国通关一体化改革，不断扩大联合执法、联合查验范围，提高查验效率。积极推广"双随机一公开"监管，改善通关便利化技术条件，提高机检比例。加快实施检验检疫"出口直放、进口直通"一体化通关。落实原产地签证等惠企政策，推进检商"两证合一"，简化原产地证书申报手续，实现原产地证书"网上通审、全省通签"。规范和减少进出口环节经营性收费，减少行政事业性收费。

5.支持郑州内贸流通转型发展

一是指导郑州开展国家内贸流通体制改革发展综合试点。郑州市被确定为9个国家内贸流通体制改革发展综合试点市之一。指导郑州市依托区位交通优势和商业基础，重点围绕现代物流，在体制、机制、模式等方面开展探索，积极促进流通业转型升级。构建"四港联动"多式联运模式，初步实现了平台和枢纽连接下的多种运输方式互联互通，多式联运通关效率显著提高，带动先进制造业和现代服务业集群化发展。构建新型市场集群，市场布局进一步优化，中心城区180余家批发市场全部外迁，腾出发展空间2万余亩，外迁整合商户6万余家，集聚效应凸显，实现了市场规模扩大、空间拓展，集群模式升级和业态升级，促进了城区"腾笼换鸟"。创新公益性农产品基础设施建设模式，基本形成了基地直采、直供、直配的农产品现代流通模式和龙头企业主导农产品产业链模式，可追溯标准化"菜篮子"生产基地达到3万亩，进一步降低了流通成本，保障肉菜流通质量安全。二是构建畅通高效物流体系。推进郑州农产品流通基础设施建设，着力打造全国农产品集散中心、南菜北运和西果东输的中转枢纽，带动农产品生产基地产业化、规模化发展，带动农产品仓储、物流、分拣加工、配送、电商等相关产业实现集群式发展。三是促进城市商业发展。引导郑州市规划建设城市商业中心、交通枢纽商业、商业街等商业聚集区，以及购物中心、百货店等大型商业网点。规范大型商业设施及其配套设施建设，引导有序发展。鼓励商品交易市场改造升级，拓展服务功能。加快完善社区商业功能，引导电子商务进入社区，提供高效、便捷服务，实现便民消费。培育特色商业街区，使之成为弘扬商业文化、促进商旅文融合消费的主要平台。四是支持郑州开展城市共同配送试点。2013年，郑州市被确定为全国第二批城市共同配送试点城市，现已形成以陆港物流为分拨中心，豫鑫物流、长通物流、物资集团等为配送中心，阳光物流、顺丰物流、正道思达等为末端网点的较为完整的三级配送网络，实现了物流资源有机整合和共同利用。目前，郑州市可共同利用的仓储面积达到126万平方米，市区配送中心45个，区域配送终端224个，市内配送车辆1502辆。五是支持郑州大力发展电子商务。目前，郑州拥有2个国家级示范基地和15家省级电子商务示范基地，郑东新区电子商务基地、河南省电子商务创业孵化基地获得国家级电商示范基地称号，郑州华粮科技有限公司、河南企汇信息技术有限公司、郑州悉知信息技术有限公司3家企业获得国家级电子商务示范企业称号。支持郑州市创建省级电子商务示范企业58家，约占全省示范企业数量的1/4。郑州市已认定备案电子商务企业732家，占全省认定备案企业总数的14.2%。中华粮网、世界工厂网、企汇网、全球内衣网、中钢网等一批电商平台企业已位居细分行业前列，郑州市在资本市场挂牌上市的电商企业已超过20家。六是支持郑州大力发展现代服务业。积极向商务部汇报争取，2016年5月，郑州市成功获批国家服务外包示范城市。研究起草了《河南省人民政府关于促进服务外

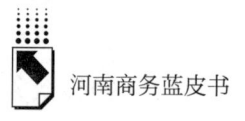

包产业加快发展的意见》，充分发挥郑州市作为中国服务外包示范城市的示范和带动作用。支持郑州打造国家级会展名城，以专业化、国际化、品牌化为导向，推动展览业转型升级，提高竞争力。大力推荐郑州展会项目申报"商务部重点引导支持展会"，在郑州举办的中国国际时尚发制品及美发用品展览会、全国摩托车及配件展示交易会（郑州、秋季）被商务部列为重点引导支持展会项目。2016年郑州市举办展览238个，展览面积236万平方米，同比增长5%。国家级流动展览10个，新创办展会7个，国际性会议8个，展览业实现经济社会效益约210亿元。郑州国际会展中心和中原国际博览中心的展场出租率分别为35%和38%，在全国处于较高水平。郑州市的会展业发展得到业界的广泛认可，并入选中国最具竞争力会展城市和中国最具办展幸福感城市。

二 存在问题

1. 内贸流通总体水平与国家中心城市量级还有差距

与先进国家中心城市相比，郑州仍存在内贸流通整体发展水平不高，流通体系不完善，城乡发展还不均衡，流通供给水平还不能完全适应生产和消费需求结构的变化，流通环节多、效率低、成本高，信息化、标准化、集约化水平亟待提高，流通管理体制尚不完善，市场环境与人民群众改善生活质量的期待存在差距，满足个性化的消费能力较弱等问题。

2. 对外贸易发展结构不合理

郑州市外贸进出口主要依赖富士康，还没有形成其他增长极。当进出口达到一定规模后，不能单靠一点支撑，需要2~3个重要支撑点才能稳定发展，所以郑州市外贸最大的问题是结构不尽合理。

3. 放管服及便利化水平有待进一步提升

相比于杭州、南京、武汉、成都等国家中心城市，郑州对外开放度相对较低，在体制机制创新方面不够灵活，事中事后监管还存在薄弱环节，网上审批服务相对滞后。应以河南自贸区建设为契机，在"放管服"改革方面，大胆创新，大胆试验，加快转变政府职能，不断提升投资贸易便利化水平和行政效能。

三　下步打算

1. 巩固和提升"一带一路"主要节点城市地位

积极融入"一带一路"建设，进一步畅通开放通道，强化地区性枢纽功能协同，密切与丝绸之路经济带沿线中心城市和海上丝绸之路重点港口城市的经济联系，形成海陆空多式联运的国际货运格局，打造国际航空物流中心和亚欧大宗商品商贸物流中心。深化与"一带一路"沿线国家和地区经贸人文交流合作，坚持走出去与引进来并重，开展国际产能合作，加强郑州市矿山设备、轨道交通装备、工程机械、农产品深加工等优势产业与沿线国家开展合作，探索建设境外经济贸易合作园区，打造产业转移、要素集疏、人文交流平台，带动全省融入全球经济大循环。

2. 高水平推进河南自由贸易试验区郑州片区建设

以制度创新为核心，重点在跨境电商、多式联运、现代物流、供应链金融、高端制造业、服务贸易、政府放管服等领域开展改革实验创新。全面对标国际经贸规则，加快政府职能转变，深化"放管服"改革和商事制度改革，探索体制机制创新和监管模式创新，促进投资贸易便利化，在更广领域激发各类主体和要素的开放活力，加大招商引资、招才引智力度，面向全球开展推介招商活动，争取在引进外资企业、高端项目、标志性项目方面取得突破。在开发区、产业园区全面复制推广自贸试验区改革创新成果，推进产城融合，打造一批市场化、国际化、低碳化的创业创新平台。

3. 推进中国（郑州）跨境电子商务综合试验区建设

研究制定符合实际、体现特色、细化可行的跨境电商产业发展规划，形成清晰的建设蓝图。加快三大平台建设，构建七大体系，加快推进全省跨境电商普惠联动发展，壮大产业主体，引进龙头项目和关键配套项目，打造优势出口产业集群，进一步完善跨境电商产业链和生态链。以 B2B 为重点，统筹推进相关部门加大监管创新力度，提升贸易便利化水平。全面落实"特种商品口岸＋跨境电商"业务模式、公共信用管理负面清单、企业信用评价系统和个人信用评价系统建设等创新举措，支持跨境电子商务产业园区、培训孵化基地和"公共海外仓"建设，打造全球网购物品集散分拨中心。探索开展跨境电子商务市场采购试点，形成"一区多园"、"一园多点"、多主体运行、多模式发展的跨境电子商务格局，向"买全球、卖全球"全面迈进。

4. 积极构建开放型经济新体制

加快服务业对外开放，推动农业、科技、教育、文化、卫生、金融、基础设施等领域扩大开放，形成宽领域开放新格局。完善对外开放合作平台，加快提升郑州航空港经济综合实验区建设水平，拓展国际航线，完善集疏网络，增强口岸功能，强化产业支撑，带动临空经济产业发展，形成全球生产和消费供应链重要节点，发挥好辐射带动作用。加快推进国际航空货运枢纽建设，完善航空货物中转集散中心、国际快件分拨中心等功能设施，实现"一带一路"沿线国家和地区物流体系全覆盖。加快郑州国际陆港建设，不断拓展郑欧班列增值服务，实现多线路运行、多货源组织、多口岸出境，推动由单一的运输服务模式向物流和贸易并重的"运贸一体化"模式转变，保持在中欧铁路物流大通道中的领先水平。整合海关特殊监管区，大力发展口岸经济，完善提升海关特殊监管区域和各类功能性口岸的载体平台功能。大力发展流量经济，加快建设国际商贸中心、物流中心、科技文化交流中心和信息中心，发展会展经济，举办国际性会议和赛事，加强国际文化交流，促进人员往来，打造国际要素汇集交流中心，促进各类要素高效流动和优化配置。引进国际组织和机构，争取设立外国领事馆和外贸代表处。破除一切对外开放的体制机制障碍，进一步健全外商投诉处理机制，切实维护投资者合法权益，加大财税、土地、环保、人才等要素保障。

5. 推进内贸流通现代化

推进内贸流通体制改革，指导郑州市巩固国家内贸流通体制改革发展综合试点成果，探索建立规则健全、统一开放、竞争有序、畅通高效的内贸流通体系。会同发改、邮政、交通等部门出台冷链物流、电商物流、快递物流转型发展工作方案，推进现代物流业转型发展，提升物流信息化、标准化、集约化水平。大力发展服务消费，培育消费新增长点，打造多点支撑的消费增长格局。实施国家跨区域农产品流通骨干网建设试点，构建农产品流通骨干网络。指导支持郑州市搞好国家电子商务示范城市建设。支持郑州开展电子商务进社区试点，建设集网络购物、商品代收、智能终端配送、家庭服务等功能于一体的社区电子商务服务网点。

6.构建市场化国际化法治化便利化营商新环境

建立健全有利于合作共赢、与国际贸易投资规则相适应的体制机制，推广复制自贸试验区改革创新经验，全面提升政府服务效能，深化行政审批制度改革和商事登记制度改革，推进企业注册登记、融资、跨境交易等与国际规则和国际惯例全面接轨。加快投资贸易便利化改革，强化"通关一体化"协作机制，加快国际贸易"单一窗口"建设，探索开展口岸查验机制创新和口岸管理部门综合执法试点。健全外来客商权益保护机制，积极营造竞争有序的市场环境、透明高效的政务环境、公平正义的法制环境、和谐稳定的社会环境，培育稳定透明可预期的国际化营商环境。

B.21
河南省对外援助培训现状及发展趋势

李晋 李慧 杨军岐 李伟华*

摘　要： 对外援助培训是深化同发展中国家友好关系和合作交流的重要途径，是扩大国际影响、服务国家政治和外交利益的重要方式。多年来，河南省委、省政府对援外培训工作高度重视，省商务厅认真执行援外各项政策措施，为援外培训工作顺利开展提供了有力保障。

关键词： 对外援助培训　远程培训

对外援助培训是深化同发展中国家友好关系和合作交流的重要途径，是扩大国际影响、服务国家政治和外交利益的重要方式。多年来，河南省委、省政府对援外培训工作高度重视，省商务厅认真执行援外各项政策措施，为援外培训工作顺利开展提供了有力保障。河南省工业大学目前作为河南省唯一的援外培训执行单位，充分发挥其粮食行业的学科优势、依托中原文化的深厚底蕴，积极开展对外援助培训，探索建立粮食、文化领域国际性合作交流平台，努力推进国际合作与文化交流。

一　河南省援外培训工作开展情况

河南省对发展中国家的人力资源援外培训工作起始于2008年。河南工业大学是商务部设在河南的唯一的援外培训项目执行单位。截至2017年底，

---

* 李晋、李慧、杨军岐、李伟华，河南省商务厅国际经贸关系处。

10年间共计承办各类面向发展中国家的来华援外培训班、研修班28期,培训学员来自亚、非、欧、南美、北美、大洋洲6个大洲96个国家,其中包括32个"一带一路"沿线国家的官员、技术人员、教师、教练员、运动员710人(见图1、图2、图3)。

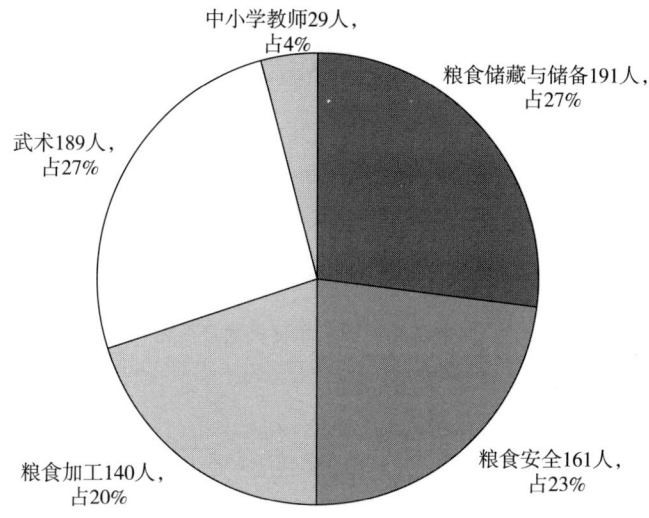

图1 来华培训主题结构与人数分布

资料来源:河南省商务厅。

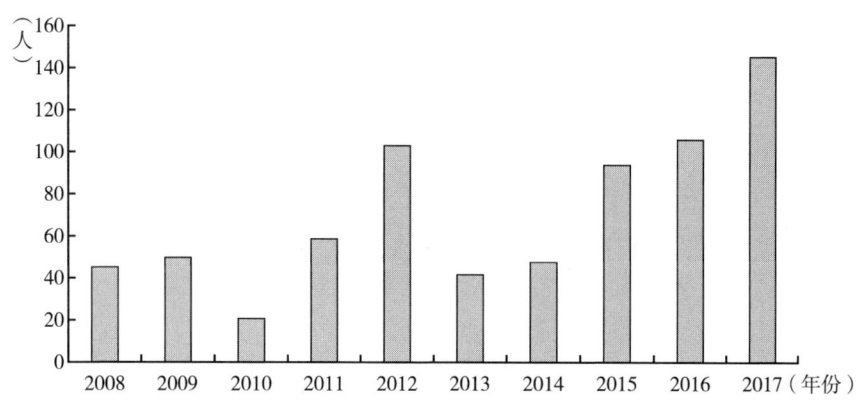

图2 历年培训总人数

资料来源:河南省商务厅。

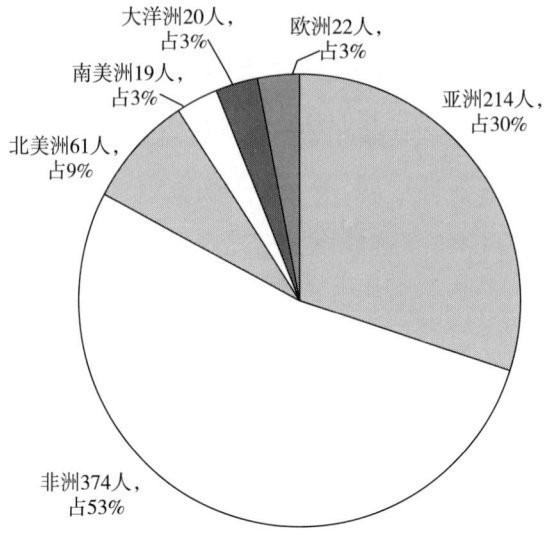

图3　来华培训洲际学员人数及分布

资料来源：河南省商务厅。

2016年河南工业大学在全国率先试验性启动了跨境远程援外培训项目，通过搭建跨境远程网络培训平台，制作并上传了粮食技术工程、中原武术文化两个培训主题150余项视频教学资料，培训亚非两大洲9个国家官员、技术人员、教师、教练员、运动员41个班，共计1036人。

二　河南省开展援外培训工作历程及主要内容

2008年起步，河南省援外培训工作走过了10年历程，从起初的每年承办1~2个单一粮食主题培训项目，参训达15国40余人，经过多年来积极探索和创新发展，到目前每年5期培训项目，参训达48国150余人，培训内容涉及粮食技术工程与中原武术文化两大主题。其中粮食主题培训累计20期，包括粮食储藏与储备、粮食加工与安全；武术主题培训累计7期，包括少林武术和陈氏太极拳两类。

1. 粮食主题培训

粮食主题培训是河南工业大学援外培训的主打模块，教学依托其教育、科研优势资源及粮油食品科学领域的国际影响力,为各发展中国家在粮油食品储藏、加工及安全的进步发挥了积极的作用,受到了国际组织、商务部和受援国家的一致好评,产生了积极影响。培训期间,不仅安排内容丰富的课堂专题讲座,组织学员实地考察省内粮油储藏、加工及机械制造企业,开展现场教学,还在每期培训中根据全省产业特色和受援国家需求,邀请相关企业来校举办企业对接会,为省内粮农企业"走出去"搭建平台,为企业开拓海外市场牵线搭桥。在做好专业培训的同时,还通过文化讲座、参观考察、游览观光的方式,使各国学员多角度了解中国文化,为宣传中原河南发挥了积极的作用。在培训结束后,继续保持与学员的联络、回访,不仅为受援国家提供进一步的技术信息支持,也为河南省与各发展中国家的友好合作铺路搭桥。2016年,曾在河南省参训的尼日利亚学员卡比尔·萨尼,推动了尼日利亚索克托州政府代表团在其州长的带领下访问河南,并与河南省政府签署协议,缔结了省州友好关系,切实体现了通过援外培训促进外国友人"知华、爱华、亲华"的目标。

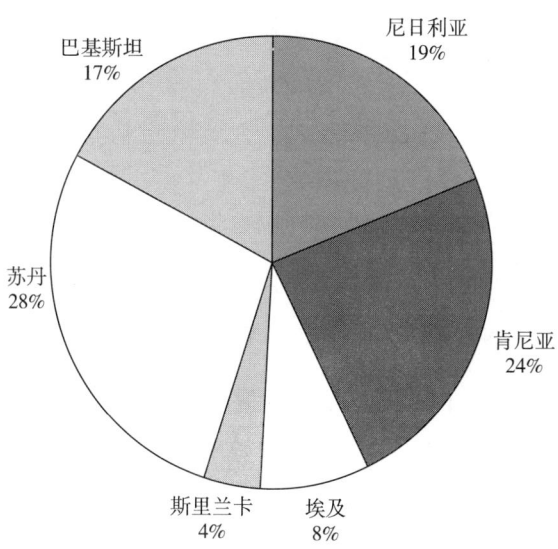

图4 跨境远程援外培训粮食班6国学员分布

资料来源:河南省商务厅。

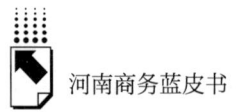

表1　2008~2017商务部发展中国家援外培训项目（河南）一览表

年度		项目名称	类型	级别	培训人数	受援国家
2008	1	2008发展中国家粮食储藏技术培训班	技术	处级以下	46	25
2009	2	2009发展中国家粮食储藏技术培训班	技术	处级以下	21	11
	3	2009非洲英语国家小学英语教师培训班	技术	处级以下	29	13
2010	4	2010发展中国家粮食安全研修班	官员	司处级	21	9
2011	5	2011发展中国家粮食仓储技术培训班	技术	处级以下	29	18
	6	2011发展中国家粮食安全研修班	官员	司处级	15	9
	7	2011发展中国家中国少林武术培训班	技术	处级以下	15	9
2012	8	2012发展中国家粮食安全研修班	官员	司处级	30	17
	9	2012发展中国家粮食储藏技术培训班	技术	处级以下	18	13
	10	2012发展中国家粮油食品加工技术培训班	技术	处级以下	23	11
	11	2012发展中国家中国少林武术培训班	技术	处级以下	31	16
2013	12	2013发展中国家粮食安全研修班	官员	司处级	27	15
	13	2013发展中国家粮食储藏技术培训班	技术	处级以下	15	9
2014	14	2014发展中国家谷物及薯类加工技术培训班	技术	处级以下	15	12
	15	2014非洲法语国家粮食安全研修班	官员	司处级	17	8
	16	2014非洲英语国家粮食储藏技术培训班	技术	处级以下	16	11
2015	17	2015发展中国家谷物及薯类加工技术培训班	技术	处级以下	32	12
	18	2015发展中国家粮油食品加工技术培训班	技术	处级以下	26	9
	19	2015发展中国家中华少林武术培训班	技术	处级以下	36	13
2016	20	2016发展中国家粮食安全官员研修班	官员	司处级	29	10
	21	2016发展中国家粮食储藏技术培训班	技术	处级以下	28	9
	22	2016发展中国家少林武术培训班	技术	处级以下	21	9
	23	2016发展中国家陈式太极拳培训班	技术	处级以下	25	10
2017	24	2017年发展中国家少林武术培训班	技术	处级以下	30	12
	25	2017发展中国家陈式太极拳培训班	技术	处级以下	31	8
	26	2017发展中国家粮油食品加工技术厂长经理班	技术	处级以下	44	13
	27	2017发展中国家粮食安全研修班	官员	司处级	22	10
	28	2017发展中国家粮食储备管理官员研修班	官员	司局级	18	5
合计	28				710	

资料来源：河南省商务厅。

2. 武术主题培训

武术主题培训是河南工业大学依托河南优势文化资源着力打造的特色

援外培训模块，截至2017年已成功举办少林武术和陈氏太极拳培训班7期。其中少林武术培训，与登封塔沟武术学校和嵩山少林武僧团教育基地合作，选拔优秀教练执教，为学员呈现了正宗少林功夫的训练；陈氏太极拳的培训，与焦作温县陈家沟陈正雷、陈炳、张福旺等著名拳师合作，精心设计训练方案，使学员体会到了正宗太极拳的风范。培训中，学员食宿、训练在少林寺和陈家沟，不仅在课堂上，而且在训练之外，也被浓厚的武术氛围所浸染，培训过程和培训安排受到学员的高度赞扬。受训学员也非常珍惜难得的训练机会，学习积极性高涨，训练刻苦认真，得到了教练员的高度评价。培训计划中将参加"中国郑州国际少林武术节"和"中国焦作国际太极拳年会"两个大型武术国际比赛作为检验培训成果的考场，要求学员全员参加。在已参加的四届上述赛事上，援外培训班代表队四次斩获国际队总分第一名，成为赛场上亮丽的风景线，培训成果受到多方赞誉。武术班学员回国后，不断有喜讯发回，他们有的在国家、国际级比赛中取得了优异成绩，有的在影视剧中出演角色，有的出版了武术教材，有的开办武馆武校，在当地形成了"中国武术"热。2017年，在赞比亚武术协会与河南工业大学的推动下，赞比亚国家武术队正式成立，曾经在河南受训的赞比亚运动员现已成为其国家队的骨干力量，并将在2018年举办"非洲杯"中国武术锦标赛。武术主题的培训班，现已成为商务部援外培训项目中最受欢迎的培训项目之一，2017年11月商务部国际商务官员研修学院李小兵院长亲临现场表示祝贺。目前多个受援国家向中国政府表达了举办中国武术双边培训的愿望。可以预见，武术培训主题将会成为河南省援外培训的重要项目。

三 创新发展远程援外培训方式

2015年，河南工业大学积极响应商务部关于创新培训方式的号召，在商务部援外培训执行单位系统中，首次实施跨境网络培训的实践。通过网络平台的设计与搭建、视频课程的设计拍摄与制作、培训执行方式的设计与规

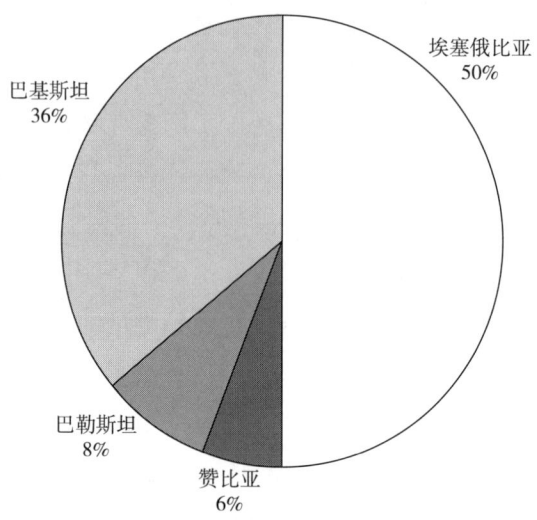

图 5　跨境远程援外培训武术班 4 国学员分布

资料来源：河南省商务厅。

划，跨境远程培训的试验与测试等一系列工作，启动了援外培训跨境远程培训方式的探索性工作。

1. 援外培训跨境远程教育项目启动

2016 年 3 月援外培训跨境远程教育项目正式启动。通过招生宣传与组织，学员报名注册人数达到 1036 人，共编班 41 个。其中粮食主题共 13 个班 267 人；武术主题 28 个班 769 人。学员分布于亚、非 2 个大洲，埃及、埃塞俄比亚、斯里兰卡、巴勒斯坦、巴基斯坦、尼日利亚、肯尼亚、苏丹、赞比亚 9 个国家；其中埃塞俄比亚武术班学员人数 381 人，巴基斯坦武术和粮食班学员 326 人，为培训学员最多的国家。

2. 援外培训跨境远程教育项目实施

自 2016 年 3 月 10 日至 8 月 10 日的 6 个月之间，培训中心在 GSR 跨境远程教育平台上定期上传视频课程、资讯、案例，并与学员开展互动交流，实施培训。培训课程结束后，学员需在规定的 10 天内撰写培训报告，统一提交，考评结业。

3. 援外培训跨境远程教育项目取得良好效果

此项跨境远程教育培训形式，得到了当地各界人士和媒体的广泛关注，并以新闻报道的形式进行了宣传，使跨境网络培训课程的受众远远超出了报到注册的人数。跨境远程培训项目的意义，不仅在于给受援国家提供了便捷的教育资源，更多的是给那些期待学习提高的年轻人，打开了一扇了解中国、了解世界的窗户。

4. 援外培训跨境远程教育项目再启动

由于2017年河南工业大学承担的援外培训任务重等条件限制，很遗憾地停止了远程培训。这期间有多个国家多次来函询问关于举办远程培训的事宜。基于此，积极筹备2018年的跨境远程培训的准备工作。计划在原有网络平台的基础上，开发更方便的基于移动终端的学习视窗环境。目前前期准备工作已基本就绪，预计在5月底开始培训实施，利用6月、7月、8月的时间开展面向"一带一路"发展中国家的粮食安全、武术以及基础设施建设三个主题的跨境远程培训。计划在20个发展中国家中开展培训，培训人数计划达到5000人。

四　紧跟发展趋势壮大河南援外培训

随着国家"一带一路"倡议的逐步实施，特别是2015年4月，习近平主席在出席亚非领导人会议开幕式发表重要讲话时提出，中国将在未来5年内，向亚非发展中国家提供10万个培训名额以来，又在联合国南南合作会议、中非合作论坛、中阿论坛、上海合作组织、中拉媒体领袖峰会、拉美加勒比地区领袖峰会、澜沧江—湄公河合作首次领导人会议、首届世界旅游发展大会、中葡论坛等诸多重大场合，提出了一系列对外人力资源开发合作的承诺。同时，随着国家对外援助体制机制改革的逐步深入，为援外培训规模的扩大和多种形式的合作方式开展、多方参与提供了重大机遇。河南省正在加紧谋划和制定发展目标，并采取有效措施积极支持援外培训工作发展壮大。

1. 加强对外援助的长远规划

紧紧围绕对外援助战略布局和重点领域，以服务"一带一路"建设为导向，以服务对外开放为着眼点，以配合国际产能和装备制造合作、培育国际经济竞争新优势、粮食和能源安全保障等为重点，积极谋划促进经贸、文化、教育、农业、卫生、科技环保等领域的对外援助，在此基础上制定层次清晰、重点突出、任务明确的对外援助培训的目标规划。

2. 不断扩大河南援外培训队伍

支持省内具备学科特色优势和较强师资条件的高等院校积极申请对外援助培训资质，积极争取国家政策倾斜，使更多有意愿有条件的高等院校加入到援外培训队伍中来，逐步扩大全省援外培训的规模和影响。

3. 为高校开展对外援助培训提供政策支持

积极研究制定支持高校开展对外援助培训的政策措施，重点鼓励高校打造精品培训品牌、创新培训方式（如远程培训、境外培训等）、依托援外培训拓展国际合作交流，充分发挥其特色优势和挖掘办学潜力，提升援外培训的质量和效益。

4. 积极创立援外培训品牌

援外培训承办单位应充分利用学科优势和资源优势，沉淀凝练出特色的培训主题。同时，打造历练出一支有责任心、高素质、专业化的队伍，为援外培训项目的运行提供保障，打造援外培训品牌。

5. 探索开展多种形式的培训模式

援外承办单位应利用自身资源和优势，创新开展切合实际的援外培训方式（如远程培训、境外培训），扩大援外培训的影响，提高培训效率。

6. 加强后期管理拓展国际合作

加强对援外培训毕业学员的联络和信息收集，筹划整合各类资源，借助河南省竞争优势和资源优势，开展互利共赢的国际合作与交流。

案例篇

Case Studies

B.22
着力发展本土品牌 强力培育龙头企业

——河南大张实业有限公司发展路径探析

张进才 梁荣华 薛革新 邢 新*

| 摘 要： | 河南大张实业有限公司，以副食品经营部起家，经过20多年的开拓发展，企业不断发展壮大且发展势头迅猛，成为区域性龙头。究其原因，其独有的商业技艺：坚持买手制，以商业自采为主；坚持多业态经营，坚持以生鲜主打；强化物流配送，提高经营效率；打造自有品牌和自主加工；完善员工激励，增强企业活力等等，为企业未来发展奠定了无法复制的护城河。河南作为消费大省，具有培育商业航母的肥沃土壤，建立河南"扶优扶强工程"，培育一批像大张公司的本 |

---

* 张进才，河南省商业经济研究所；梁荣华、薛革新，河南省商务厅流通业发展处；邢新，河南省商业经济研究所。

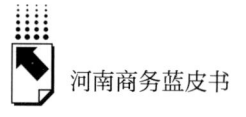

土商业龙头企业，正当其时。

关键词： 买手制 中央厨房 自有品牌 自主经营

河南大张实业有限公司（以下简称"大张"）创始于1997年，是一个由副食品经营部起家，经过20多年的开拓发展起来的本土企业，在河南零售业按规模排名中，排在本土商业首位。

商业零售业是开放程度、市场化程度最高的行业，国内外各路大军都进入了像洛阳这样的大市场。河南本土商业能够存续下来已很不容易，大张能够发展壮大且发展势头迅猛，成为区域性和本土的龙头，更实属不易。从现在看，一定有其独有的商业技艺。

一 大张商业取得行业龙头的标志

大张公司成立于1997年，经过20多年的发展，由一个小批发部、靠少量自有资本起家的个体商业发展成为河南本土商业的龙头、全国连锁商业百强企业、河南百强民企57位，发展势头迅猛且呈现有质量的发展，表现出了企业特有的商业气质。

经营规模迅速扩大。经过20多年的发展，大张销售规模已达到近80亿元，经营范围涵盖生鲜、百货、服装、餐饮、娱乐等民生行业。

经营效益持续提高。在激烈的竞争环境下，物业、员工、税费成本不断提高的状态下，大张商业效益持续提升，现纳税和实现净利润都在亿元左右，企业职工收入在行业属于前列。通过企业的发展，国家、企业、员工都得到了很大收益。

经营特色日益突显。大张商业能够发展到现在，竞争力得以持续提升，就在于始终坚持"保障全市人民的食品安全和生活便利"的经营宗旨，把人民日常需要的生鲜商品、日用品、易耗品作为经营重点。坚持"贴近百姓生活，为百姓提供便利、低价、实诚的商品和服务"，才能赢得自己的未来。坚持到今天，大量的生鲜、食品经营的竞争力无人能比，其特色已印在区域老百姓的脑海里。

经营网络日臻完善。大张从洛阳起步，鉴于初期资本有限，不求大求洋，坚持利用有限资源聚焦于洛阳，随着实力的增强，开始向洛阳各区、县延伸，现在在洛阳所辖区、县，已织密了自己的连锁网络。然后，大张选择与自己总部相近、竞争力较弱的豫西地区扩张，现在在三门峡、济源、焦作开设分店，这样做有利于降低管理半径、提高配送效率、降低经营成本，最终提高开店的盈利率。截至现在已开设直营店62家。目前，大张已完成了资本积累，配送能力及商品采购能力大幅提高，竞争优势大为提高，已准备大举进入漯河、郑州等地。2018年5~6月份有5家店将在郑州同时开业。大张所到之处，基本上已成为所在地区的龙头企业和行业经营的示范者。

商品质优价廉。商业零售要有竞争力，不管采取何种经营方式，说到底经营的商品要好，价格有竞争力。大张为做到此，坚持农超对接，直接建立自己的生产基地，降低了中间成本，自然拉低了最终价格；为保障商品质量，采取自采，直接到生产优质产品的产区采购，并统一进入配送中心进行检测，通过自己的配送保证商品质量。另外，大量商品通过自己加工，降低了成本。这样保质价廉的经营策略，最终赢得了消费者。

加强管理和人才队伍的培养。商业做大后，特别是实行连锁经营、跨区域经营后，商品、资金、配送管理显得非常重要，搞不好在光鲜背后就可能瞬间毁灭，因为商业所经历的环节太多，漏洞自然也多，企业成功与否最终在人，特别是在零售领域，属于劳动密集型行业，特别像大张的自采经营模式，做得好了，就可降低成本保障质量，搞不好就会跑冒滴漏、掏空企业。大张通过加强管理，搞好激励约束机制及企业文化理念的灌输，培育了近400人的自采队伍，即"买手人"，这在全国没有几家企业能做到，这为企业未来发展奠定了无法复制的竞争性的护城河。

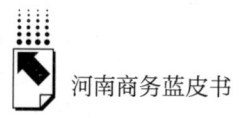
河南商务蓝皮书

二 大张零售商业成绩的取得是遵循了商业自然规律的结果

大张零售从低调蓄能到广为人知,成为行业龙头,核心是坚持了商业经营的本质,它所创造的企业竞争力,短期内多数企业是学不来的。

坚持买手制,以商业自采为主。在商业发展的一段时间里,很多商业企业采取租赁直接当起了二房东,吃老祖宗留下的资产;或采取联营制,商品、经营人员、税费及各类经营成本由供应商承担,商家提供场地及统一管理等职责,实际是变相二房东。其结果是商业经营能力大大弱化。多环节造成了价格虚高,远离市场不晓得市场需要什么,所以一旦新商业形态或竞争对手出现,很多商家迅速在竞争中败下阵来。但大张不是,大张一开始就坚持自己拿钱自己采购商品。经过多年的积累,企业培育了一批懂商品、懂经营、懂行情、懂质量的人才队伍。这批队伍以消费者需求为中心,贴近市场,能够快速调整目标,采购最适销对路的商品。由于是现金和批量购买,获得供应商的价格折让也最多。由于选取的购买地都是商品的优质产地,质量保障程度也很高。这就确保了质优价廉这一商业最具核心竞争力的东西握在自己手中。大量的商业都在租赁或联营温水煮青蛙中死掉了。据初步测算,大张的年均毛利率在17%左右,但一般商业的毛利率在20%左右(扣率),但后者为获利20%扣率,得保证供应商有15%上下的加价,因为供应商要提供税票、经营及财务费用,照此简单测算,同样的商品,大张的价格要低于同行15%~20%,所以在质优价廉这一最本质商业核心竞争力的冲击下,与大张同城竞争的包括沃尔玛、家乐福基本都败下阵来,洛阳沃尔玛的一家店铺就交给了大张经营。应该讲,大张这一"杀手锏"全国没几家有的。当然这样做,企业要有很强的功力,比如企业内部管理要跟上,买手人品质要好,企业资金实力要雄厚,企业要有长期经营企业的思想等等。否则,也是有很大风险的。

坚持多业态经营,坚持以生鲜主打。零售商业要在竞争中取胜,说到底，要有自己的特色。大张商业为贴近消费，近距离满足日常需要，远距离满足多样化的高档需要，建立了多业态的商业，有大张便利店、超市、百货及综合购物中心，还建立了网上商城，满足老百姓消费的程度大大提高。在商品经营中，大张主打生鲜商品，以生鲜商品引领整体商业的发展。从商业零售看，生鲜商品经营得如何，是最吸引消费者的，因为老百姓越来越重视安全消费，安全性消费的核心是生鲜食品，再加上生鲜商品消耗量大、经营规模大，但同时生鲜商品毛利率低、损耗大，要经营好真的不容易。大张为搞好生鲜经营，一是提高生鲜经营占比，现在已占到35%；二是坚持"自采、自运、自检"，保证产品质量；三是采取农超对接及基地采购、批量采购，降低成本；四是利用自己生鲜冷链配送、控制配送半径，降低损耗；五是通过加工、分拣，提高生鲜商品的使用率。通过一系列措施，大张的特色经营挑起了作为龙头商业的重担。

强化物流配送，提高经营效率。企业要搞连锁化经营、跨区域经营，就必须有物流业的支撑。大张采取的是自有配送体系，建立了自己的物流园，在全省商业企业中是最先进的。大张的1+N连锁经营模式，即建设一个物流园、开N个直营店。大张建的一期物流园占地183亩，投资4亿元，建筑面积22万平方米，有常温、生鲜冷链配送中心及大张食品加工厂。现在大张的配送中心采用ERP仓储自动化管理系统，使用自动装卸设备及自动订货系统。常温库的吞吐量日达1000吨，冷链库日配送量达600吨，适用从−18℃到正常温度的各种温控要求。通过自建高水平、高效率的配送系统，满足了自身物流的需要，实现了与自采模式的匹配，进一步保证了商品质量，降低了运输中的损耗及总物流成本。

打造自有品牌和自主加工。随着企业商品流量的增大，大量消费者不认可品牌认知度不高的商品，因而通过打造自有品牌，可以提高自身的毛利率和差异化经营水平，为大力度促销提供条件。在我国走向全面过剩的时代，通过代工打造自有品牌，不仅可以做出低价格产品，还可以做出高质量商品。现在大张自有品牌已涉及食品、服装、毛巾、被子、珠宝、黄金首饰及餐饮等领域。另外，为保证品质，改变很多生鲜商品的小作坊供应，大张公

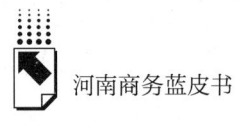

司建立了食品加工厂和中央厨房系统,实现了对面制品(包括馒头、面包、面条)、豆制品、熟食、冷鲜肉分割、切配菜等的自制与精加工。现在自加工食品单日产量达120吨,通过大量质优价廉自制食品的供应,顾客对公司的黏性不断提高。

完善员工激励,增强企业活力。商业零售是对人的工作,是涉及多道环节的工作,员工的服务意愿和职业素养往往决定了企业发展的动力。大张公司不仅有一整套企业文化及制度建设,保障了企业运行,而且对员工实行"超额利润分红",把员工变成企业的合伙人,在品类、柜台、部门达到基础设定的毛利额或利润额后,由企业和员工将超额利润按"二八"比例分成,让员工共享发展成果,使得企业人效和业绩大幅提升,企业竞争力具有可持续性。

三 助力本土商业快速发展,提升经营发展质量

经济发展到现在,有几个现象值得高度关注,一是全面的供给过剩。企业要走内涵式增长转向内涵与外延相结合的发展路径,大量龙头企业会在并购中实现快速发展。二是各地都希望发展一批本土的在区域、全国甚至世界性的龙头企业,龙头企业往往代表着一地经济发展的状况。三是大的龙头企业很可能在传统产业领域中产生。四是就河南省而言,放在全国大背景下,尤其是与沿海比,大的龙头企业太少。

从大张来看,在与全球及全国龙头企业竞争中,由于经营模式的独特,显示其有核心竞争力,加之几十年人才、资本的积累,它已具备高速扩张、迅速走向百亿级甚至更大规模的条件。

客观地讲,河南省是消费大省,是商家必争之地,外地巨贾基本已进入河南。但河南这么大的市场,客观上要比周边的湖北、湖南、安徽、陕西、山西消费品市场大得多,但至今河南本土却没有一家商业上市公司,以上这些省份有1家,也有2家,甚至4家以上的,值得我们反思。

面对河南这么大的市场,一旦出现几百亿级的大型零售企业,像丹

着力发展本土品牌　强力培育龙头企业

尼斯已突破200亿零售规模，自有物业突破了200万平方米，创造了河南的世界级奇迹。河南一定会出现第二、第三个丹尼斯，像大张这样具有独特竞争力又符合市场规律的企业，就可能首先成为这样的企业。为此，提出以下建议。

下决心培育一批河南的商业龙头企业，包括批发、零售及各类专业经营企业（如石油、烟草、医药）。从广阔的视野看，商业经营超过百亿级的有一大批企业，在保障社会供给、促进经济发展、提供税源方面发挥着重大的作用。建议从大商业的角度，建立河南"扶优扶强工程"，从商业零售、批发、汽车经销、石油批发、烟草经销、粮食经营、医药批零等领域扶持扶优一批河南本土的龙头企业。

下决心从"扶优扶强"工程中选取一批企业，到资本市场上市。河南已逐步成为服务业大省，但服务业上市公司没有一家，更不要说商业零售，这与大省地位很不相称。要下决心突破资本瓶颈制约，使本土企业借助于资本力量强起来壮起来。

鼓励河南优势企业扩张。只要是有质量地扩张，要给予支持，鼓励企业开放股权，支持企业同业并购，也要在物流、土地、融资、政府基金支持等方面拿出实际措施，来支持优势企业更优更强。

加强企业家队伍建设。建立河南省商贸领域的强势企业，核心是企业掌门人要有开阔的胸襟、做大事的胸怀，有一种家国责任，当然也需要政府的引导，建立"扶优扶强"企业家队伍刻不容缓。

河南作为一个快速成长的消费大省，是培育一艘艘商业航母的肥沃土壤，是承载商业航母运营的宽广海洋。应抓住机遇，把像大张这样的企业培优培强起来。

B.23
风神轮胎内生式转型升级之路

吴安安　张琳琳*

摘　要： 风神轮胎股份有限公司，秉持"世界品质、国际品牌"的发展愿景，积极贯彻新时代发展理念，牢牢把握发展机遇，紧紧围绕创新管理、提升品质、开拓市场、融入世界4个方面，不懈努力，逐渐走出了一条具有风神特色的内生式转型升级之路。

关键词： 风神轮胎　品质品牌　转型升级

风神轮胎股份有限公司（下文简称风神轮胎）始建于1965年，由世界500强企业——中国化工集团有限公司控股，公司拥有中车双喜轮胎有限公司100%股权、青岛黄海橡胶有限公司100%股权，以及倍耐力工业胎（Pirelli Industrial S. r. l.）10%股权，拥有员工近万名。

自成立以来，风神轮胎秉持"世界品质、国际品牌"的发展愿景，经过50多年的努力，已具有较强的技术研发能力，拥有博士后科研工作站和国家级企业技术中心，"风神""风力""河南"等多个自主品牌，产品经过16项国际认证，畅销全球140多个国家和地区，在众多欧美国家高端市场占有率位居前列。风神轮胎被国家工信部评为全国工业企业质量标杆企业、技术创新示范单位，连续14年成为中国500最具价值品牌，是国内轮胎行业精益六西格玛推进先进企业，荣获河南省省长质量奖。

2017年风神轮胎积极贯彻十九大精神和橡胶公司年度工作部署，继续

---

* 吴安安，河南省商务厅对外贸易处；张琳琳，风神轮胎股份有限公司。

在"三个满意"(客户满意、股东满意、员工满意)引领下,紧紧围绕"协同、创新、共赢"工作主题,以倍耐力协同融合为契机,以提升盈利能力为主线,以市场、产品、客户结构优化调整为抓手,以与倍耐力对标为突破口,积极实施创新驱动,推进倍耐力技术转移和重点质量升级提升项目,积极开展人才培养与员工技能提升工作,持续提高公司品牌影响力和综合竞争能力,全年出口总额283325万元人民币,品牌价值达225.98亿元,逐渐走出了一条具有风神特色的内生式转型升级之路。

一 管理创新是保障

企业管理和文化是企业发展的精神和命脉,是企业发展的保障。风神轮胎始终在企业管理上下功夫,完善管理制度体系、优化生产管理流程,渗透企业文化,重视人才培养,提高管理效率,促进企业持续快速发展。

1.完善生产管理制度体系和管理流程

根据生产管理流程,结合风神轮胎实际组织架构和职能,不断完善公司部门职能和生产管理流程。一是各团队上下联动,融洽对接。将公司计划纳入了供应链团队,负责与销售完成融洽对接,形成以供应链部下达生产计划至生产管理团队,生产管理团队负责订单的监控和周、日计划的完成情况监控,月底向供应链交付生产订单模式。在高精度生产计划的引进和管理下,及时有效对设备产能情况、车间各种生产要素的进度情况、销售订单的达成情况形成了有效统一的管理,为深层次挖掘产能、提升设备维修、保养进度和精度提供了保障,最终将生产管理推向了一个新的高度。二是成立了工业化推进小组。2017年以来,风神轮胎生产团队承接倍耐力工业化生产任务两万多条,倍耐力工业化对生产工艺质量的要求较高,为保证生产产品质量,风神轮胎成立了工业化推进小组,负责倍耐力 Formula、Pirelli、Pharos 3个系列产品的工业化产品的引进融合。在生产管理团队和工业化推进小组的有效配合下,全年工业化完成进度达到65%,工业化得以稳定、有序开展。三是在ERP系统的支撑下引入APS系统。高效先进的数据生产管理系统，为APS在风神轮胎的成长奠定了基础，也使风神轮胎成为中国首个在生产管理中采用APS系统的轮胎生产企业。在APS（高级计划与排程系统）排程模型和模拟试验功能时，充分考虑计划的最佳性和计划制订时间之间的平衡，全面考虑制订计划最佳性判断的基准，并对排程结果进行评价和调整，使APS在风神得到有效运用，也使风神降低了生产成本，保证了产品和原材料的库存，以及有效配置了作业成员，缩短了生产开发周期。

2. 生产零缺陷的质量管理

作为企业长远发展的重要板块，风神的质量管理一直秉承科学管理，坚持创新的工作思路，在不断实践和探索中逐渐形成具有风神特色的质量管理模式。风神轮胎严格执行"三检"制度和"三不"原则，植根零缺陷文化，落实高端品牌定位，形成了浓厚的质量文化氛围。为更好地监控运行情况，保障产品质量，所有大风神公司均引入了标准化的KPI跟踪系统，积极跟踪市场、工厂、客户、人员相关情况，根据跟踪情况建立供应商COA报告结果、风神检测数据、差异值数据库，积极研究"原材料检测数据信息化"课题，确保从原材料到供应商的品质过硬，实现全流程无缺陷。在2017年7月份工信部"质量创新企业行"的调研中，风神轮胎质量创新的成果受到了专家组的高度肯定。

3. 营造创先争优氛围

一是积极开展擂台赛，实现员工自我价值。近年来，风神轮胎以创先争优擂台赛为抓手，营造"是英雄是好汉持续改进上见"的持续改进氛围。擂台赛最初从制造部开始，逐步实现了公司的全过程、全覆盖；由最开始的劳动竞赛型逐步转变为以"6+3"模式为核心的风神生产方式（APW）季度擂台赛。创先争优擂台赛及持续改进为风神轮胎搭建了一个良好的对标、交流、竞技的平台，为公司现场管理水平的提升，起到了极大的作用。二是完善评估体系，表彰先进。风神轮胎积极投入使用新的评估系统，评估蓝领员工的技能、态度和意识，根据每个人的最终得分对其进行了表彰和嘉奖，提高员工创先争优的积极性和热情。

4. 凝聚全体员工力量

一是鼓励全体员工积极研究发展课题，提升产品质量。借助公司"6+

3"精益管理模式，以"管理课题化，课题擂台化"为抓手，鼓励员工聚焦战略之声（VOB）、客户之声（VOC）、流程之声（VOP）和行业对标（BM），从关注客户、提高质量、减少浪费、提高效率四方面建言献策，通过带级项目、技改技措、管理课题、小改小革四大类开展工作。围绕公司年度重大事项研究、建立三级课题（公司战略型课题、公司 KPI 签约课题、部门级课题），分级管控，并纳入绩效指标中。严格实行项目督办制度，定期监督项目进展情况并通报，不定期抽查重点项目进行专题汇报和纠偏。高管和项目讲师参与六西格玛阶段正式评审。目前，公司有 16 个带级项目被中质协推荐为全国六西格玛优秀黑带项目，其中"降低半钢胎面胶设计成本""提高低断面 TBR 动平衡不圆度优级频率""提高全钢载重胎子午线轮胎胎面压出速度"等项目的实施，提高了生产效率和轮胎品质，提升了顾客满意度和市场占有率。二是优化作业流程和操作方法，实现全员 SOP 操作标准化。风神轮胎按照倍耐力工厂标准，利用 IE 工具和方法，结合金牌操作工、安全、现场管理人员、保全等专业人员工作经验进行汇编，并通过实践进行整改和修订，编制了覆盖公司所有关键工序的 SOP 标准操作指导书 212 件。标准化生产操作流程在保证工艺控制计划及安全操作的基础之上，将各工序生产岗位的操作步骤进行细化、量化、优化，形成标准化。

二 产品质量是核心

1. 积极引进世界先进技术，让世界为我所用

2017 年风神轮胎引进倍耐力生产流程，深入研究倍耐力产品配方工业化、施工和工艺的设计与试制，对轮胎配方、产品新结构有了更为直观和深入的了解，为风神轮胎的新产品设计和产品改进提供更开阔的思路。2017年以来，风神轮胎和倍耐力研发团队通过 HD 项目的共同开发，成功实现风神和倍耐力技术的有效升级和融合，目前 HD 项目的 4 个新产品已成功上市。倍耐力技术引进融合后，研发团队吸收消化，成功应用到风神轮胎本土产品的开发和综合性能改善工作中，根据代表轮胎先进技术前沿的欧美市场

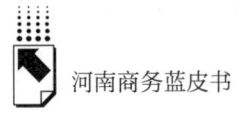

需求,风神轮胎融合倍耐力技术和先进工艺,积极调整、优化设计方案,有效降低产品设计成本和风险,提高产品开发效率,在产品性能设计上下功夫的同时,在产品外观设计上同样不示弱,设计出了符合欧美审美的全新外观产品,产品在品质和外观上都实现了新突破。风神轮胎通过倍耐力技术的引进、与风神技术的融合、到融合后的技术在风神产品开发和性能提升工作的发光发热,风神轮胎研发团队不是简单叠加风神和倍耐力的技术,而是坚持原则,充分验证,坚持继承和创新,成功实现风神轮胎研发团队从传统模仿到融合创新的转型升级。

2. 提高产品品质,提升产品附加值

为了提升产品品质,风神轮胎以倍耐力产品在风神落地生产为契机,2017年大力推进公司工业化制造水平提升工作,重点打造高端产品,实现产能逐步由中低端向高端转型。全年累计设备投资3000万元,针对生产过程的压出、成型硫化等重点环节进行设备升级,并对生产各工序人员的技能和管理水平进行针对性提升,大幅提高了公司的工业化水平。截至目前,通过工业化推进,已经完成倍耐力8个规格15个产品、风神高端产品NEO系列13个产品以及以国内HD项目为代表的重载高端产品和中长途节油系列高端产品8个产品的工业化,预计2018年可以为公司提供50万套高端产能和35万套倍耐力产品的产能。随着倍耐力技术引进项目的开展,倍耐力关键技术已经完成了引进和消化吸收。2017年以倍耐力低滚阻为代表的配方和SAT T新结构成型机设备的导入,为风神轮胎2018年的产品升级提供了必要的技术支撑。

3. 创新产品制造,打造绿色轮胎

风神轮胎在产品研发上,秉持可持续发展理念,加速产品绿色转型,在全球率先实现子午胎系列产品100%绿色制造,绿色发展经验在联合国绿色工业大会上推广。公司被评为中国两化融合最佳实践单位,信息化生产和智能制造的探索实践在中央电视台播出,连续多年荣获全国石油和化学工业节能减排先进单位和重点耗能产品能效领跑者企业,成为国内轮胎行业唯一一家国家级"两型"企业试点单位。公司荣获2017年度石油和化工行业绿色工厂称号。"风神/风力"全钢载重子午线轮胎荣获2017年度石油和化工行业绿色产品称号。

4. 开展体系和产品认证，提高产品品质保障

公司致力于保证产品质量和品质，先后通过了 ISO 9001 质量体系、TS 16949体系、ISO 14001 环境管理体系、GB/T 23331—2009 能源管理体系认证、ISO 10012∶2003 测量管理体系认证、OHSAS 18001 职业健康与安全管理体系认证、ISO/IEC 17025 实验室认证、E–MARK、美国 DOT 认证、欧盟 ECE 等 16 项认证，产品还通过了美国 SMARTWAY 认证，在欧盟标签法规测试中取得了 B/C 等级，噪声达到欧盟 2016 年限值要求，成为行业内少数能够达到并通过上述全部国际认证标准的企业之一，真正做到世界品质，市场认可。

5. 打造国际品牌，提升产品竞争力

打造国际品牌是风神轮胎的发展愿景，也是风神轮胎重点发展方向。一直以来，风神轮胎结合自身产品特点，积极研究自身市场定位，制定适销对路的产品销售和品牌推广。目前公司生产"风神""风力""河南"等多个品牌 1000 多个规格品种的卡客车轮胎、工程机械轮胎等多种轮胎。年产工程机械轮胎 80 多万套；年产卡客车轮胎 700 万套，均位居行业前列。是柳工、龙工、厦工等国内工程机械车辆生产巨头的战略供应商，是世界知名中、重卡制造商东风商用车公司主要轮胎战略供应商和 VOLVO 等全球建筑设备企业的配套产品供应商。连续 17 年被东风商用车公司、连续 14 年被柳工评为年度最佳供应商。积极赞助沃尔沃环球帆船赛（VOR）、美职篮（NBA）多伦多猛龙队、欧洲卡大奖车赛等多项全球顶级赛事，提升风神轮胎产品国际知名度和影响力。

三 开拓市场是路径

1. 投放高端产品，提升公司品牌形象

2017 年 9 月起在欧洲投放 NEO 系列高端产品，销量达到 10000 条以上，

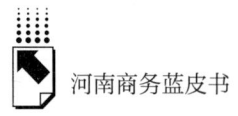

NEO系列产品基于绿色轮胎品牌概念，融合了专利结构、全新聚合物材料、特殊花纹设计、专有工艺技术，将于2018年底前陆续向全球客户提供包括22个花纹、39个规格共计118款具有更高客户价值的产品，提升经销商销售信心。NEO系列产品通过引入专利结构、优化接地压力分布，有效防止轮胎不均匀磨损，伴随特殊聚合物的使用，产品寿命提升10%~30%，滚动阻力下降20%；借助仿真技术，通过特殊的花纹设计，长途系列产品噪声水平下降1~3dB。NEO系列产品将为风神向世界级轮胎品牌阵营迈进提供强大的动力。

2. 针对欧洲等市场进行调研，完善MPT产品系列

近年来，公司针对欧洲等市场进行调研，完善MPT产品系列，开发了高尖端技术含量和高利润含量的产品（如2700R49等产品），同时为了扩大斜交工程胎生产线的利用率，开发了叉车工业胎等产品。

3. 跟踪主要市场，主体责任到人

完善产品市场组合，有针对性地提高高利润产品的销售占比。对工程胎销售团队进行重新职能梳理，指定专人负责VOLVO等OE配套客户，并由专人负责每个市场、每个客户的开发，调动销售人员的积极性，深入市场客户，整体提高客户满意度。

4. 积极参加国际展会，开拓国际市场

一直以来，风神轮胎积极参加广交会等具有影响力的国际综合展会以及行业国际性展会，加速开拓海外市场。2017年在各大国际展览会上，风神轮胎携公司明星产品亮相，吸引了各国参展商纷纷前来咨询洽谈，并达成合作意愿，进一步巩固了传统市场份额，开拓了新兴市场，目前风神轮胎产品畅销全球140多个国家和地区。

四 融入世界是格局

1. 积极融入国家战略

风神轮胎一直以来积极融入国家"一带一路"倡议，自中欧班列（郑

州）开行以来，进一步扩宽了河南企业行销世界的路径，有效降低了河南省企业出口"一带一路"沿线国家的运输费用。2013年11月23日，首趟"风神号"郑欧国际货运班列成功开行，踏上了"新丝绸之路"，"风神号"也成为第一个以企业命名的中欧班列，同时也是第一趟由且独家承包的班列。"风神号"班列的成功开行，进一步提高了风神轮胎的运输速度，降低了运输费用，扩大了市场范围，成功吹响了风神轮胎融入世界、融入国家战略的号角。

2. 积极应对贸易摩擦

受以美国为代表的西方国家的反倾销、反补贴的影响，以及受国家政治、经济、汇率不稳定影响，例如，欧盟、乌克兰、索马里、菲律宾、委内瑞拉、墨西哥汇率波动，风神轮胎发展也面临诸多挑战，但公司仍然以共享、融合、共赢为指引，利用倍耐力的研发、生产基地和营销优势，提升产品品质。风神基地协同 CNRC 另外三家企业，全面推进国际化。同时，积极应对各种反倾销、反补贴的调查，从海外生产和协同生产，首批将风神基地产能紧张的 LTR 产品和 TT 有内胎部分转移至黄海/双喜，满足市场需求，提高黄海/双喜产能利用率。积极与研发团队做好倍耐力的海外基地生产 AEOLUS TBR 产品的前期准备工作，应对 2018 年以后美国再次反倾销的可能。

2018 年风神轮胎将深入贯彻落实十九大精神，继续围绕"协同、创新、共赢"的公司年度发展主题，以 PTG 协同为契机，以提升盈利能力为主线，以市场、产品、客户结构优化调整为抓手，实施"521"工程，推进公司转型升级，持续提升盈利能力。

B.24
中钢网电商发展的启示

袁文卓 李玉良*

摘 要: 互联网已经从诞生时的疯狂,越来越趋于规范和良性运转。一个想靠创意成为颠覆者的时代已经快速远去,以"互联网+实业"为代表的产业互联网开始不断发力,迎来了产业互联网发展的春天。钢铁电商经历了从传统钢贸起步、资讯平台打下基础到钢铁网上交易等各阶段的发展,已经成为工业互联网的先头兵,中钢网搭建的钢铁网上交易平台通过"免保证金、免手续费、零风险、零成本"的策略模式,成功跻身钢铁电商前列,未来在产业链的上下游发力,智慧物流、钢铁金融、智能仓储、跨境电商、OEM定制协同发展,使钢材交易变得"一网可及"。

关键词: "互联网+钢铁" 交易平台 产业互联网

产业互联网是互联网企业和传统行业充分融合的产物。近年来,中国的互联网经济飞速发展,2013年中国互联网经济占比GDP仅4.4%,如今占比已达10%,市场规模超7万亿元。这么大的市场规模,是传统产业不得不面对的问题,而传统产业与互联网的融合度还很小,目前规模仅3000亿元,市场空间非常大,产业互联网将是未来继消费互联网井喷之后的新的爆发点。

---

* 袁文卓,河南省商务厅电子商务办公室;李玉良,中钢网。

一 中钢网简况

中钢网是由风险资本投资，集钢材行情资讯、现货资源搜索、终端采购招标、钢铁电子交易、银行在线支付、跨境电子商务、供应链金融、物联网云仓储系统、智慧物流系统、OEM产品定制、广告信息服务等为一体的全国性大型钢铁互联网企业。2015年1月在新三板上市（证券简称中钢网，股票代码831727），是国内排名居前的第三方钢铁电子商务交易平台。

中钢网致力于"钢铁行业资源组织者"，采用"淘宝＋京东"的线上、线下相结合电子交易模式。利用中钢网平台的庞大交易数据和大量终端采购订单优势，结合工业4.0、智能智造2025，贴牌OEM（类苹果手机模式）生产特种钢材。旨在减少贸易环节，优化资源配置，推进产业升级，通过产、学、研、用一体化协同的创新模式，运用大数据、云计算、物联网、SaaS平台等技术手段，促进钢铁信息化和工业化两化融合，提升钢铁产品附加值和竞争力，打造钢铁产业链共赢生态圈。

中钢网共下设11家全资子公司、2家控股公司和7个办事处。共有注册用户21万家，日活跃用户4万余家。每日发布现货资源近50万条、800多万吨，日成交峰值达到44万余吨，交易额近13亿元。2016年平台交易额921亿元，2017年平台总交易额（GMV）超过1100亿元。

二 发展之路

1. 落子河南反哺故土

2005年底，河南中天钢铁有限公司开始涉足互联网领域，在安阳投资创办了中国钢材贸易网（后更名为中钢网），让互联网加上了钢铁。而此时，网络和电脑并未普及，用户既没有网络也没有电脑，互联网思维尚不普及，中天钢铁公司就采用先试用后付费的推广方式，逐步培养起来一批原始

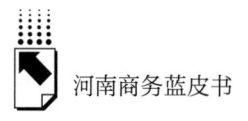

用户。也正是中天钢铁的创新型思路,让中天钢贸企业在钢铁业惨烈的竞争中活了下来,并以互联网为契机,绽放出新的生机。

2013年,中钢网出资3000万在郑州成立控股公司,这不仅是因为中钢网在河南地区有重要业务,更因为公司团队有超强的故土情怀。在马云"菜鸟"布局郑州,富士康落户河南,河南电商备受政府支持的情况下,中钢网将运营中心移师河南,同时为自身发展理清了思路,即明确钢铁电子商务一个方向;做好电子交易和贸易分销两个平台;完善调货、配货模式,钢厂直销模式,阳光采购模式三个模式;注重模式、管理、技术和服务等方面的四个创新;关注库存真实度、现货资源量、用户关注度、成单交易数和客户依赖性五个重要指标。

2. 柳暗花明百炼成钢

机会总会青睐有准备的人。中钢网以终端采购订单作为突破口,由用户需求驱动上下游直接交易,除了"互联网+钢铁"的模式,还提供在线交易及金融、仓储、物流等增值服务,提升产业链附加值。2014年,中钢网荣获商务部2017~2018年度电子商务示范企业、工信部2017年制造业与互联网融合发展试点示范项目,荣登2017年中国互联网百强企业榜单,位列第46,正式迈入50强。

目前,站在信息化最前沿的中钢网已经将微信、微博等新营销手段运用得游刃有余,而对于钢材的线上交易,更是采用了"淘宝+京东"的销售模式,既提供线上交易平台,又进行钢材的分销。

3. 布局产业矩阵经营

2017年,在国家供给侧改革的加速推进下,钢铁产能得到进一步优化、调整,打击地条钢成效显著,行业发展开始回归良性。最明显的就是钢铁价格开始大幅攀升,钢厂和钢铁贸易企业都获利颇丰。

从行业发展的情况看,互联网已经从诞生时的疯狂,越来越趋于规范和良性运转。一个想靠创意成为颠覆者的时代已经快速远去,"互联网+实业"为代表的产业互联网开始不断发力。互联网发展,迎来了产业互联发展的春天。

要想实现产业互联网加速产业转型升级这一目标，一方面要将产业互联网已经掌握取得的经验、技术、模式、措施、路径、教训等，与急需转型的产业展开深度融合；另一方面也要结合传统产业的发展要求、市场需求、未来空间等，科学地与互联网进行基因植入。

据中钢网战略发展规划显示，2018年中钢网将会围绕"平台智能，业绩倍增"的总体思路，进一步升级平台服务功能，实现智慧仓储、智能运输、供应链金融、无车承运、OEM定制化服务、产业生态化矩阵运营体系，为市场覆盖、业务提速、营收增加等提供保障。

三 探索实践

1. 开创新模式，深耕产业链，发挥资源集约优势

中钢网多年来一直立足于钢铁行业交易平台，通过技术创新让钢铁交易变得简单便捷。在做好交易的基础上，深耕钢铁产业链，以点带面，服务上下游企业，形成矩阵经营模式。对于产业互联网企业，要开创适合自己行业的新模式，先进入者通过业务创新+资源配置的方式获得更多的市场份额，核心优势明显，市场份额就会越滚越大，更能发挥资源集约的优势。

2. 重视新技术，挖掘大数据，构建智能辅助平台

技术创新是推动企业进步的重要力量，大数据的应用和挖掘变得越来越有价值。中钢网目前建立了交易行情大数据库，囊括了近15年的钢铁行情数据及近5年的交易数据，为用户提供更加人性化的数据推送。智能交易辅助平台则简化了交易步骤，降低了操作难度，实现了整个交易过程电子化。这些技术的革新让用户节约了时间，提高了效率。

3. 布局新零售，交易标准化，打造两化融合标杆

对于钢铁行业，新零售就是将交易的产品、流程、接口和服务标准化，让用户更加清晰地了解交易过程，数据做到阳光透明。制造业与互联网的融合就要以信息化带动工业化，以工业化促进信息化，其核心在于信息化支撑，追求行业的可持续发展。

4. 依托新媒体，发力移动端，扩大交易应用场景

中钢网平台运营注重 PC 端与移动端互相补充结合。微信公众号行业排名第二，粉丝数量超过 20 万，年阅读量超过 1800 万，MP 矩阵平台阅读量达到 3000 多万。同时移动端 APP 抢钢宝通过不断优化升级，增加智能语音识别输入、图片一键找货等功能，简化操作流程，让客户随时随地可以进入到交易场景。

5. 整合新物流，无车承运人，助力区位发展速度

中钢慧运公司是河南省 14 家无车承运人平台的运营单位之一，依托开封自贸区资源，整合物流货主和车主信息，智能匹配推送，节约回程车辆资源、提高运输的安全和便捷性，目前正大力开展无车承运业务，发展势头良好。

B.25
改革创新 优化服务 提质增效促发展

项丽 李海中 刘艺*

摘　要： 国家级经济技术开发区作为先进制造业集聚区和区域增长极，已成为带动地区经济发展的强大引擎、对外开放的重要载体和体制机制改革的实验区域。本文通过介绍国家漯河经济技术开发区立足产业发展优势，持续改革创新、优化服务、培育特色的典型案例，进一步剖析开发区在坚持新发展理念基础上，不断创新服务企业，培大育强方面的经验做法，为其他开发区的转型升级、创新发展提供借鉴经验。

关键词： 创新发展　优化服务　培大育强

近年来，漯河经济技术开发区始终坚持对外开放主战略，积极适应新常态，迎接新挑战，按照"聚焦主业，精准发力，持续创新，全面提升"工作思路，突出招商引资和项目建设主责主业，深入实施"强壮、强链、强心"战略，强力推进"千百计划"，通过招大引强、培大育强、创新发展、创优环境，四大主导产业不断壮大，三大基地建设持续提速，经济发展质量持续提升。

---

* 项丽，国家漯河经济技术开发区管委会；李海中、刘艺，国家漯河经济技术开发区招商局。

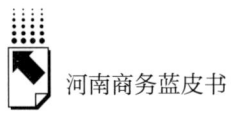
河南商务蓝皮书

一 漯河经济技术开发区概况

1. 开发区基本情况

漯河经济技术开发区位于漯河市区东南部，创建于1992年，1994年被批准为省级开发区，2010年升级为国家级经济技术开发区。全区规划面积41平方公里，建成区面积13平方公里。漯河是中国首家食品名城，开发区是中国（漯河）食品名城的核心产业区，多次被表彰为全省对外开放先进开发区、"十强"产业集聚区，先后荣获全国首家食品安全标准化示范园区、国家新型工业化产业示范基地、国家中小企业公共服务示范平台三个国家级称号。

2. 开发区主要经济指标

2017年，漯河经济技术开发区实现生产总值148亿元，同比增长8.6%；规上工业增加值126亿元，同比增长9.6%；服务业增加值9.8亿元，同比增长12%，高于工业增速2.4个百分点；全年新认定国家级高新技术企业7家；省级研发中心达10家，市级以上研发中心达46家；全年高新技术产业增加值28亿元，同比增长34%，占到规模以上工业增加值的23%；固定资产投资182亿元，同比增长21%；一般预算收入5.62亿元，同比增长20.5%；社会消费品零售总额27亿元，同比增长12.5%。在不断做实总量的同时，更加注重发展的"含金量"，"质"与"速"齐头并进。财政收入中95%以上为税收收入，且税收收入同比增长达19.7%。

3. 开发区发展环境

漯河经济技术开发区将优化投资环境、简化投资程序、提升服务质量、打造投资环境洼地作为开放招商的重要保障。开发区区位优越，交通便利，基础设施配套完善，园区已形成了"八纵九横"的路网体系，绿化覆盖率达36.7%。现有2×330MW热电厂1座，110千伏变电站3座，220千伏变电站1座，年供热能力322万吨的热电厂1座，日处理13万吨的污水处理厂可将区内全部污水净化处理。园区内实现了道路、供水、排水、电力、热力、通信、天然气、电商服务、物联网"九通一平"。服务高效一流,秉持"说到做到、一诺千金"的服务理念和"个性化服务、无障碍通行"的工作规范,推行电子政务、工作AB角制度、投资服务全过程代理等一系列高效的运作模式,为企业发展提供良好的环境。

二 强化改革创新,加快企业引进与培育

1.狠抓招大引强,不断提升配套服务

坚持把招商引资和项目建设作为统揽开发区工作的主线来抓,坚持项目拉动、龙头带动、创新驱动,围绕"招大、引强、选优、内扩"狠下功夫,以招商引资促开放,以项目建设促发展。一是在招商目标上,坚持高端定位,实施招大引强。瞄准世界500强、国内500强、行业百强企业,全力突破一批产业层次高、投资规模大、带动能力强、科技含量高的龙头型、基地型、创新性优质项目。二是在招商方式上,多策并举,探索创新。采取驻地招商、以商招商、节会招商,不断丰富招商方式和招商载体,提升招商工作实效。探索商协会招商、委托招商,借助各种国内大型洽谈会,策划专题招商推介活动。三是在招商成果落实上,建立专班机制。重大项目由区领导牵头,成立建设指挥部,按照"一个项目、一名领导、一套班子、一个台账、一抓到底"的"五个一"工作机制,实施台账制度、销号制度、督查制度,杜绝不作为、乱作为和慢作为等现象,主动为企业排忧解难。四是在企业建成投产后,构建和谐发展环境。按照属地管理、分级负责的原则,优化企业外部环境,着力培育企业做大做强。旺旺漯河工厂已成为全国最大的旺仔馒头和浪味仙生产基地;可口可乐漯河工厂、统一漯河公司已成为其集团全国规模最大的生产基地。

2.狠抓产业集聚,提升产业整合度和竞争力

确立了四大产业(千亿级食品及配套产业集群、现代服务业集群、液压配套产业集群、非金属新材料产业集群)作为开发区发展的重点,突出优势,强化集聚,拉动产业向高端发展。经过二十多年的拼搏进取和不懈努

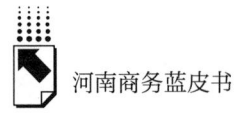

力，区内已聚集各类企业650多家，其中世界500强投资项目15家，国内500强和行业百强投资项目8家，集聚了以双汇集团、可口可乐、美国嘉吉、中粮集团、北大荒集团、旺旺集团、统一集团、平平食品为代表的高端休闲食品产业集群，带动效应明显，促进了食品机械、食品辅料等产业聚集，形成了千亿级食品及配套产业集群。以双汇冷链物流、圆通仓储物流、万邦农产品物流、申通物流、安能物流为代表的现代服务业产业集群，进一步激发了经济活力。以利通橡胶、久隆橡胶、汇龙液压、利道管材为代表的液压配套产业集群，推动了行业整合，提升了产品的差异化、高端化和高附加值。以协鑫集团、中钢研集团、安美利特集团为代表的非金属新材料产业集群，形成了新的经济增长点，四大产业集群的形成与发展为开发区经济社会的全面发展奠定了坚实基础。

三 突出优化服务，促进企业快速发展

漯河经济技术开发区始终坚持以企业为中心，致力打造最优的投资环境，秉持"企业至上、服务为本、项目第一、环境一流"的发展理念，提供良好的投资环境和生产环境，为企业快速发展保驾护航。

1. 积极开展总部拜访，促进企业增资扩能

开发区食品产业从低端化订单式生产到高端化定制、品牌化营销、规模化集聚；制造业从简单加工、单一生产到拥有核心技术，成为行业龙头；新材料产业从无到有，从小到大，成为区域经济发展新的增长点，均离不开漯河市委、市政府的高端定位、政策支持，开发区党工委、管委会的统筹协调、优质服务。

加强对大集团总部的拜访对接，促进企业增资扩能。2017年，开发区先后邀请漯河市委、市政府主要领导带队拜访企业集团总部活动2次，开发区主要领导带队拜访企业总部活动4次。2018年2月，又邀请市长带队走访已在开发区落户的企业总部，增强双方互信，坚定企业投资信心，促成了旺旺、统一、嘉吉、协鑫总部均对漯追加投资，成效显著。

旺旺集团作为在香港上市的台资食品集团公司，长期致力于各类食品、饮料、豆制品的研发及生产，是世界上最大的米果制造商之一。旺旺集团自2005年入驻漯河经济技术开发区以来，开发区管委会一直都给予高度重视、重点关注。2017年，持续开展总部回访活动，通过沟通交流，旺旺集团高层在对开发区投资发展前景和服务质量综合考量基础上，做出了除原有生产线仍然满负荷生产外，继续扩大企业生产规模，新增8条生产线的投资决定。目前，旺旺集团漯河厂共有生产线46条，主要生产旺仔小馒头、旺旺碎冰冰、旺旺煎豆、浪味仙等休闲食品。其中浪味仙坯生产线在原有18条基础上于2017年度再次新增6条，达到24条，是全集团最大的浪味仙坯生产基地，除漯河厂自用外，供全国其他生产工厂使用。同时，漯河旺旺也是全国最大的小馒头生产基地，并将力争成为旺旺在中西部地区最大的专业休闲食品工业园和研发基地。

2.管委会贴心服务，坚定企业投资信心

采取领导分包企业制度，组建企业服务合力团，派驻专人服务企业，实施"编外厂长"制度，实行投资服务全过程代理模式，不断优化投资环境，及时有效解决企业发展过程中遇到的困难和问题，坚定企业不断增资、加大投入的信心和力度。

（1）建立柔性用工机制，缓解企业阶段性用工荒的问题。开发区食品产业集聚规模大，用工需求量大，由于食品企业生产具有一定的季节性，因此会出现个别企业生产旺季时用工紧张、淡季时劳动力闲置的现象。开发区管委会根据企业生产情况，通过调研和座谈，撮合旺旺集团和统一集团进行用工调配，在旺旺集团生产淡季时，调配员工去统一集团进行劳动，在旺旺集团生产旺季时，借调统一集团的员工帮忙生产，这样既解决了企业阶段性用工紧缺的问题，又减轻了企业负担，增加了员工收入。

（2）做企业坚定的后盾，坚决打击不法行为，净化发展环境。2017年10月，统一集团的部分上蔡籍经营商户由于向本地经销商索要货款未果，多次非法聚集在漯河统一工厂大门外，拒绝人员、车辆进出，严重影响企业的正常运行。开发区主要领导在企业坐镇指挥，协调解决，在统一总部未派一个工作人员的情况下，及时化解了矛盾解决了问题。受经济下行压力的影响，统一集团在不断缩减对外投资的背景下，其在漯河开发区的投资力度不仅没有缩减，反而有所增大。2017年实现销售收入4.5亿元，又新增投资7304万美元，用于建设高速方便面生产项目，漯河统一二期面制品项目是集团近三年来唯一启动投资的项目。2018年，计划在二期项目原有建设内容的基础上，将在漯河工厂新增投资1.1亿元，新增800万箱产能，新增产值2亿元，漯河统一已成为统一集团全国最大的生产基地。

3. 创新服务企业，发挥外资企业带动作用

（1）充分利用外资企业先发优势，促进区域协调发展。目前，开发区共有外资企业25家，其中国内500强企业及知名企业有可口可乐、美国嘉吉、统一集团、旺旺集团、美国杜邦、协鑫集团等。这些外资企业的进驻以及外资的大量流入，拉动了区域经济增长，带来了先进管理经验和节能环保理念，优化了传统产业结构，加快了企业提质增效、产业转型升级。如旺旺集团培养的管理人才，聘期结束后，多数选择在漯自主创业，或被聘为本土企业高级管理人员，一定程度上有利于本土企业加快发展。如2010年引进的香港太古可口可乐饮料有限公司，该厂从开工建设到投产运营用了短短6个月的时间。目前，不仅是可口可乐在中国最大的瓶装厂，也是可口可乐在节能、节水、安全健康方面投入最大的中国区工厂。可口可乐公司的绿色建筑LEED奖、屋顶光伏发电技术、中水循环利用系统、安全生产的理念，为区域产业、本土企业创新发展、绿色发展提供了借鉴。

（2）提供合作交流平台，促进企业加强合作、双赢发展。嘉吉食品（漯河）有限公司作为美国嘉吉公司独资企业，于2011年12月落户漯河经济技术开发区。公司项目总投资6800万美元，占地面积47188平方米，其中建筑面积20041平方米，于2013年10月正式投产。主要产品为果葡糖浆，年设计能力30万吨，拥有中国最大的单线F55果糖生产线。该项目亩均投资强度超过100万美元，亩均税收超过100万元人民币，人均产值超过1000万元人民币，是开发区集约利用土地的典范。

通过开发区提供的合作平台，嘉吉食品（漯河）有限公司与可口可乐

"相邻建厂、管道输送、紧密对接"。嘉吉食品通过管道将生产的果糖直接输送到太古可口可乐系统内,这种跨墙的管道连接代替了卡车运输的传统方式,不仅有利于减少运输成本,还保证客户供应稳定性,在食品安全的控制上也更加可靠。这种共赢发展模式不仅是食品行业的一个创举,更创造了一种互利互惠、合作共赢的典范。

四 注重提质增效,夯实产业基础

开发区不断提升对落户企业转型升级、创新发展的扶持力度,支持企业引进战略投资、拥抱资本市场,帮助有条件的企业引进技术、人才,加大工程技术研究中心建设,积极争取省、市科技部门在项目、资金、人才和政策等方面的支持,出台开发区支持企业科技创新政策,夯实产业基础。

1.精准扶持企业,培育本土企业快速成长

漯河利通液压科技股份有限公司始建于2003年,是一家集科研、生产、销售为一体的具有自主进出口权的国家级高新技术企业。公司主营大力神、帕克斯系列钢丝增强橡胶软管。在开发区管委会的相关政策支持下,利通公司不断提升自主创新能力,加快开发新材料、新产品,优化生产工艺,完善产品结构。近两年来利通技术中心共研制新产品新材料15项,技术创新成绩显著。

在开发区创新发展平台支持下,该企业不断拉长产业链条,发挥"制造＋服务"的优势。由原来的材料供应商向下游延伸,拓展产品的上下游产业链条,上到高分子材料的制造,下到流体连接件、软管总成及液压管路系统的设计、优化。不断完善系统配套,通过设计、优化、施工服务,建立附加值高、竞争力强的产品群。同时,不断开拓海外市场,2015年,利通液压科技股份有限公司在德国成立了"利通欧洲有限公司",依托自有品牌向欧美的终端市场发力,提高产品海外市场占有率。

2.鼓励企业以商招商,做大做强产业链条。

建立健全以商招商奖励制度,鼓励区内企业利用自身优势,开展以商招

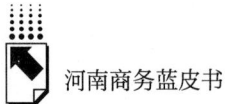

商,不断延链、补链、强链。如漯河永利食品利用自身生产技术和营销资源优势,不断延伸食品产业链条,成功引进香蕉原料产地知名企业广西铂洋集团、国内知名品牌北大荒集团,共同开发香蕉系列饮品项目。漯河有鹿食品有限公司主要生产休闲炒货食品,通过自身平台影响力,不断做大做强现有产品,通过洽谈成功引进开小差食品合作项目,该项目从3月拿地9月即建成投产,刷新了开发区项目建设的速度,其产业也填补了区域内高端休闲炒货类食品的空白。

区 域 篇

Regional Topics

B.26
2017~2018年郑州市商务发展回顾与展望

张体伟 李宏伟

摘　要： 2017年，全市商务部门紧紧围绕国家中心城市建设，科学谋划，综合施策，稳步推进自贸试验区、跨境电商综试区、国际物流中心建设和招商引资工作，各项指标保持较快增长，重点工作成效显著，为国家中心城市建设提供了良好支撑。2018年，全市将深入贯彻落实十九大精神，继续全面融入国家"一带一路"倡议，以投资自由化、贸易便利化、物流便捷化、监管法制化和城市国际化为核心，以打造内陆开放高地为统领，以招商引资和商务重点领域改革为抓手，加快开放平台建设，保持国内外贸易和国际经济合作各项业务平稳

---

* 张体伟、李宏伟，郑州市商务局。

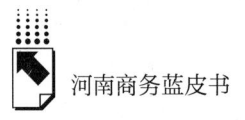

健康发展,更好地服务全市经济社会发展大局,为郑州市建设国家中心城市增添动力。

关键词: 郑州 自贸区 跨境电商

2017年,在郑州市委、市政府正确领导下,郑州市商务局围绕打造中西部地区开放门户、深化流通体制改革两条主线,稳步推进自贸试验区、跨境电商综试区、国际物流中心建设和招商引资工作,各项指标保持较快增长,重点工作成效显著,为国家中心城市建设提供了良好支撑。

一 2017年郑州市商务运行情况

(1)招商引资。2017年,全市实际吸收外资金额37.4亿美元,同比增长0.4%,全市引进市外资金1878.78亿元,同比增长10%,其中引进省外资金1652亿元,同比增长10.8%。

(2)对外贸易。2017年,全市外贸进出口总额591亿美元,同比增长8.2%。其中出口额340.8亿美元,同比增长8.7%。

(3)社会消费品零售总额。2017年,全市社会消费品零售总额3748亿元,同比增长10.6%。

(4)电子商务。2017年,全市电子商务交易额6002亿元,同比增长22.5%,网络零售额921亿元,同比增长25.3%。

二 2017年主要工作开展情况

1. 平台建设稳步推进,大开放格局逐步形成

2017年,全市完善开放平台、拓宽开放领域、推动国际产能合作、优化国际营商环境,深度融入国家"一带一路"倡议,全力构筑大开放格局。

(1) 自贸区统领作用日益显著。河南自贸试验区设立以来，完成了郑州片区功能和空间布局划分、实施方案编制、挂牌筹备、综合服务中心和展示中心建设、创新制度梳理及片区建设运营等工作。挂牌以来，郑州片区在体制机制改革、多式联运、投资贸易便利化等方面加强创新，全面推进"放管服"综合改革，搭建了云政务平台，实现了一次办妥、三十五证合一、项目承诺制改革，承接了省级下放经济管理权限，编制了五大专项服务体系建设方案和准营、物流金融、压力测试专项方案，推进了256项改革创新任务落实，在跨境电商、物流金融、多式联运等方面探索出几十个具有典型代表的创新实践案例。加快推进片区产业发展和招商引资，全面启动各项建设，初步形成服务体系建设框架、合力创新工作机制和发展动力，市场活力得到激发，综合带动作用显现。截至2017年底，郑州片区新注册企业17793户，累计注册资本2124亿元，分别占河南自贸试验区的80.8%和72.0%。

(2) 国际空港枢纽地位进一步确立。客货运规模保持强劲增长态势，客运方面，郑州机场客运吞吐量全年完成2429.9万人次，位居全国第13位。新开通了郑州至新加坡、曼谷、芽庄、芭提雅等亚洲地区航线，郑州至墨尔本国际客运航线，郑州至莫斯科国际包机航线。截至2017年底，在郑州机场运营的客运航空公司有43家，开通客运航线188条，客运通航城市107个，基本形成了覆盖全国及东亚、东南亚主要城市以及连接温哥华、迪拜和澳洲的航线网络，成为中部地区融入"一带一路"的开放门户。货运方面，郑州机场货邮吞吐量全年完成50.3万吨，稳居全国第7位，跻身全球机场50强。开通了中国邮政"郑州—芝加哥"国际邮包航线。截至2017年11月底，郑州机场全货机航线数量、航班量及通航城市等重要指标均居全国第4位，运送货物六成来往于"一带一路"沿线国家。深化郑州—卢森堡"双枢纽"合作，推进"空中丝绸之路"建设，新开通卢森堡经郑州至亚特兰大、西班牙萨拉戈萨经卢森堡至郑州等货运航线，郑州—卢森堡航线已覆盖德国、英国、美国等欧美主要国家，每周航班达到18班，全年货运量达到14.6万吨。

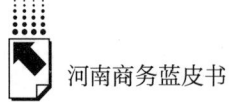

(3) 郑欧班列位居全国前列。2017年,中欧班列(郑州)共开行501班,开行频率同比提高100%以上。开行班次、满载率、货值、货重在全国开行班列中均名列前茅,是全国开行班列中唯一实现双通道、双向常态运行的班列,总载货量、境内集货辐射地域、境外分拨范围均居中欧班列首位。目前,郑欧班列货物集疏网络遍布欧盟和俄罗斯及中亚地区24个国家121个城市,境内合作伙伴达到1700多家,境外合作伙伴达到780多家。

(4) 各类口岸和海关特殊监管区作用凸显。口岸功能不断拓展,服务范围逐步扩大,口岸经济效益明显提高。汽车口岸、肉类口岸已通过验收并投入运营,粮食口岸、食品口岸、药品口岸全面开工建设。第五国际邮政转运口岸实现首航成功,郑州至俄罗斯航空邮路正式开通。电子口岸建成集通关、物流、商务服务于一体的大通关信息平台,实现了与海关、检验检疫、边防等多个部门的互联互通。

2. 精准施策,招商引资质量效益不断提高

2017年,全市抢抓建设国家中心城市机遇,充分发挥国家战略叠加优势,科学谋划、多措并举,统筹推进全市招商引资工作。一是加强产业研判,实施精准招商。将产业链招商作为重点,根据国内外资本和行业动向以及本市经济发展需要,确定重点招商领域,进行产业细分研究,谋划了一批产业项目作为招商引资主攻方向。在系统研判梳理的基础上,健全完善客商资源库、目标企业库、谋划项目库,提高招商的针对性。二是瞄准名企强企,开展大项目招商。强化"招大引强选优"理念,围绕全市规划的重点产业,以各类产业集聚区为项目承载区域,盯紧盯牢一批既有体量优势又有质量优势的大项目,进行重点跟踪,实现引进一个项目、带动一个产业的格局。三是拓宽招商领域,注重三引并举。推动引资与引技、引智相结合,注重产学研整体引进,强化与国家级大院大所的战略合作,吸引国内外大专院校、重点实验室、科研机构和知名企业研发中心在郑设立分支机构和科技成果转化基地,支持高校、科研院所和企业开展多层次、多领域、多形式科技创新国际合作。四是创新招商模式。积极构建以政府为引导,以企业为主体,以商协会为桥梁,以驻外机构为窗口,开展政府与企业合作招商模式。

2017年，全市新开工项目266个，同比增长27.27%；投资总额2602.50亿元，完成年度目标（2500亿元）的104.10%，同比增长14.58%。全市新签约项目391个，同比增长2.09%；签约总额4341.99亿元，占全年目标（4200亿元）的103.38%，同比增长4.31%，其中新签约5亿元以上（含5亿元）项目222个，签约总额4057.01亿元，分别占全市新签约项目的56.78%和93.44%。2017年，全市共有97个"四力"项目取得明显进展，总投资1894.30亿元，其中已投产项目（含已运营项目）25个，投资总额333.80亿元；在建项目44个，投资额952.10亿元；合同项目20个，签约额375.40亿元；框架项目8个，签约额233.00亿元。

3. 综试区建设加快推进，产业不断提档升级

认真贯彻落实习近平总书记视察郑州时提出的"买全球、卖全球"目标要求，按照省政府"立足郑州、梯次推进、全省推开、共同发展"的思路，加快推进综试区建设。2017，郑州市跨境电商交易额690776.4万美元，同比增长31.17%。

（1）跨境电商线上综合信息服务平台不断完善。目前，经开综保区以郑州跨境贸易电子商务服务试点信息化平台为载体，叠加海关、国检等信息化监管服务功能，为跨境电商企业提供"一站式"通关服务，现日均处理能力峰值达500万包，通关速度由原来的每秒2~3单提升到每秒100单。航空港实验区"空港外贸综合服务平台"以跨平台电子商务系统为支撑，联合品牌方、海外仓、物流公司、报关报检中心、保税仓等提供完整的供应链服务。国际陆港通过"陆港跨境通"平台，结合班列+航空多种运输方式给电商企业更多的选择方案，根据跨境货物属性合理选择运输方式，进而实现成本的降低。

（2）有序推进线下综合园区平台建设，航空港实验区、经济开发区依托综合保税区等海关监管区，高标准规划建设了中大门、世航之窗、国际陆港等一批跨境电子商务示范园区，推动产业集聚；打造了中国中部电子商务港、郑州邮政圃田跨境电子商务产业园等跨境电商特色产业集群。

（3）推进跨境电子商务人才培养和企业孵化平台创建。目前全市成功

创建省级跨境电子商务人才培养暨企业孵化平台5家,电子商务大讲堂举办站6个,开展专题培训15期,共培训15000余人次。

(4)成功召开了首届全球跨境电子商务大会,引领制定跨境电商规则体系,积极推动跨境电商联动发展、创新发展,形成了《全球跨境电子商务大会郑州共识》,提升了郑州市在跨境电商领域的地位。

4. 服务外包政策体系日趋完善,外包产业快速发展

借力中国(河南)自由贸易试验区、郑洛新国家自主创新示范区等开放平台,完善服务外包产业发展促进政策体系,引导服务外包产业做大做强,加快推进国家服务外包示范城市建设。

(1)加强政策引导和落实工作。出台了《郑州市2017年服务外包产业发展实施方案》《郑州市技术先进型服务企业认定管理办法(试行)》等重要文件,形成了完整的郑州市服务外包产业发展政策支持体系。

(2)加强园区和项目建设。结合本市服务外包产业分布,梳理出了一批重点园区和具有一定规模的在建项目,重点支持园区包括金水区金水科教园区、国家知识产权创意产业试点园区、高新区国家863中部软件园、河南省电子商务产业园和经开区郑州国际物流园区,产业格局渐趋形成。

5. 持续推进国际物流中心建设,现代物流业实现跨越式发展

发挥区位优势和国家战略定位优势,抢抓机遇,努力打造国际物流中心。召开了全市物流产业发展工作会议,印发了《郑州市加快建设现代国际物流中心的实施意见》。计划经过3年努力,基本形成布局合理、技术先进、便捷高效、绿色环保、安全有序的现代物流综合服务体系。开展供应链体系建设。按照"市场主导、政策引导、聚焦链条、协同推进"原则,加快推广物流标准化,促进供应链上下游衔接;建设和完善各类供应链平台,提高供应链协同效率;建设重要产品追溯体系,提高供应链产品质量保障能力。印发了《郑州市冷链物流转型发展工作方案》。明确到2020年,全市基本形成布局科学、结构合理、设施先进、标准健全、绿色低碳、上下游有效衔接的现代冷链物流体系,建成郑州国际冷链物流中心。

6. 维护消费市场健康发展，服务民生能力不断提高

一是内贸流通体制改革发展综合试点成果显现。2017年以来，全市在探索"四港联动"多式联运模式、建立跨区域物流合作机制、创新公益性农产品基础设施建设模式等方面形成可复制经验，被商务部采纳并在全国推广。二是品牌消费集聚区建设成效突出。截至目前，全市获得认定的省级品牌消费集聚区已达到10个，传统商业设施不断升级，品牌设施对品牌商品、品牌服务的集聚力和带动力增强。三是开展市级特色商业街区创建。全市共推荐6条街区参与第四批市级特色商业街区申报，上街区嘉晟商业街和金水区文华时尚商业街2条商业街区被评为特色商业街，目前全市特色商业街达到15条。四是加强特种商品行业监管。加强对成品油、典当、拍卖、报废车回收拆解等行业监管，提升服务质量，规范市场经营秩序。五是做好冬春及双节肉蛋菜应急储备和投放。完成肉蛋菜应急储备11780吨，春节投放5000多吨，保障市民集中消费需求，社会效果良好。

三 2018年商务发展对策建议

2018年，全市将全面贯彻落实十九大精神，继续全面融入国家"一带一路"倡议，树立新发展理念，把握新常态，坚持稳中求进，以投资自由化、贸易便利化、物流便捷化、监管法制化和城市国际化为核心，以打造内陆开放高地为统领，以招商引资和商务重点领域改革为抓手，加快开放平台建设，保持国内外贸易和国际经济合作各项业务平稳健康发展，更好地服务全市经济社会发展大局，为郑州市建设国家中心城市增添动力。2018年，预计全市社会消费品零售总额完成4160亿元，同比增长11%；外贸进出口总额完成608亿美元，同比增长3%，继续保持中部省会城市第一位；国外经济技术合作境外投资完成12.67亿美元，同比增长3%；新签约项目签约额4568亿元，同比增长5%，招商引资实际到位资金总额2185亿元，其中实际利用外资38.52亿美元，引进市外境内资金1935亿元。

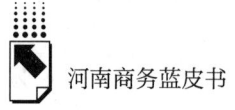

1. 持续推进开放平台建设

一是着力抓好航空枢纽建设，打造"临空经济"生态。加快航空、铁路、公路"三网融合"，构建航空港、铁路港、公路港、海港"四港一体"、多式联运的综合交通枢纽，以发展国际货运为重点，不断巩固国际航空枢纽地位；加强与国内外知名大型物流集成商的合作，加强与国内外客货运航空公司的合作，引进更多的基地航空公司入驻；全面深化与卢森堡的合作，积极落实签证便利化政策，筹备开通郑卢客运航线。二是持续抓好国际陆港建设，打造"一带一路"核心节点。以"一带一路"建设为重点，不断丰富班列开行线路、加大开行频次，推进中欧班列（郑州）在白俄罗斯建设铁路集装箱中心站，在波兰马拉舍维奇、芬兰科沃拉建设集疏中心，在德国汉堡、慕尼黑建设海外仓，为跨境电商备货和高附加值货物存储等提供保障。全面推进"运贸一体化"发展，加快拓展郑州国际陆港特种集装箱、冷链物流、跨境电商、商品展示体验等增值业务，强力推进以郑州国际陆港为核心的铁路港和郑州国际物流园区为主体的公路港建设，依托中欧班列（郑州），充分发挥汽车、粮食、邮政等口岸功能，打造"连通境内外、辐射东中西"的国际物流通道枢纽。三是努力抓好口岸和海关特殊监管区建设，加快形成"大通关"体系。加强政策引导和配套产业链建设，完善服务功能，强化进口肉类指定口岸内陆地区标杆地位；加快华中冷鲜港业务拓展，打造成国内空运进口水果、食用水生动物、冰鲜水产品集散贸易中心；拓展航空口岸功能，加快引进知名国际航空公司，不断丰富国际运邮线路，增加美向、欧向的航空运邮线路；优化口岸发展环境，争取72小时过境免签、口岸进境免税店尽早获批，稳步推进境外旅客购物离境退税业务开展，完善预约通关机制，推进7×24小时通关制度全面落实；建设"一站式"大通关服务体系，深化海关、国检通关一体化，逐步建立郑州与沿海、沿边口岸业务联动、直通放行的区域大通关体系。

2. 持续提升招商引资工作水平

一是加强项目储备，增强发展后劲。瞄准产业链上的世界500强和国内领先企业，谋划一批主导产业突出、带动能力强的重大项目，坚持滚动推进。二是突出高层推动，策划市领导走访活动。梳理全市目前谋划、在谈、签约、在建的重点项目，分区域、分产业，精心筹划一系列境内外小分队精准招商活动；统筹组织好市领导与国内外500强企业、跨国公司高管的互访活动，采取主动对接、高层洽谈等形式，坚定企业投资信心，促进在谈项目尽快签订合同，签约项目尽快开工建设，在建项目尽早投产。三是围绕重点区域，开展常态化招商。紧紧围绕国内外重点区域，持续开展小分队精准招商。由县（市、区）、开发区根据谋划项目开展前期对接、持续跟踪，由市领导带队，与企业进行高层对接洽谈，促进在谈项目尽快落地、签约项目尽快开工、开工项目尽快达产。

3. 持续推进跨境电商综试区建设

持续推进跨境电商"三平台""七体系"建设，围绕跨境电商发展关键环节，营造跨境电商发展优良环境；全面开展电子商务示范基地建设，树立行业标杆，推动行业发展；出台跨境电商支持政策，不断扩大出口，增强进口，强力推进跨境电商综试区建设。

4. 持续推进国际物流中心建设

一是深入推进供应链体系建设。编制完善郑州市供应链体系建设工作方案、项目和资金管理办法、项目申报和评审管理办法、项目绩效考核管理办法等有关项目的工作文件，组织项目正式遴选和项目评审。二是推动冷链物流转型升级。合理规划布局冷链基础设施，建设一批设备先进、高效适用的冷库设施；制定和推广一批覆盖冷链供应链的操作规范和技术标准，打造全国冷链城市配送的"郑州标准"；发展"互联网+"冷链物流，加快构建冷链物流公共信息平台，提高冷链资源利用率。

5. 持续推进服务外包示范城市建设

一是细化工作措施，强化政策落实和产业发展引导，以高新区、金水区为龙头，按照示范引领、集聚发展、特色布局、协调升级的发展思路，扩大产业区域覆盖广度，构建全市服务外包产业全面发展的空间格局；二是跟踪和服务在建、待建和已建成的各类服务外包园区、平台和项目等，加快促进产业规模化发展；三是深入研究分析本市具有一定优势的特色服务外包业

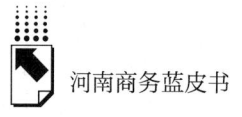

态，深挖软件研发服务、数据处理、检验检测等服务外包领域潜力，加快引导发展，形成服务外包产业特色高地。

6. 持续稳外贸扩出口

一是加大支持力度。认真贯彻落实国家及省级关于支持外贸稳定增长的相关政策，完善郑州市外经贸促进政策，支持本地企业做大做强，吸引域外外贸企业入驻郑州，培育新的增长点。二是积极开拓国际市场。组织企业参加各类境内外展览会和经贸洽谈活动，着力做好广交会、华交会、东盟博览会、亚欧博览会及境外展会的组织工作，巩固传统市场，大力开拓东欧、拉美、中东和非洲等新兴市场。三是着力壮大出口基地规模。逐步完善支持出口基地发展的政策措施，加快已经获批的省级、国家级出口基地建设，支持基地内企业创新发展，扩大出口规模；结合外贸出口实际，研究制定全市出口基地发展规划，培育国家、省级产业出口基地后备队伍。

7. 持续扩需求稳消费

一是进一步打造重点商圈。坚持市场运作，加强政策引导，通过加大招商引资力度，推进重点项目建设，丰富商业业态，拓展发展空间，积极打造二七、郑东 CBD 等重点商圈，提高其影响力和辐射力。二是加强品牌消费集聚区建设。组织开展河南省品牌消费集聚区申报工作，发挥品牌设施的集聚力和带动力，推动传统商业改造升级，发展新型商业业态和模式，促进现代商贸服务业发展。三是加快电子商务发展。研究制定《郑州市关于大力发展电子商务加快培育经济新动力的若干意见》《郑州市关于加快农村电子商务发展的实施意见》；加强示范引领，启动市级电子商务示范创建工作，将电子商务示范企业、示范园区、人才培育示范基地、示范乡镇、示范社区、领军人物等纳入电子商务示范体系中，形成完善、全面的电子商务示范体系。

8. 持续强监管惠民生

一是做好肉菜追溯节点及追溯平台的运营维护。以现有节点带动更多企业加入到肉菜追溯体系当中，实现流通领域食品安全"来源可追溯，去向可查证，责任可追究"目标。二是完善应急储备制度和管理。做好日常应急商品监测，搭建应急投放平台，力保生活必需品的市场应急供应。三是强化消费品市场监测。优化样本结构，加强对网络零售、购物中心等新型业态的监测，加强数据开发运用，通过商务预报平台、微博、微信等发布市场监测信息，提升社会公共服务水平。

B.27
2017~2018年开封市商务发展回顾与展望

张景涛 郝海燕[*]

摘　要： 2017年，面对严峻复杂的经济形势和艰巨繁重的改革发展稳定任务，全市商务系统在开封市委、市政府的正确领导下，站位全局、服务大局，凝神聚力抓发展，锐意创新促改革，攻坚克难保稳定，全市商务工作迈上新台阶，为全市经济稳中求进、好中求快发展做出了积极贡献。全市招商引资、外经外贸、内贸流通等工作亮点纷呈，大气污染攻坚、非法加油站整治成效显著，各项工作都圆满完成了市委、市政府年初确定的目标任务，商务工作在全市经济社会发展中的地位和作用越加重要，影响力和贡献度越发彰显。

关键词： 开放招商　自贸区　电子商务

2017年全市实际引进省外资金515.2亿元，完成省下目标的101%，绝对值居全省第7位；实际利用外资6.12亿美元，同比增长2.1%，完成省下目标的102.1%，增速和完成目标比均居全省第4位；外贸进出口总额31.4亿元人民币，同比增长32.5%，增速居全省第2位；社会消费品零售总额838.4亿元，同比增长12.2%，增幅居全省第3位；跨境电商进出口总

---

[*] 张景涛、郝海燕，开封市商务局。

额近1亿美元；服务贸易进出口总额近2亿美元；电子商务交易额突破600亿元，网络零售额达到190亿元，同比增幅均在30%以上。实际利用外资和对外贸易均提前1个月完成省下目标任务；对外承包工程及对外劳务合作完成营业额提前3个月超额完成省下目标任务。同时，自贸区开封片区正式获批，开封从内陆古城跨入改革开放最前沿。

一 2017年开封市商务发展成效

1. 开放招商有新成效

一是坚持大员上阵带动招商。按照制定印发的《2017年招商引资行动计划》、《2017年招商引资工作安排意见》和《开封市对外开放和招商引资百日攻坚行动计划》，由市级领导牵头坚持开展重点产业大招商活动，主动对接企业和投资项目，特别在商贸、健康医疗、文创、金融等领域取得了较大突破，招引了一批重点项目。2017年，市级领导带队外出招商110余次，全市上下累计外出招商320余次。

二是坚持策划活动推动招商。在自行举办清明文化节、菊花文化节招商活动基础上，变举办活动为策划活动，组织各县区相继在上海、北京、深圳、厦门、山东等地举办招商活动8次。在上海成功举办了"上海开封商会成立暨招商推介会"、在济南举办了"山东河南商会招商推介会"等活动；举办了开封自贸区揭牌暨首批入驻企业授牌仪式；召开了第二届汴商大会；制作推出了"开封招商"微信公众号和《开封市招商引资60问》等。2017年，累计收集招商线索280余条、对接项目190余个；市级以上招商活动共签约招商项目163个，总投资1400多亿元，创历年新高。

三是坚持完善政策机制驱动招商。围绕打造开放高地、政策洼地，出台了《开封市补齐招商短板工作方案》《开封市打造内陆开放高地先行区行动方案》《开封市补齐外向型经济发展短板专项实施方案》等一系列新举措，大力实施"532工程"，相继落地了恒大童世界、立邦中原区生产基地等一批大项目。2017年新引进亿元以上项目148个，总投资652.2亿元，招商

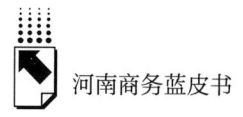

项目落地率70%以上。

四是坚持搭建平台撬动招商。全面启动了开封市口岸工作,协调海关、国检在自贸区开封片区设立了工作组,积极推进保税物流中心申建工作。2017年4月1日自贸区开封片区挂牌运行至今,新入驻企业2100余家,其中国内外500强企业20多家、亿元以上企业59家、外资企业18家,充分凸显了自贸区开封片区对外开放优势,成为招商引资的重要载体和平台。

2. "三外"发展有新突破

一是培育增长新优势,对外贸易成效显著。制订出台了《开封市稳定外贸增长培育竞争新优势三年行动计划》,引进培育了晋开、碳素、嘉禾木业、住成电装等一批外向型项目,壮大了外贸规模。2017年底,全市累计备案进出口企业2098家,培育出口超千万美元企业10余家。同时,在成功申建杞县大蒜、示范区汽车零部件、尉氏县纺织服装三个省级出口基地基础上,积极培育化工、新材料、家具及木制品、假发制品等省级外贸转型基地,出口数量超过全省平均水平。开封市被纳入中国(郑州)跨境电商综试区首批拓展城市,跨境电商较快发展,2017年跨境电商进出口总额完成9000多万美元。大力培育出口品牌,全市"汴绣(宋都牌、素花牌)"通过了国家生态原产地产品保护专家组的终审评定,标志着继木版年画后,开封市将再添1项生态原产地保护产品。

二是壮大企业主体,"走出去"步伐明显加快。积极参与国家"一带一路"建设,着力扩大外经企业队伍,对外承包工程和外派劳务取得新突破。目前,全市境外投资备案企业累计超过15家,分布范围扩展到美洲、欧洲、澳洲和东南亚等地区,全市外经工作迎来发展新机遇。全力支持企业"走出去"发展。2017年,支持"十一化建"开拓了沙特、加纳、孟加拉和越南市场,签约投资项目合同额超过2亿美元。

三是优化服务,外商投资更加便利化。全面实施了外商投资准入前国民待遇加负面清单管理模式,深入推进外资企业设立、变更、备案管理改革,简化外资企业设立和变更程序,全程实现网上办理,无纸化办公。2017年,全市新设外商投资企业13家,居全省第3位。

3. 内贸市场发展有新提升

一是引导商贸行业规范发展。落实《开封市城市商业网点规划》，开展了开封老字号传承与保护活动，扶持老字号发展，4家企业被省商务厅认定为河南老字号、19家企业被认定为第三批开封老字号。2017年底，全市有中华老字号3家、河南老字号15家、开封老字号85家。开展了"文明餐桌"活动，评定了6条"文明餐桌示范街"、27家"文明餐桌示范店"；举办了第二届"两宋文化论坛"美食周活动，组织22家餐饮企业参加了第五届豫菜品牌大赛并取得骄人成绩；大商新玛特购物广场获批河南省第二批品牌消费集聚区和绿色商场。

二是营造诚信经营环境。在全市流通企业中开展了诚信教育实践活动，召开了近200余家企业参加的动员大会，印发诚信经营倡议书1000余份，在全市范围内形成了诚信经营、文明服务的浓厚氛围。

三是规范内贸市场秩序。加大商务领域稽查力度，大力开展打击侵犯知识产权和制售假冒伪劣商品工作和"商业单用途预付卡"、"汽车销售市场专项整治"等专项行动；积极配合大气污染防治攻坚战，重点加强成品油市场监管，加快偏远农村加油站规划布局，对74座农村加油站规划选址进行了公示公开；在拆除643座非法加油站基础上，对死灰复燃的56家非法加油站进行了强力拆除，在全市上下形成了部门联动、齐抓共管的工作格局。

4. 电子商务发展有新成绩

一是着力政策驱动。市政府相继出台了《加快电子商务发展的实施意见》《开封市电商流通精准扶贫实施方案》等文件。目前，全市经省商务厅登记备案的电商企业148家，省级示范企业7家；已建成电子商务园区8个，其中已成功创建国家级基地1个、省级基地2个、市级基地2个，电商交易规模高速增长，增速保持在30%以上。

二是加强人才培养。积极对接河南大学、黄河水利职业技术学院，建立电商人才实训基地，举办了跨境电商知识培训和全市首届电子商务论坛，开展开封电商发展论坛系列讲座，举办电商培训班，举办"电商＋精准扶贫"培训班等，开展电商人才实训5000多人次。

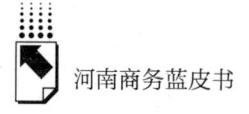

三是积极搭建服务平台。开通了"开封电商微平台"微信公众号,成立了开封市网络经济协会;突出电商扶贫作用,扎实推进电子商务进农村。杞县和尉氏县获批省级电子商务进农村综合示范县。

二 2018年开封市商务发展展望

全面贯彻落实党的十九大和省委、市委经济工作会议精神,以习近平新时代中国特色社会主义思想为指导,以新发展理念为引领,紧紧围绕全市"1234"发展战略,坚持"稳中求进"工作总基调,以供给侧结构性改革促进消费升级,以自贸区开封片区建设加速新一轮对外开放,积极抢抓"一带一路"倡议、郑州航空港经济综合实验区、郑汴一体化深度发展和中国(河南)自由贸易试验区建设等叠加机遇,把握新时代赋予商务工作的新要求,聚焦新视角、开拓新思路、开创新局面、实现新发展,努力开启新时代商务工作发展新征程,为全市经济社会发展做出新的更大贡献。

2018年,全市预计引进市外资金653.1亿元,增长10%,其中引进省外资金增长7%;引进市外境内5000万元以上项目176个,其中:引进亿元以上项目132个,引进5亿元以上项目55个,引进10亿元以上项目15个;实际利用外资增长5%;外贸进出口总额增长5%;对外直接投资呈现平稳态势,对外承包工程营业额增长8%;社会消费品零售总额增长12%;跨境电商交易额达到1亿美元以上;服务贸易进出口额完成2.3亿美元;各项商务工作都有新发展。

三 2018年商务发展对策

1. 着力构建全面开放新格局

一是加快自贸区开放平台建设。继续深化"放管服"改革和"四个五"审批服务制度,高标准打造国际化、法制化、便利化营商环境,着力打造投资贸易便利化平台;立足"一心四谷两港"发展规划,以改革创新为动力,以招商引资为抓手,大力发展服务外包、创意设计、现代物流等服务业,提升装备制造和农副产品加工国际合作及贸易能力,形成全市开放型经济发展高地。

二是积极融入国家发展战略。抢抓中原经济区、中国(河南)自由贸易试验区、郑州航空港经济综合实验区、中国(郑州)跨境电商综合试验区建设等机遇;认真研究"一带一路"、郑州建设国家中心城市给开封市带来的机遇,努力拓展全市对外开放的广度和深度,着力打造内陆开放型经济新高地。

三是进一步扩大开放领域。深入贯彻落实国务院和省政府关于扩大对外开放一系列部署和措施,进一步放宽投资领域,加快制造业对外开放,积极推进电子信息、生物医药、现代物流等服务业扩大开放,着力打造开放招商新优势。

四是加快出口基地建设和出口加工区申建步伐。围绕开封市"4+3+3"产业发展体系,加快引进出口型项目,着力推进全市产业由集群型向基地型转化,培育国家级出口基地1~2家。

五是加快推进海关、国检和保税仓、保税物流中心建设。立足全市对外开放的前瞻性、长远性,采取分步走的办法建设开封海关特殊监管区;积极推进开封文化艺术品、木材、食品和医药器械等保税仓建设,鼓励中联重科大马力拖拉机、平原非标申建专用保税仓。加快规划建设保税物流中心和综合保税区平台,着力吸引国内外知名物流企业在开封建立仓储物流基地或快递分拨中心,鼓励各类实体和贸易企业开设综合型物流专线,大力发展跨境电商物流服务。争取在示范区或自贸区开封片区建成1个保税物流中心、规划申建1个综合保税区,形成全市"口岸经济"新增长点。

六是加快跨境电商基地建设。积极推进落实《中国(郑州)跨境电子商务综合试验区开封拓展区建设实施方案》,加快推进国际贸易"单一窗口"、示范园区、跨境电商人才培养和企业孵化三大平台和信息共享、信用管理等七大体系建设,积极推动国家级电商示范基地、省级跨境电商示范园区、杞县和尉氏县省级电商进农村综合示范县等县区开展跨境电商业务。

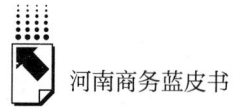

2.着力提升招商引资实效

一是强力实施自贸区招商。充分发挥自贸区拉动开放型经济发展的桥头堡作用,实施自贸区区内招商与全市招商联动,开展自贸区加7个产业集聚区加10个服务业"两区"专项行动,紧紧围绕自贸区开封片区功能定位,瞄准国内外500强和行业龙头企业,突出抓好龙头型、总部型、基地型项目引进,打造内陆开放高地。

二是注重规划引领招商。围绕中国(河南)自贸区开封片区整体规划,开港经济带、沿黄生态旅游休闲带、郑汴产学研结合示范带等"四带三区"以及"一区六廊九园"规划产业定位、功能定位、业态定位,制定招商项目投资指南、投资项目册,强化对外宣传,整合招商资源,统筹项目研判,以功能区块的整合整体运营促进招商。

三是推行专业招商。鼓励自贸区开封片区、各县区在招商引资和项目服务等工作领域设置特设岗位,探索利用特职特聘、特岗特薪政策,吸引紧缺的高层次产业招商人才,采取项目外包、购买服务等方式,实行市场化、专业化招商。充分发挥企业、商协会主体作用,积极开展商协会委托代理招商等。

四是强化驻地招商。持续深入推进驻地招商工作,坚持"请进来"招商和"走出去"招商相结合,开展小分队招商活动。通过实施"专业化办会、产业化招商、小分队对接、主要领导推进"等方式,切实提高招商实效。特别要突出工业项目的招引,以工业项目的招引,促进产业的升级,夯实发展基础。

五是着力引进外资项目。制定《开封市促进利用外资发展实施意见》,健全配套服务措施,解决好外商在融资、人才招聘、子女就学等方面的困难,吸引新企业到开封市落户;大力支持老企业增资扩股,实现以商引商。创新外资招商方式,尝试委托境外知名中介机构代理招商,加强与中国香港、中国台湾地区以及其他境内外商协会、贸易投资促进机构等中介机构的合作,围绕港台、欧美等国家和地区精准策划境外招商活动;加强与"一带一路"沿线国家合作,提升现有合作关系,拓展新的利用外资渠道,力争2018年新设外商投资企业20家以上。

3. **着力加快外经贸优化升级**

一是鼓励企业培育自主出口品牌。采用国际标准，加快境外商标注册、积极申请生态原产地产品认证、引导企业建立质量可追溯体系和国际认证，推动更多企业获得国外质量许可，提升品牌优势。

二是鼓励企业加快技术创新。鼓励外贸企业以商招商、招才引智，引进先进技术、先进设备、创新人才等改造传统外贸产业，引导企业增强消化吸收和创新能力，提升科技优势。

三是抓好骨干企业培育。坚持"培育重点、带动集群"思路，重点培育平原智能、奇瑞汽车等企业，带动汽车及零部件出口；依托尉氏县和通许县木制品出口优势，加快培育纳森木业、嘉和木业、裕泰木业、瑞祥木业等木制品重点出口企业；依托晋开化工、兴化精细、开封炭素、特耐股份等重点企业，辐射带动周边一批化工和新材料企业扩大出口规模；依托尉氏县豪泰纺织、九源棉纺等重点出口企业，培育扩大纺织服饰企业出口规模。力争2018年出口超千万美元企业达20家。

四是抓好企业扶持。按照"扶大、帮小、育新"工作思路，重点对有出口业绩的外经贸小微企业进行扶持；跟踪推进已获得外贸进出口经营权的企业开拓国际市场；经常性开展委托出口企业排查，帮助委托出口企业回归本地自营出口，扩大出口企业规模。加强重点外贸企业调研，组织开展"送政策上门、送服务上门"活动。继续开展政策落实和进出口目标完成情况专项督导，定期通报，传导责任压力，激发工作动力。

五是加快"走出去"步伐，积极参与"一带一路"建设。要把握国际经济大趋势，捕捉国际市场新需求，积极参与"一带一路"建设。以对外承包工程为先导，着力带动装备、技术和服务走出去。及时发布对外投资合作国别指南、支持政策和风险预警信息，进一步规范外派劳务投诉处理机制。

4. **着力做大做强服务外包和服务贸易**

一是加强省级服务外包城市和示范园区创建。落实《开封市发展服务外包产业行动计划（2017～2020）》，按照"重点板块+集聚园区+重点企业"发展模式，主动融入郑州国家服务外包城市联动发展，争创省级服务外包城市；通过开展服务外包专题招商、创新服务外包企业孵化模式等措施，加快建设一批各具特色的服务外包示范园区，在自贸区开封片区、开封宋都古城文化产业园区、开封电子商务产业园内规划创建3个省级服务外包示范园区，鼓励各县区建立各具特色的服务外包特色园区，加快形成服务外包产业集群。

二是加强高附加值服务贸易项目引进。重点引导和培育制造业开展服务贸易，引进通信、金融、信息、传媒、咨询等高技术、高增值的服务出口企业。加强与国际外包大型企业合作，重点发展软件研发、工业设计等产业，做大做强服务外包基地，培育一批重点企业。

三是培育新兴服务贸易优势。贯彻落实国家、省有关促进服务贸易发展政策，进一步巩固提升旅游等传统服务贸易优势，培育软件和信息技术等新兴服务贸易优势。发挥自贸区政策优势，依托自贸区开封片区金融中心，着力引进一批金融机构在开封布局，快速把开封打造成区域金融中心。以商务中心区、特色商业区为载体，大力引进国内外知名商业企业、知名品牌，加快培育和扶持拥有自主知识产权和知名品牌的服务业龙头企业；支持商贸服务业运用现代服务技术和经营方式提升传统业态，争创一批省级品牌消费集聚区，促进全市服务业向更大范围、更广领域、更高层次加快发展。

5. 着力促进内贸流通现代化

一是深化流通领域改革。积极研究复制推广全国内贸流通体制改革试点取得的37项可复制推广的经验，加快建立统一高效的新型内贸流通管理体制；大力推进"互联网+流通"行动，推进城乡流通网络一体化协调发展，加快发展现代物流业，着力落实市政府印发的《冷链物流转型发展工作方案》《电商物流转型发展工作方案》，研究出台《开封市创新内贸流通体制工作方案》，积极培育新兴农贸市场，改造提升传统农贸市场，搞好市场监测，保障市场供应，促进内贸流通现代化。

二是深入推进供给侧结构性改革,促进消费转型升级。抢抓国庆节、春节等节假日有利时机,鼓励开展内容丰富、形式多样的促销活动;围绕提振消费信心、改善消费预期,增加中高端消费有效供给,着力推进汽车流通行业诚信经营试点,加大新能源汽车推广,扩大汽车消费;优化社区商业业态布局,大力发展社区便利、安全、绿色商业业态,激发社会消费潜力;充分利用开封丰富的旅游文化资源、区位交通便利条件,积极发展会展业,带动消费转型升级。

三是积极开展平台创建,提升消费品牌带动作用。以创建"全域旅游示范城市""放心消费城市""食品安全示范城市""文明城市"等为契机,立足开封餐饮文化特色,着力开展"百家名店"创建、第二届"百家餐饮名店"评选、"老字号"传承保护、"文明餐桌"等系列活动,积极争创世界"美食之都";加大"中央厨房"的开放招商力度,引进餐饮知名品牌,积极推进餐饮业连锁化、品牌化发展;围绕"两区"建设引进一批知名品牌,争创一批省级品牌消费集聚区、特色商业街区,发挥消费品牌的带动作用,促进消费转型升级。

四是推动内贸流通领域开放招商。把商贸流通领域招商引资作为全市产业开放招商的重要内容,认真研究制约本市商贸流通发展的短板,精心谋划一批商贸流通领域重大项目,着力引进一批商贸综合体、大型商贸流通企业、大型专业批发市场、电子商务平台等支撑内贸流通发展的大项目、好项目,为全市商贸流通业发展提供新的动力和支撑。

五是完善建立流通管理新体制。加强流通领域信用体系建设,建立和完善信用信息基础平台,健全综合信用评级机制,加快推进商品追溯体系建设,积极争取纳入全省商务诚信体系建设试点。大力推行"双随机一公开"工作,加强事中事后监管和市场监测,发挥整顿和规范市场经济秩序联系机制作用,针对消费环境中存在的价格欺诈、虚假广告等突出问题,开展集中整治。完善商务发展、管理、稽查、服务"四位一体"职能体系,推进内贸流通领域负面清单管理模式,建立"政府+商会+企业"共治共管的管理新模式。

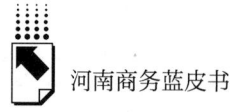

6. 着力推进电子商务新发展

一是推进电商平台建设。深入落实《关于加快电子商务发展的实施意见》，重点在园区（基地）建设、企业培育、产品开发、人才培育、物流配送五个方面下功夫，做大做强1个国家级电子商务基地和2个省级电子商务基地，2018年要打造8个功能齐全、特色突出、带动性强、效益明显的电商产业园。支持各县区围绕主导产业，发挥自身优势，差异化发展，培育一批特色园区和电商细分领域企业，支持建设一批电子商务创业园，打造中小企业电子商务孵化器。重点培育一批运营规范、成长性好的电商企业。

二是加快电商进农村步伐。积极推动国家级、省级电子商务进农村综合示范县建设，加强与知名电商平台的战略合作，支持建设改造农村电商配送及综合服务网络。同时，创新物流配送体系，着力建设县、乡、村三级电商服务体系，实现农村电商物流服务网站（点）全覆盖。

三是探索电商扶贫新方式。认真落实省商务厅《关于印发2018年电商扶贫工作要点的通知》《开封市电商流通精准扶贫实施方案》，支持杞县河南鑫杞农产品现货交易中心筹建工作，探索"电商+农民合作社+贫困户"模式，积极引导大型电商企业开展农产品电商业务，加快贫困户增收脱贫。继续扎实做好驻村扶贫工作，巩固扶贫村脱贫成果。

7. 着力优化营商环境

一是积极推进商务领域"放管服"改革。深入落实"一站式服务"工作机制，积极完善健全网络智慧信息平台，深入推进"互联网+政务服务"，大力优化行政审批环境、政务环境、投资环境，提高服务水平。积极推广责任清单、权力清单和负面清单管理模式，建立"权界清晰、分工合理、权责一致、运转高效、依法保障"的商务职能体系和科学有效的权力监督、制约、协调机制。

二是打造"阳光政务"环境。正确履行商务行政职责，严格按照法定权限和程序行使职能，把依法行政的要求贯穿于商务工作全过程。积极推进信息公开，政务公开，向社会全面公开行政审批事项和相关服务项目，公开审批依据、资格要求、必备手续、办理程序和时限承诺，打造阳光政务。

三是提高投资便利化水平。依据相关政策规定，结合开封实际，研究制定出台《开封市促进招商引资政策措施》，积极吸引和鼓励外来投资者来开封投资兴业。完善招商引资联席会议机制、项目跟踪落地机制和项目建设服务机制，对国内外500强、央企、行业龙头等重点企业投资的重大项目和集群引进的项目建立绿色通道，加强统筹协调，优化资源配置，落实优惠政策，保证项目落地。建立与国际接轨的营商规则、国际惯例，引入国际通用的行业规范和管理标准，打造互利共赢的对外开放体系。

四是规范和整治市场秩序。严厉打击商业欺诈、不正当竞争和扰乱市场秩序行为，让投资者、经营者、创业者感到投资零忧患、入驻零烦恼、服务零抱怨，维护公平竞争市场环境，促进商业市场繁荣稳定。

五是设立外商投资网络服务平台。为来汴投资者认识开封、提高办事效率提供在线服务。设立"了解开封"、"投资开封"、"在线办事"、"投诉受理"和"投资环境满意度评价"等栏目并专人网上解答，及时向有关部门反馈信息，实现可查询、可跟踪、可反馈、可督办、可评价的网上流转、网下办理系统体系。

B.28
2017~2018年洛阳市商务发展回顾与展望

白宏涛　董焕杰*

摘　要： 2017年，面对复杂多变的国内外经济形势，全市商务工作在市委、市政府的正确领导下，在省商务厅的大力支持和指导下，紧紧围绕省市下达年度发展目标，抢抓发展机遇，加快构建现代开放体系、现代市场体系，持续开展精准招商，扩大与"一带一路"沿线国家经贸合作，加快国内贸易发展，洛阳商务经济发展质量和水平明显提升，为洛阳经济社会持续健康发展提供了强有力的支撑。

关键词： 自贸区　跨境电商　产业精准招商

一　2017年洛阳市商务发展指标完成情况

（1）实际到位省外资金。2017年，全市实际利用省外境内资金765.6亿元，占省定目标759.6亿元的100.8%，同比增长7.8%，总量居全省第2位，增速居全省第12位。

（2）实际吸收外资。2017年，全市实际吸收外资26.99亿美元，占省定目标26.88亿美元的100.4%，同比增长0.4%，总量居全省第2位，增

---

* 白宏涛、董焕杰，洛阳市商务局。

速居全省第 11 位。

（3）对外贸易。2017 年，全市货物贸易进出口 133 亿元，占省定目标 115.8 亿元的 114.9%，同比增长 14.9%，总量居全省第 4 位，增速居全省第 9 位。其中出口 117.6 亿元，同比增长 16.2%，总量居全省第 2 位；进口 15.4 亿元，同比增长 5.7%。全年全市服务贸易进出口 48230.6 万美元，占省定目标 51968 万美元的 92.8%，同比增长 4.02%，总量居全省第 3 位，增速居全省第 8 位。其中，出口 9231.42 万美元，同比下降 1.82%，总量居全省第 3 位；进口 38999.18 万美元，同比增长 5.5%，总量居全省第 3 位。全年全市跨境电子商务交易额 31.02 亿元，占省定目标 30.55 亿元的 101.5%，同比增长 29.3%，总量居全省第 5 位，增速居全省第 14 位。

（4）对外承包工程和劳务合作完成营业额。2017 年，全市对外承包工程及劳务合作完成营业额 7.7 亿美元，占省定目标 5.76 亿美元的 133.7%，同比增长 45.8%。

（5）社会消费品零售总额。2017 年，全市社会消费品零售总额 2025.5 亿元，占省定目标 2006.2 亿元的 100.96%，同比增长 12.1%。

二 2017 年采取的主要措施

1. 加快构建现代开放体系

在"十三五"规划布局上，洛阳市委、市政府顶层设计构建"现代开放体系"，研究出台了《关于构建现代开放体系的指导意见》，明确构建现代开放体系的总体思路、基本原则、发展目标，确定了"完善支撑平台，强化载体功能，做强开放经济，密切人文交流"四大主要任务。2017 年，谋划了自贸区建设、跨境电子商务、围绕"五大主导产业、六大新兴产业、五大特色产业"的 565 产业精准招商等 7 个重大专项，安排了任务类项目 16 个，投资类项目 25 个、总投资 172.41 亿元，招商类项目 242 个、总投资 2237.58 亿元。研究制定了《洛阳市构建现代开放体系考核实施方案》，明确了考核内容、考核评价办法和考核组织实施，进行了首次工作

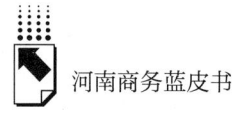

考核。2017年，洛阳自贸片区实现"三十五证合一"，进驻企业3618家；"洛阳航空口岸扩大开放"项目经国务院批准，被正式列入2017年度口岸开放审理计划；洛阳机场新开通至曼谷、大阪2条定期境外航线；洛阳跨境电商通关平台实现"一站式"通关；中亚国际货运班列顺利开通；洛阳周山综合保税区申建工作全面展开。随着开放平台载体建设步伐加快，洛阳对外开放的大通道更加畅通，为"加快建设副中心，打造全省增长极"厚植了发展新优势。

2. "565"产业精准招商取得明显成效

2017年，全市强力实施"565"产业精准招商行动，绘制产业图谱、制定招商路线图，按照"有龙头、有配套，重点要提升产业规模和质量；有龙头、没配套，重点要完善配套，拉长产业链；没有龙头，但有一定产业链条基础，重点要引进或培育龙头"三个层次，精准对接世界500强、中国500强、行业50强，着力招大引强，全市共签约10亿元以上重点产业项目80个。其中，格力电器在高新区投资100亿元的中国洛阳自主创新智能制造产业基地、珠海银隆投资150亿元的洛阳新能源汽车项目、建业集团投资100亿元的宜阳县香鹿山镇体育文化特色小镇项目、宁波盛世锦联投资管理合伙企业在高新区投资80亿元的洛阳新能源科技创新产业城项目等80个10亿元以上重点产业项目的成功引进，将加快洛阳产业结构调整步伐，提升洛阳产业核心竞争力。

3. 跨境电商集聚发展的动能显著增强

2017年，洛阳跨境电商通关平台、网来云商设立的跨境电商（河南）运营中心、洛阳儒墨科技设立的跨境电子商务"一带一路"互联互通暨国际运营中心相继建成并开通运行，跨境电商集聚发展的动能显著增强。洛阳跨境电商通关平台成为全省除省会郑州以外唯一实现每日不间断通关的市级平台，截至2017年底通关7万多单，商品主要为服装、玩具等，出口到美国、俄罗斯、法国、德国、澳大利亚等53个国家和地区。

4. 电子商务产业发展势头持续强劲

2017年，全市电子商务交易额1960亿元，其中网络零售300亿元。目前，洛阳网商经营主体队伍达到5500家，全市拥有1家国家级电子商务示范企业、18家省级电子商务示范企业、7个省级电子商务示范基地，4个国家级电商进农村综合示范县和4个省级电商进农村综合示范县。

5. 对外贸易在逆境中实现增长

2017年，世界经济持续下行，国际贸易投资萎缩，对外贸易面临严峻形势。在此情况下，全市强化外贸政策落实，组织外贸企业业务培训10多次、培训人员1500多人次，相继组织200多家企业参加广交会等境内外展会，引导企业拓展国际市场，全市外贸在逆境中实现了较快增长。2017年，全市共有648家企业与全球175个国家和地区发生贸易往来，出口商品467种，进口商品194种，对"一带一路"沿线国家外贸进出口62.7亿元，同比增长17.1%，占全市进出口总额的比重达到47.1%。全市"国家级摩托车及零部件外贸转型升级基地"等5个出口基地出口额67.9亿元，占全市出口总额的57.7%。

6. 与"一带一路"经济合作规模扩大

2017年，全市充分发挥在道路、桥梁、隧道及石油化工、水泥成套设备等方面的优势，与"一带一路"沿线国家实现对外承包工程营业额7.16亿美元，占全市完成总额的比重达到93%。其中，中铁隧道集团承揽的新加坡T221矩形盾构地下人行通道项目、新加坡地铁汤姆森线T216矩形盾构项目、以色列特拉维夫轻轨红线轻轨项目完成营业额3.7亿美元。

7. 内贸流通工作稳步推进

国内贸易流通体制改革发展省级综合试点工作成效明显。市政府印发了《洛阳市国内贸易流通体制改革发展省级综合试点工作实施方案》，下发《政府工作部署》强力推动，通过一年时间，圆满完成了5个方面共65项试点任务，加快了全市电子商务与农村、社区、市场、物流的融合发展，进一步拓展流通市场，提高流通效率，降低流通成本，促进了内贸流通可持续快速发展。强力推进现代市场体系建设。在"十三五"规划布局上，洛阳市委、市政府顶层设计构建"现代市场体系"，研究出台了《关于构建现代市场体系的指导意见》，确定了"改造提升和疏解外迁中心城区大型批发市

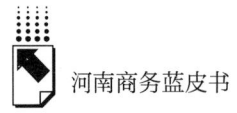

场"重大专项,目标是建设豫西北批发交易中心;确定了"培育整合、规划布局商品市场"重大专项,目标是加快形成要素完备、布局合理的市场发展格局,共安排投资类项目16个,总投资415.2亿元。汽车流通管理工作不断加强。贯彻落实商务部《汽车销售管理办法》,安排部署了"全市汽车销售市场百日执法行动",印发了《洛阳市促进二手车便利交易加快活跃二手车消费市场实施方案》,2017年全市二手车交易量为67771辆,交易额为44.88亿元。保障节日市场供应。2017年春节期间在市区开设近百个投放点,投放政府储备菜千余吨,政府储备肉近百吨,协调大张、丹尼斯等15家重点商超、市场,加大采购力度,保障市场供应,受到群众欢迎。组织开展了2017年消费促进月活动,市场统计监测工作继续保持全省领先。加强餐饮住宿家政行业管理。指导推动了餐饮和住宿协会、家政服务业协会和洗染业协会的成立与换届等工作。组织参加了河南省第五届豫菜品牌大赛、河南省第七届烹饪技能大赛、河南省第二届饭店服务技能大赛,三项大赛全市共获得36个特金奖、19个金奖,成绩位居全省第1。商务领域市场监管力度不断加强。2017年市、县两级商务执法部门共出动执法人员13086人次,检查企业商户8558户次,发现经营者违法违规113件,行政处理69件,涉案金额44.45万元,共接收举报投诉91件,受理并按时办结举报投诉89件,对6起违法案件进行立案查处并已全部办结,有效打击了假冒伪劣和侵权等不法行为,维护了市场稳定,保障了人民群众的合法权益。

8. 强化商务领域环境污染防治工作

强化成品油市场监管。通过开展打击取缔黑加油站点专项行动,2017年全市共查处取缔黑加油站点34处,并对这34处已整治的非法站点实行监督管控,防止死灰复燃。建立油品监督机制,市商务、工商、质监部门联合抽检547座加油站油品质量,汽油按国五标准合格率95.2%,柴油合格率96.1%。对油品质量不合格的54家加油站,已移交工商部门处罚71.35万元,将问题突出的加油站在媒体公开曝光。强化废品回收市场监管。全市共排查废品回收网点785个,取缔385个,整改400个,并督促各县(市)区加快编制废品回收网点规划，从源头上解决问题。强化报废汽车回收拆解市场监管。向2家汽车拆解企业下达整改通知书，督促企业按照市、县环保部门的要求持续进行环保整治。

三 2018年商务发展展望

2018年是贯彻党的十九大精神的开局之年，是决胜全面建成小康社会、实施"十三五"规划承上启下的关键一年，也是洛阳加快构建现代开放体系、现代市场体系重大专项、重点项目实施的重要一年。做好2018年商务工作意义重大、责任重大。要以习近平新时代中国特色社会主义思想为指导，深入贯彻落实党的十九大精神，按照国家商务部、河南省商务厅的总体部署和工作要求，紧紧围绕市委、市政府"9+2"工作布局和"加快建设副中心，打造全省增长极"的工作部署，抓住"一带一路"重要节点城市这一发展契机，加快构建现代开放体系、现代市场体系，扩大招商引资，做强对外贸易，拓展合作领域，加快商贸流通业发展，进一步提高商务经济发展质量和水平。力争2018年全市社会消费品零售总额增长11%；实际利用外资质量提高，规模增长3%；利用省外资金增长5%；货物贸易增长3%（以人民币计价）；服务贸易增长5%；跨境电商交易额增长20%；对外承包工程和劳务合作营业额增长3%；对外直接投资与2017年持平；电子商务交易额增长20%以上。

四 对策建议

1.强力推进现代开放体系重大专项工作落实

2018年，通过"三申建、两加快、四提升"，加快构建现代开放体系，着力打造洛阳对外开放发展新格局。

（1）申建三项"国"字招牌。2018年将着力抓好综合保税区申建、一类航空口岸扩大开放、国家服务外包示范城市创建这3件关乎洛阳对外开放的大事。在洛阳周山综合保税区申建上：争取2018年底前获得国务院批复；重点引进一批高端研发、跨境电商、保税展示、保税交易、保税物流等服务业项目入区建设。在一类航空口岸扩大开放上：争取2018年底前获国务院批准。编制完成洛阳机场总体发展规划，积极推进机场三期规划和建设。加强机场公司化管理、航线市场化运作，开辟新航线特别是国际航线，全年旅客吞吐量达到130万人次。在国家服务外包示范城市创建上：力争2月底前完成《洛阳市服务贸易（服务外包）产业发展"十三五"规划》编制工作，8月底前完善服务外包公共服务网络，10月底前出台《洛阳市加快发展服务外包产业的意见》，培育、申报4家省级服务外包示范园区。

（2）加快两项建设进度。2018年将切实加快中国（河南）自由贸易试验区洛阳片区和铁路口岸建设步伐。在自贸片区建设上：全年入驻企业3000家以上；出台《"双自联动"实施意见》《投资项目"承诺制"实施办法》《投资项目"承诺制"事中事后监管暂行办法》；自贸大厦9月底前投入使用。完成互联网政务服务门户（网上服务大厅）、服务事项管理系统、综合管理平台、事中事后综合监管平台建设。在铁路口岸建设上：实现中亚国际货运班列、洛阳到青岛班列常态化运行；2018年底前建成铁路口岸海关监管场所。

（3）提升四项工作实效。深度融入"一带一路"，发展开放型经济，是构建现代开放体系、提升对外开放质量和水平的核心工作。2018年将全力抓好招商引资、外贸、外经和会展工作。

——产业精准招商要实现新突破。一是紧盯重点区域，紧盯世界500强、国内500强、行业50强企业，认真研究目标企业产业布局、发展方向，精准对接重点企业30家以上，全年引进10亿元以上项目80个。二是高起点谋划第36届中国洛阳牡丹文化节"投资贸易洽谈会"系列活动，并力争将牡丹文化节活动纳入省投洽会，同宣传、同部署、同邀商；牡丹文化节期间，邀请"三强"企业不少于50家，邀请客商不少于1000个。三是研究制定《洛阳市关于扩大对外开放积极利用外资工作若干措施》；组织16个产业牵头部门、配合部门研究出台各产业政策措施，对外增强吸引力；研究制定洛阳市招商引资鼓励政策，增强社会各界招商引资的积极性。四是对10亿元以上签约项目跟踪问效，促进早开工、早建设。

——对外贸易发展要争创新优势。一是争创外贸转型升级基地。依托洛阳产业优势，以培育优势进出口产业集群为目标，积极推进"摩托车及零部件"等申报国家外贸转型升级基地。二是推动跨境电商发展。加大招商力度，积极引进大型国内外物流货代企业、知名跨境电商平台、外贸综合服务企业等，打造跨境电商生态链条。三是培育新的出口增长点。借助河南自贸区洛阳片区等平台，通过招商引资推介全市的优势产业，着力引进"两头在外"的出口型项目。四是制定精准长效的政策措施。研究制定《洛阳市关于促进外贸稳定增长的实施意见》，在培育和引进外贸综合服务企业、出口型项目的引进、出口基地重点企业及出口到"一带一路"沿线国家的产品陆运费、海外仓设立、跨境电商发展、新获国际知名品牌企业在品牌培育等方面给予政策支持，鼓励企业扩大进出口规模。

——与"一带一路"经贸合作要拓展新市场。积极组织企业"走出去"，扩大与"一带一路"沿线国家和地区的经济合作。继续深化与乌兹别克斯坦布哈拉市的交流合作，投资建设占地1500亩的洛阳产业园，力争6月底前开工建设。重点推进中铁隧道在新加坡，中信重工在缅甸、柬埔寨，中油一建公司在阿联酋、伊拉克，省安装公司在马来西亚承揽的国际工程项目，力争2018年底前项目竣工。构建境内外合作共享机制，与"一带一路"沿线国家和地区的商协会建立信息合作共享机制，多渠道收集整理合作项目信息，及时向企业发布，助推企业开展对外投资和对外工程承包。组织企业参加河南投洽会、厦洽会、东盟博览会、亚欧博览会等，积极开展项目洽谈对接，力争签订合作项目。

——发展城市会展经济要争创先进市。2018年举办各类展会活动30场以上，精心打造、培育具有地方特色的品牌展会3个以上，培育具有独立办展能力的会展企业2~3家、具有一定实力的会展中介服务机构1~2家，争创省级会展先进城市。

2.强力推进现代市场体系重大专项工作落实

(1) 改造提升和疏解外迁市场要紧盯项目落实。一是对2017年实施的瀍河区的改造提升洛阳通河农副产品批发市场、老城区的改造提升洛阳宏进农副产品批发市场、洛龙区的疏解外迁洛阳轩轾二手车交易市场、西工区的改造提升及疏解洛阳名优建材城、老城区的疏解外迁唐宫综合大市场共5个项目按时间节点跟踪推进。二是对2018年计划实施的洛龙区的疏解外迁洛阳源信二手车交易市场、西工区的疏解外迁洛阳图书食品城项目、西工区的疏解外迁洛阳建材大世界项目、西工区的疏解外迁801钢材市场及水果市场项目、西工区的疏解外迁洛阳铁路果品批发市场项目共5个项目按时间节点开工,加快推进。

(2) 培育整合和规划布局市场要统筹抓好项目布局。一是对2017年实施的便民连锁超市网络发展项目、培育整合老城区豫深文博城项目、伊川县的洛阳有色金属交易中心仓储设施项目、伊滨经开区的河洛老家民俗街项目、宜阳县的食品生产加工分拨配送中心共5个项目按时间节点跟踪推进。二是对2018年计划实施瀍河区的培育整合百年家居建材城、孟津县的河南金属交易中心仓储设施项目、瀍河区的汽车及配件交易市场项目、洛龙区的百货日用品分拨配送中心项目、洛龙区的隋唐洛阳城文化旅游产品市场项目共5个项目按时间节点开工,加快推进。

(3) 电子商务产业发展要上新台阶。研究制订《洛阳市电子商务产业转型攻坚行动实施方案》,立足做大做强电子商务产业,着力优化空间布局,促进线上线下融合,建设改造一批高水平的电子商务产业园区,培育壮大一批电子商务骨干企业,进一步提升电商服务与创新能力,使电子商务产业成为全市经济社会发展的新动力。培育创建1~2家省级电子商务示范园区,2~3家省级电子商务示范企业。

(4) 内贸发展要强化市场秩序监管。强化应急保供体系建设。进一步建立健全生活必需品市场异常波动的预警和应急机制,有效预防和及时消除生活必需品市场因突发事件引发的异常波动。重点加强市、县级猪肉储备和市级冬春蔬菜应急保障。2018年市级猪肉储备规模不少于900吨,市级冬春应急保供蔬菜不少于5000吨。联合有关部门加大检查频次、加强储备商品全程监管，确保储备商品质量安全。强化商务领域市场监管。在商务领域全面推进商务系统依法行政能力建设，确保监管行为合法规范。继续推进服务型行政监管建设。积极推动商务领域诚信体系建设，整顿和规范市场经济秩序，打击流通领域假冒伪劣和侵犯知识产权行为。抓好重点领域专项整治，严厉查处、依法公开一批行政处罚案件。

B.29
2017~2018年平顶山市商务发展回顾与展望

李建超*

摘　要： 2017年，面对复杂严峻的经济形势，平顶山市商务系统坚持稳中求进工作总基调，以新发展理念为引领，牢固树立"四个意识"，着力发挥优势打好"四张牌"，进一步扩大开放、搞活流通、促进消费、加强监管、惠及民生，全市商务事业取得了新发展。

关键词： 扩大开放　电商物流

2017年，平顶山市商务工作以发展大商务、实施大开放、促进大发展为主线，坚持深化改革、稳中求进，坚持扩大开放与扩大消费并举，努力实现商务事业持续健康发展，全市商务工作呈现出良好的发展局面。

一　2017年平顶山市商务发展运行分析

（1）吸收外资工作。2017年，新备案外资企业10家，合同利用外资5595万美元；实际吸收外资32191万美元，占省定目标31873万美元的101%，同比增长1%。

---

* 李建超，平顶山市商务局。

(2) 引进省外资金工作。2017年，累计实际到位省外资金475.9亿元，完成目标额473.3亿元的100.5%，同比增长7.6%。

(3) 对外贸易工作。据海关统计，2017年，实现进出口总值362326万元人民币，占省定目标299273万元人民币的121%，同比增长19.5%，增幅列全省第6位。其中出口308375万元，增长22.4%，出口增幅列全省第4位；进口53951万元，增长5.4%。

(4) 内贸工作。2017年，全市电子商务交易额226.6亿元，同比增长128%，网络零售额68.2亿元，同比增长32.8%。跨境电子商务进出口总额8.11亿元，同比增长95.9%，其中出口6.95亿元，增长67.8%；进口1.16亿元，增长98%。

二 2017年商务工作主要措施及成效

1. 强化开放举措，突出招商实效，开放招商工作扎实推进

2017年，平顶山市委、市政府将招商引资列为"一号工程"，全方位拓展开放领域，积极承接产业转移，着力推动"三城两地一区"建设。全市累计引进省外合作项目112个，合同投资总额839.32亿元，其中本市主导产业类项目66个，合同投资总额514.40亿元，主导产业投资额占比61.51%。一是加强政策支持，坚持高位推进。市政府印发《平顶山市2017年开放招商工作行动计划》和《平顶山市进一步加强招商引资工作若干政策措施》；市商务局将市政府新出台的《中国尼龙城招商引资办法（试行）》《平顶山市促进中原电气城发展的办法（试行）》等涉及投资创业的优惠政策进行收集整理，编制更新招商引资政策汇编，为投资者深入了解平顶山市产业发展的服务环境、政策扶持和要素供给提供优质服务。二是借助招商平台，着力招大引强。2017年，参加了第十一届中国（河南）国际投资贸易洽谈会等展会；自主举办了平顶山市市情说明暨PPP项目专项推介会（郑州）、中原电气城（厦门）项目推介会、珠三角区域（广州）产业转移对接会等一系列招商活动，全市新签约引进的112个项目中，项目合同履约率

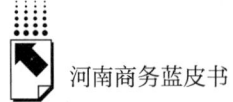

99.1%，项目开工率89.28%，资金到位率达到79.98%。积极与中国一冶集团、深圳华耀城集团、交通银行等国内外知名企业有针对性地开展"一对一"专业对接洽谈。同时，注重结合央企的战略布局和发展规划，与国家电投等央企进行深度对接，积极承接央企产业转移。目前，中兴科技产业园等一批重大项目正在抓紧建设。三是创新方式方法，提升招商实效。针对"一县（区）一主业"的产业定位与延链补链强链需求，平顶山市采取"小分队、多批次、点对点、专业化"招商与集中举办专题招商活动相结合的方式，收到了明显效果。叶县以重庆隆鑫集团、力帆集团已投资项目为依托，多次赴重庆、江浙地区开展产业链招商活动；市城乡一体化示范区围绕高科技电子信息、高端精密制造、文化旅游等产业的引进开发，赴粤浙等地开展"敲门"招商；市高新区围绕中原电气城建设，在厦门举办专题推介会，签约项目30个。与此同时，依托行业商协会等社会机构，积极实施以商招商。四完善工作机制，改善营商环境。按照《平顶山市招商引资考评办法》，每季度对全市招商引资情况进行了考评，并且每月对开放招商完成情况进行通报；继续改善投资硬环境，对重大产业项目优化配置土地资源，加强供气、供电等公用基础设施配套建设，持续提升行政服务的质量和水平；对签约项目实行台账管理，进一步细化、量化目标，确保项目落地生根。五是郑州海关和河南出入境检验检疫局平顶山办事处筹建工作稳步推进。

2.优化发展结构，激发内生动力，外经贸运行质量不断提升

一是加强出口基地建设。加快了以平高集团为依托的电器装备，以舞钢公司为依托的特种钢材，以隆鑫、树民公司为依托的摩托机车，以鲁山奔宝皮具为依托的小五金，以舞钢银龙、真源制衣和平棉公司为依托的纺织服装等出口基地建设，一批产业链完整、带动力强的出口产业集群已经初具规模。二是培育外贸新的增长点。2017年，市商务局积极协调海关、检验检疫等部门帮助企业协调解决在进出口环节中出现的各种实际问题，大大加快了新增企业注册出口进程。共帮助18家新增外贸企业实现自营出口，新增出口额1.5亿元。三是大力开拓国际市场。对出口企业实行一企一策，定向研究，鼓励外贸企业拓展新的出口市场。四是增创外贸工作新动力。落实出

口退税限时办结制和重点外贸企业调研制度,组织开展了"送政策上门、送服务上门"等活动。五是推动对外经济合作。积极支持平高集团、华豫万通等有实力的企业"走出去",充分利用国内国外两种资源、两个市场做大做强。指导华豫万通公司办理在埃塞俄比亚的对外投资。

3. 完善流通体系,规范行业行为,城乡市场持续繁荣发展

一是提高市场保供能力。组织引导商贸流通企业搞好产销对接,密切跟踪粮、油、肉、菜、禽、蛋、奶、盐等重要商品市场变化,切实保障市场供应充足、稳定,确保节日期间生活必需品不脱销、不断档。二是增强市场监测实效。全市共有监测点102个,基本上形成了较为完善的市场监测体系。三是规范商贸行业发展。加强对全市13家典当企业和1家分支机构、14家拍卖企业、3家报废汽车回收拆解企业和1家分支机构的年审和经营监管工作;加大对农村现代商贸流通服务体系建设的扶持力度。四是维护流通市场秩序。印发了《关于进一步明确单用途商业预付卡管理职责的通知》、《平顶山市商务局单用途商业预付卡管理突发事件应急处置预案》和《平顶山市商务领域信用信息归集和运用管理工作实施方案》等文件,开展了为期半年的专项整治行动,共走访企业312家,发放行政指导书17份,限期整改通知书41份,新增备案其他发卡企业22家,规模发卡企业2家,正在完善手续的规模发卡企业7家。2017年,全市12312商务举报投诉服务热线共接受举报投诉324件,受理217件,办结186件,出动执法人员6848人次,检查企业1698户。五是严打侵权假冒行为。全市"两法衔接信息平台"已经建成并投入使用,全市共有13家执法单位进入信息共享平台。2017年,全市各行政执法单位开展打击侵权假冒专项行动12次,共出动执法人员11675人次。

4. 创新发展模式,搞好示范带动,电子商务和物流业转型发展步伐加快

2017年,全市电子商务和物流业转型发展呈现出快速发展的良好势头:1个冷链物流项目和3个电商物流项目列入冷链物流和电商物流重大项目库,4个项目计划总投资77.1亿元。一是积极出台支持政策。研究制定了《平顶山市跨境电子商务综合试验区建设实施方案》《平顶山市冷链物流转型发展工作方案》和《平顶山市电子商务物流转型发展工作方案》,明确了电子商务和

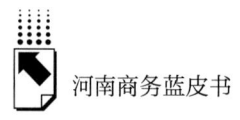

物流业转型发展的重点和任务。二是扎实开展示范创建。支持符合条件的企业申报省级电子商务示范基地、示范企业。三是大力发展跨境电商。2017年，全市入驻阿里国际站外贸出口企业新增49家，跨境电商出口增量单数105单，增量金额154万美元。

5. 加大打击力度，坚持严防严管，环境污染防治攻坚工作取得成果

一是严防黑加油站死灰复燃。分春、夏、秋、冬四个时间节点对全市打击取缔非法加油站（点）和油品质量抽检工作进行督查，共排查出140座非法加油站和证照不全的加油站，拆除103座非法加油站，查封37座证照不全的加油站。二是加大油品质量检查力度。市商务、工商、质监等部门开展联合执法，重点查处销售劣质油品行为，对查处企业依法责令停业整顿，形成严管重罚的高压态势。2017年，市商务和工商部门共出动730人次，抽检加油站904座（次），抽检率为300%，合格率为96.14%，立案81起。三是推动农村加油站建设。四是做好油气回收改造工作。全市正常营业的加油站（点）全部安装油气回收装置；对新建加油站在验收时，要求必须同步安装油气回收装置。五是加强报废汽车回收拆解监管。2017年，全市3家报废汽车回收拆解企业共计回收各种报废汽车4032辆，拆解4032辆。其中黄标车1886辆，拆解1886辆。

三 2018年平顶山商务发展展望及对策

1. 发展展望

力争2018年全市实现利用外资质量提高，规模增长3%；利用省外资金增长5%；货物贸易增长3%（以人民币计价）；跨境电商交易额增长20%；对外承包工程和劳务合作营业额增长3%；对外直接投资与2017年持平；电子商务交易额增长20%以上。

2. 主要对策

（1）深入推动开放招商，着力提升招商引资水平。一是确立招商目标任务。全市招商引资确保合同项目签约金额不低于1200亿元，完成实际利用外

资33000万美元,与上年持平;实际利用省外资金810亿元,较上年递增7.6%。二是统筹招商活动安排。谋划的招商活动共三类16项,分别是国家、省级主办的招商活动4项,市委市政府主导的综合类招商活动6项和小分队招商活动6项。三是注重开展精准招商。在抓好区域招商的同时,开展"以商招商"等招商方式,实施"精准招商",推动"政策招商"向"产业招商"转变。派遣各类招商引资小分队到长三角、珠三角、京津等经济发达地区开展项目对接洽谈,形成常态化招商机制。四是做好招商项目库建设。结合全市产业优势和发展规划,按照"突出特色、转型发展、打造优势"的要求,筛选一批具有良好发展前景的优势项目,统一包装,对外发布。五是推进招商项目落地。加强重大项目前期研究论证,大力实施签约项目市、县(市、区)两级领导分包联系制,完善签约项目跟踪落实机制。对招商引资项目落实情况实施月通报、季督查、年考核,每季度召开一次全市规模的点评会。六是持续优化投资环境。对重大产业项目优化配置土地资源,加强公用基础设施配套建设,强化产业配套能力,完善产业发展所需的各类生产要素;加强招商引资信息处理等服务平台建设,用优质的服务、良好的投资环境和完备的要素保障吸引客商。

(2)加快优化外贸布局,积极培育外贸发展新优势。一是积极落实促进政策。运用进口贴息、出口信保等促进外贸发展政策鼓励企业开展对外贸易。二是千方百计挖潜增效。加大对新增外贸企业服务力度,实行从外贸备案到海关、商检注册等一条龙全程跟踪服务,帮助其尽快实现出口。三是持续优化发展结构。重点培育舞钢钢材出口基地、鲁山小五金出口基地、叶县三轮机车出口基地、高新区机电装备出口基地等4~6家市级出口基地,鼓励平煤机、圣光医用等企业争创出口知名品牌,争取培育1~2个河南省国际知名品牌。四是扩大跨境电商规模。重点推动郏县铁锅、速冻蔬菜等应用跨境电子商务。五是加快开放平台建设。积极协调推进郑州海关平顶山办事处和河南出入境检验检疫局平顶山办事处筹建工作,尽早实现通关、通检。六是竭力提升服务效能。积极组织企业参加"广交会"等各类展会,引导企业开拓国际市场扩大出口。鼓励企业开展境外商标注册、出口产品认证和宣传推广,增强核心竞争力。

（3）促进内贸流通创新发展，增强商贸服务能力。一是加快服务业发展。实施"老字号"保护和促进行动，推动品牌消费集聚区建设，加快实施餐饮等八大居民生活服务业转型行动计划，适时在全市范围开展美食大赛、行业技能大赛、家电展、汽车展等促销活动。加快培育服务外包企业，推动全市服务外包企业发展。二是促进消费提档升级。积极举办农产品产销对接活动等消费促进活动，引导流通企业扩大绿色商品采购和销售。三是规范流通市场秩序。加强二手车交易市场、拍卖、典当行业企业的年审及日常监管工作，将单用途商业预付卡的管理纳入日常监管。开展商务领域信用建设工作，加强商务领域行政审批、行政许可、监督检查、失信惩戒等信息的录入，切实起到"一处失信，处处受限"的联合惩戒的作用。继续深入开展各项专项治理活动，严厉打击各类侵权假冒违法犯罪行为，建立健全打击侵权假冒商品工作的长效机制，维持良好的市场秩序。

（4）加强统筹规划，进一步加大电商扶贫和物流业转型发展工作力度。一是多措并举扩大电商扶贫成果。切实加强对鲁山县和叶县电子商务进农村示范建设的督导指导，做到示范建设和扶贫攻坚的有机结合，以示范建设助力脱贫攻坚；引导支持贫困村所在乡镇至少培育1个特色农产品生产、加工、包装、销售企业或专业合作社利用电商进行销售，打造适宜网络销售的特色产品品牌；加强与京东的对接洽谈，力促京东平顶山特色馆尽快开馆运营，优先收购、代销贫困群众的特色优质产品；引导快递物流企业建立乡村物流配送网络，在鲁山县174个贫困村和叶县120个贫困村设立服务网点；开展电商物流专业技能培训，降低农特产品网销配送成本；鼓励乡镇干部、大学生村干部、未就业大学生充分利用电商产业园、电商示范企业、电商服务中心和站点，吸纳贫困户就业，帮助贫困户开办网店。二是统筹推进物流业转型发展。拟订《平顶山市促进物流业转型发展若干措施》，重点推进中民投集团投资100亿元的平顶山市现代物流集聚区以及湛河区泰顺达物流园区等重大物流项目建设，打造辐射中原的商贸物流集散地。举办物流业转型发展座谈会，邀请省物流协会、知名专家学者把脉问诊，听取物流企业发展建议。开展物流业转型发展对接活动,组织开展点对点精准招商,着力引进国内外知名物流企业。鼓励支持苏宁豫南公司等本土物流企业创新发展模式,加快提档升级,打造物流示范企业。

(5)坚持铁腕整治严防严管,打赢打好环境污染防治攻坚战。一是督促企业建立和完善内部管理制度,促进企业加强自律。二是充分发挥成品油流通市场管理联合工作组各成员单位的作用,加大日常监管力度。三是严格督查问责。与各县(市、区)商务部门签订目标责任书,各县(市、区)商务主管部门与辖区内的加油站(点)签订《承诺书》。对督查发现的问题做到跟踪督办,一抓到底,确保督查工作全方位、全覆盖,不留"死角",整体推进。

B.30 2017~2018年安阳市商务发展回顾与展望

牛瑞庆 常剑*

摘 要： 2017年，面对复杂的外部环境和繁重的改革发展任务，安阳市深入学习贯彻习近平新时代中国特色社会主义思想，牢固树立发展新理念，以重点工作为抓手，深入推进开放招商，加快发展对外贸易，积极拓展对外经济技术合作，千方百计扩大消费，着力服务改善民生，商务工作迈出坚实步伐。

关键词： 开放招商 电子商务

一 2017年商务发展指标完成情况

2017年，全市引进省外资金610.2亿元，总量居全省第5位，同比增长8.2%，完成目标的101.2%。实际利用外资4.92亿美元，同比增长0.3%，完成目标的100.3%。全市货物贸易进出口67亿元，同比增长11%，完成目标的116.4%。外经营业额770万美元，同比增长24.2%，完成目标的115%。全市实现社会消费品零售总额735.2亿元，同比增长11%。

---

* 牛瑞庆、常剑，安阳市商务局。

二 主要措施

1. 以主导产业为方向，深入推进开放招商

2017年以来，全市上下创新思路，开拓进取，持续把开放招商作为经济工作的重中之重，围绕主导产业抓创新、调结构、大招商、引项目，促进经济社会转型发展。

一是高位推动，主要领导高度重视抓招商。市委、市政府主要领导亲自挂帅、对接企业、洽谈项目，对全市大招商起到了以上率下、垂范带动的重要作用。市委书记任政委、市长任总指挥长的安阳市招商引资指挥部成立运转，市委常委会每季度听取一次专题汇报，政府常务会每月听取一次汇报，已形成机制。市政府每周召开重大项目例会，及时解决项目推进中的困难和问题。全市招商引资"挂图作战"信息平台投入使用，发挥了统筹协调、监督指导、实时监管的重要作用。

二是上下联动，凝聚开放招商合力。全市进一步明确主导产业定位，修改完善主导产业招商图谱，组建6个专题招商组，分别由市政府领导担任组长，实行有的放矢重点对接。围绕通用航空、新能源汽车、智能机器人3个战略新兴产业，成立了3个产业招商指挥部，集中资源力量，专业研究、专题推进。各县（市、区）把招商引资作为经济工作的主要抓手，围绕各自主导产业主动出击、寻求合作，全市大招商的氛围更加浓厚。

三是明确方向，加大精准招商力度。全市上下广泛开展一对一、点对点精准招商。在第九届安阳航空运动文化旅游节经贸活动上，美国航空运动器材制造、宇翔盛泰（安阳）航空产业园、军泰新能源汽车、哈工大机器人集团（安阳）国际智造谷等投资总额达195.2亿元的44个项目成功签约。围绕主导产业着力引进行业龙头和知名企业，比亚迪云轨基地、合众新能源汽车、蓝时新能源汽车、陕汽安阳基地、中航新材、哈工大机器人小镇、浙江永途汽车、年产500万只高端汽车铝轮毂、中原陶瓷博览城、今麦郎北方加工基地、金一文化黄金珠宝项目等一批重大项目开工建设。

四是狠抓落实,强化督导考评机制。建立了招商引资工作周通报、月台账、季督查、年度总评的通报考核机制,对签约和开工项目实施台账管理、"挂图作战",明确时间节点、责任领导、责任人员,有效推动了项目进展。出台了《安阳市促进招商引资若干措施》《招商引资"飞地项目"管理办法》等政策文件。完善了《招商引资工作奖惩办法》,通过对招商引资工作的考核评比,引导各县(市、区)围绕主导产业招大引强,形成了全市拿项目说话、以实绩论英雄的评价导向。

2. 以提质增效为重点,促进外贸、外经稳步发展

面对严峻的外贸进出口形势,全市加大企业扶持力度,着力扭转外贸不利局势。一是搭建两个重要平台。与省物资集团合作,成立安阳市外贸综合服务中心;与省商贸集团合作,成立安阳开泰进出口贸易有限公司,进一步提升外贸服务水平,为企业保驾护航。二是强化政策资金扶持。积极引导企业申报使用外经贸区域协调发展促进资金、中小企业开拓国际市场资金,支持和推动企业开拓国际市场。三是大力发展跨境电子商务。大力推进豫北跨境电商产业园、内黄跨境电商产业园等省、市级示范园区建设,评选出市级跨境电子商务示范企业10家、示范园区2家、培训孵化基地1家。2017年,全市跨境电商进出口总额30.2亿元,同比增长155.5%。跨境电子商务在全市外贸企业的普及率已达90%以上,开展跨境电子商务有成效的企业达70多家,成为外贸发展新的增长点。

外经工作方面,以建设优质外派劳务合作服务平台为目标,持续在"亮窗口、强培训、重宣传、严监管"上下功夫,外派劳务服务平台累计接待咨询5000余人次,提供各类援助50多次,组织培训12期共590人,实际外派劳务501人,取得了较好的经济社会效益。在各县区、乡镇组织开展"千村百场外派劳务政策宣讲"活动,依托安阳职业技术学院培训基地免费为外派人员开展岗前培训,促进了外派劳务的有序开展。

3. 以民生发展为核心,全面提升商贸流通水平

以扩消费、惠民生为落脚点,着力培育促进消费的内生动力。一是内

贸流通体制改革发展省级综合试点工作扎实推进，在互联网+智慧农贸市场、互联网+（农业）12316等方面积极探索创新。二是深入推进现代物流业转型发展。成立了安阳市现代物流业转型发展攻坚指挥部，召开了物流业转型发展（汤阴）现场会，举办了"互联网+智慧物流"高峰论坛。三是早餐工程稳步发展。早餐工程网点数量不断扩大，经营秩序持续规范，林州市、汤阴县早餐工程形象进一步提升。四是抓好市场建设。加强对典当、拍卖、二手车交易、报废汽车回收拆解行业企业的规范管理，做好对配送中心、乡镇商业中心、农家店的监督管理。五是强化市场监管，加大执法力度。开展打击黑加油站、劣质油品专项整治及侵犯知识产权、制售假冒伪劣商品专项行动。围绕大气污染防治工作，对成品油市场、废品收购站和报废汽车拆解企业进行规范管理，加大对违规企业的处罚力度。

4. 以示范创建为抓手，加快发展电子商务

电子商务发展趋势良好，2017年全市电子商务交易总额达280亿元，电商快递累计完成3163余万件，同比增长28.5%，进出比由2015年的3∶1优化至2017年的1.8∶1。全市认定备案电子商务企业已达300余家。汤阴县成功申报省级电商进农村综合示范县。一是推进园区建设。全市已建成电商园区及孵化基地11个，累计吸引630余家电商企业入驻园区。二是搭建电商平台。引进阿里巴巴、京东、腾讯、百度、苏宁、360、中国网库、拼多多、当当网等15家电商平台企业，培育扶持了通用"出口易"跨境交易平台、中原钢材现货网、中国铁合金现货交易网、扁担百百网、"未来易购"等多家本土特色电商平台。三是开展示范创建。把示范创建作为推进电子商务快速发展的着力点，成功申报省级示范基地4个，省级示范企业9家；评选市级示范基地4个，市级培训孵化基地2个，市级示范企业47家。安阳工学院获评国家级电子商务继续教育示范基地，安阳师范学院获评省级跨境电商继续教育示范基地。四是大力发展农村电商，推进电子商务精准扶贫。目前全市已建成农村电商服务站点2204个，在贫困村建立服务站点188个。

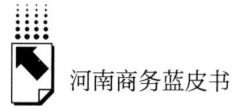
河南商务蓝皮书

三 2018年商务发展形势展望及工作重点

2018年是落实党的十九大精神的开局之年,是供给侧结构性改革的深化之年,抓好商务工作对促进消费、投资、出口,协调拉动经济增长意义重大。当前,安阳稳中求进压力巨大,转型发展任务艰巨,环境保护形势严峻。与先进地区相比,安阳产业升级、转型发展都还有较大的差距,开放招商机制不够创新,龙头型、基地型、具有重大支撑引领作用的大项目还不够多,外贸出口上规模的企业多集中在传统领域,竞争力不强,人均社会消费品零售总额与全省先进地市还有差距,商务工作需要进一步加压推进、提升实效。

预计2018年全市社会消费品零售总额增长11%;实际利用外资质量提高,规模增长3%;利用省外资金增长5%;货物贸易增长3%(以人民币计价);服务贸易增长5%;跨境电商交易额增长20%;对外承包工程和劳务合作营业额增长3%;对外直接投资与2017年持平;电子商务交易额增长20%以上。

1. 重实效,促转型,推动开放招商迈出新步伐

把开放招商作为经济工作的主要抓手,持之以恒,久久为功。一是围绕主导产业精准招商。完善安阳市招商引资指挥部职能,协调解决重大项目在洽谈、审批、落户过程中遇到的困难和问题,确保项目顺利推进。突出精准招商,发挥6个专题招商组作用,抓好通用航空、新能源汽车、智能机器人三大产业招商工作,引进一批质量高、带动能力强的好项目,促进产业转型升级。组织开展好2018年重大招商活动,组织参加和举办第十二届河南投洽会、第十届安阳航空运动文化旅游节等重大经贸活动,借助活动平台,广泛邀商对接,大力引进战略投资者。二是推进重大项目落实。抓好在谈项目签约和签约项目的落地开工。重点推进吉利汽车、方正线路板、大疆无人机、奇瑞新能源汽车、童装产业小镇、中物物流小镇等重点在谈项目的签约落地和凤凰古城、致远电子覆铜板、沃特玛新能源汽车、甘源休闲食品、金

一黄金珠宝产业园等重点签约项目的落地投产。三是强化开放招商机制。完善招商引资"挂图作战"信息指挥平台。构建集互联网大数据应用的招商引资信息平台，促进招商引资工作开展。落实项目分包责任制，实施挂图作战，建立台账管理，明确责任分工，实行"一对一"专人联系、专业服务、专案推进。坚持周通报、月台账、季督导、年度总评等制度。按照《安阳市招商引资工作奖惩办法》，每季度组织开展重点招商项目督导考核工作，在全市范围树立以项目论英雄、看业绩、比能力的工作导向。

2. 强基础，育优势，培育外贸、外经发展新动力

持续抓好进出口10强、10家有进出口潜力企业、100家有进出口实绩企业，借力跨境电子商务推动对外贸易结构调整和转型突破。一是抓好进出口重点企业。抓好安钢、安彩、贝利泰、中航御铭、永达、利华制药等重点企业，加大服务培育力度，扶持企业做大做强。二是用足用好两大平台。深化与省物资集团、省商贸集团合作，发挥安阳市外贸综合服务中心作用、商贸集团安阳分公司作用，提升外贸服务水平，促进进出口规模增长。三是帮助企业开拓国际市场。利用"一带一路"建设、中韩自贸协定、澳大利亚减免关税等契机，积极组织企业参加春秋季广交会、华交会、亚欧博览会、东盟博览会、高交会等国内重大展会。四是大力发展服务贸易。以中国文字博物馆、殷墟为依托，积极申报省级文化旅游出口基地。积极组织企业参加商务部香港服务贸易大会、上海国际技术进出口交易会、中国国际软件和信息服务交易会等知名展会。五是促进对外经济技术合作。完善对外劳务合作服务平台，实现场地、人员、经费、设施、制度、工作"六到位"，全过程规范化管理。立足市职业技术学院外派劳务培训基地，做好劳务技能培训，积极赴乡镇开展"百场"出国务工政策宣讲活动，规范和促进外派劳务工作的开展。

3. 扩内需，提水平，实现引导消费有新作为

着力在扩内需、促消费上打造新的增长点。一是抓好现代物流业重点项目。按照安阳市现代物流业转型发展要求，大力推进林州大运汽贸物流园、安阳万邦农产品物流园、安阳国际物流港、内黄果蔬城冷链物流、汤阴万庄

公铁物流等重点物流项目建设。二是做好安阳市国内贸易流通体制改革发展综合试点工作，推动以农副产品流通为主的综合试点改革，带动全市国内贸易流通行业快速发展。三是大力扶持和引导现有商业企业做大做强，积极引进信誉好、实力强的知名企业和品牌企业，为限额以上单位零售额的持续增长提供有力保障。四是促进早餐工程提质增效。加强监督管理，丰富经营品种，提升餐品质量，继续扩大固定网点数量，在巩固林州、汤阴早餐市场基础上，向有条件的县延伸。五是加强成品油市场管控。围绕大气污染、水污染管控目标，加大成品油市场专项整治力度，集中打击成品油流通环节违法违规行为，坚决打好蓝天保卫战。六是加快城市建成区市场规划和再生资源回收利用体系建设工作，抓好品牌汽车、二手车、报废汽车拆解、典当拍卖行业的进一步规范管理。

4. 重引导、聚合力，推动电子商务实现新突破

一是打造跨境电商先进技术示范基地。依托安阳师院与清华大学电子商务交易技术工程国家实验室，共建互联网应用技术学院，着力打造安阳跨境电商先进技术示范基地，建成集数字贸易大数据、电子发票、电子合同、区块链、众智物联网为一体的先进技术示范与推广基地。二是创建国家、省、市电子商务示范基地（园区）。支持豫北跨境电商园、安阳市电子商务综合产业园、安阳县电子商务基地申报国家级电商示范园区。三是抓好农村电商精准扶贫和惠民工程。深入推进农村电商服务站点建设，在2018年完成222个贫困村服务站点建设任务，与北京碧水源公司合作，在达到条件的农村电商服务站建设1000家电商惠民供水站。四是抓好电商平台建设。大力推广"铁合金现货网"、"扁担百百网"、通用"出口易"跨境交易平台、"小菜鸟"等本地电商平台，打造全国性电商品牌。五是抓好园区建设。2018年力争全市电商园区入驻企业达到800家以上，促进电子商务集聚发展。

B.31
2017~2018年鹤壁市商务发展回顾与展望

蔺其军　周永利　李霞*

摘　要： 2017年，鹤壁市紧紧围绕稳中求进的工作总基调，坚持开放带动主战略，强力推进招商引资工作，积极开展境内外经济贸易交流合作，努力促进本地产业转型升级和经济社会发展。本文总结了2017年鹤壁市深入推进开放招商，多措并举促进外贸稳增长，着力培育新业态新模式，加强商贸流通和市场监管等商务工作取得的新成效，对2018年鹤壁市商务发展进行了展望。

关键词： 开放招商　跨境电商

2017年，鹤壁市商务工作坚持开放带动主战略，强力推进招商引资工作，积极开展境内外经济交流合作，多措并举促进外贸稳增长，着力培育新业态新模式，加强商贸流通和市场监管，努力促进本地产业转型升级和经济社会发展，各项工作取得显著成效。

一　2017年鹤壁市商务发展指标完成情况及特点

1. 引进省外资金情况

2017年，全市引进省外资金308.3亿元，完成省定目标303.7亿元的

---

* 蔺其军、周永利、李霞，鹤壁市商务局。

101.5%，同比增长8.6%，完成目标进度和增幅均居全省第1位。引进省外资金项目主要集中在制造业、租赁和商务服务业、建筑业等行业。

2.实际利用境外资金情况

2017年，全市实际利用境外资金完成8.17亿美元，完成省定目标8.14亿美元的100.4%，同比增长0.4%，完成目标进度和增幅均居全省第11位（见图1）。境外资金来源地主要集中在中国香港、英国、新加坡、中国台湾等国家与地区（见表1）。

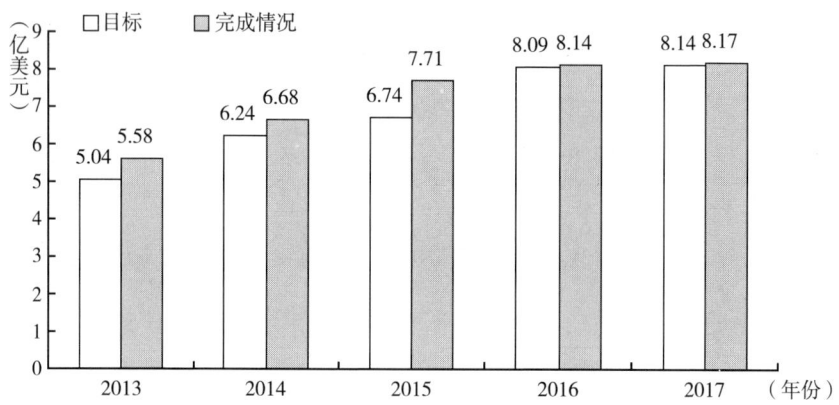

图1 2013~2017年引进境外资金完成情况

表1 2017年鹤壁市利用境外资金主要来源地

单位：亿美元，%

利用外资主要来源地	实际外资	占比
香港	4.31	53
英国	1.14	14
新加坡	1.00	12
中国台湾地区	0.85	10
美国	0.82	10
澳门	0.048	0.58
合计	8.17	100

资料来源：鹤壁市商务局。

3.货物贸易进出口

2017年,全市货物贸易进出口总额15.8亿元,完成省定目标15.3亿元的103.3%,同比增长3.2%,扭转了下降趋势,实现了增长。出口主要集中在美国、泰国、巴西等国家(见表2),主要出口商品有电子信息、精细化工、金属镁等(见表3)。

表2　2017年鹤壁市货物贸易出口十大国别

单位：万元,%

主要贸易伙伴	出口额	占比
美　国	51076	46.0
泰　国	9802	8.8
巴　西	9539	8.6
日　本	6844	6.2
德　国	4273	3.8
荷　兰	3028	2.7
意大利	3027	2.7
俄罗斯	2294	2.1
香　港	1949	1.8
加拿大	1934	1.7

资料来源：鹤壁市商务局。

表3　2017年鹤壁市主要商品出口情况

单位：万元,%

商品种类	出口额	占比
电子信息	69107	62.2
精细化工	13610	12.3
金属镁	7050	6.4
食品加工	6759	6.1
纺织服装	3500	3.2
汽车零部件	2760	2.5
机械设备	1193	1.1
仪表仪器及其他	1186	1.1

资料来源：鹤壁市商务局。

4. 服务贸易进出口情况

2017年,全市服务贸易进出口总额4775.6万美元,完成省定目标2780.0万美元的171.8%,同比增长92.7%,完成目标进度和增幅均居全省第1位。

5. 社会消费品零售总额完成情况

2017年,全市社会消费品零售总额230.51亿元,同比增长12%,高于全省0.4个百分点(见图2)。

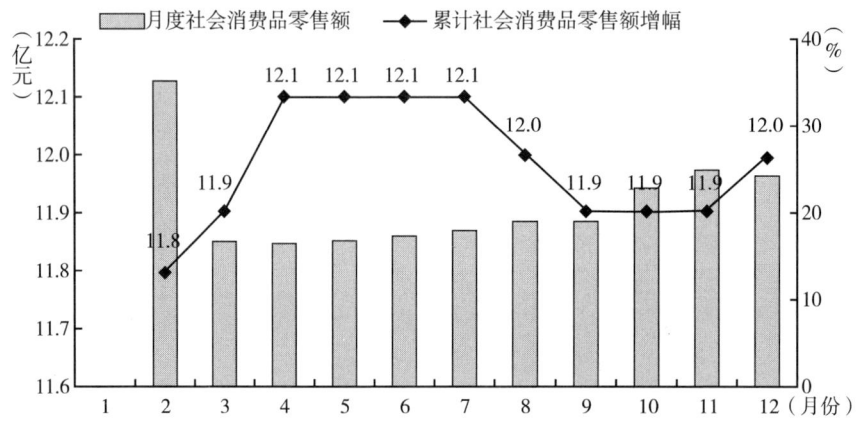

图2 2017年鹤壁市社会消费品零售额月度完成情况

资料来源:鹤壁市统计局。

6. 对外承包工程和对外直接投资完成情况

2017年,全市对外承包工程完成营业额2254万美元,同比增长39.8%;全市对外直接投资完成1000万美元,同比下降50.1%。

二 2017年主要工作成效

1. 开放招商持续推进

(1)持续开放招商好体制好机制。持续12个产业推进组、4个驻地招商组一体化推进招商引资、项目建设、企业服务三项重点工作的好体制好机制,调整优化京津、长三角、珠三角、福建4个驻地招商组人员力量,进一步明确由市级领导主导负责、招商组牵头突破、县区承载实施，从项目洽谈签约到落地建设、后续服务，实现全过程、一体化推进，确保招商项目引得来、落得下、成长快。

（2）借助经贸活动开展招商。成功举办第九届中国（鹤壁）民俗文化节市情说明暨项目签约仪式，签约18个项目，总投资110.54亿元。组团参加第十一届中国（河南）国际投资贸易洽谈会，签约了17个项目，投资总额528亿元。组织本市明镁、中鹤、至真等企业参加绿公司年会，对接了神州高铁、东软集团、北极光创投等企业，推进镁精深加工和智慧城市项目。组团参加第十届中国中部投资贸易博览会，共签约5个项目，投资总额15.84亿元，合同省外资金15.84亿元。中国供货港（豫北）分拨中心等3个物流项目在河南省现代物流业开放合作洽谈会上签约，总投资8.7亿元。组团参加第14届中国—东盟博览会，签约7个项目，投资总额3.15亿元。

（3）深入开展招商百日会战。深入开展招商引资百日会战以来，市委市政府主要领导先后赴京津、长三角、珠三角地区拜访企业推进项目，各产业推进组、驻地招商组和各县区加强联动，形成合力，积极走出去请进来，努力推进招商引资提质增效。据统计，2017年百日会战开展期间，全市新签约亿元以上项目196个，投资总额944.69亿元；新落地亿元以上项目136个，投资总额437.75亿元；建业特色小镇、烽泰CNC鹤壁产业基地、全息实景城市、恒大养生谷等一批重点项目签约落地。

（4）组织开展招商督导考核。鹤壁市开放办联合市委组织部、市政府督查室、市统计局等部门组成开放招商综合督导组按照季度对各县区招商引资到位资金，新落地项目、新签约项目、重点项目跟踪落实，签约项目合同履约率、开工率、资金到位率等情况进行调研督导，推动项目加快进度。

2.努力促进对外贸易发展

（1）推进货物贸易增长。一是加强进出口目标督导。加大引进外向型项目力度，积极挖潜现有外贸企业潜力，加强跨境电子商务进出口交易额申报工作，确保按照序时完成任务。二是对重点进出口企业进行调研，帮

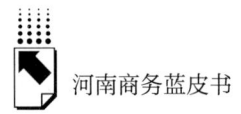

助河南贝迪塑业有限公司、鹤壁天海电子信息有限公司等企业解决具体问题，促进扩大出口。三是制定出台《鹤壁市人民政府办公室关于培育外贸竞争新优势促进外贸稳增长的实施意见》（鹤政办〔2017〕3号），落实好外贸促进政策，促进企业扩大进出口规模。四是积极组织开展对外经贸活动。组织全市各县区和重点外贸企业参加河南投洽会、东盟博览会等拓展国际市场。五是加强人才培训工作。与中国出口信用保险有限公司河南分公司和阿里巴巴国际站联合举办2017年鹤壁市对外贸易实务知识培训班，全市60多家进出口企业140余人参加了培训。六是加快推进跨境电子商务发展。2017年5月份河南省综试办批复同意《关于鹤壁市跨境电子商务综合试验区建设实施方案》后，加强督导，推动鹤壁跨境电子商务产业园区、淇县综合跨境电子商务产业园、淇县食品跨境电子商务产业园、鹤壁跨境电子商务产业园、天章跨境电商产业园等加快建设。积极尝试复制自由贸易区政策经验，向河南省政府、河南省自贸办申请将鹤壁市纳入河南省自贸区发展规划。

（2）扎实做好服务贸易工作。加强对县区服务贸易工作的指导，做好三产服务业重点行业重点企业调研工作，与海关、外汇部门一道建立本市服务贸易发展促进机制和数据统计体系。借助河南省商务厅组织参加的第五届中国上海技术进出口交易会等平台，引导企业积极开展技术进出口业务，拓宽服务贸易发展领域。组织企业参加2017年北京国际服务贸易博览会，学习先进地市发展服务贸易经验，与几十家企业达成销售意向。

（3）积极推进贸促工作。组织参加河南省贸促会与美国武汉领事馆联合举办的"走进美国"专题推介活动，与美国俄亥俄州、加州等近十个州驻华办事处进行交流推介。积极筹备成立中国国际商会鹤壁商会。组织参加哈萨克斯坦世博会，开展经贸洽谈招商活动，期间举办"鹤壁市情说明和经贸对接活动"4场，与国外友好商协会和工商界人士交流座谈及参观高新技术、现代农业等实体单位对接交流活动5场，签订合作备忘录和达成合作意向10个，其中鹤壁贸促会与外方商会签订合作备忘录3个，随团企业洽谈经贸合作协议意向7个。

3. 网络经济和现代物流快速发展

积极引进知名电商企业，2017年建立网络经济重点招商项目库，共谋划项目66个，其中，京东鹤壁TDC（城市仓）、国科大双创中心——鹤壁·德创汇、淇滨区呼叫产业园北京鸿联呼叫中心等24个项目已落地，苏宁云商运营中心合作、呼叫中心与中华联合财产保险公司合作呼叫、中以（鹤壁）现代农业物联网平台等12个项目成功签约，颐高新经济产业园、网来云商跨境电子商务、阿里巴巴（鹤壁）跨境电商服务中心等30个在谈项目加快推进。推进成立了鹤壁市物流与采购联合会，举办鹤壁市现代物流业合作洽谈会，8个物流项目成功签约。大用运通、永达物流两家企业荣登国内冷链物流前50强，河南煤炭储配交易中心、玖州国际物流园等项目建设步伐加快，万邦物流、北大荒粮食集团等企业合作项目正在推进。出台了《鹤壁市新型物流产业发展提升三年行动方案》，起草了《鹤壁市物流业转型发展工作方案》，正在研究制定全市促进物流业快速发展的优惠政策。

4. 商贸流通和市场监管进一步加强

（1）积极安排指导全市流通商贸企业按照市场消费特点和消费结构，广开货源，组织适销对路的商品，重点保障粮、油、肉、蛋、蔬菜等主要生活必需品供应，建立健全突发事件生活必需品市场供应预警和应急处置机制，有效预防因突发事件引发的生活必需品市场异常波动。加强市场监测，掌握重要商品市场供求和价格变化情况，组织监测人员对元旦、春节、中秋、国庆节期间全市重要生活用品、流通、餐饮企业实施监测。积极组织辖区商贸流通企业开展"消费促进月"活动，促进市场繁荣。

（2）加强行业监管提升管理水平。加强对典当、拍卖、二手车交易和汽车回收等特殊行业的监管工作，促使特种行业按照要求进行标准化、市场化和专业化建设，按照企业实际情况有计划组织实施升级改造。根据河南省商务厅安排，对全市2家典当企业、5家拍卖企业、1家报废汽车拆解企业和3家拆解网点进行年审，未出现违法、违规行为。2017年共审核报废汽车806辆，其中黄标车485辆，做到了即收即拆。

（3）深入推进商务综合行政执法体制改革试点工作，围绕完善商务综合监管执法体系这一目标，在职责职能梳理整合、加强机构队伍建设、建立健全工作机制、改善执法保障条件、拓展监管执法领域、提升执法效能等方面进行了深度探索。在总结考核中，鹤壁市被评为优秀。进一步加强了酒类流通、药品流通、单用途商业预付卡等行业管理工作。印发了《鹤壁市商务局关于巩固扩大商务综合行政执法体制改革试点工作成果进一步提升工作成效的通知》，积极开展企业基本情况信息库完善，加强网格化日常监管，违法违规案件的查处，强力推进监管执法全过程记录制度的实施、行政处罚案件信息公开、"双随机一公开"等工作。建立商务监管执法业务管理系统，召开豫北协作区联席会议，加强区域合作，提高监管执法效能。

5. 积极做好商务领域环境污染防治和安全生产工作

（1）对全市成品油企业管理日益规范，组织开展为期3个月的打击劣质油品专项行动。开展打击查处黑加油站回头看活动，对2016年打击查处的81个黑加油站点进行逐一复查，对发现的11家黑加油站点进行了严厉打击和取缔。组织召开全市成品油流通市场管理工作会议，明确行业管理责任，会同本市工商、环保、公安等部门共同做好燃油质量管控、油气回收改造、车用尿素推广、查处非法加油设施等工作。提请市政府印发《鹤壁市人民政府办公室关于成立鹤壁市成品油流通市场管理联合工作组的通知》，建立健全成品油市场管理机制。规范加油站管理台账，要求加油站按照要求规范填写，明晰购销渠道，从源头上加强全市加油站的规范化管理，全市成品油市场日益稳定。组成三个督导组，持续开展环境污染防治、安全生产等明察暗访、督导检查，着力发现问题，推进问题整改，确保工作任务落实。

（2）认真履行商贸流通领域安全生产行业指导职责。在商贸流通领域不间断组织开展安全生产事故隐患排查，指导县区商务部门工作开展，督促商贸企业整改隐患，深入贯彻落实中央、省、市安全生产工作要求，认真履行行业监管职责。组织了商贸领域安全1号、2号、3号行动，成品油流通企业安全生产管理专项大检查,商贸流通领域电气火灾防治综合治理等安全检查,开展好安全生产宣传月活动,切实做好商贸流通领域安全生产管理指导职能。

三 2018年展望及对策建议

2018年全市商务工作的总体要求是:全市商务工作要以习近平新时代中国特色社会主义思想为统领,深入学习贯彻党的十九大、河南省委十届五次全会、鹤壁市委九届五次全会、鹤壁市委经济工作会议精神,坚持转型创新、提升求进,扎实推进开放招商提质增效、对外贸易稳定增长,推进网络经济和现代物流提速发展,加强市场体系建设和市场监管,做好电商流通产业扶贫、环境污染防治等重点工作,推动各项商务工作再上新台阶,打造全面对外开放新格局,为全市率先全面小康、建设品质"三城"做出积极贡献。

预计2018年全市社会消费品零售总额增长12%;实际利用外资质量提高,规模增长3%;利用省外资金增长5%;货物贸易增长3%(以人民币计价);服务贸易增长5%;跨境电商交易额增长20%;对外承包工程和劳务合作营业额增长3%;对外直接投资与2017年持平;电子商务交易额增长20%以上。

1.深入推进开放招商提质增效

(1)培强开放平台,增强支撑能力

积极融入国家"一带一路"建设和河南"三区一群"建设,加快推进河南自贸区鹤壁项目协作区、鹤壁跨境电子商务试验区规划建设,增强对外来投资的吸引力,形成开放型经济发展的重要支撑。

(2)完善工作机制,提升招商实效

持续4个驻地招商组与12个重点产业组衔接推进机制。完善招商路线图,坚持以重点产业为目标开展定向招商,以引进龙头和延链补链为重点开展精准招商,以专家和专业队伍为主力开展专业招商。借助第十届中国

(鹤壁)民俗文化节、第十二届中国(河南)国际投资贸易洽谈会、第二十届深圳高交会、首届中国国际进口博览会、中国国际电子商务博览会等经贸活动,开展节会招商。打造最优营商环境,发挥好试点示范名片效应,开展好"优势+环境"招商。建立健全政府—中介—企业"三位一体"的引资促进机制,坚持引资、引智、引平台并重,加强与国内外知名商协会的合作,广泛开展中介招商、代理招商。

(3)创新招商方式方法,积极承接产业转移

围绕全市"3+2"现代工业和"2+3"现代服务业,策划组织好"小、精、特"的专题推介活动。实施"贸易+投资"招商方式,通过贸易合作带动投资合作,注重"产业+金融"招商方式,吸引大型企业在本市设立研发中心、结算中心和地区总部。围绕新一代信息技术、新型显示、新能源装备、高端装备等新兴产业谋划一批重大项目开展招商。重点推动汉能(鹤壁)移动能源产业园、北京创新谷(鹤壁)上市孵化园、金田(鹤壁)新材料产业园、北控清洁能源集团总部经济项目、万邦农产品金融服务中心、省投环保产业园、广粮集团鹤壁项目、天津现代家具(鹤壁)产业园等30个重点项目尽快签约落地。

2. 促进对外贸易稳定增长

(1)提升对外贸易发展水平

抢抓国家建设"一带一路"的重大机遇,贯彻落实外贸政策,积极承接加工贸易产业转移和引进出口型项目,培育壮大外贸主体。依托现有产业优势和产业集群基础,推进外贸转型升级基地建设,带动全市货物贸易集约发展;积极推进出口企业品牌建设,提升外贸出口产品以质增效。帮助企业开拓国际市场,组织企业参加河南省投洽会商品展、东盟博览会和高交会、广交会;重点做好2018年11月首届中国国际进口博览会的参展工作。

大力发展服务贸易,加强研究服务贸易发展政策、措施、经验,依托全市三产服务业特色,指导县区、企业加快引进国内知名服务贸易企业总部落户本市,发展相关服务贸易;重点组织参加"京交会""大连软交会""高

交会",增强全市服务贸易发展后劲。加强服务贸易统计、服务平台等基础工作建设,营造发展服务贸易优良环境。

(2)加快推进自贸区和跨境电商发展

尝试复制河南省自贸区政策、经验,认真梳理国家、河南省内外自贸区改革事项及经验,加大自贸区政策宣传,以鹤壁国家经济技术开发区为核心尝试复制河南省自贸区政策、经验,努力营造对外开放、招商引资优质环境。

持续推进鹤壁跨境电商综合试验区建设,重点抓好中意鹤壁跨境电商产业园、中蔼万家综合跨境电子商务园、天章跨境电子商务产业园、鹤壁市山城区跨境电子商务产业园建设,争创1~2家省级示范园区;加强宣传推广"单一窗口"应用,加快引进外贸综合服务企业步伐,创建跨境电子商务发展新业态、新模式。

3. 推进网络经济、现代物流提速发展

(1)大力发展网络经济

完善全市电子商务生态产业链建设,打造地方经济特色电商品牌,加快全市网络经济发展。加大淇滨区呼叫产业招商工作力度,发挥好淇县、浚县电子商务进农村综合示范县品牌效应,吸引知名电商企业到鹤壁市设立分支机构或运营中心,推动本土企业与知名企业合作做大做强。加强人工智能相关知识的学习研究,加大人工智能应用项目的招商引资力度。重点推进颐高集团新经济产业园、阿里巴巴国际站应用、炳良电子商务培训基地、邮政创业孵化园楚楚街豫北运营中心等项目,全面提升全市网络经济发展水平。

(2)培育壮大现代物流业

以建设区域性物流中心城市为目标,以冷链物流、快递物流、电商物流为重点,依托大用运通、永达配送等龙头企业构建冷链物流配送体系。加快河南煤炭储配交易中心、玖州国际物流园、河南易汇物流园等项目的建设步伐,确保2018年下半年全面投运。推动万邦(鹤壁)农产品冷链物流园、浚县农产品物流配送中心等项目2018年春季签约,争取早日开工建设。争

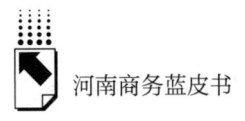

取北大荒粮食集团现代物流园、京东物流城市仓二期等项目2018年下半年签约落地。深化与宝特物流、山东荣庆、山东佳怡、中远海运等知名物流企业合作，争取签约落地一批有广泛影响力的物流项目。

4. 加强流通体系建设

积极发展现代商品市场，推进农产品流通和农村市场体系建设，建立适应城镇化的农村日用消费品流通体系，加强大型农产品集散地和销地批发市场、产地集配中心和零售终端建设，大力推进农超对接。深入开展电子商务进农村工作，指导浚县实施好电子商务进农村综合示范工作，把电子商务进农村作为农村结构调整和县域经济转型发展的重要举措来抓，通过示范推广，扩大农产品网上购销对接规模。培育和发展新的消费热点，拓展教育培训、家政服务、休闲旅游、体育健身等消费，大力促进假日消费、会展消费，带动住宿、餐饮、交通等消费。做好市场监测工作，搞好市场运行分析，密切关注市场动态，采取有效措施，确保全市消费品市场供应平稳。

5. 强化商务领域市场监管

按照国家商务部关于进一步深化商务综合行政执法体制改革的指导意见，认真学习借鉴其他试点城市的经验做法，巩固扩大改革试点成果，构建与商务工作发展相适应的商务执法模式，提高事中事后监管能力和水平，切实维护良好市场秩序、营造法治化营商环境。加强商务监管执法信息化建设，提升监管执法效率，拓展执法领域，努力实现监管执法全覆盖。牵头做好打击侵犯知识产权和制售假冒伪劣商品工作，规范市场经济秩序。以成品油、汽车销售等行业为重点，持续开展专项整治。加强对家政服务业、沐浴业、美容美发业、二手车市场等行业管理，提升行业发展水平。持续开展商业领域安全生产检查督导活动，确保商务领域安全生产形势稳定。

6. 创新商务管理体制机制

落实"大商务"要求，加强横向协作、纵向联动，动员全系统力量、争取各方面支持，形成工作合力，共同破解商务改革发展难题。推进法治政府建设，提高依法行政能力，推行服务型执法，严格按照法定权限和程序开展工作、行使权力。按照统一部署推进"互联网+政务服务"，构建"网上商务"，让企业和群众办事更方便、更快捷、更有效率。加强政务公开，确保群众知情权参与权监督权，及时回应社会关切。建立目标体系、督查体系、考核体系，确保各项工作落到实处。

B.32
2017~2018年新乡市商务发展回顾与展望

薛永宏 马坤*

摘 要： 2017年面对复杂多变的外部环境和艰巨繁重的全面深化改革发展任务，全市商务系统在新乡市委、市政府的正确领导下，在省商务厅的大力支持下，主动适应经济发展新常态，扎实做好商务领域"抓重点、补短板、强弱项、防风险、惠民生"等工作，商务运行总体平稳、稳中有进，为全市经济平稳健康发展做出了积极贡献。

关键词： 新乡市 开放招商 跨境电商

一 2017年新乡市商务目标完成情况

2017年，全市实际到位境外资金9.5亿美元，完成目标的106.6%，同比增长6.6%；省外资金实际到位587.7亿元，完成省定目标的100.4%，同比增长7.5%；社会消费品零售总额879.2亿元，同比增长12%；外贸进出口额10.7亿美元，同比增长5.35%。商务领域创文、大气污染防治控油、社会综治暨平安建设等工作均完成全年目标任务。

---

* 薛永宏、马坤，新乡市商务局。

二 2017年商务工作回顾

1. 开放招商力度不断加强

2017年以来，组织召开了全市对外开放工作大会、全市商务工作会议，对全年开放招商工作进行了安排部署，制订印发了《2017年"一招四引"项目落地年活动实施方案》《2017年新乡市对外开放行动计划》等扩大开放政策文件，建立招商项目月讲评机制，完善重点项目调度制度。积极参加第11届中国（河南）国际投资贸易洽谈会、省政府郑洛新国家自主创新示范区开放合作北京推介会等国家、省重大招商活动，成功举办了郑洛新国家自主创新示范区推介北上专项行动暨新乡市"一招四引"北京推介签约会、豫沪产业对接活动暨新乡市"一招四引"上海推介签约会、新乡国家自主创新示范区暨华为云计算大数据开放合作（深圳）洽谈会等专题招商会，共签约项目230个，投资总额1296亿元，签约项目涉及装备制造、汽车制造、生物医药、节能环保及新一代信息科学技术等多个产业。全年新签约亿元以上项目352个，投资总额1693.7亿元；新开工亿元以上项目248个，投资总额981.3亿元。

2. 跨境电子商务快速发展

结合全市跨境电商发展实际，出台了《新乡市跨境电子商务综合试验区建设实施方案》，积极推进中国（郑州）跨境电子商务综合试验区（新乡）片区建设。目前，新乡跨境电子商务产业园发展势头良好，已签约入驻跨境电商企业103家，签约企业的工商、税务数据已与园区完成并轨。外贸综合服务平台"一站式服务窗口"已经投入使用，全年跨境电商园区内企业跨境电子商务交易额完成3707万美元，全市跨境电商交易额达到2.5亿美元。

3. 电子商务稳步发展

研究出台了《关于进一步加快发展电子商务发展的若干意见》，注重引导电商企业抱团发展，认定电商企业230家，"新乡市网络营销协会"、"新乡市电子商务管理协会"及"新乡市跨境电商协会"、"新乡市电子商务专家技术委员会"相继成立，市职业教育学院被省商务厅评为"省级电子商务继续教育基地"。河南机电高等专科学校、市职业教育中心、河南省工业科技学校3所院校成功入选"省电子商务职业教育实训基地"。国家863新乡科技产业园、市朝歌电子信息科技园分别被评为"河南省电子商务孵化基地"和"河南省电子商务创业基地"，为全市电子商务发展提供智力和技术支撑。目前全市已建成国家级电子商务进农村综合示范县1家；省级电子商务进农村综合示范县4家；市级农村电商龙头企业3家；综合性扶贫特色产品体验馆5个；县级电商扶贫公共服务中心5个；共培育14个特色农产品生产加工县级龙头企业；建成农村电子商务服务点1422个，其中贫困村84个。

4. 外经贸工作稳中向好

结合全市外贸持续回暖的发展势头，研究出台了《新乡市加工贸易创新发展实施意见》，坚持对外贸易联席办公会议制度。持续加强与商务厅、郑州海关、新乡海关联系沟通，共办理对外贸易经营资质备案171家，变更企业414家，为17家加工贸易企业办理加工贸易企业经营状况及生产能力证明。全年对外贸易情况持续回稳向好，新乡化纤等龙头外贸企业带动作用开始复苏，高新技术产品、机电产品出口稳定增长。在出口企业中，民营企业和国有企业表现均优于往年。化学纤维和精炼铜管为主要出口商品，化学木浆为主要进口商品。在对外经济技术合作方面，二建公司、第二建筑公司、山水集团分别在印尼、文莱、韩国投资的外经项目正在稳步推进。

5. 多措并举推动商务为民

研究出台了《新乡市人民政府关于推进国内贸易流通现代化建设法治化营商环境的实施意见》，规范政府与市场关系，优化营商环境，提升全市内贸流通现代化水平。组织召开全市物流业转型发展工作会议，研究制订《新乡市冷链物流转型发展工作方案》《新乡市电商物流转型发展工作方案》等指导文件，推动全市物流业加快转型。认真开展市场运行监测工作，强化生活必需品日报制度，通过市、县两级商务预报平台共发布各类信息近4000

条。在商贸领域开展"诚信兴商宣传月""信用消费进万家"等活动,推荐大商新玛特等16家企业为红榜企业并在全市信用信息网站予以公开。认真落实安全生产"党政同责,一岗双责",强化关键节点安全生产督导检查,积极开展"平安商场""文明餐桌"等活动,打造"平安商务"。将商务领域创文工作摆在突出位置,多次召开推进会议,制定工作方案,细化责任分工,强化督导检查,圆满完成市创文指挥部下达的29家农贸市场升级改造、4条特色商业街区创建、17家大型商场超市督导、6个无主庭院帮扶等创文任务。

6. 商务监管力度不断加大

一是持续开展黑加油站点取缔工作。强化属地管理和行业监管,坚决取缔所有黑加油站点,严防死灰复燃。全年共查处无证无照站点570余个,收缴不合格油品32.3吨,查扣20辆流动售油车。二是持续开展商务领域大气污染防治工作。常态化开展油品抽查和环境污染防治"零点夜查"行动,全年抽检油品540余批次,开展"零点夜查"行动16次,全市油品质量抽检实现全覆盖,国六油品质量升级全面完成。积极推进农村偏远地区新建加油站工作,全市加油站空白乡镇已基本消除。三是加大对老旧汽车报废回收拆解监管力度。严格落实《老旧汽车报废回收拆解企业环保巩固提升活动工作方案》,建立工作台账,强化现场核查,规范使用回收证明和备案,全年共淘汰老旧车、黄标车2863辆。四是牵头做好全市打击侵犯知识产权和制售假冒伪劣商品工作。组织召开全市打击侵权假冒工作领导小组扩大会议,印发《2017年新乡市打击侵犯知识产权和制售假冒伪劣商品工作任务及分工方案》等文件,积极联合市海关、公安、工商等部门开展了查处外贸出口假冒伪劣商品专项行动。全年共办结案件443件,涉案金额187万元。五是认真开展商务领域监管标准化建设。积极协助辉县市、原阳县商务局成功创建河南省商务领域市场监管标准化建设重点推进单位和达标示范单位。推荐辉县市商务局为河南省商务综合行政监管执法体制改革试点单位。依规将汽车销售投诉纳入12312商务举报投诉服务热线受理范围,开展汽车销售市场专项执法百日行动,着力维护市场秩序。全年商务投诉举报热线12312共受理商务举报投诉79件,咨询169件。

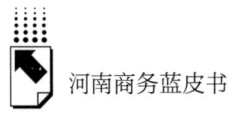

三 2018年商务发展对策

2018年是贯彻党的十九大精神的开局之年，是决胜全面建成小康社会、实施"十三五"规划承上启下的关键一年，做好商务工作责任重大，使命光荣。将提升"一招四引"实效、加快跨境电商发展、稳定外经贸增长、推动物流业转型升级、强化市场秩序监管等工作为保持商务工作健康平稳发展的抓手，切实把党的十九大精神落实到推动全市商务工作实现新发展上来，力争全年实际利用外资增长3%，达到9.79亿美元；实际利用市（省）外资金增长5%，达到737亿元；社会消费品零售总额增长11%，达到967亿元；外贸进出口与2017年持平并保持稳定发展态势。

1. 谋划开展"一招四引"产业园区推进年活动

以服务深化供给侧结构改革为目标，围绕十大先进制造业专业园区主导产业，在全市谋划开展"一招四引"产业园区推进年活动，实施产业招商、精准招商，大力提升产业园区招商引资的质量和水平，努力营造法制化、市场化营商环境，构建"亲""清"新型政商关系。在第二、第三季度，以加快先进制造业专业园区建设为目标，瞄准绿色纤维专业园区、新能源汽车专业园区、信息通信专业园区、航空航天专业园区、生物与新医药专业园区、3D打印专业园区、智能家电等十大产业专业园区，以京津冀、长三角、珠三角以及重点中心城市为重点区域，举办5次专业园区产业专题招商活动；以提高利用外商直接投资实效为目标，主要盯紧港资和台资投资；以吸引在外新乡籍企业家回乡投资兴业为目标，开展新乡籍在外企业家"回归工程"专题招商活动。积极协助推动市直相关部门及县（市、区）开展好产业专题招商，力争全年实际利用境内外资金占全社会固定资产投资比重达到30%以上，合同履约率、项目开工率、资金到位率达到全省先进位次。

2. 加大跨境电商建设力度

以中国（郑州）跨境电子商务综合试验区新乡园区为依托，扶持一批市级跨境电子商务示范园区发展壮大。重点推进高新区电子商务产业园、经开区电子商务示范基地、红旗区跨境贸易产业示范园、红旗区互联网大厦、平原示范区电子信息产业园等项目建设，搭建跨境电子商务"在线交易平台、综合服务平台、通关查验平台、公共服务平台"，打造电子商务示范基地和示范企业。支持跨境电商货代、报送等服务本地化，建设跨境电商物流大数据中心，鼓励政府公共平台、电商平台和电商物流平台等各类平台互联互通信息共享。坚持"一区多点"和"进出口并重"原则，依托经开区、牧野区物流园和高新区保税仓，重点抓好以B2B为代表的主流电商模式推广，规范提升B2C跨境电商发展。积极引进一批知名跨境电商企业和信息技术服务、电商运营、物流仓储、支付等配套企业入驻园区，形成集聚效应。积极引导制造业转型跨境贸易，推广红旗区跨境贸易园区模式，集中孵化优势产业货通全球，积极发展跨境电商+新俄欧、跨境电商+特种商品口岸等新型业态模式，完善保税物流中心服务功能，鼓励电商物流企业布局建设海外仓，拓展跨境电商进出口业务。

3. 着力稳定外经贸增长

认真贯彻落实国家、省关于促进外贸稳定增长的系列政策措施，用足用好外经贸专项资金，为企业减负助力。开展进出口目标专项督导，层层传导压力，激发工作动力。进一步提高贸易便利化水平，加快推进通关一体化建设，优化通关环境。充分利用好新乡市作为首批国家加工贸易梯度转移承接地的优势，加快承接沿海地区加工贸易的产业转移，利用各种重大招商引资活动，积极承接加工贸易转移，力争再引进一批出口外向型项目，增强全市外贸进出口后劲。继续优化贸易结构，高度重视发展服务贸易，努力促进服务贸易与货物贸易协调发展。围绕国家"一带一路"倡议，研究制定新乡市"走出去"规划，强化企业对外投资自主权，引导有实力的企业"走出去"发展，带动新乡市装备、材料、技术和服务走出去。

4. 促进物流业升级转型

一是大力发展冷链物流。把发展冷链物流作为物流业转型的重点，充分发挥全市农产品、肉制品、乳（饮）品基础较好的优势，积极推进农产品、果蔬、肉制品和医药等冷链物流发展，扶持高金食品、华兰生物、宇鑫农贸等冷链物流企业发展壮大，鼓励经开区、高新区等园区依托现有特色产业，建设专业冷链物流园区，营造覆盖全区域以及豫北地区的冷链物流网络。二是加快发展快递物流。推进快递物流融入城乡规划、综合交通体系，推动快递物流与先进制造业、服务业、电子商务、现代农业等相关产业协同发展，形成以市级分拨为支撑、县级区域分拨为节点、乡、村两级经营网点为基础的"一支撑、多节点、全覆盖"的现代物流空间发展格局。三是创新发展电商物流。积极探索"电商产业园+物流园"融合发展新模式，鼓励各县（市、区）发展各具特色的电商物流产业，建设改造一批大型电商物流产业园和仓配一体化分拨中心。推动跨境电商企业与制造业、传统外贸企业联动发展，与快递物流、电子支付、电子认证等现代服务业联动发展。深入推进农村电商物流，鼓励京东、苏宁等电商企业开展农村电商物流配送及综合服务网络建设。

5. 加大商务领域市场监管力度

探索开展对品牌消费集聚区、大型购物中心等新兴零售业态销售情况监测，通过网络、新闻媒体发布信息，提升公共信息服务能力。落实完善重要生活必需品储备制度，健全市县应急预案体系，增强应急保障能力。完善商务监管基础设施建设，深化12312举报投诉服务，健全商务执法队伍，持续加大整顿和规范市场经济秩序力度，强化商务领域大气污染防治控油和老旧汽车报废回收拆解监管力度，及时发布商务系统诚信"红黑榜"，打击流通领域假冒伪劣、商业欺诈等违法行为，确保规范诚信经营，营造安全消费环境。

B.33
2017~2018年焦作市商务发展回顾与展望

常绪凯*

摘　要： 2017年，面对国内外经济下行压力，焦作市把握经济大势，适应新常态，应对新挑战，稳中求进，改革创新，实现了商务工作健康平稳发展。本文总结了2017年焦作商务工作取得的成绩及主要措施，并就2018年焦作市商务发展提出了相关建议。

关键词： 招商引资　电子商务

一　2017年焦作市商务发展指标完成情况

2017年，全市进出口完成148.6亿元，居全省第2位，占省定目标128.5亿元的115.6%，同比增长15.6%，居全省第8位。实际吸收外资8.3亿美元，居全省第6位，占省定目标8.27亿美元的100.4%，同比增长0.1%，居全省第15位。实际到位省外境内资金620.9亿元，居全省第4位，同比增长7.6%，居全省第14位，占省定目标617.5亿元的100.6%。完成电商交易额853.2亿元，网络零售额90.2亿元；其中跨境电商进出口21亿元。全市社会消费品零售额实现784.3亿元，同比增长12.2%，高于省定目标0.2个百分点。

---

* 常绪凯，焦作市商务局。

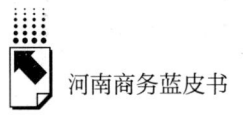

二 2017年主要措施及成效

1. 创新招商方式，引资工作成效显著

围绕"一赛一节"，突出抓好节会招商活动。一是组织参加了第十一届中国（河南）国际投资贸易洽谈会，借势在郑州举办了首场"一赛一节"经贸洽谈推介会，邀请客商150余名，对外发布招商项目117个，总投资2404.5亿元，签约项目5个，总投资72.1亿元；二是组团参加第十届中国中部投资贸易博览会，会上共签约项目4个，总投资33.9亿元；三是5月份与省豫商联合会共同在深圳、上海、北京密集举办三场经贸洽谈推介会。会上邀请客商220余名，推介重大招商项目74个，总投资2314亿元，洽谈对接项目35个，意向总投资349.3亿元。

加强项目督导，保障招商实效。按照市委、市政府要求，对签约项目进行"三率"督导，尤其对第十一届豫商大会和"一赛一节"签约项目进行督导考核，对每个项目采取台账管理。截至12月底，"一赛一节"签约项目已开工89个，到位资金242.4亿元，项目履约率、开工率和资金到位率分别为100%、82.4%和19.1%。豫商大会签约项目已开工91个，累计到位资金471.2亿元。

完善招商引资相关政策。草拟了《焦作市招商引资优惠支持办法》《焦作市招商引资项目引荐人奖励办法》《关于进一步完善产业招商工作机制的通知》等政策性文件，市长办公会议、市改革领导小组会议已原则上通过。

营造公开透明的营商环境。焦作市商务局取消各类审批服务事项的申报材料37件，取消中介服务13项，调整6项，保留7项；取消和调整行政许可各1项，下放其他职权2项，新增行政检查1项，行政处罚5项。并编制出台"互联网+政务服务"13项实施清单要素梳理表和11项《行政服务大厅事项办理指南核定标准》及窗口负责人、首席代表、窗口业务受理、审核等岗位工作标准，全年累计办结各类事项206件，100%做到提前承诺日办结,零投诉、零差错。

2. 创新营销模式,电商体系初步形成

"双百"工程持续发力。全市应用电商实体企业1739家、个体网店32917家,获认定省级电商企业179家,省级示范园区(基地)2家、示范企业9家,市级示范园区(基地)6家、示范企业14家;"阿里巴巴焦作产业带"入驻企业545家,日均卖家数、访问量、综合运营能力排进全国前20名、全省第2名;怀庆府、闯狼鞋业等4家本土电商在中原股交所挂牌上市。园区集聚效应逐步显现,建成电商产业园14个,入驻电商企业494家。

农村电商示范创建优势显现。以农村电商示范创建为引领,紧紧抓住农产品进城和工业品下乡双向流通体系建设,不断提升本土特色农产品销售规模,博爱县成功申报国家级电子商务进农村综合示范县,武陟、温县为省级综合示范县,全市涉农电商企业和网点1000余个,从业人员1.65万人,交易额达43亿元。全市示范县建成县级电商公共服务中心4个,乡镇电商服务站35个,村级电商服务点656个,村级覆盖率91%;累计培训农户5.2万余人次。苏宁易购在焦作市已建成2家特色馆、4家门店、5家直营店和100家加盟合作网点,在6个县(市)实现了网店全覆盖,物流配送实现入村入户送达。

跨境电商试点工作扎实推进。抓住中国(郑州)跨境电子商务综合试验区建设试点城市契机,按照"东联海港、西联陆港、中间对接航空港"的思路,制订了《焦作市跨境电商综合试验区建设试点工作方案》;在全省首创的"跨境电商生态圈"项目理念、模式受到了省政府"两区办"的高度认可和推广。依托实施的通港、德众两个线下跨境电商产业园和大龙网、敦煌网等线上平台,2017年,全市跨境电商实现交易额21亿元;全市电商交易额达到853.2亿元,网络零售额90.2亿元。

3. 创新平台建设,外经外贸止降回稳

加大政策扶持力度。对各县(市)区下达了2017年进出口考核目标,并逐月印发《焦作市对外贸易运行情况分析》,提升全市外贸工作的积极

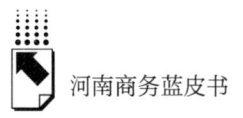

性。不断提高贸易便利化服务水平，充分发挥外贸联席办的协调作用，积极协调海关、商检、外管、国税、出口信用保险等部门，帮助外贸企业解决在报关报检、出口保险、出口退税、境外人民币结汇手续等方面遇到的问题，为企业提供更加快捷便利的服务。积极协调市外管局，帮助佰利联恢复 A 类企业；积极帮助焦作市星月工贸实业有限公司申请生皮加工贸易进口定额。

引导帮助企业开拓国际市场。组织企业参加广交会等境内外展会和活动，拓展市场，扩大出口。组织企业参加了"一带一路"转型发展高峰论坛、美国－华中地区商务峰会以及项目对接会等活动。积极推进进出口业务申报无纸化、产地证签证无纸化、通关单签证电子化，全年为企业办理货物原产地证明书 3258 单，签证金额 3.6 亿美元，为企业出口提供了快捷顺畅的绿色通道。大力实施"走出去"战略，2013~2017 年，焦作市在"一带一路"沿线国家和地区设立境外投资企业 11 家，涉及 21 个境外投资项目，总投资 4.42 亿美元，中方出资 4.32 亿美元，境外投资带动设备和产品出口 8.48 亿美元。签订对外承包工程项目 3 个，签订合同额 1 亿美元，带动设备出口 3906 万美元；对外劳务合作及承包工程累计外派劳务 8678 人，实现营业额 1.89 亿美元。其中，2017 年境外投资 1.67 亿美元。

4. 创新机制体制，内贸流通稳步提升

迅速推动全市物流业转型发展工作。进一步理顺了物流业工作的关系，召开了全市物流业转型发展工作会议，印发现代物流业转型发展"一规划三方案"等政策文件，为全市物流业转型发展理清了思路。并积极同省商务厅结合，将焦作市纳入全省第一批商贸物流标准化试点市，为焦作市发展物流业提供政策和资金支持。及时启用"快递进社区服务站"，35 个快递进社区服务站正式揭牌使用，为破解快递物流服务"最后一百米"难题进行了有益探索，这项工作获国家邮政管理局肯定并在全国推广。

扎实推进内贸流通改革和商务综合执法体制改革试点建设。出台了《焦作市国内贸易流通体制改革发展省级综合试点工作实施方案》《关于建立内贸流通体制改革发展试点工作联席会议制度的通知》等政策措施，建立了联席会议制度和考核机制，组织博爱县、解放区对内贸流通改革试点建设的创新性、突破性和可复制推广性进行了积极探索，已总结复制可推广经验清单5条。健全了日常监管网络、随机抽查事项清单、检查对象、检查执法人员信息库，商务执法试点建设取得新进展。

加强特殊行业监管。组织做好拍卖、典当、成品油企业年审，集中开展打击和处置非法集资工作，全年检查加油站940余家次（其中县区460家次），抽检油品380样次，立案查处违法案件2个；回收拆解报废汽车531辆，完成应急储备生猪300吨。组织开展了市场监测、消费促进月、农产品流通项目库建设、二手车流通业管理、黄标车淘汰补助、单用途商业预付卡管理等工作。报废汽车回收拆解、拍卖、典当、商业特许经营执法监管纳入商务综合执法范畴，全力推进12312举报投诉中心工作。

三 2018年商务发展对策

1. 突出抓好开放招商工作

一是不断加强政策保障。进一步修订招商引资优惠支持办法、招商引资项目引荐人奖励办法、招商引资考核奖励办法等文件，研究完善产业招商工作机制，并提交有关会议研究审定实施。利用在外组织招商专题推介洽谈的机会，加大招商人员培训力度，3月底准备组织到深圳开展专题培训和项目对接洽谈，提高招商能力和招商实效。二是牢固树立绿色招商理念。研究建立绿色招商准入机制，制订绿色招商行动计划，明确招商重点和方向，加强重大项目谋划和前期研究论证，实行绿色招商、生态招商。三是大力实施产业精准招商。紧盯"1020工程"和十大工业项目，围绕建设百亿元产业集群、千亿元产业集聚区等目标，研究成立由各副市长为组长，分管市直部门牵头的8个产业招商小组，各组长负责、相关部门承担具体目标，盯紧国内外500强、行业50强，以及珠三角、长三角、京津冀三大区域产业转移，以集群招商和产业补链、延链、强链升级为主线，开展产业精准招商和"一对一"专业对接洽谈，积极引进龙头企业和重大战略支撑项目，推动招商引资向招商选资、招大引强、招才引智转变。四是持续开展大招商活动。重点组织参加第十二届中国（河南）投洽会、2018年中国国际投资贸易洽谈会、第十五届中国—东盟博览会、第二十届高交会等国家、省经贸活动，围绕高端装备、智能制造、文旅康养等产业主攻方面，上半年分别在深圳、上海、北京三大区域中心城市举办一场招商专题推介活动，9月份举行一场焦作转型升级经贸合作洽谈会，争取再集中签约一批与全市优势主导产业相配套的重点项目，推动招商引资向精准化、高端化迈进。

2. 着力促进物流转型发展

一是建立体制机制。建立健全市县物流业组织机构和全市物流业重大事项、重点项目协调会商机制，探索建立市级物流人才库和专家库，开展物流专业实习实训试点基地建设。二是狠抓规划政策措施落实。做好全省首批物流标准化试点市建设工作，加快实施物流业转型发展规划，重点推进冷链物流、快递物流、电商物流转型发展，研究制定促进物流业转型发展扶持政策。深化"快递下乡"工程，提升安全管理规范化水平。三是加强主体培育。坚持"内培"与"外引"并重，积极培育和引进第三方现代物流企业和新型供应链服务企业，力争新增国家2A级物流企业8家以上，年营业收入超亿元的物流企业达到90家，实现全市行政村邮乐购站点全覆盖。四是狠抓项目建设。强化现代物流业态、项目的引进和培育，高起点谋划郑焦物流融合示范区建设，完成焦作电商快递物流园项目选址和可研编制工作，建成孟州邮政电商产业园、博爱邮政电商产业园，协调推进兵工·国誉工业物流园、鸿运智能物流园、润格仓储物流园、焦作市物流标准化云平台等重点物流项目。五是推动多式联运体系建设。编制《焦作市多式联运发展规划》，完善柏山、待王、焦作东站等铁路场站公铁联运设施，支持物流企业同港口合作建设"内陆无水港"，引导龙头物流企业依托郑州航空港和郑欧班列等开展多式联运业务。

3. 加快发展电子商务工作

一是以"创新+开放"引领电商提质升级。持续推进电商"双百"工程，深化与阿里、苏宁等知名电商平台合作，建设好"焦作生态圈""焦作产业带"；扶持伊赛牛肉、隆丰皮业、博爱人家等本地龙头电商平台做大做强，建立品牌电商服务体系；推动小微网商与国内知名团购网站建立战略合作关系，实现抱团集聚发展。二是以"创新+融合"引领传统产业与新兴产业协调发展。鼓励阿里、京东等电商平台和供销、邮政等各类主体，建立农村电子商务物流解决方案。加大农村电商培训，实施"农民网商"工程和"电子商务+精准扶贫"工程，推动农村电商产业化，实现农村电商交易额超40亿元，创建农产品省级电商示范基地1个，农业类省级电商示范企业3个，培育2家年交易额过1000万元、5家年交易额过500万元的涉农电商企业。做好传统工业企业和流通企业电商应用工作，力争B2B交易规模增速不低于18%，网络购物增速不低于30%，全市传统工业企业电商应用普及率达到30%以上。三是以"创新+协同"引领电商民生服务体系建设。大力发展社区电子商务，培育出一批社区电商新业态、骨干企业和电商服务品牌，初步形成应用广泛、保障体系健全、配套服务完善、产业相对集聚的社区电商格局。四是以"创新+共享"引领电商要素市场发展。认定一批市级电商示范企业、示范园区，申报一批省级示范企业、示范基地，适时争创国家级示范企业。探索设立电商政府产业引导基金、担保基金，积极建设河南省电子商务继续教育基地。

4. 全力推进开放平台建设

一是积极融入"一带一路"建设。积极争取将焦作纳入中国（河南）自由贸易试验区郑州、开封、洛阳片区覆盖城市，主动融入河南省构建的空中、陆上和网上丝绸之路战略。二是扩大国际贸易"单一窗口"覆盖范围。适时启动中国·秘鲁、焦作·利马"两国双园"合作项目，把通港跨境电商产业园打造成"单一窗口"综合服务示范园区。适时在符合条件的园区开展"单一窗口"业务，并不断拓展至加工贸易、服务贸易、跨境电商等贸易业态，全面提升通关便利化水平。三是全面推进跨境电商综试区建设。以"焦作跨境电商生态圈"为抓手，依托大龙网、敦煌网、亚马逊等跨境电商平台，加快传统工业企业开展跨境电商应用，重点扶持60家跨境电子商务企业，培育出1家省级跨境电商示范园区、1家省级跨境电商培训孵化

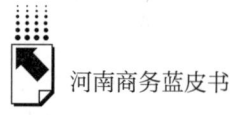

基地，全市跨境电商年交易额超30亿元。

5. 着力创新内贸流通发展

一是抓好流通体制标准化示范工作。全面复制国家内贸流通体制改革试点经验，实施"互联网+流通"行动计划，推动传统商业企业转型和模式创新，促进零售企业实体店线上线下互动融合发展，全力做好流通体制改革标准化示范工程工作。二是抓好流通网络建设。推进城市商业网点规划编制工作，促进商业投资规范化、科学化，加快推进城区专业市场外迁工作。三是抓好商务部品质消费商圈建设试点争取工作。持续开展"中华老字号"、"河南老字号"和省级品牌消费集聚区认定和省级特色商业街区示范创建工作，加快名品名店名街名区联动发展，促进多产业融合、商旅文体协同、购物体验结合，扩大中高端商品和服务消费，争取纳入商务部品质消费商圈建设试点。四是抓好消费增长潜力释放。促进商业投资规范化、科学化，提升焦作商贸企业知名度；开展农商互联，推动新型农业主体与农产品批发市场、连锁超市、电商企业等对接；促进汽车消费，落实《汽车销售管理办法》，构建授权和非授权并行的汽车销售新体系；优化二手车交易登记程序，加强二手车市场主体信用体系建设，促进二手车便利交易；抓好市场运行监测，落实好肉菜等重要商品储备制度，健全应急调运体系。五是抓好安全消费环境营造。持续推进商务综合监管执法体制改革，全面落实"双随机一公开"监管工作方式，不断加强事中事后监管体系建设；完成国家和省级安排的一系列商务综合执法工作，保持执法高压态势；开展汽车市场专项执法行动"回头看"活动，巩固扩大行动成果，加强单用途商业预付卡管理；着力开展打击侵权假冒工作，深入开展农村市场、互联网领域、进出口环节等专项整治，加大行政处罚案件信息公开、行政执法与刑事司法衔接工作力度。

6. 培育外贸进出口新增点

一是壮大外贸主体。落实国家、省市政府已出台的一系列外贸发展政策，用足用活外经贸发展专项资金，确保政策发挥最大效用，培育一批具有国际影响力的龙头企业。鼓励中小微企业走"专特精新"和与大企业协作配套发展的道路,培育一批小而全、小而专、小而精的中小外贸主体。二是加强出口基地和经开区建设。加强省级汽车零部件、羊剪绒及制品、造纸及纸制品出口基地和服务外包示范园区建设,建立出口基地公共服务平台,培育创建更多国家级省级新产业出口基地。推进博爱、温县、修武、焦作工业产业集聚区申报省级经开区。三是大力发展服务贸易。贯彻落实省政府《关于加快发展服务贸易的实施意见》,建立重点联系企业监测制度。加快发展服务外包产业,积极推进省级服务外包示范园区创建工作,扶持一批优势突出、带动显著的龙头企业,培育一批创新能力强、特色鲜明的中小企业。建立全市外派劳务服务平台,扩大劳务输出规模,切实保障外派劳务人员的合法权。支持符合条件的企业申报外经权,开展国际承包、输出劳务业务、对外援助等工作。四是有效扩大进出口。加快推进德众综保区申建工作,积极引进国外先进生产企业、研发中心到焦作市投资建厂、设置科研机构,培育外贸新的增长点,并动员鼓励有条件的企业到国外尤其是"一带一路"沿线国家、地区投资,推动境外经济贸易合作区建设。加大对已经拥有的多家重点进出口企业的招商力度,推进更多外商与其进行投资合作,并对已签约的外贸重点项目,持续加大跟踪服务力度,争取早建成、早投产、早见效。同时,广泛宣传发动有条件的企业参加国内外经贸活动,为企业搭建对外交流平台。

B.34
2017~2018年濮阳市商务发展回顾与展望

曹泽利*

摘　要： 2017年，濮阳市主动适应经济发展新常态，紧紧围绕全市经济社会发展大局，坚持稳增长、促改革、调结构、惠民生、防风险工作主线，奋发有为，攻坚克难，加快开放平台建设，提升精准招商水平，积极扩大对外经贸，大力发展电子商务，搞活流通扩大消费，圆满完成了年初确定的各项目标任务，为推动全市实现经济总量、人均数量、发展质量"三量齐升"做出了积极贡献。

关键词： 招商引资　电子商务

一　2017年濮阳市商务运行情况

（1）招商引资。2017年全市实际利用省外资金229亿元，同比增长8.6%，占省定目标225.6亿元的101.5%，总量居全省第17位，增速居全省第1位；全市实际吸收外资64246万美元，同比增长1.5%，占省定目标63301万美元的101.5%，总量居全省第9位，增速居全省第5位。

（2）货物贸易。2017年，全市货物贸易额399433万元，同比增长

---

* 曹泽利，濮阳市商务局。

25.5%，占省定目标318311万元的125.6%，总量居全省第12位，增速居全省第3位。

（3）服务贸易。2017年，全市服务贸易额29231万美元，同比增长29.8%，占省定目标25217万美元的115.9%，总量居全省第4位，增速居全省第3位。

（4）对外经济。2017年，全市对外承包工程和劳务合作完成营业额6.34亿美元，同比增长3%，总额居全省第3位；外派劳务7212人，总数居全省第2位。

（5）消费品市场。2017年，全市实现社会消费品零售总额594.2亿元，同比增长12.1%，占省定目标588.3亿元的101%，总量居全省第14位，增速居全省第6位。

二 2017年商务发展采取的主要措施

1. 开放平台建设取得新成效

一是商检机构正式开检。国检濮阳办事处2017年正式开展出入境化工品、危化品和出境危险货物包装检验检疫业务，2018年有望全面开检。二是海关业务即将开办。安阳海关拟定了在濮阳市设立海关办公机构工作方案，待郑州海关派驻人员后即可开展工作。三是"两仓"建设如期完工。进口保税仓、出口监管仓主体仓库均建成。四是外向型经济综合服务平台着手建设。开展了调研、论证、选址、制定方案、软硬件设计等工作，外向型经济综合服务中心已挂牌，着手开工建设。

2. 招商引资工作再上新台阶

一是招商活动亮点频现。组织参加了10余个国家、省办招商活动。组织开展了新春专题招商、商会招商专项行动、招商项目集中推进月3个专题招商活动。举办了第十二届豫商大会等20余个自办活动。豫商大会在活动规模、客商层次、来宾接待等多个方面均创历届豫商大会之最，受到省领导的认可和参会客商的赞许。二是招商方法务实创新。大力推进靶向招商、协会招商、市场招商、资本招商等新模式，方式方法更加精准，招引重大产业项目和知名品牌企业落户。三是招商机制更加完善。在全省率行出台了《濮阳市支持开放招商转型发展的若干措施（试行）》。调整产业招商组"业长"和主攻方向，形成了九大产业招商组。对德力西等8个重点项目实行专班推进，推动项目落地。

3. 对外经贸工作开创新局面

一是支持企业开拓国际市场。组织企业参加了40余个大型涉外商品交易活动，举办了中国（濮阳）—安哥拉经贸交流活动。二是切实为企业搞好服务。协助丰利石化争取到国家原油非国有贸易进口允许量111万吨。指导企业开展外贸业务，全市进出口企业数量达到1082家。三是大力发展外贸新业态。濮阳跨境电子商务产业园被认定为首批河南省跨境电子商务示范园区。中原油田被列为全国服务贸易统计重点企业，河南杂技集团北美训演基地布兰森大剧院项目展销会入选国家文化出口重点项目名单。四是主动融入"一带一路"倡议。与市外侨旅游局联合举办了全市石油装备暨化工产品外向型发展研讨会。与"一带一路"沿线46个国家发生对外贸易往来，进出口额占全市的42%。

4. 电子商务工作呈现新特色

一是电子商务进农村全省领先。目前，全市有台前县、范县2个国家级和濮阳县、南乐县2个省级电子商务进农村综合示范县。二是电子商务扶贫有效开展。全市共建成电商扶贫乡级服务站3个、贫困村服务点199个、贫困村快递物流网点43个，贫困户设立网店112个，吸纳贫困人员就业427人，累计培训贫困人员1740人次。三是电商示范创建实现突破。河南濮阳电子商务产业园等3个电商园区，绿宇泡棉等4家电商企业分别被评为省级电商示范基地、示范企业，省级电商示范企业数量达到5家。四是电商对外合作不断扩大。阿里巴巴跨境电商（濮阳）LBS服务中心建成，引进培育跨境电商企业17家。

5. 商贸流通工作展现新气象

一是牵头推进现代物流业转型发展。研究制定了全市物流业转型发展规划和石化能源物流、冷链物流、电商物流、快递物流4个领域转型发展工作方案，谋划和推动实施了一批物流业项目。二是加强商务领域市场监管。完成了龙湖东岸二手车交易市场搬迁工作。成立濮阳市成品油流通市场管理联合工作组，建立了成品油流通市场监管长效机制。加快农村及偏远地区加油站建设，有26座加油站建成运营。三是整顿和规范市场秩序。牵头做好"双打"工作，维护了市场经济秩序。全年累计出动执法人员1500余人次，检查各类企业500余家，查处各类行政违法案件21起，其中立案办理11起。

三 2018年商务发展展望

当前，全市产业结构仍然处于新旧艰难调整转换之中，资源枯竭型城市转型发展任重道远，产业结构单一的问题没有得到根本解决，科技创新能力不强、动力不足，新业态、新模式发展较慢，行政效能不高、环境不优，人才资源相对匮乏，融资难、融资贵、用工难、投资后续支撑能力不足，资源环境约束趋紧、生态环境问题突出等，都为商务工作发展带来不小的挑战。

但同时也要看到，随着京津冀协同发展战略的实施和雄安新区建设步伐的加快，中原经济区、郑洛新国家自主创新示范区、中国（河南）自由贸易试验区、中原城市群发展规划等重大战略的深入实施和米字形高铁的全面开工建设，濮阳区位优势更加明显，未来的濮阳将成为中原地区重要的人流、物流、资金流汇聚地，成为重要的区域物流节点城市和承接沿海发达地区产业转移的前沿。全市基础设施、能源交通支撑能力不断提升，产业配套、平台保障逐步完善，开放招商仍有很大空间。在社会消费方面，城镇化率快速提升，在扩大高消费人口规模的同时，会引发升级类消费和服务型消费需求的增长。停止购房补贴推动一定的消费能力转移到升级类和服务型消费上。乡村振兴战略付诸实施，有利于增加农民收入，可以冲抵乡村市场消费下滑的趋势。

综合判断，机遇与挑战并存，机遇大于挑战。只要坚定信心，持续拼搏，商务发展大有可为。

2018年濮阳要全面贯彻落实党的十九大精神和市委经济工作会议精神，按照全市赶超发展、转型发展、创新发展总要求，坚持新发展理念，立足打好"四张牌"和"三大攻坚战"，以项目建设为抓手，以强化落实为保障，突出抓好招商引资，着力推进对外开放，大力发展商贸流通，抓重点、攻难点、举亮点、带全局，开创新时代商务工作新局面，为建设社会主义现代化濮阳做出新贡献。预计2018年全市实际利用境外资金增长3%，实际利用省外资金增长6.5%；外贸进出口增长5%以上；外经完成营业额增长8%，对外投资增长10%；社会消费品零售总额增长12.5%。

四 对策建议

1. 完善对外开放平台，优化开放发展环境

一是加快口岸机构建设步伐。支持国检濮阳办事处全面开展检验检疫业务；力争安阳海关在濮设立办公场所并启动工作；建成华龙区进口保税仓和出口监管仓，争取获得郑州海关批准。二是建设外向型经济服务平台。建成全市外向型经济公共服务平台，整合相关部门职能，为企业备案、报关、报检、货代、退税、结汇和咨询、代理等提供"单一窗口"服务。三是推进无水港物流园区建设。加大与天津港集团对接力度，建设集仓储、报关、商检等为一体的无水港物流园区。四是创建自贸协定实施示范区。加强自由贸易协定实施和原产地签证工作，创建自贸协定（化工产品）出口实施示范区。

2. 开展招商六大行动，增强赶超发展动能

传统产业转型升级专项招商行动。化工产业重点立足新型化工基地建设，紧抓沿海、沿江重化工企业梯度转移机遇，组织开展化工产业招商行动。家居产业重点在深化与河北香河等家具企业深度对接的同时，加强与京津冀地区家具配套企业的合作，加快推进与宜华集团、爱家、好百年、美庭等知名家居企业的对接，着力发展高端智能家居。食品产业重点依托中国食品工业协会资源优势，加强与上海、宁波等长三角地区食品企业合作，紧盯福州、泉州、漳州等休闲食品集聚地，瞄准盼盼、达利园、雅客、亚亨等知名企业，有针对性地开展招商行动。石化装备制造产业重点依托中国国际石油石化技术装备展览会等国际大型展会，加强与国内外500强石化装备制造企业交流，主动寻求与胜利高原、龙玺石油、东营威玛石油等国内知名石化装备制造企业的合作。

新兴产业发展壮大专项招商行动。新能源产业重点立足天能集团、汉阳电子、中原特车等优势，深化与比亚迪、力帆、珠海银隆等新能源汽车知名企业对接。发挥天能集团在浙江长兴及其他地区的行业龙头地位和客户资源，加强与康迪、江森、瑞华等新能源汽车及配套企业的对接。利用光伏、风力、地热等资源优势，积极招引光伏、风力发电设备制造项目。新材料产业重点依托富士康正一特殊材料产业园，着力招引电子化学品及电子浆料、封装材料等龙头企业。依托石化资源，加强与中机、中国化工、上海石化等知名企业对接，着力在精细化工上拉长链条。依托生物基产业集群，加强与北京三聚环保、山东圣泉集团等生物基龙头企业对接，发展高端生物基新材料。涂料产业重点依托涂料产业园区，加强与中国涂料工业协会的合作，积极对接PPG、巴斯夫、嘉宝莉、华润漆等国内外知名涂料企业。加强与广东顺德的交流，在涂料产业发展上探索飞地经济招商模式。加快推进东方雨虹、美涂士、展辰等项目开工建设。同时积极引进生物医药、节能环保、信息技术等新产业、新业态、新模式。

现代服务业提升专项招商行动。健康养老业重点招引龙头企业建设生态养老、健康养生、医疗康复、教育培训等方面的健康养老基地。文化旅游业重点依托龙文化、黄河文化、杂技文化资源优势，加强与东方园林、中青旅等企业的合作，打造城市景观道，做大做强杂技产业。现代物流业重点盯紧央企物流企业和行业百强企业，围绕能源物流、冷链物流、保税物流、电商物流、农产品物流等领域，招引国内外知名物流商，提供一体化物流服务。现代金融业重点加大对广发、光大等股份制银行的跟踪对接力度，积极招引

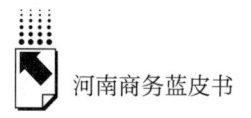

银行、证券、保险等金融机构和风投、创投、金融租赁公司、互联网金融等金融公司来濮阳开设分支机构。商贸地产业重点围绕商务中心区、高铁商圈、106国道两侧综合开发等成熟地块，加大与恒大、富力、绿地等行业龙头企业的对接，着力提升商贸地产品质和层次。

招商模式创新专项招商行动。一是务实参加省办活动。积极参加国家、省举办的第十二届河南投洽会、第十五届中国—东盟博览会等各类国家、省办活动。二是高效开展自办活动。全力组织筹办第五届中原（濮阳）油气技术装备展览会、家具博览会等。同时，围绕化工、涂料、装备制造等产业，依托中国石化联合会、中国涂料工业协会等，适时谋划组织开展专题论坛和推介活动。三是创新招商方式。在巩固提高协会招商、精准招商、市场招商、以商招商等成熟招商模式基础上，重点围绕全市重点产业和新技术、新业态、新模式，大力实施产业集群招商，积极推行股权招商、并购招商等"资本+招商"新模式。

开放机制完善专项行动。一是完善准入评估制度。对引进项目是否切合本市产业结构、产业规划、环境保护及项目的预期经济及社会效益进行科学评估。二是落实领导专班制度。对已签约重点招商项目，交由市级领导分包推进，实行一个项目、一名领导、一个工作组、一套方案、一抓到底的"五个一"组织结构，建立定领导、定人员、定责任、定时限和定期督查督办"五定"工作机制。三是实行代办服务制度。对重大招商项目，探索实行"两个零接触"，由承接地县（区）成立联系服务小组，开展项目代办服务，做到审批过程中项目业主不与政府职能部门直接接触。项目落地后，项目业主在建设过程中不与被征地群众接触。四是建立跟踪考核制度。由市委市政府督查局、市开放办牵头，对招商引资签约项目、开工项目等推进情况每月通报、季度检查、半年评比、年终考核。将日常考核与年终考评、干部年终绩效以及评优评先、提拔任用挂钩。

服务体系优化专项行动。一是强化对本土企业支持力度。围绕企业需求，立足本市实际，积极帮助本土企业寻求战略合作者，引进资金、技术和人才。二是强化要素保障。加大对战略新兴产业、传统产业改造升级的信贷扶持，加强产业基金管理运作，广泛吸引民间社会资本参与，大力实施精准融资服务。强化土地储备，加强企业用地保障，降低用地成本。三是破解环评瓶颈。开展污染物总量减排工作，腾出污染物总量优先支持重点企业发展。对带动能力强、品牌知名度高的企业，开启绿色通道，缩短审批时间。四是落实扶持政策。认真落实出台的《关于降成本减负担促进项目落地推进实体经济发展的若干意见》、《支持民营经济发展"十五条"措施》和《濮阳市支持开放招商转型发展的若干措施（试行）》中的各项规定，严格兑现承诺。五是提升审批效率。加快推进投资项目审批，实行网上审批和网上办理，提高审批效率。

3. 扩大对外经贸规模，厚植转型发展优势

扩大"一带一路"市场。开展"濮阳品牌丝路行"活动，扩大对"一带一路"沿线国家和地区的经贸交流与合作。支持中原油田、濮耐公司、河南君诚等骨干企业开拓国际市场。2018年，全市对"一带一路"沿线国家出口占全市的50%以上，对外承包工程和劳务合作完成营业额总量保持在全省前列。

优化出口市场布局。组织企业参加广交会、深交会、东盟博览会、亚欧博览会及美国石油装备展、法兰克福纺织工艺品展等国内外知名展会，与境外经销商直接对接。

开辟东盟、中东、非洲、拉美等新兴市场，不断优化出口市场分布。2018年，全市新增出口国家和地区10个以上，总数达到145个。

提升出口产品质量。争创石油工程机械、羽绒服装及制品、专业化工——功能聚合物及复合材料3个国家级外贸转型升级基地，支持企业建设公共服务平台，参与行业标准制定，加大科技研发投入。争创国家级出口石油装备产品质量安全示范区，继续推进1个国家级、3个省级出口工业品、农产品质量安全示范区建设。2018年，基地出口占全市出口的比重保持在80%以上。

大力发展服务贸易。依托河南省杂技文化出口基地，扶持河南杂技集团、华晨杂技、东北庄杂技等发展壮大。加快推进大数据智慧生态产业园等

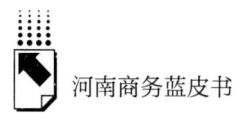

服务业项目建设,引进和培育一批具备国际资质、具有"自主品牌"潜质的服务贸易企业。扶持刀书画、通草浮雕、麦秆画、黑陶等文化产品出口。2018年,全市服务贸易进出口总额保持在全省第一方阵。

积极扩大进口。抓住当前国家鼓励进口的有利时机,切实用好国家、省进口贴息等支持进口的政策措施,积极扩大经济建设中急需的先进技术设备、关键零部件及短缺资源等大宗商品进口。支持流通企业开展进口自营销售,经营代理国外品牌。组织企业参加首届中国国际进口博览会,以进养出,以进促出。支持丰利石化进口原油,支持龙丰纸业、汉阳电子、班德路等加工贸易企业进口。

4. 实施电商七项工程,拓展创新发展空间

一是产业电商创新工程。新认定备案电商企业70家,全市工业企业"触网率"达到60%以上。二是园区建设提升工程。重点推进华龙区电商创业园、台前马楼电商汽配小镇等电商园区(基地)项目建设。三是跨境电商发展工程。重点推进濮阳跨境电商产业园、跨境电商"两仓"、无水港物流园区等项目建设,争取再创建1家省级跨境电子商务示范园区,培育1家省级跨境电商人才培训暨企业孵化平台。四是农村电商巩固工程。打造"濮阳莲藕""范县大米"等特色产品线上知名地域品牌,继续保持濮阳市农村电商在全省的领先位次。五是社区电商提质工程。重点依托河南先到家、河南管家办等社区电商企业,在市城区有条件的社区培育一批集网络购物、智能终端配送、家庭服务等多功能为一体的社区电商综合服务中心,争取1个项目纳入省级电子商务进社区试点项目。六是特色产品上行工程。推进县域农特产品上行公共仓建设,扶持京濮电商、邮翼电商、爱果电商等专注产品上行电商企业做大做强,组织参加好商务部秋、冬两季农产品网上购销对接会。七是万人电商培训工程。支持濮阳职业技术学院办好"大数据学院"和电子商务专业,全年培训各类电商人员1.5万人次。

5. 提升商贸流通水平,稳固共享发展基础

提升商贸业发展水平。以《濮阳市商贸服务业"十三五"发展规划》为引领,完善商贸服务业空间布局,以提升发展质量为重点,统筹推动批发

零售、餐饮住宿、商贸物流、商务服务及社区商业发展。2018年，商贸服务业增加值占服务业增加值的比重保持在20%以上，社会消费对全市经济发展的贡献率不断提高。

推动物流业转型发展。出台和落实全市物流业转型发展规划和石化能源物流、冷链物流、电商物流、快递物流4个领域转型发展工作方案。重点实施区域性天然气交易中心、南乐县木伦河冷链物流、濮阳县电商物流农贸市场、全市快递（电商）物流示范园等一批项目。

完善农村流通体系。建立农产品流通体系项目库，培育一批设施先进、管理规范、流通规模大的标准化农贸市场、农批市场和农业产业化龙头企业，加快建设高效、畅通、安全、有序的农产品现代流通体系。

优化行业发展环境。加强商务领域诚信体系建设，协调开展打击制售假冒伪劣商品和侵犯知识产权违法行为。加强商务综合执法队伍建设，完善执法制度和规范，大力开展商务领域综合监管执法。加强成品油、二手车交易市场、单用途商业预付卡、报废车拆解企业、拍卖、典当、汽车销售、外派劳务市场等行业管理工作。

B.35 2017~2018年许昌市商务发展回顾与展望

张巍巍 杜向伟[*]

摘　要： 2017年，许昌市抢抓"一带一路"机遇，围绕重点工作，科学谋划、持续发力，开放招商、对外贸易、内贸流通、电子商务等各项商务工作稳步推进。2018年，面临新的形势任务，许昌市将进一步提升商务工作水平，在建设"三力"许昌，开启新时代全面建设社会主义现代化强市新征程中做出新的更大的贡献。

关键词： 电子商务　物流转型

一 2017年许昌市商务运行情况

2017年，全市主要商务指标完成较好，招商引资势头强劲，内贸外贸平稳增长，电子商务持续发力，呈现出良好发展态势。

（1）招商引资强力推进，利用省外、境外资金保持了好态势。全年实际利用境外资金7.3亿美元，完成省定目标的101.5%，同比增长1.5%，完成目标比例和增速均居全省第6位；实际到位省外资金478.1亿元，完成省定目标的101.3%，完成目标比例居全省第3位，同比增长8.4%，增速

---

[*] 张巍巍、杜向伟，许昌市商务局。

居全省第 2 位。

（2）消费品市场比较活跃，居民消费持续增长。实现社会消费品零售总额 891.28 亿元，总量居全省第 10 位，同比增长 12.2%，增速居全省第 5 位。

（3）"走出去"力度加大，外经合作实现新突破。新增对外投资中方协议额 6914.2 万美元，同比增长 74%，增速位居全省第 3 位。对外承包工程新签合同额 2251 万美元，完成营业额 1710 万美元。在国家对非理性对外投资实施阶段性管控、全国对外投资出现普遍下滑的宏观环境下，许昌市对外经济合作仍然保持了稳步增长势头。

（4）对外贸易逐步回稳，进出口稳步增长。全市实现进出口 141.94 亿元（含富士康单项统计 26.02 亿元），同比增长 15.4%，其中出口 124.96 亿元，同比增长 9.7%，保持了回稳增长的良好势头。

（5）新业态发展较快，电子商务发展迅猛。全市累计认定备案电子商务企业 443 家，电子商务交易额 566.7 亿元，同比增长 38.4%，其中跨境电商交易额 97 亿元，同比增长 31.2%，持续保持了高速增长。

二 2017年采取的主要措施

1. 实施开放带动战略，抓好招商引资

（1）科学谋划，高位强势推动。一是坚持顶层设计，制订印发了《许昌市 2017 年对外开放和"5356"招商引资行动计划》，确立了年度 50 个已签约亿元以上招商项目落地，全年实际到位市外资金 560 亿元的目标，重新完善了招商引资项目库，谋划推介 300 个重点招商项目，筹划安排了 20 项重点招商活动，确保了年度招商引资各项工作有序展开。二是坚持领导带动，在全市范围内实行"二分之一"工作法，市委、市政府主要领导多次亲自带队招商，各县（市、区）党政主要负责同志也积极行动，轮流外出对接洽谈项目。市、县两级党政主要负责人起到了强大的示范引领作用，提升了项目签约成功率，成功引进了一批重大项目。三是坚持部门联动，市直

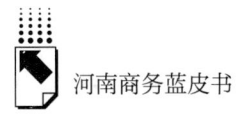

13个部门制定了开放招商专项工作方案,市发改、科技、教育、交通、旅游等部门,认真研究确定扩大开放的突破点、着力点,明确目标任务、工作重点和工作措施,推动本领域对外开放提升到新水平。

(2)内外并重,办实招商活动。一是注重借助平台招商,积极组织参加国家、省政府举办的厦洽会、中博会、河南国际投资贸易洽谈会等活动,加大招商推介力度,提高招商引资规模。二是注重组织精准招商。依托市政府驻京办、驻沪办、驻深办,设立4个招商联络处,委派招商专员,围绕北京疏解非首都功能及京津冀、长三角、珠三角、闽东南等产业转移,精准对接,定向招商。2017年,先后在深圳、上海、杭州、北京等地组织了"承接珠三角地区产业转移""承接长三角地区产业转移""许商回归工程""承接京津冀产业转移"等专题招商活动,签订了一批合作项目。三是注重办好特色活动招商。依托本市三国文化旅游周、花博会、钧瓷文化节等重大文化旅游活动,组织专题招商,推介对接项目,促进花木、医药、钧瓷等特色产业的发展。

(3)强化保障,促进项目落地。制定出台了《许昌市定向驻点招商工作方案》《许昌市招商引资项目代办服务工作方案》《鼓励许商回归创业创新发展的若干政策》等文件,为打造开放型经济,营造良好的营商环境,促进项目落地提供了有力的政策保障。对全市招商项目建立跟踪台账,适时掌握项目落地情况,及时协调解决项目落地存在的问题。依据《开放招商考评奖惩办法》,坚持每月通报、每季度在新闻媒体公示县(市、区)开放型经济指标完成情况,层层传导压力,激发内生动力,促进项目落地。2017年,全市新签约招商引资项目268个,到位资金582亿元,项目履约率、开工率与资金到位率分别达到99.6%、92.1%与34%。

2. 坚持选准方向,融入"一带一路"

坚持对德、东盟两个方向持续发力。对德方面,持续跟踪已签约项目,不断加强与德国方面的对接交流,组织了4次赴德招商对接活动,阿玛松集团、GTA公司等25家德国企业(机构)相继到许昌考察,实现"落地11个项目、新签约25个项目、新增29个意向"的合作成果。许昌对德合作驶入"快车道",与德国企业开展了全方位、多领域、深层次的交流,截至2017年底,累计赴德企业达到90余家,陆续推进落实的合作项目达31个,覆盖工业制造、科研、职业教育等多个领域,其中大森机电并购德国GTA公司建设高端机械设备工业园项目、统一电器与克莱斯公司合作的冷藏车项目等先后实施。东盟方面,连续3年组团参加东盟(曼谷)中国进出口商品博览会,2017年参会企业21家,达成合作协议和产品销售意向11个,总金额2.3亿美元。此外,启动了河南自贸区许昌联动区申建工作,与国际物流企业林德国际物流集团签订了合作协议,致力搭建互联互通的自贸区网络,共建共管跨境中欧经贸合作园区,推动许昌搭建"空中丝绸之路"。

3. 精准施策,力促外贸增长

(1)出口产品结构进一步优化。在保持发制品、机电产品等增长的同时,进一步挖掘农产品、服装、纺织品的出口潜力,不断扩大传统出口产品市场份额。大力培育陶瓷等新的出口增长点,2017年陶瓷产品、塑料制品出口总量已超过鞋类,分别出口1.67亿元、1.25亿元,丰富了进出口品类,提升了本市外贸竞争力。河南森源集团收购郑州中南输变电进出口有限公司,签约了非洲刚果电网改造项目和乌干达输变电项目,将有力带动机电设备出口。

(2)大力开拓国际市场。深入实施市场多元化战略,及时发布境内外国际知名展会信息,引导支持企业有针对性地参加展览展销活动。2017年,累计组织40余家外贸企业,参加了包括121届春季广交会、2017年中国-东盟越南(机电)展、中国-亚欧博览会、中国西部博览会、第十九届中国国际高新技术成果交易会、第122届秋季广交会等国内国际知名展会,为外贸企业开拓新市场,吸纳新订单提供了强有力的保障。

(3)不断优化外贸发展环境。积极申建许昌发制品国家级外贸转型升级示范基地,促进外贸企业转型升级。依托许昌发制品产业的集群优势和建安区跨境电商产业园的硬件基础,培育出区域型综合服务企业——河南维库信息科技有限公司,为周边发制品企业提供了仓储、通关、物流、结汇、退税、信用保险、金融、培训、创业孵化、法律咨询、政策法规信息、大数据应用等一站式的综合服务。

4. 突出重点，搞活内贸流通

（1）扎实推进贸易流通体制改革发展省级综合试点工作。以"国内贸易流通体制改革发展省级综合试点市"为契机，围绕"完善国内贸易流通现代化发展体系、创新国内贸易流通发展方式、保障内贸流通市场规范稳定运行、建设法治化营商环境、建立高效统一的市场治理体系"五大重点任务，扎实推进内贸流通体制改革发展工作，取得了明显成效。

（2）着力推动现代物流业转型发展。牵头起草了《许昌市现代物流转型发展规划（2018～2020年）》和冷链物流、电商物流、快递物流3个专项行动方案，对物流业发展的下步目标任务进行了明确，计划规划建设一批服务全省全国的物流园区和专业的物流园区，打造规模达到百亿以上服务全国的上市现代物流企业，培育一批物流装备制造企业。召开了全市现代物流重点产业转型发展工作会议，编制了《许昌市现代物流重点产业项目库》，初步筛选重点物流项目26个，总投资约497亿，许昌鲜之达生鲜产品低温加工配送中心等一批重点物流项目相继开工建设，掀起了物流业发展新高潮。

（3）持续推进市区农产品市场体系建设。市区农产品市场体系建设又一次被市委、市政府列入全市民生实事，出台了《关于进一步推进市区农产品市场提档升级若干问题的意见》，为市区农产品市场项目建设与运营管理提供重要政策依据。2017年，完成社区生鲜便利店改建100家。

（4）市场监管监测有力有效。在全市商务系统推行"双随机一公开"监管工作，增强商务监管执法效能。推进商务综合执法体制改革试点工作，长葛市和禹州市通过了省商务厅验收。扎实做好市场监测工作，全市监测样本企业报表上报率、及时率、准确率全部达到100%，在全省市场监测工作考核中居第4位。强化成品油市场监管，扎实推进国Ⅴ汽柴油升级工作，全市375家加油站及2座储油库国Ⅴ车用汽柴油供应已实现全覆盖。开展取缔非法加油站（点）专项整治"回头看"行动，严厉打击无证"黑加油站"，全市"黑加油站"没有出现死灰复燃现象。

5. 多措并举，大力发展电子商务

2017年，全市电子商务继续保持快速发展的良好态势，全市应用电子商务企业超过4000家，其中，涉及跨境电商经营企业突破800家，通过阿里巴巴国际站、速卖通、亚马逊等平台，面向欧美、非洲等100多个国家和地区销售发制品、蜂产品、陶瓷等产品，全市电子商务交易额567亿元，同比增长38.4%，交易额稳居全省第一方阵。

（1）抓好载体建设。全市建成电子商务产业园10家，在建3家，规划建筑面积150多万平方米。现有国家级电商示范企业1家，省级电商示范企业6家，省级电商示范基地3个，市级电商示范企业21家，市级电商示范基地8个。各类示范主体辐射带动效应明显，为推动电商发展发挥了重要作用。

（2）培育本土平台。大力引导、扶持本土平台发展，鲜易控股旗下"鲜易网"已发展成国内最大的深度垂直生鲜食材B2B交易系统，冷链资源交易系统"冷链马甲"平台是国内唯一冷链能力与资源交易系统。鄢陵县自主开发的商亿网，为农民在农村实现购物、销售、缴费等方面提供一站式服务。168建筑机械网、中原花木网等本土专业化平台，逐步兴起做强。

（3）推动电商进农村。鄢陵县作为首批国家级电子商务进农村综合示范县，已建成1个县级电子商务运营服务中心、12个乡镇级电子商务服务站和386个村级（社区）服务点，搭建完成了集农特产品展示、品牌培育、物流配送、质量保障等为一体的县、乡、村三级农村电商服务网络。长葛市2017年被确定为省级电子商务进农村综合示范县，建成1个县（市）级公共服务中心，96个乡村服务站，有效实现了农产品上行，被阿里巴巴评为农产品网上销售全国百佳县。建安区的假发和腐竹、长葛的蜂产品、建安区灵井的社火用品、鄢陵的花木和箱包、禹州的钧瓷和中药材、襄县的王洛猪蹄等一批特色电商产品已逐步成为具有农村地域特色的知名网销品牌。全市农村电商经营主体突破1000家，各类网络商铺上万家，农村电商从业人数3万多人，有6个村入选阿里研究院中国"淘宝村"名单，数量居全省前列。

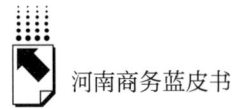

(4) 大力发展跨境电商。成立了市长任组长的跨境电商综合试验区建设领导小组，出台了《许昌市跨境电子商务综合试验区建设实施方案》，加大对跨境电商发展的支持力度；完善跨境电商公共服务体系建设，培育认定3家跨境电商培训孵化基地，建成4个跨境电商园区，成功引入了阿里巴巴在全国唯一的发制品中转仓，2017年5月正式投入运营，日均订单在5000单左右，并逐日增长，2017年度累计销售额突破4800万美元。先后组织了"中国假发出海跨境电商高峰论坛"、"丝路崛起，中国力量"敦煌网－跨境电商培训等活动，全年累计开展跨境电商培训50余场，1万余人次。

三　2018年商务发展展望

2018年是贯彻党的十九大精神的开局之年，是改革开放40周年，也是决胜全面建成小康社会、实施"十三五"规划承上启下的一年。2018年全市商务工作要以习近平新时代中国特色社会主义思想为指引，深入学习贯彻党的十九大精神，全面落实全国、全省商务工作会议精神，围绕市委、市政府决策部署，坚持实施开放带动战略，深度融入"一带一路"建设，积极承接产业转移，着力提升内贸流通水平，推动形成商务发展新格局，在建设"三力"许昌，开启新时代全面建设社会主义现代化强市新征程中做出新的更大的贡献。

2018年预计全市实际利用省外资金增长5%，实际利用外资增长3%，对外贸易进出口增长3%，社会消费品零售总额增长11%，电子商务和跨境电子商务交易额增长20%以上，对外承包工程及劳务合作完成营业额增长3%，对外直接投资有序稳定发展。

四　2018年商务发展对策

1. 持续扩大对外开放

坚持软硬环境并重，努力营造亲商富商安商环境，积极培育新优势，打造开放招商新高地。一是加快开放平台建设。主动融入河南自贸试验区,积极申建河南自贸区许昌联动区,争取更多优惠政策支持。加强与林德国际物流集团、德国帕希姆机场的合作,谋划建设跨境经贸合作园区和跨境电商基地,协同推进出口监管仓库、保税仓库、保税物流中心等开放平台建设。二是扩大开放合作领域。深化制造业对外开放,引导外资投向高端制造、智能制造、绿色制造等先进制造业。扩大服务业开放合作,重点放宽金融机构、证券公司、期货公司、保险机构等准入限制,推进电信、互联网、文化、教育、现代物流、医疗养老、旅游休闲等领域有序开放,鼓励支持外资参与基础设施建设。三是创造更优营商环境。实施对外开放党政"一把手"工程,加强对重要政策和重大事项的协调、督办。建立完善对外开放工作责任制,强化部门联动协同开放机制。强化服务意识,推进招商项目代办工作,减少办事时间、提高办事效率,为投资者提供优质、高效、便利的代办服务。

2. 大力抓好招商引资

坚持"二分之一"工作法,在招商引资的思路上、机制上、方式方法上不断创新,进一步提升招商引资水平和效果。一是搞好招商顶层设计。加强对产业及招商政策的研究和分析,谋划好全年的招商活动。二是开展精准招商。牢牢抓住北京疏解非首都功能和沿海产业向内陆地区梯度转移的机遇,瞄准"京津冀""长三角""珠三角"等重点区域,围绕许昌市十大产业链和四大战略性新兴产业,以产业集聚区为载体,开展定向、精准招商,不断提升承接产业转移的水平和层次。三是创新招商方式。扩大与知名商(协)会和中介机构的对接,积极开拓委托代理招商新渠道;挖掘异地许昌商会人脉、资源优势,推进"许商回归工程",吸引许昌籍外地企业家回报家乡,回归创业投资;发挥市政府3个驻外办事处的作用,完善4个驻外招商联络机构,针对重点企业投资意向,派出专人,精准对接,提高招商实效。四是务实组织好招商活动。组织参加国家和省举办的厦洽会、河南投洽会、高交会等经贸活动。办好三国文化旅游周、中原花木交易博览会、钧瓷文化节等招商活动。每季度在省外开展一次由市政府主办、相关县(市、

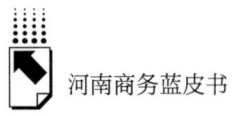

区）承办的专题招商活动。五是抓好项目跟踪问效。完善招商项目台账管理工作机制，强化招商引资项目档案和"三率"督查，及时协调解决项目落地存在的问题。

3. 积极融入"一带一路"建设

一是持续深化对德合作成果。按照"正式落地10个项目、新签约10个项目、新达成10个合作意向"的年度目标，进一步深化拓展对德合作领域，逐步向技术合作、职业教育、健康养老等领域拓展，形成中德合作示范引领效应，打造河南省中德合作的典范。上半年、下半年各谋划组织1次赴德招商活动，年内在长三角地区组织一次以对德合作为专题的招商活动。二是加大"走出去"力度。聚焦重点产业，选准合作方向，推动许昌市电力装备、发制品、现代农业等优势产业合作。强化对外经济政策咨询、风险预警、在线办事等服务，妥善应对处置境外经贸纠纷和突发事件，维护境外利益。三是争取对外承包工程方面有所突破。抓住国家取消对外承包工程资格的政策，指导企业依托商务部、对外承包商会、省商务厅等信息渠道，寻找境外工程信息，争取新签和拓展对外承包工程项目。

4. 扩大对外贸易进出口

一是着力优化外贸主体。落实国家、省、市外贸发展政策，发挥外经贸发展专项资金引导作用和发制品行业龙头企业带动作用，改善行业内部无序的竞争态势，走中小微企业与大企业协作配套发展的道路。二是不断夯实基地建设。做好长葛市蜂产品基地的重新认定工作，支持长葛市创建国家级蜂产品外贸转型升级基地，鼓励禹州市创建国家级炻瓷外贸转型升级基地。支持产业集聚区和基地内部外贸公共服务平台建设，为企业提供更加便利的仓储、运输和排污服务。鼓励外贸企业建设境外营销网络和公共海外仓。三是大力培育外贸新业态。积极引进外贸综合服务企业，鼓励区域型、专业型外贸综合服务企业做大做强，不断提升服务能力。支持传统外贸企业利用跨境电商平台开拓国际市场。四是有效扩大进口。用好国家、省进口贴息政策，鼓励许昌市外贸企业开展先进技术设备、关键零部件进口活动。做好首届中国国际进口博览会动员工作和境外企业参展邀请工作,组织企业参会洽谈采购。

5. 着力提升内贸流通水平

复制推广国内贸易流通体制改革发展综合试点经验。大力推动物流业转型发展,按照《许昌市现代物流转型发展规划(2018~2020年)》和冷链物流、电商物流、快递物流3个专项行动方案,细化工作任务,加强工作督导,研究出台相关配套政策,推动各项任务迅速展开,有效落实。把握许昌被确定为河南省商贸物流标准化三年行动计划试点市这一机遇,大力推进全市物流标准化工作。继续推进市区农产品市场体系建设工作,规划新建、改造一批低温农产品加工配送中心。

6. 充分释放消费潜力

持续开展"中华老字号"、"河南老字号"和省级品牌消费区培育认定工作,提升消费品质。落实《汽车销售管理办法》,构建授权和非授权并行的汽车销售新体系,加强二手车流通行业管理,促进汽车消费。抓住春季旅游旺季及五一、中秋、国庆等假日,举办系列商业促销活动,释放消费内在潜力。加强事中事后监管体系建设,在成品油、典当行和单用途商业预付卡3个监管领域基础之上,全面开展"双随机一公开"抽查工作。完善商务诚信体系,加强重要产品追溯体系建设,进一步做好禹州市中药材追溯体系试点建设工作,规范市场秩序,营造良好的消费环境。

7. 积极发展电子商务

一是保持和扩大许昌跨境电商在全省的领先优势。积极扶持引导,打造低门槛、多元化的跨境电商培训孵化平台和跨境电商综合园区,引导跨境电商产业集聚发展。指导推动有实力的外贸企业有计划地在主要出口市场设立一批海外仓、体验店、展览展示中心,创新海外营销模式。二是加快推进电子商务进农村。抓好电商扶贫,对现有6个淘宝村形象和品质进行提升改造,完善电商公共服务功能。突出抓好鄢陵县国家级和长葛市省级电子商务进农村综合示范县工作,用好中央和省级财政扶持资金,确保顺利通过上级验收。三是创新发展电商物流。加快建设电商物流园，完善提升现有电子商务园区服务功能，按照"电商+仓储+物流"三位一体的原则，提升改造为电商物流产业园。大力建设电商物流服务站点，整合利用县、乡、村现有流通资源，支持邮政、电商企业、大型流通企业建设改造农村电商配送和综合服务网络，加快建设一批县级电商运营中心、乡镇电商服务站和村级服务点。

B.36
2017~2018年漯河市商务发展回顾与展望

田梦霖*

摘　要： 2017年，漯河市商务局持续推进招大引强，竞赛招商效应凸显；强力扶持对外贸易，外贸取得突破性进展；加快发展电子商务，跨境电商增势迅猛；内贸流通加快转型，现代物流全省领先；食博会成果丰硕，自贸区率先发展，对外开放优势进一步增强，各项商务工作取得了明显成效，为全市整体经济发展做出了积极贡献。

关键词： 开放招商　电子商务

一　2017年漯河市商务发展指标完成情况及特点

（1）利用境外资金。2017年，全市合同利用外资2796万美元，完成省定目标2.2%，同比增长57.3%；实际利用外资90137万美元，总量居全省第5位，完成省定年目标的100.1%，增幅居全省第15位。

（2）利用市外境内资金。2017年，全市实际利用市外境内资金323.6亿元，完成市定年目标的101.4%，同比增长8.5%。其中，实际利用省外资金240.7亿元，总量居全省第15位，完成省定年目标的100.7%，同比增

---

* 田梦霖，漯河市商务局。

长7.7%，增幅居全省第13位。

（3）对外贸易进出口。2017年，全市进出口总值完成528335万元，总量居全省第11位，完成省定目标任务的119.2%，同比增长19.2%，居全省第7位。其中，出口469073万元，同比增长31%；进口59262万元。

（4）社会消费品零售总额。2017年，全市社会消费品零售总额550.3亿元，同比增长12%，居全省第9位。

二 2017年采取的主要措施

1. 招大引强成效明显

漯河市抢抓国家重大战略及沿海产业转移机遇，创新招商方式，大力实施产业招商、驻地招商、以商招商、园区招商、委托招商，统筹协调、指导推动全市各级各有关部门围绕重点产业持续实施招大引强攻坚行动。全年累计签约各类投资项目104个，投资总额686.3亿元。其中，超30亿元项目9个，世界500强企业投资项目8个，国内500强企业投资项目4个，行业龙头、知名品牌企业投资项目13个。天成鸿路装配式建筑产业园、申通快递物流园、宏全国际工业园、华润新能源、北大荒食品产业园、万邦农产品冷链物流产业园、上海乐通整体转移、金山化工总部及研发中心等一批重大项目成功落户，为全市产业转型升级注入了强大动力和活力。

2. 百日会战影响深远

为决战四季度、冲刺全年招商引资目标，漯河市组织开展了为期100天的招商引资"百日会战"活动，在《漯河日报》开设专栏进行宣传报道，营造了全市各级各部门明争暗赛的浓厚氛围，掀起了新一轮招商引资热潮。全市累计派出各级各类专业小分队外出招商130多批次、拜访知名企业高层及商协会500多家、邀请来漯考察的重要客商300多人次、举办各类专题活动40余场，累计洽谈对接、签约储备各类投资合同、框架协议51个，为冲刺2017年目标任务以及2018年的招商引资打下了坚实基础。漯河市的工作得到了市委、市政府的充分肯定，省商务厅、省开放办、省转型攻坚办先后就漯河的工作经验专题刊发简报，在全省产生了较大影响。

3. 重大活动成果丰硕

漯河市遵循"三化"办会原则，精心组织筹备第十五届中国（漯河）食品博览会，取得了丰硕成果。食博会期间，共有1万余名参展商、采购商、投资商到会，其中国内外500强、行业龙头、知名品牌企业86家；现场签约合作项目54个，总投资255.2亿元；现场签约贸易采购合同额175.39亿元，累计达成贸易采购合同额351亿元；10个"一带一路"沿线国家，以及国内27个省、市、自治区的近900家企业参展，其中食品百强企业和驰名商标企业60多家；"互联网+食博会"再创新亮点，促成线上意向成交额9.2亿元，打造了国内第一个全民网络直播+展会的模式。同时，全市组团参加河南投洽会、中博会、亚欧博览会、东盟博览会、厦洽会等一系列国家和省政府主办的重大招商经贸活动，走访了香港鸿道集团、澳门侨光集团、香港潮州商会、澳门中华总商会等一批知名客商、协会高管，对接洽谈并签约了投资5亿元的烟草物流园、投资3.5亿元的智慧环卫运营等一批重点项目。

4. 对外贸易乘势而上

组织20多家企业参加国内外知名展会10余次，因势利导培育重点企业不断开拓新兴市场、发展壮大，年内出口超5000万元企业增至42家，新增国际市场15个，共与112个国家（地区）建立了贸易往来关系；新增出口实绩企业43家，累计达到170家。积极引导传统企业创新贸易模式，大力发展跨境电商，双汇、银鸽、3515等49家龙头传统工业企业转型跨境电商，近千家中小微企业（商户）通过各种平台开展跨境电商业务，成为新的外贸增长点。着力优化出口环境，在职权范围内积极简化办事流程，累计培训外贸人才500余人，深入企业调研10余次，协调解决问题20余件，撰写多篇高质量调研报告，获漯河市委、市政府主要领导重要批示。

5. 电子商务快速增长

漯河市通过示范引领和政策扶持，大力推进全市电子商务保持良好发展势头。全市新增备案登记企业66家，累计达到299家；新增5家省级电商

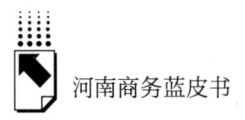

示范企业、17家市级电商示范企业,省、市级示范企业累计近百家。中国(漯河)电子商务产业园荣获全省首批跨境电商孵化基地,正在积极争创国家级示范基地,已累计吸引入驻各类电商企业260家,产业链条逐步完善,集聚效应日益凸显。牵头组织开展电子商务高端管理人才培训班、跨境电商专训班等一系列培训、考察、学习活动,累计培训近千人次,为推动全市电子商务持续快速发展提供了有效的智力支撑。

6. 商贸流通蓬勃发展

漯河市扎实做好市场监测和元旦、春节、国庆、中秋等节日保供工作,市场监测工作综合排名位居全省前列。积极引导龙头商贸企业实施"互联网+流通"转型升级,商业新零售成效明显、增速迅猛。大商新玛特和千盛百货天狗网实现销售额4.9亿元,同比增长80%;双汇商业连锁"万家便利"电商平台实现销售额332.6万元,同比增长23%。探索推进托盘标准化,获批省级商贸物流标准化试点市,走在了全省前列。漯河市作为全省三个(郑州、商丘、漯河)再生资源回收体系试点城市之一,持续推进建设,通过了省商务厅验收,循环经济发展走在了全省前列。新培育2家省级平安商场,累计达到4家,有效满足了居民多元化和品牌化的消费需求。组织参加全省豫菜品牌大赛,荣获2个团体奖和10个个人奖,并获优秀组织奖。持续推进临颍县国家级电子商务进农村试点工作,顺利通过省商务厅初验。

7. 市场监管扎实有效

漯河市加强成品油市场管理,先后出动执法人员320余人次、执法车辆60余台次,地毯式排查加油站486座次,对发现的33家死灰复燃非法加油站点全部进行拆除,行政拘留16人,罚款1.7万元。认真做好油品质量监管,强化油品抽检频次达286次,全市汽油合格率达到100%、柴油合格率达到96.6%,稳妥推进76座加油站双层罐改造,为全市环保攻坚做出了突出贡献。认真做好典当、拍卖行业风险排查,全市没有发现一例非法集资行为。相继开展外派劳务、外商投资、汽车销售、家庭服务、单用途商业预付卡等一系列执法检查活动和专项治理行动,大力推进商务领域诚信体系建设，积极开展诚信兴商宣传月活动，进一步规范了商务领域市场秩序，优化了发展环境。大力推进肉菜流通追溯体系建设项目，8个节点子系统基本建成，顺利通过商务部最终验收，进入运维阶段。

8.改革创新实现突破

漯河市抢抓机遇，成为除郑汴洛外唯一获批先行先试建设自贸区的省辖市，联手商务部国际贸易经济合作研究院开展相关调研座谈，统筹指导自贸区建设；推动成立了市长任组长的高规格漯河协同发展区建设工作领导小组，印发了14个主要成员单位复制推广自贸区成功经验的任务清单，重点推进"放管服"改革，积极筹建综合保税区，自贸区建设走在了全省前列。强力推进冷链物流、电商物流、快递物流等五大行业物流发展，创出了具有漯河特色的工作经验，在全省现代物流转型发展会议上作典型发言。注重探索创新，通过择优比选和政府采购确定了食博会市场化运营商和第三方评估机构，食博会市场化改革迈入了快车道，力度之大全省领先。强化开发区管理，指导漯河经济技术开发区和临颍经济技术开发区分别进入国家级和省级开发区第一方阵。稳步推进国有非工企业改革，争取6家系统内企业纳入全市第一批改革计划，为保障社会大局平安稳定创造了良好条件。

三 2018年商务发展对策

1.着力加强统筹指导，不断增强招商引资的实效性

加快推进市场化招商步伐。按照"分步实施、试点先行、专业化招商、市场化运作"的总体思路，推进招商体制机制改革。不断强化"五库"建设。建立"重大招商项目库""知名企业信息库""招商信息库""招商载体资源库""招商政策库"。进一步建立完善政策措施体系。研究出台系列政策及举措，进一步完善开放招商工作目标责任、考核评价体系及激励和项目推进机制，充分调动各方面招商引资积极性，有效推动全市开放招商工作。

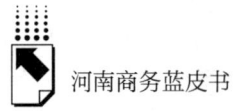

2. 着力深化招商方式，不断提升招商引资的质量

积极推进委托招商。围绕食品、电子信息、医药化工、装备制造等重点产业，聘请招商大使，制定科学的产业方向、产业路径和招商方案，形成政府推动、企业承办、市场运作的招商引资机制。继续强化驻地招商。整合招商资源，建立专业化招商队伍，健全驻外招商机构，摸排招商资源、收集招商信息、锁定重点客商、坚持跟踪到底。建立健全沟通联络机制，实现招商信息共享，客商资源共有，形成招商合力，确保驻地招商取得实效。持续深化以商招商。按照"政府主导、企业主体、社会协同"的模式，引导市内企业开展产权招商，以存量招引增量。鼓励落户企业与经济发达地区行业协会、商会及业务伙伴联系，积极宣传推介漯河。支持漯河籍成功人士组建异地漯河商会，推动商会资源实施回归工程。深入开展园区共建。以承接沿海全产业链和产业集群转移为重点，与地方政府、国内外知名企业集团、知名智库、商协会、科研院所、省市异地商会开展战略合作，探索"优势互补、利益共享、税收分成、股份合作"等长效合作机制，实施联合招商、园区共建。

3. 着力开展务实招商，持续深化项目招大引强

积极借会宣传推介。积极组团参加第十二届河南投洽会等系列招商洽谈展会活动。积极借助国家和省里的平台，大力宣传推介漯河，争取高层次邀商、高质量签约。强力推进百日会战。围绕食品、电子信息、医药化工、装备制造、现代服务等漯河市重点发展产业，强力实施"招商引资百日会战"活动，开展高规格、大密度、针对性强的拜访、对接、洽谈活动，备战河南投洽会和食博会。广泛开展专题对接。展示漯河形象，开展区域合作，不断加强漯河市与重点招商区域间的交流与合作。

4. 着力实施双向开放，致力发展高层次开放型经济

强力推动对外贸易稳固发展。重点扶持食品、假发、服装、鞋类、农副产品等出口龙头企业，不断提升出口产品的科技含量和质量效益，积极参与"一带一路"建设，开拓更多的国际市场。建立出口基地培育机制，培育新的外贸增长点。实施积极的进口促进战略，促进贸易结构平衡发展。

大力发展跨境电子贸易。通过政策指导和资金扶持，引导更多的传统企业应用跨境电商转型升级，拓展国际市场扩大对外贸易。通过政府、高校、协会、企业合作方式，分批、分层次举办跨境电商培训班，为产业发展提供智力支撑。

积极实施"走出去"战略。以融入"一带一路"建设为契机，加大企业境外投资的政策扶持力度，鼓励漯河市有相对优势的企业走出去，有效带动相关技术、产品和劳务走出去，实现"三外"联动的良性发展。提高本土企业的国际化经营水平，提升国际竞争力。瞄准东南亚、俄罗斯中亚方向、中东欧等食品工业发达的沿线国家（地区），积极扩大经济技术合作。

加快建设河南自贸区漯河协同发展区。突出漯河市食品产业特别是肉制品产业优势，明确改革创新事项，凝聚全市各级各部门合力强力推进实施，全面提升投资便利化、贸易自由化、监管法制化水平，营造对标国际、更加优良的营商环境。并从中试验总结出与郑、汴、洛各不相同的成功经验，为河南自贸区建设做出漯河独有的贡献。积极申建漯河海关办事处，进一步完善开放平台。

进一步提升食品博览会影响力。坚持办好中国（漯河）食品博览会，通过专业公司市场化运营，切实提升食博会的策划水平、组织水平、管理水平和服务水平，加快向专业化、电子化、国际化、品牌化发展；进一步创优贸易采购环境，搭建食品产业贸易对接的优质平台，着力提升食博会的生命力。

全面推进开发区创新发展。在漯河经济技术开发区先行先试，全面复制推广自贸试验区改革创新成果，提升开发区国际化水平，不断转型升级、创新发展。加强国家级和省级开发区的分类指导和动态管理，积极推动临颍经开区升级为国家级开发区，指导具备条件的各类园区申报省级开发区，不断丰富开放招商的载体。

5. 着力创新内贸流通发展，加快提升流通现代化水平

抓好物流业转型发展。以打造豫中南物流集散地为目标，以出台《现代物流业转型发展三年行动计划》和《加快现代物流业转型发展扶持办法》

为契机，以加快发展具有优势的冷链物流、快递物流和电商物流为重点，以加快建设临港产业园等15个重大项目为抓手，进一步完善建立重大项目库，着力壮大市场主体，创新技术业态模式，推动物流业降本增效、联动融合、集聚发展，进一步做大做强做优现代物流业，继续保持全省领先水平。抓好流通体制改革。积极实施"互联网+流通"行动计划，推动传统商业企业转型和模式创新。漯河市作为全省4个商贸流通领域标准托盘试用试点城市之一，将加快推进供应链创新，促进城乡配送高效运行，力争创出漯河经验。

6. 着力释放消费增长潜力，凸显拉动经济增长动能

提高消费供给质量。示范创建省级特色商业街区，加快名品名店名街名区联动发展，促进多产业融合、商旅文体协同、购物体验结合，扩大中高端商品和服务消费。打造豫酒品牌，发展绿色消费，培育绿色采购和包装示范企业。促进汽车消费，落实《汽车销售管理办法》，构建授权和非授权并行的汽车销售新体系。优化消费网络平台。规划建设一站式社区便民消费服务中心、街区生活服务集聚中心，促进社区生活性服务智能化、便利化。强化市场运行监测，完善肉菜等重要商品储备制度，健全应急调运体系。

7. 着力提升电商发展水平，强力推动产业集聚

强力推动产业集聚发展。重点指导双汇电商平台加快上线运营，融合物流发展，打造成为全国最大的食品电商垂直平台。争创更多的省级、国家级电商示范企业。全面推进电商进农村。加快普及农村电子商务，完善农村电商服务功能，加强特色农产品分等分级、加工包装、物流仓储、冷链等基础设施建设，创新农产品电商销售模式，提高农产品上行综合服务能力。建立农村电商培训体系。积极推进电商进社区。推进电商与物流协同发展。电子商务与现代物流业相辅相成，互为动力，相互促进。建立数据交换共享和业务联动制度，共同提升配送效率。推动供应链协同。支持仓储、快递、第三方技术服务企业延伸服务链条，优化电子商务企业供应链管理。

8. 着力办好商务领域民生实事，切实增强商务服务水平

营造安全消费环境。把商务领域企业全部纳入诚信经营消费范围，深入

推进商务信用建设；积极探索做好打击侵权假冒特别是卷烟打假工作的新思路、新方法、新举措；全面推行监管执法"双随机一公开"制度，做好肉菜流通追溯体系建设项目的运维工作。实施电商扶贫工程。支持贫困地区创建省级、市级电商示范基地和企业，培育贫困地区特色电商平台和品牌。组织知名电商平台与贫困地区合作，与建档立卡贫困村、贫困户精准对接，加大与阿里、京东、苏宁、国美等知名电商平台的协调力度，支持推动农产品上行。开展电商专家下乡活动，加强对适宜搞电商的贫困人员培训，促其尽快脱贫。

B.37 2017~2018年三门峡市商务发展回顾与展望

刘文祥 费新伟*

摘　要： 本文回顾了2017年三门峡市主要商务指标运行情况，总结了商务部门围绕全年工作部署所开展的主要工作，分析了2018年商务工作面临的形势。2018年要顺应高质量发展新要求，突出抓好对外开放、产业招商、对外贸易、内贸流通、对外合作、电子商务、监管执法等创新发展，奋力开创商务工作加速发展、转型发展、跨越发展的新局面，发挥商务优势，助力打造"五彩三门峡"、建设"三地五中心"，为三门峡加快转型创新发展、决胜全面建成小康社会、开启现代化建设新征程贡献商务力量。

关键词： 产业招商　内贸流通

一　2017年三门峡市商务工作运行情况

（1）招商引资实现突破。全市累计签约招商引资项目97个，总投资708.49亿元，履约95个，履约率97.94%，开工79个，开工率81.44%，累计到位资金216.08亿元，资金到位率27.19%。尤其是央企合作取得显

---

* 刘文祥、费新伟，三门峡市商务局。

著成效,与中国建筑总公司等23家央企签订25个具体合作项目,总投资414.24亿元,与国家开发投资公司、航天建设集团、中青旅实业发展有限公司等央企签订战略合作协议。

(2)引进资金持续增长。全市实际利用外资10.79亿美元;实际利用省外资金381.3亿元,同比增长8.3%。

(3)对外贸易稳中有进。全市进出口79.56亿元,总量居全省第7位。全市跨境电商交易额完成27.6亿元,全省排名第7位,同比增长35%,排名全省第5位。

(4)消费拉动逐步增强。全市实现社会消费品零售总额493.87亿元,增速居全省第9位。全市电子商务交易额突破280亿元,其中电子商务网络零售额46.6亿元。

(5)对外合作快速发展。全市境外投资项目2个,总投资449万美元,增幅位居全省第1位。对外承包及劳务营业额完成2008万美元。其中:对外承包工程营业额完成623万美元,外派劳务914人次,同比增长188%。

二 2017年商务工作主要措施及成效

1. 突出央企合作,提升开放招商实效

一是强化央企招商。组织央企与三门峡市发展改革座谈会、央企合作交流推介大会等专题对接活动,与国投公司、华侨城集团、中金集团等开展一系列精准、务实的对接交流。通过来访、拜访及会议对接央企64家,对接线索152个,重点跟踪意向45个,签约具体项目25个,央企合作取得了阶段性成果。二是推进大员上阵。市委书记、市长亲力亲为、率先垂范,把工作时间向招商倾斜,先后赴北京、上海、深圳、杭州等地,密集开展专题招商活动,21名市级领导参与招商引资活动,会见客商、带队招商120余次。县(市、区)和市直各部门按照市委、市政府战略部署,上下联动,部门互动,围绕主导产业,瞄准央企、国内外500强、行业龙头企业,扎实开展招商活动,每周都有客商到访,每月都有专场对接。三是创新招商方式。以重点产业的建链、补链、延链为导向，全力打造以"黄白黑红绿"为主的"五彩三门峡"。坚持坐地招商，推动成立上海、深圳驻外联络处，整合全市招商力量，围绕长三角、珠三角等地区开展招商活动。探索委托招商，借助中国有色金属工业协会等商协会进行项目引进、专业咨询、策划论证等招商服务，举办了一系列专题招商推介活动。四是搭建招商平台。依托产业、资源和环境等优势，先后举办"央企三门峡行"、黄金珠宝产业发展高层研讨会、"互联网＋特色农业"创新发展论坛、区域电商合作发展论坛、大健康产业联盟大会等招商推介活动。

2. 抢抓创新机遇，推动电商产业繁荣

一是创新发展模式。构建"产业园区＋电商平台＋跨境电商平台＋综合服务平台"的"1＋3"电商发展新模式，引导电商企业全方位立体化发展。二是健全制度体系。推出三门峡电商产业园进入和退出机制，对入驻企业实行月考核，对运营公司实行年度考核，清退部分运营欠佳企业，保证产业园持续发展的强劲动力。三是扩大电商规模。积极出台电子商务企业和跨境电商企业专项扶持政策，全面提升全市电商产业的运营能力和产业规模；成功申报国家级电子商务进农村综合示范县1个，省级电子商务进农村综合示范县2个，省级电子商务示范企业7家，市级电子商务示范企业36家。四是着力人才培育。坚持人才培养和人才引进并举，与职业技术学院签订人才共建协议，召开电商专场招聘会5场，引进高层次电商人才43人，组织专题培训14场，服务1000余人次。五是发力品牌建设。举办中央电视台"原本卢氏"农业品牌大会、三门峡电商项目（杭州）推介会等品牌宣传活动，与阿里巴巴集团签订区域互联网经济建设合作框架协议，建立全国首个"生鲜农产品"领域的农业供给侧结构性改革试点示范区，聚力打通农产品上行通道，全面推广和宣传全市名特优和地标产品。

3. 丰富节会内容，打造经贸活动品牌

一是经贸合作成果丰硕。成功举办第二十三届黄河文化旅游节暨投资贸易洽谈会和第五届特博会。共邀请经贸客商1567人，签订经济合作项目66个，总投资448.79亿元。组织17家泰国企业参加特博会，展出商品150余种，现场签订销售合同30余份。二是主题论坛成效显著。联合中国黄金、百泰珠宝、上海豫园等60余家行业龙头企业，举办2017中国（三门峡）黄金珠宝产业发展高层研讨会，共同商讨黄金产业发展新路径，打响"天鹅之城、黄金之都"城市名片。三是特色活动亮点纷呈。万人帐篷节顺利举行。

4. 紧跟国际形势，再创对外贸易佳绩

一是强力打造出口品牌。引导食用菌、鲜果等传统外贸企业抢抓跨境电商机遇，设立陆港集团进出口商品展示厅三门峡农产品专柜，申报灵宝市国家级香菇出口基地。70余家传统外贸企业成为全市跨境电商的"先锋队"。二是奋力开拓国际市场。积极组织企业参加东盟博览会、亚欧博览会、高交会、广交会等大型外经贸活动。开展"名优产品丝路行"，全市20余家企业走出国门，参加国际性展会30余场次，对接专业采购商500余家，签订合作意向43个。三是大力加强政策扶持。联合商检、海关、国税举办"进出口企业外贸政策宣讲会"，扎实落实国际贸易"单一窗口"标准版应用推广工作，开展外贸企业综合业务培训。

5. 主动参与竞争，实现对外合作飞跃

一是提高企业国际市场竞争力。积极培育优质企业开拓境外业务，昌通路桥和路桥建设集团成功并购吉尔吉斯斯坦中亚建设有限责任公司。二是加快对外劳务合作发展步伐。强力实施外派劳务服务平台提质工程，全年向境外输出务工人员914人次。三是全面融入"一带一路"。加大外经法律法规和国家有关扶持政策宣传力度。建设企业产能合作项目库，推动三门峡市2家意向企业走出国门，开展海外能源、资源利用开发。

6. 加快供给改革，促进内贸流通发展

一是聚焦物流发展。建立由商务部门主导，发改、交通、邮政等参与的推进体制，出台《关于三门峡市现代物流重点产业转型发展的实施意见》。成功申报国家级冷链流通标准化示范企业1家，省级冷链物流示范项目6个。二是积极扩大消费。制定扩大消费专项行动实施方案，利用"双11"、"双12"和元旦等新的消费节点和节假日购物季，开展各类促销活动，创造消费需求，通过媒体全面系统宣传扩大消费政策，提振消费信心。三是培育消费亮点。支持万达广场、丹尼斯百货、义乌商贸城等龙头企业申创省级品牌消费集聚区,助推传统商贸企业做大做强,提升主城区消费供给和辐射带动能力。四是规范行业管理。出台《三门峡市党政机关会展管理办法》,实现全年27场次展览展会活动"零"事故和"零"投诉。协助三门峡市会展中心顺利通过商务部重点联系展馆验收。推行典当和拍卖领域会计师事务所审计制度,提升企业诚信经营的自觉意识。积极推动二手车交易市场登记备案、水泥专用车辆备案、散装水泥"三位一体"网上智能直报和再生资源回收管理系统信息登记等行业管理工作。

7. 健全管理体系,规范市场监管行为

一是完善工作机制。制定印发《成品油流通市场监管长效机制》和《关于加强商务领域诚信体系建设的实施意见》等一系列文件;发挥12312商务热线和12345政务热线投诉举报职能,畅通消费监督渠道。二是提升执法能力。坚持普法宣传责任制,推行"一月一法规"学习制度,全面提高商务执法队伍依法行政能力水平。三是落实监管责任。落实管行业必管安全责任,定期开展全市商贸企业安全生产集中检查。积极开展单用途商业预付卡治理、汽车销售百日行动等监管工作,切实维护消费者合法权益。

8. 发挥职能优势,助力精准脱贫攻坚

一是电子商务引领创业扶贫。把发展农业电商作为促进农民增收、助力农村脱贫的重要途径。先后引进阿里巴巴、腾讯、京东等16家电商平台,实现了农业电商市、县、乡、村全覆盖。二是对外劳务助力就业扶贫。创新开展"外派劳务+精准扶贫"工作模式,出台对外劳务扶贫专项扶持政策。全市累计外派劳务2560人次,其中卢氏县外派258人次,贫困人口占到近20%。三是项目引进推动产业扶贫。依托全市特色种植、养殖、深加工等农产品资源优势,通过引进龙头企业和产业链配套项目,提升农业附加值和经济贡献率。全市签约产业扶贫招商项目18个,总投资62.26亿元。

三 2018年商务发展面临形势及展望

从发展阶段来看。现阶段，我国经济发展的基本特征就是由高速增长阶段转向高质量发展阶段。当前，国家各项经济体制改革已经进入深水区，依靠要素投入驱动经济高速增长的阶段已经过去，省委和市委明确要求实现高质量的发展，这也为全市商务经济发展指明了方向。从发展路径来看。三门峡市作为资源型城市经济转型的路径已经基本明确，在确保产业链延伸的基础上，争取尽快培育出新的主导产业，实现彻底转型。因此，要牢固树立大开放促进大发展的意识，切实发挥开放的带动和引领作用，使其成为促进产业结构转型发展的强大动力；把开放招商作为突破口，围绕培育壮大战略支撑产业、骨干优势企业、重大产业基地，以大项目带动全市产业优化升级。从发展方式来看。要充分利用好国内外两个市场，做到"内外兼修"。2017年以来，国家出台了一系列扩大内需、促进经济增长的政策措施，速度之快、力度之大、密度之高，前所未有。消费需求作为最终需求，是经济增长的持久拉动力，也是促进经济转型的重要途径。因此对内要抓住扩大消费这一根主线，坚持把深化流通体制改革、维护市场稳定、规范市场秩序、扩大消费需求作为促进经济增长的突破口。对外要依托国家"一带一路"建设的实施，加快培育扩大出口，积极推进进出口结构调整，开拓新兴市场，大力实施"走出去"战略，拓展发展空间。

2018年，全市商务工作要以习近平新时代中国特色社会主义思想为指导，全面深入贯彻落实党的十九大精神，认真落实市委七届四次全会、市委经济金融工作会和全省商务工作会议部署，始终牢记商务工作的主要任务和使命担当，大力抢抓稳增长、调结构、保态势所带来的战略机遇和政策窗口，坚持稳中求进的总基调，把握开放发展新理念，顺应高质量发展新要求，突出抓好对外开放、产业招商、对外贸易、内贸流通、对外合作、电子商务、监管执法等创新发展，奋力开创商务工作加速发展、转型发展、跨越发展的新局面，发挥商务优势助力打造"五彩三门峡"、建设"三地五中

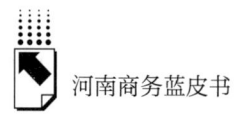

心",为三门峡加快转型创新发展、决胜全面建成小康社会、开启现代化建设新征程贡献商务力量。着力提高招商引资质量,项目履约率、开工率、资金到位率分别达到90%、60%、40%;在央企合作、产业招商上实现进一步突破。引进省外资金同比增长5%,确保全省中上游位次。实际利用外资质量提高,规模同比增长3%;进出口总值同比增长3%,对全市经济社会发展的贡献率进一步提高。社会消费品零售总额同比增长11%,商贸流通业辐射带动能力有所增强。对外承包工程和劳务合作完成营业额同比增长3%,对外劳务突破1000人大关,对外投资保持稳定;电子商务交易额、网络零售额和跨境电商交易额分别同比增长20%。

四 发展对策

1.构筑全面开放新格局

站位全市经济发展大局,更高层次、更宽领域谋划对外开放工作,出台扩大开放相关政策,做好开放顶层设计,发挥商务部门在推动全市对外开放方面的引领作用。着力完善开放长效机制。坚持对外开放工作"一把手"工程。充分发挥对外开放工作领导小组的综合协调作用,充分调动各行业、各部门的积极性,跟踪全市上下在对外开放方面的具体行动,形成开放合力。务实拓宽开放领域。抓住国家放宽投资市场准入的机遇,全面实施准入前国民待遇加负面清单管理制度。在持续提升高成长性产业、战略性新兴产业、传统优势产业等领域开放水平的同时,加快现代农业、现代服务业、现代物流业和基础设施等领域开放步伐,强力推进金融、商贸物流、大数据产业、文化旅游、科技教育、医疗保健等领域开放进程,着力补短板、提升竞争力。

2.开辟引资引智新局面

主动适应招商引资的形势变化,按照"产业招商、大员招商、专业招商、全员服务"的工作思路,加快提升工作质量水平。发挥比较优势抓产业招商。以激活传统动能、培育新动能为主攻方向,进一步完善全市产业链招商图谱,做好项目谋划工作,围绕传统产业、新兴产业等组建招商突破小组,通过引进大项目,加速产业发展。紧跟发展态势抓方式创新。组建专业专职招商队伍,市级层面成立黄金、铝、煤化工、特色农业、文旅等产业招商专职攻坚小组,更加注重招商的实效性、针对性。围绕国内外500强、大型央企和民营龙头企业,开展重点攻坚招商;同时,发展思路关注新产业、新业态,培育新动能,探索通过以资源、市场换项目,成立产业基金,开展股权投资等多种新颖方式吸引新项目落地,盘活存量项目。聚焦服务抓机制完善。完善线索跟踪机制,从项目线索开始,树立求实、务实、扎实的良好作风,落实"一个规划、一批项目、一个基金、一套制度、一个团队"的招商项目推进机制。完善要素保障机制,加快完善重大招商项目要素供给保障政策和推进机制,确保实现引进项目有人管、快推进、能发展的良好局面。围绕重点活动抓招商成效。集中精力做好经贸活动的谋划、组织、落实,力争将"一节一会"打造成为全省对外交流和招商引资的精品活动。有选择地参加东盟博览会、厦洽会、广交会等专业性更强的招商活动,开展更多专题性推介、区域性对接。更新发展观念抓招才引智。牢固树立人才"第一资源"理念,进一步推进"招才引智"与"招商引资"同频共振,实施"人才+项目+资本"引资引智的新模式,促进高端人才与优质项目、优势产业的高度融合,逐步形成"引进一个高端人才、带来一个创新团队、支撑一个优势产业、培育一个经济增长点"的招才引智观念。

3. 释放电商产业新活力

坚持"问题导向、目标导向、机制导向"的发展思路,依托全市产业基础,通过特色培育,走差异化发展之路。培育产业集聚优势。深入推进"产业园区+电商平台+跨境电商平台+综合服务平台"的"1+3"电商发展模式,引导电商企业全方位立体化发展。继续发挥全市农副产品资源优势,围绕农产品上行,开启专题推介,把电子商务产业园打造成辐射黄河金三角地区的农产品特色园区。加速产业融合发展。继续推动电子商务同工业、服务业深度融合,引导餐饮、住宿业通过电商平台拓宽营销渠道,以电子商务为引领推动贸易发展方式转变,引导传统内贸流通企业转变商业模式。强化产业发展保障。全力培育现有电商企业，协助企业解决资金、人才等方面的突出问题，引导设立电商产业发展基金。广泛与高校开展合作，实施人才共建计划，坚持培养和引进相结合，加强人才及项目孵化建设，缓解企业发展与人才短缺矛盾。搭建产业发展平台。加速推进电子商务产业园申报国家级电子商务示范基地，持续推动电子商务产业园运营管理水平不断升级，优化产业园企业和项目构成，谋划举办电子商务（跨境电子商务）高端峰会。推动电商进农村、进社区。开展农产品电商出村试点，加强特色农产品分等分级、加工包装、物流仓储、冷链等基础设施建设，推进农产品电商标准化建设，创新农产品电商销售模式，提高农产品上行综合服务能力。

4. 实现对外贸易新增长

保持对外贸易跨越增长的良好势头，落实国家关于促进外贸回稳向好的系列措施，以贸易便利化为导向，抓存量发展、抓增量突破，优化外贸结构。加快推进出口基地建设。建立农产品出口基地，重点建设做好苹果、果汁和香菇两个农产品出口基地，变产业集聚优势为出口优势。强力推进跨境电商发展。依托市电子商务产业园，全面加快跨境电商产业园建设，打造跨境电商线下基地；着力培育"国际特色商品交易平台总部基地和O2O体验商城项目"，打造跨境电商线上平台。持续壮大进出口规模。继续发挥外经贸发展专项资金的引导撬动作用，充分重视外贸展会的平台信息资源；开展有针对性的贸易投资对接活动，巩固和深度开发传统市场，更加主动开拓国际新兴市场。全面提升服务水平。推动业务知识培训常态化，加大政策宣讲力度，推动组织培训与基层调研相结合，使外贸企业能够全面掌握各项办事流程和外贸政策；推动通关效率提升常态化，充分发挥外贸联席会议作用，积极参与综合保税区和三门峡铁路口岸建设。

5. 开启对外合作新征程

加强服务引导，全面融入"一带一路"建设，开拓国际市场。壮大外经队伍。运用"工程承包+运营""工程承包+融资"等模式，推动业务由工程建设向项目融资、设计咨询、运营管理等高附加值领域拓展。扩大劳务规模。持续加强对外劳务服务平台建设，提升平台运作运营水平；广泛开展国际形势、国际环境、劳务政策进乡村、进学校、进社区宣传,使社会各界了解对外劳务的优势和前景;建立服务信息资源库,实行劳务项目信息备案。防范外经风险。着力完善"走出去"服务保障机制,健全境外突发事件预警和应急处理机制。

6. 服务商贸流通新发展

坚持"突出行业自治、落实事后监管、培育发展亮点"整体思路,持续提升商贸流通发展水平。推进物流业转型升级。抢抓全省物流业转型升级发展机遇,加快冷链物流、快递物流、电商物流、大宗商品物流网络建设,打造"区域园区、县乡基地、农村(社区)网点"三位一体全覆盖的物流网络体系;深化流通体制改革。持续推进内贸流通体制改革,全面复制推广国家内贸流通体制改革发展经验。鼓励社会资本通过参股、控股、资产收购等形式,进入农产品流通、特色物流、餐饮、购物、家庭服务、健康养老等领域。加强行业协会组织建设。优化完善餐饮、成品油流通、白酒、电子商务、家政服务、汽车销售及二手车销售等现有行业协会,组建物流、劳务输出、会展服务业协会等。通过行业自治规范行业秩序,保障市场健康发展。抓好商贸流通体系建设。着力优化布局,提升档次,完善功能,做大体量,加快构建主体多元、业态多样、布局合理、运作有序的现代商贸发展格局。

7. 探索市场监管新模式

理顺监管体制,创新监管机制,提升监管水平,切实为企业经营、群众生活创造良好的市场环境。深入开展重点领域监管。发挥行业部门监管职能,强力夯实成品油、单用途商业预付卡、会展等领域的监管和执法工作,提升管理水平,规范行业行为。推进商务执法体制改革。强化商务领域事中事后监管,探索建立各职能部门衔接配合、信息互通、协调联动的商务领域行政监管执法工作体制。严厉打击侵权假冒行为。健全各部门协同执法体系和三省三市联席会议及联合执法机制,建立行政执法与刑事司法衔接信息平台。抓好商贸领域文明诚信建设。探索建立商贸、餐饮企业信用档案,在商贸流通企业开展"诚信经营示范企业"评选,树立诚信典型,促进商业流通企业的健康发展。

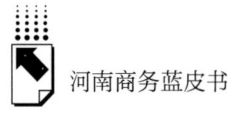

8. 打造商务民生新品牌

贯彻落实以人民为中心的理念,发挥商务优势,集中各方资源,使人民在商务发展中有更多的满意度和获得感。强化外派劳务扶贫。持续开展外派劳务扶贫专项推介活动,新增一批备案企业咨询报名处,推进外派劳务从自发型转变为组织型。积极推进《"丝路微贷"创业担保贷款管理办法》的实施,强化《对外劳务专项扶贫政策》落实。深化电子商务扶贫。按照中央脱贫攻坚和发展电子商务、培育经济新动能的工作要求,积极与相关部门协调,探索建设一村一电商公共服务中心,将当地特色农产品在电商中心进行展示销售,推进产业园区入驻企业与电商服务中心结对帮扶,增添脱贫攻坚新力量。加强产业招商扶贫。根据全市产业发展规划,围绕农业产业化项目精准招商、精准扶贫,引进一批优强企业助推全市脱贫攻坚,全力做好招商引资产业扶贫工作。开展家政扶贫试点。积极参与"百城万村"家政扶贫试点工作,组织需求地区与贫困地区签订对接协议,建立长期稳定的对接机制。组织家政服务企业深入贫困乡、镇开展服务技能培训,举办供需见面会,为更多贫困群众提供家政就业机会。做好环境污染防治工作。强化油品质量监管,配合做好油品质量升级、车用尿素推广使用、地下油罐防渗改造等相关工作,加大废旧汽车回收拆解、再生资源回收利用工作力度,坚决完成商务领域环境保护任务。

B.38 2017~2018年南阳市商务发展回顾和展望

孔维征*

摘　要： 2017年，南阳市商务系统深入贯彻习近平总书记关于新时代中国特色社会主义思想的重要讲话精神，主动适应经济发展新常态，坚持稳中求进的工作总基调，克难攻坚、开拓进取，商务事业发展稳中有进、超出预期。

关键词： 开放招商　电子商务

一　2017年全市商务发展运行情况

全市社会消费品零售总额1774.8亿元，同比增长11%。实际吸收外资58718万美元，同比增长0.1%。实际引进省外资金504.1亿元，同比增长8%。货物贸易131.2亿元，同比增长22.7%。货物贸易进出口由连续两年负增长到2017年两位数的增长，分别高于全国、全省8.5个百分点、11.8个百分点。服务贸易（含邓州）18361.8万美元，同比下降12%。对外承包工程和劳务合作营业额（含邓州）23万美元，提前4个月完成了全年目标。电子商务交易额665亿元，同比增长69.6%，跨境电子商务交易额47亿元，同比增长33.8%。

---

* 孔维征，南阳市商务局。

二 2017年采取的主要措施

1. 全方位发力，不断增强对外开放活力

一是强化规划引领。出台了《南阳市融入"一带一路"建设实施方案》，明确了融入"一带一路"建设工作的总体要求、战略定位、重点任务和保障措施，成为今后5年南阳对外开放工作的引领和行动指南。二是加大招商引资力度。出台了《关于切实做好2017年开放招商工作的意见》等文件。围绕年初目标，市委书记、市长亲自带队赴珠三角、长三角、环渤海和中国台湾，以及欧洲等地区和国家开展招商活动，各县（市、区）书记、县（市、区）长也亲自带队外出招商，促成签约项目367个。实施产业招商，引进符合主导产业的项目207个，占全市引进项目总数的56.4%。实施招大引强，全市新开工10亿元以上项目24个，投资15亿元的星凯龙新能源整车制造项目、苹果公司投资6000万美元的新能源项目、奥地利ATB公司投资2000万欧元的新型防爆电器等一大批项目成功引入。实施节会招商，全年节会达成合作项目161个，总投资626.35亿元。更加注重引才引智，2017年南阳市引进（回归）高层次人才1077人，郑州大学南阳产业技术研究院、中南钻石院士工作站等一批创新平台相继成立。三是加快"走出去"交往交流步伐。引导全市有资质的企业开展对外投资、对外贸易。先后组织企业参加新西兰、哈萨克斯坦、波兰等国家的投资与贸易对接活动，全年累计对外直接投资1476万美元。全市与"一带一路"沿线有贸易往来的国家和地区达到53个，货物贸易出口56.2亿元，占全市出口贸易的52%。四是完善开放载体。不断完善以卧龙综保区、高新区、经开区、外贸转型升级基地等为主体的开放载体。至目前，全市现有各类对外开放平台134个，其中国家级21个，省级76个，数量和质量居全省前列。

2. 多措并举，不断提升对外贸易质量

为降低国内外经济波动对全市外贸企业的负面影响，市商务局深入调研，多措并举，扭转了货物贸易连续两年下降的趋势。2017年，全市货物贸易实现进出口131.2亿元,同比增长22.7%,其中出口108.1亿元,总量、增速、出口总值分别居全省第5、第4、第3位。抓政策支持,积极落实国家、省、市一系列外贸发展政策。抓市场主体,2017年,全市进出口实绩企业达到275家,进出口千万元以上企业达到122家。抓市场开拓,组织企业参加境内知名展会,鼓励支持企业走出国门开拓市场,2017年与全市有贸易往来国家(地区)达到135个。抓主要商品,全年农产品出口69.3亿元,同比增长31.9%,高于省、市平均增速,占全省农产品出口的46.6%,继续保持河南省农产品出口第一大市地位。抓跨境电商,卧龙跨境电商产业园成功创建为省级跨境电子商务示范园区,网来云商等53家知名跨境电商企业已入驻;宛城区溧河物流园与世界工厂网合作建设装备制造跨境电商园区,目前已投入运营。2017年全市跨境电子商务交易额47亿元,同比增长33.8%,总量位居全省第3。抓服务贸易,服务贸易南阳起步较晚,一年来,创建河南省服务外包示范园区1家,被列入河南省服务贸易重点企业1家。

3. 示范引领,强力推进电子商务快速发展

一是持续加强顶层设计。出台了《南阳市人民政府关于大力发展电子商务加快培育经济新动力的若干意见》《南阳市跨境电子商务综合试验区建设实施方案》;制订了《南阳市电子商务产业发展重大专题工作方案》;完成了《南阳市电子商务规划(2018~2022年)》的修编工作。二是大力推进电子商务产业发展专题建设。抓园区建设。以县区、特色乡镇为主的18个电商园区建成投运。抓招商引进。北京农信互联、北京创意行通、上海欧冶云商、阿里国际、蚂蚁金服、菜鸟物流陆续入驻全市。抓示范创建。桐柏、内乡、淅川三县成功创建2017年国家级电子商务进农村综合示范县;新野县成功创建省级电子商务进农村综合示范县。全市已有9个县完成了示范创建,示范县创建总数全省第一。同时组织评选市级示范企业33家、示范基地5家、示范乡镇8个、示范村8个,形成了覆盖市、县、乡、村四级的电子商务网络体系。三是积极实施电商扶贫战略。全市已有6个县被纳入国家级电商进农村示范县,占贫困县总数的85.7%;已布设县级电商运营服务中心18个、乡镇服务站315家、村级服务点3679个、社区门店2575

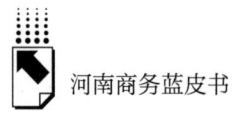
河南商务蓝皮书

家,覆盖了大部分的贫困村。2017年实现农产品上行交易额超百亿元,有效解决了农民农产品"买难卖难"问题。同时,加强对贫困群众的电商技能培训,全年培训贫困人口8600多人,电商帮扶贫困人数29600人。

4. 抓转型升级,稳步推进内贸流通发展

一是认真谋划推进区域性商贸物流中心建设。紧紧围绕市委、市政府提出的九大市级领导分包重大专项,强化调研,借力借智,制订了《区域性商贸物流中心重大专题建设方案》,提出了发展目标、工作重点、主要措施,成立了8个重大支撑项目专班小组。高质量完成了《南阳市区域性商贸物流中心建设发展规划》初稿,目前各项工作正在有序推进。二是扎实推进现代物流业转型发展。围绕省政府提出的冷链物流、快递物流、电商物流3个重点,商务、发改、邮政按照职能分工,共同谋划推进现代物流业发展,全市9个现代物流业转型发展项目进入省级重大项目篮子。三是持续推进内贸流通试点工作。改革试点工作得到了省考核评估组的高度认可。四是不断加大市场监管力度。在成品油市场管理、汽车销售管理、报废汽车回收拆解行业管理、二手车交易、典当、拍卖行业管理,打击侵权假冒工作等方面不断加大监管执法力度,切实维护市场秩序。2017年底,南阳"双打"办被省商务厅申报为全国打击侵权假冒工作先进集体。

三 2018年商务发展指标预测及形势分析

伴随着改革开放的不断深入,中国在全球的经济地位不断提高,中国正在从贸易大国向贸易强国迈进,商务工作进入了新时代。党的十九大明确提出要推进贸易强国建设,全国商务工作会议提出要努力提前建成经贸强国,全省商务工作会议提出努力建设经贸大省。南阳市委谋划的"四梁八柱"发展战略中涉及商务的就有项目建设(招商引资)、打造现代商贸中心、现代物流中心3项战略。市委市政府正在实施的九大专项25个专题中的"建设区域性商贸物流中心"和"电子商务产业发展专题"两大专题也已明确由商务部门牵头。商务工作在经济发展领域的分量正在不断加重。

基于以上分析，2018年全市商务发展主要预期目标是：社会消费品零售总额增长11%以上；实际吸收外资增长3%；实际引进省外资金增长5%；货物贸易增长3%；服务贸易增长5%；跨境电子商务交易额增长20%；对外承包工程和劳务合作营业额增长3%；对外直接投资与2017年持平；电子商务交易额增长50%。

四 2018年发展对策和建议

1. 着力在推动开放发展上实现新突破

一是谋划好开放顶层设计。出台进一步扩大对外开放的若干意见，引导拓展开放的领域、层次、布局，推进全市对外开放。二是推动开放平台建设。完善提升综保区功能，抓好招商与运营。对接中国（河南）自由贸易试验区，争取列入中国（河南）自贸区复制推广区。对接郑洛新国家自主创新示范区，争取实现资源共用、政策共享，宛西高新区也应积极探索。持续对接中国（郑州）跨境电子商务综合试验区，加快推进南阳跨境电商综试区建设。评定一批市级经开区，争创1~2个省级经开区。三是扩大开放合作范围。积极融入国家"三大战略"，加快"走出去"步伐，推动在经济、文化、科技、教育等领域的国际合作。

2. 着力提升招商引资质量

坚持把招商引资摆在更加突出的位置，不断增强精准度和实效性，推动招商引资高质量发展。加强产业集群、产业链招商。以龙头企业为牵引，以专业园区为载体，按照沿产业链纵向整合和横向聚合的思路，延链补链招商，抓大聚小，推进企业集群式、链式引进。实施招大引强"双50工程"。新谋划50家重点对接目标企业，综合运用股权招商、并购招商等方式，专班专人专责对接洽谈。重抓重推50个投资额大、支撑带动作用强的已签约项目，建立台账，跟踪督导，推动项目快落快建，尽快形成一批新的增长点。创新招商方式。积极实施并大力推进"市场+招商""资源+招商"

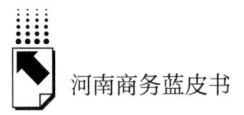

"资本+招商""互联网+招商"等招商模式,突出以资源、以市场、以区位换产业,运用招商引资大数据,推动传统招商转型升级,坚持围绕主导产业招商,提高招商效率和精准度。务实组织招商活动。筹备好世界月季洲际大会、玉雕节、医药文化节、河南黄淮5市"5+2"投洽会等节会活动;组团参加中国(河南)国际投资贸易洽谈会、中国国际投资贸易洽谈会、东盟博览会等国家级、省级展会。更加积极地参加国际级的投资与贸易洽谈活动。狠抓项目督促落实。改进"四报两评"制度,使之符合新发展新要求,坚持招商引资例会制度、专项督查制度,强化过程监控,推动招商目标企业谋划、对接、洽谈、签约、落地、投产等各环节的有效衔接,真正做到谋划一批、洽谈一批、签约一批、落地一批、投产一批。强化招才引技。结合全市人才回归创业计划,突出抓好高端人才引进和科技合作,更加重视科技型项目的引进,发挥招商引资的技术溢出效应。打造一流营商环境。全面实行准入前国民待遇加负面清单管理模式,推动投资便利化工作,不断提升服务能力和水平。

3. 着力创新内贸流通发展

一是要重抓重推区域性商贸物流中心专题建设。抓好一个规划,即加快修改完善《区域性商贸物流中心规划(2018~2030年)》。抓好两个工作方案,谋划出台现代商贸中心、现代物流中心工作方案。抓好突破口项目,着力推进省级9个现代物流业转型升级重大项目和市级15个商贸物流中心专题建设支撑项目建设。抓好重点企业培育。2018年计划筛选50家商贸物流企业重点培育。抓好现代物流业转型发展。重点抓冷链物流、快递物流、电商物流及其配套的项目;关键抓区域性商贸物流中心专题工作方案的推进和落实。二是推动消费转型升级。继续引导企业争创"中华老字号""河南老字号"等称号,继续开展省级、市级品牌消费集聚区、特色商业街区示范创建工作。推进全市餐饮业发展,组织认定一批餐饮业转型升级20强示范企业。推进本地白酒业转型发展,在流通环节加大推介宣传力度。推进汽车消费。进一步落实好《汽车销售管理办法》,促进汽车市场健康发展。三是强化市场监管,整顿市场秩序。全面落实"双随机一公开"监管工作方式,提高商务综合监管执法工作信息化水平。开展"双打"工作，整顿市场秩序，净化营商环境和市场环境。四是强力推进商贸流通企业的改制工作。借鉴省委、市委推进非工业企业改制的做法，将企业改制与做好信访稳定相结合，以改制促稳定，以稳定促改制。

4. 着力提升电商发展水平

围绕加快电子商务产业发展专题，持续推进园区建设。加快7个市级专业电商园区建设并投入运营，力争取得初步成效；完成县级电商园区提档升级，形成10个特色电子商务产业园区（基地、孵化园、楼宇）。推进电商进农村。继续开展电商进农村综合示范创建工作，努力实现全省18个省辖市中第一个贫困地区电商进农村综合示范全覆盖市。加强公共服务体系建设。建设市县两级的电子商务公共服务中心、电子商务数据中心和乡镇电子商务服务站，形成完整的电子商务人才培训、企业孵化、统计服务体系和物流快递网络。强力抓好跨境电子商务。推进电商物流与快递物流协同发展。

5. 着力推进外贸强市建设

围绕建成区域性商贸物流中心专题，壮大外贸主体。实施新一轮外贸高成长企业培育工程，培育一批具有影响力的龙头企业，扶持一批小而专、小而精的中小外贸主体。实施出口品牌战略，培育一批香菇、茶叶等优势农产品国际知名品牌。拓宽外贸企业出口渠道，打造多元化市场体系。夯实基地建设。支持创建国家级出口基地。加快培育新业态。引进全国知名外贸综合服务企业在全市设立分支机构。同时，支持传统外贸企业利用跨境电商平台开拓国际市场，争取跨境电商零售出口有较大突破。大力发展服务贸易。支持文化、旅游、建筑、软件、研发设计等服务出口。加快发展服务外包产业，发挥南阳二机石油装备有限公司省级服务贸易重点企业和南阳高新区省级服务外包示范园区的引领作用，扶持一批优势突出、带动显著的龙头企业，培育一批创新能力强、特色鲜明的中小企业。

6. 着力促进对外合作健康发展

继续鼓励有实力的企业走出去，不断提升企业参与国际分工的层次和水平。完善全市对外经济合作项目库，争取全市走出去项目列入国家"丝路明珠"和首批"一带一路"建设合作项目。

7. 坚决扛起商务领域防范化解重大风险、精准脱贫、污染防治三大攻坚战

打好防范化解重大风险攻坚战。加强监管水平,提升服务能力,促进典当、拍卖、成品油销售、二手车交易等行业的健康发展。扎实做好全市商务领域安全生产尤其是商场、商业仓储等领域的安全工作,确保不发生重大安全事故。打好脱贫攻坚战。采取电商扶贫、家政扶贫、外派劳务扶贫、招商扶贫等多种形式,推动商务脱贫工作开展,有效地发挥商务在全市脱贫攻坚中的作用。打好污染防治攻坚战。深入开展成品油流通市场专项整治,加大废旧汽车回收拆解、再生资源回收利用工作力度,坚决完成商务领域环境保护任务。

B.39 2017~2018年商丘市商务发展回顾与展望

薛涛 常晓峰 曹磊*

摘　要： 2017年，商丘市商务系统积极应对复杂多变的经济形式，深入学习党的十九大和习近平总书记系列讲话精神，紧扣"围绕中心，服务大局"主线，坚持稳中求进工作总基调，着力实施扩大开放促进经济发展，着力繁荣商贸流通提升民生水平，商丘市商务工作取得了重要进展，各项工作任务圆满完成，为商丘市经济社会和全省对外开放又好又快发展提供了坚强力量。

关键词： 对外开放　电子商务

一 2017年商丘市商务发展指标完成情况

社会消费品零售总额完成847.5亿元，占省定目标的101.3%，同比增长12.4%，增速居全省第2位。实际利用省外资金完成631.5亿元，占省定目标的101.3%，同比增长8.3%，规模和增幅均居全省第3位。实际利用境外资金3.26亿美元，占省定目标的100.1%，同比增长0.1%。货物贸易进出口19.5亿元，占省定目标的121.8%，同比增长21.8%，增幅居全省

---

* 薛涛、常晓峰、曹磊，商丘市商务局。

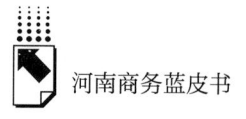

第5位。对外承包工程完成50.5万美元,是省定目标的5倍,直接对外投资1.2亿美元,位居全省前列。

二 2017年主要工作措施及成效

1. 以扩大对外开放为统领,开放经济充满活力

(1)深入扩大开放招商。各级领导主动带队开展外出招商,力促项目签约落地。2017年商丘市签约3亿元以上项目137个,总投资1187.4亿元,开工建设3亿元以上且进度较好的大项目64个,同比增长28%,引进国内500强企业和上市公司投资项目10个,较大项目有:总投资100亿元的五金工量具产业生态城项目、总投资80亿元的年产100万锭新型智能化纤纺项目、总投资46亿元华东商储物流园项目、总投资45.8亿元的华晶金刚石项目等。

(2)积极组织经贸活动。组织参加了第十一届中国(河南)国际投洽会、第十届中博会、东盟博览会等国家、省大型经贸发展和投资活动,成功签约了一批重点项目,重大活动累计签约项目15个,总投资163.2亿元。成功举办了第三届河南·民权制冷装备博览会,签约项目19个,签约金额62亿元。

(3)完善招商工作机制。出台了《商丘市人民政府关于进一步完善招商引资工作机制的意见》,促使招商引资工作逐步进入常态化。市委常委会每季度听取招商引资工作汇报,市政府每月召开招商引资推进会议或现场会已经形成惯例,市政府督查室每月对招商引资工作进行通报排序,表扬先进鞭策落后,市商务局定期对招商项目建设情况实地督查,开通了开放招商信息移动短信平台,形成招商引资工作良好氛围。

(4)改善外资引进环境。推进落实外商投资准入前国民待遇加负面清单管理模式,简化外商投资项目管理程序和外商投资企业设立、变更管理程序,为外资企业提供更快、更优、更便捷的服务。积极营造优良营商环境,继续推进深化简政放权、放管结合,优化服务质量。搞好续存的52家外资

企业联合年报工作。

（5）提升对外贸易水平。促进主导产业扩大出口，支持出口潜力较大的电子信息、白色家电、制鞋等产业的产品开拓国际市场，三类产品出口分别同比增长283.8%、127.8%、293.8%，共计出口5亿多元，占出口总额的28.1%，直接促进了商丘市贸易额的大幅攀升。全年培育出口超2000万元企业24家，其中5000万元以上企业11家，有进出口实绩的企业首次突破200家。利用广交会等国际贸易平台，助力企业展示国际形象，两届广交会共参展企业60家，申请展位104个，创历史之最。

（6）加强对外经济合作。重点服务好贵友集团在"一带一路"沿线国家吉尔吉斯斯坦投资的亚洲之星境外经贸合作区建设，贵友对合作区再增资1.2亿美元，成为商丘市外经工作在全省的一大亮点。开展规范外派劳务市场秩序专项行动，排查出违规发布外派劳务信息企业8家，进行了严厉打击。

2. 以繁荣商贸流通为要务，商业业态蓬勃稳定

（1）全力推动电商发展。2017年，商丘市实现电子商务交易额68亿元，跨境电子商务交易额6.5亿美元。出台了《商丘市人民政府关于促进全市跨境电子商务又好又快发展的实施意见》。建成电子商务产业园区13个，入驻电商企业200余家，吸纳社会就业8000余人，筹建跨境电商园区3个。加大电子商务示范性创建工作力度，经省商务厅认定电商企业352家，累计创建省、市两级电商示范企业、示范基地59家，其中省级示范企业11家，示范基地2家；虞城县、民权县、宁陵县成功创建国家级电子商务进农村示范县，夏邑县成功创建省级电子商务进农村示范县。

（2）努力构建流通体系。利用商丘便利的交通优势和传统优势，培育和扶持大型农产品流通企业，农产品流通基础设施得到进一步完善。组织参加2017年中国农产品加工业投资贸易洽谈会，为涉农企业搭建平台。认真落实商务部新的汽车销售管理办法，加强汽车销售监管，稳定二手车流通市场秩序。

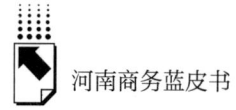

(3)着力满足消费需求。指导流通企业、大型批发市场和商超,组织适销对路货源,重点加强生活必需品供给,全力保障市场供应。在重要节日期间组织开展"年货扫大街"、消费促进月等促进消费活动,满足人民群众假日消费。加强市场运行监测分析,发布市场运行预报1700余条,为居民消费、商户经营、农民种养殖提供重要参考。继续开展文明餐桌活动,促进餐饮行业提升服务质量,提倡消费文明。组织参加中原餐饮博览会三项大奖赛,商丘市代表团荣获各类奖项共计21个。

(4)大力维护市场秩序。围绕成品油、互联网、食品药品、烟草等领域开展打击侵权假冒专项整治行动,取得了显著成效;进一步规范成品油、酒类流通、报废汽车回收拆解、再生资源回收、典当、拍卖、二手车流通等市场秩序,全力维护公平有序的市场环境;组织开展市场供应和食品安全检查工作,积极参加食品安全宣传周活动,确保消费者吃上"放心餐"、喝上"放心酒"、用上"放心油";狠抓商务领域安全生产,全年没有发生重大安全事故。

3. 以服务两大攻坚为重点,扶贫防污成效显著

(1)扶贫工作推进有序。认真执行"三·五"基层工作日制度,每月召开会议研究脱贫攻坚工作。积极发展五金工量具等优势产业带动脱贫,培育五金工量具加工作坊31家,新建扶贫车间1座,为贫困户申请小额贷款200万元,"六改一增"工程、社会医疗保障做到了联系村贫困人口全覆盖。全力支持韦店集村"十里画廊"生态园项目建设,项目建成后年人均可分红3000元,可辐射带动周边9个村的经济发展,拉动就业500人。

(2)防污工作持续发力。实行部门联合执法,建立成品油流通市场监管长效机制,制定黑加油站责任分包定期巡查制度和黑加油站责任分包台账,与各县区商务部门签订《商务系统环境污染防治攻坚战目标责任书》,与215家民营加油站(点)签订油品质量承诺书。开展打击黑加油站回头看行动8次,共排查出黑加油站(点)61座,取缔57座,下发整改通知47份,移交案件线索27份,加油站点抽查油品合格率达95.2%。黑加油站(点)取缔后,为确保农村偏远地区成品油供应,经批准,在商丘市101个乡镇农村偏远地区规划加油站（点）236个。加大外来油罐车辆检查力度，开展专项行动。

三 2018年商务发展对策

深入贯彻党的十九大精神，以习近平新时代中国特色社会主义思想为指导，全面落实省商务工作会议和市委经济工作会议决策部署，坚持稳中求进总基调，适应高质量发展新要求，把开放发展新思想和"马上办抓落实"机制贯穿始终，全方位扩大对外开放，统筹抓好招商引资、对外经贸、内贸流通、电子商务、执法监管等工作，以实干迈出新步伐，以奋进谱写新篇章，助力商丘市经济又好又快跨越发展。

1. 谋篇布局，加快建设内陆开放高地

（1）强化开放发展工作谋划。配合商丘市委市政府高质量发展方案，起草制定开放发展招商引资实施专案，用质量更高、程度更深、范围更广对外开放举措支撑发展，全力以赴把开放工作做得更实更亮更出彩。

（2）鼓励申报经济开发区。经开区建设是带动地区经济发展和实施区域发展战略的重要载体，是构建开放型经济新体制和培育吸引外资新优势的排头兵，是体现开放发展程度的前沿阵地。根据新的河南省经济技术开发区管理办法，大力支持条件成熟的县区申报省级经开区，同时加快商丘经开区扩容升级，力争商丘经开区申报国家级经开区取得实质性进展。

（3）推进跨境电商综合平台建设。启动建设商丘跨境电子商务运营中心，推进建设商丘保税物流中心，谋划建设商丘邮政跨境物流产业园、商丘进口保税园区，加快建设中部（国际）跨境电商园，建设一批特色跨境电商园区，着力构建"两中心、三平台、多园区"的跨境电商发展总布局，形成郑州跨境电商综试区东部战略支撑。

2. 突出成效，持续提高招商引资质量

（1）紧盯目标突破"两个七"。对外瞄准中国港澳台、东南亚、欧美等发达国家和地区的跨国公司、世界500强企业，对内紧盯央企、国企、上市企业、行业龙头企业和大型民企,签约落地一批引领性、方向性项目,力争落地3亿元以上招商引资项目突破70个,实际利用省外资金突破700亿元。继续明确县区领导引进大项目目标责任,县区党政主要领导分别至少引进1个5亿元以上项目,分管工业、商务、产业集聚区领导分别至少引进1个3亿元以上项目。

(2)抓好各类招商活动。精心组织筹办好2018年商丘国际华商节,举办一系列特色招商活动,完成"1213"工程,即邀请1000名重要客商,开工开业20个亿元以上项目,签约100个亿元以上招商项目,总投资额300亿元以上;组织和参加好第十二届河南投洽会、厦洽会等国家、省重要招商活动;适时在广三角、珠三角、环渤海等地开展主题招商活动。

(3)强化招商项目督导落地。研究重大合作项目预审机制,加强前期论证和事中事后监管。完善新签约亿元以上项目和新开工3亿元以上项目市级登记备案制度。继续实行落地项目观摩评价机制和年终奖励机制,实行一月一通报、一季一考核、半年一排名、年终总考评等措施,切实提高签约项目履约率、开工率,开工项目资金到位率、竣工投产率。

3. 抢抓机遇,打造对外贸易新优势

(1)积极对接河南自贸区建设。抓住河南自贸区建设机遇,结合商丘实际,制定对接政策措施,承接和利用好自贸区的辐射和溢出效应,借力河南自贸区助推商丘对外贸易发展。

(2)推进外贸新型商业模式发展。增强企业创新发展意识,鼓励进出口企业开展外贸商业模式创新,充分利用各类电子商务平台开展跨境电子商务,不断提高企业利用跨境电商平台开展进出口业务的比重。

(3)努力扩大进口促进贸易平衡。利用好2018年11月上海进口博览会,努力扩大进口规模,缓解资源环境压力,改善居民消费。鼓励企业开展自营进口,增强稳定进口能力。

4. 稳定增长,着力促进"双向"投资

(1)促进引进外资。继续实行吸引境外资金工作"一票否决"制度。加大对韩国、中国港澳台和东南亚等区域外资引进力度,瞄准国际500强、行业龙头、上市企业等符合国家产业指导目录的大项目，增加外资大项目和新项目的落地和储备。积极组织参加厦洽会、港澳经贸交流活动等重点境内外招商活动，洽谈落地一批外资项目。深入推进外资引进国民待遇加负面清单管理制度，强化外资企业服务。

（2）促进对外投资。围绕"一带一路"重点国别，推动优势企业开展对外直接投资、对外承包工程以及对外劳务合作，努力以对外直接投资、对外承包工程项目带动设备出口和外派劳务；服务好贵友集团在吉尔吉斯斯坦的亚洲之星农业产业园区建设；健全对外投资合作政策促进体系，组织银企对接活动，争取国家政策资金和金融信贷支持；推进对外劳务合作市场清理整顿工作，保护外派劳务人员的合法权益；健全对"走出去"企业的风险防范机制，搞好境外投资合作制度化建设。

5. 创新举措，激发流通和消费潜力

（1）发挥物流促流通降本增效优势。加强物流标准化、智慧化建设指导，用科学高效的现代化物流促进流通降低成本提高效率，重点做好冷链物流和电商物流两个方案。重点服务好豫东物流集聚区建设，力争在集聚区内落地一批重大物流业项目，支持各县区建设专业物流园区。认真学习国家内贸流通体制改革试点和省试点经验，推动内贸流通新模式、新业态发展。加快商丘鲜活农产品流通网络建设，建立高效、通畅、安全的农产品现代流通体系。

（2）推进电商产业发展。依托6个国家和省级电子商务进农村示范县建设，加速农村电子商务综合服务站点布局，力争尽快实现行政村全覆盖。继续加强电子商务示范创建，年内再培育一批市级电子商务示范企业、示范基地，适时申报省级示范。推进电商产业园区建设，采取措施加快未建成园区建设，搞好已经建成园区服务，争取企业入驻。开展电商培训，加强电商人才引进。

（3）正确引导和满足消费需求。扩大需求信息采集范围，健全信息采集网络，提高数据准确性，及时把市场需求信号传递给供给侧，更好地引导消费。强化市场运行监测分析，提高商务预报质量，提升生活必需品应急保

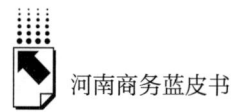

供能力。争创省级品牌消费集聚区和省级特色商业街区。持续开展促进消费活动，满足人民群众多元化消费需求。大力发展绿色餐饮消费，提升餐饮行业文明水平。促进汽车消费，落实《汽车销售管理办法》，优化二手车交易登记程序，促进二手车交易便利。

（4）努力营造安全消费环境。认真落实商务综合监管执法体制改革，出台《推进商务综合监管执法体制改革工作的落实意见》。理顺市、县执法职责，整合执法职能，规范执法行为，强化执法协作，不断完善事中事后监管体系。加强监管执法队伍建设，充实基层一线力量。继续开展商务领域大气污染防治成品油市场专项整治工作，严防黑加油站死灰复燃。牵头做好联合打假，保持互联网、农村和城乡接合部、出口商品等领域打击侵权假冒高压态势。强化散装水泥、典当、拍卖、商业预付卡、大宗商品现货交易等领域监管，抓牢商务领域安全生产工作，确保不出现重大风险。

B.40
2017~2018年信阳市商务发展回顾与展望

龚学军*

摘　要： 2017年，全市商务工作牢固树立和贯彻落实创新、协调、绿色、开放、共享发展理念，坚持稳中求进，持续发力商务重点目标任务，开放招商工作在全省位次前移，各项工作齐头并进。

关键词： 对外开放　内贸流通　电商发展

一　2017年信阳市商务发展指标完成情况及特点

1.实际到位省外资金完成目标比和增幅均居全省第1位

2017年，全市合同利用省外资金557.9亿元，同比增长1.6%；实际到位省外资金284.9亿元，同比增长8.6%，完成年度目标任务的100.6%，完成目标比和增幅均位居全省第1位。一是区域合作发展成效显著，沿海发达地区和周边省市成为全市省外资金的主要来源地。2017年，广东、北京、上海、浙江、江苏、湖北注入全市省外资金居全国各省（市）前6位，分别依次到位71.1亿元、38.6亿元、33.5亿元、29.5亿元、26.1亿元、22.3亿元，合计金额达221.1亿元，占全市总额的77.6%。二是产业集聚区引资占比近半，集聚引资效应凸显。2017年，全市13个产业集聚区新落

---

* 龚学军，信阳市商务局。

地省外资金项目79个,合同利用省资金262.1亿元,实际到位省外资金140.2亿元,占比分别为38.2%,47.0%、49.2%。三是主导产业引资明显,主要涉及商贸物流、工业制造、农副产品深加工和文化旅游4类行业领域。主要为以商贸物流为主的现代物流综合项目,以电子信息、家居建材、服装纺织、现代制造为主的工业项目,农副产品加工项目和文化旅游类项目,以上4类行业的到位资金项目个数和到位省外资金额占比均达到70%以上。

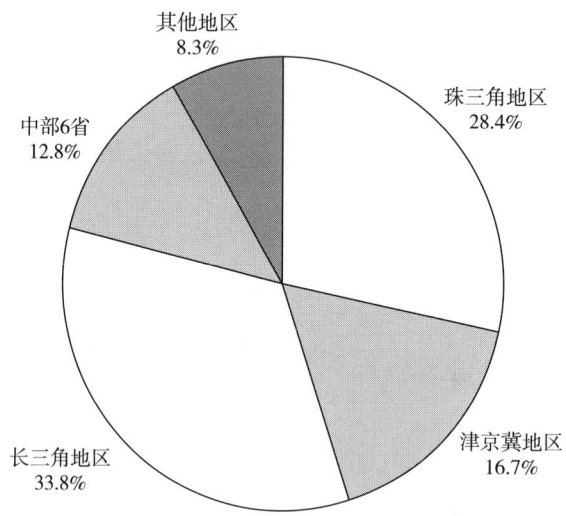

图1 2017年全市实际利用省外资金来源地占比情况

资料来源:信阳市商务局。

2.利用外资增速和目标完成比跻身全省第一梯队

2017年全市实际吸收外资52997万美元,同比增长3.1%,增速居全省第4位。一是主要来源地相对集中在中国香港地区和欧美经济体。来自中国香港地区17736万美元,占33.47%;欧美(英国、美国、西班牙、比利时)地区15094.32万美元,占28.48%。两地外资占当年实际吸收外资的61.95%。二是外资企业相对集中在第二产业。信阳高新区天扬光电有限公司、圆创磁电有限公司已发展成为全市外资企业中先进制造业的典型企业,上天梯凯蒂新型材料、淮滨川大纺织、浉河区华新环境工程、光山白鲨针布、平桥百威英博啤酒、潢川华英集团等传统工业类外资企业承担了全市吸收外资的主要份额。三是新设立一批外资企业，较2016年翻了一番。2017年全市新备案5家外资企业，其中4家企业在工商部门完成登记领取营业执照。

3. 外贸进出口结束了两年负增长的态势

2017年，全市外贸进出口总值334618万元，同比增长7%，完成省定年目标的104.7%，为两年来首次实现正增长。其中，出口172649万元，同比增长9.2%；进口161969万元，同比增长2.7%。一是出口新的增长点显现。信阳舜宇光学公司、仁新实业（信阳）发展有限公司分别居全市出口企业第1、第2位；华英集团出口退居全市第3位；信阳陆骐电子科技公司出口退居全市第5位。全市前6位出口产品分别为光学镜片、装饰板材、鸭肉制品、茶叶和电子器件。二是进口多极化正开始形成。信钢公司进口占全市进口的60.34%。新的进口增长点信阳舜宇光学公司进口同比增长164.91%，万华生态板业（信阳）有限公司、信阳华东粮业综合有限公司进口均增长100%。

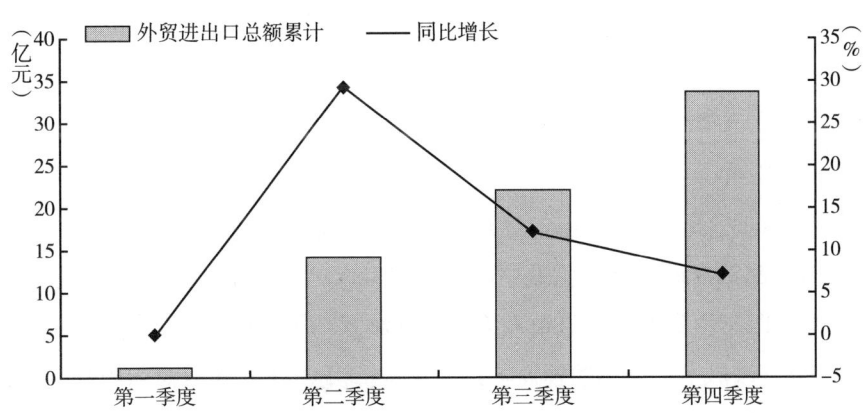

图2　2017年全市每季度进出口总额和同比增长情况

资料来源：信阳市商务局。

4. 社会消费品总额迈上900亿元台阶，持续保持了10%以上增长的平稳态势

2017年全市社会消费品零售总额为900.08亿元，同比增长10.5%。一

是网上交易火爆。全市电子商务交易额 130 亿元，同比增长 28.7%，网络零售额 93.74 亿元，同比增长 46.5%，跨境电商交易额 7996.95 万美元，同比增长 54.7%。二是批发业、零售业、住宿业、餐饮业持续平稳增长。2017 年全市批发业商品销售额为 536.58 亿元，增速为 12.2%，增速居全省第 8 位；零售业商品销售额为 782.69 亿元，增速为 14.1%，增速居全省第 10 位；住宿业营业额为 40.28 亿元，增速为 12.4%，增速居全省第 12 位；餐饮业营业额为 303.41 亿元，增速为 15.8%，增速居全省第 6 位。

二 2017年采取的主要措施

1. 提升开放招商水平

（1）强化目标引领。组织开展了全市商务经济运行集中督导，重点对县区招商引资等目标运行情况进行回头看、再加压，推动全市商务经济运行平稳向好，取得了引进省外资金增速和目标完成比均居全省第 1 位、实际吸收外资增速和目标完成比均居全省第 4 位的好成绩。

（2）聚力精准招商。推动成立了市政府驻京招商办事处，围绕北京疏解非首都功能，组织各县区派出精干力量驻扎北京，结合本地主导产业和发展优势，大力推介重点项目，精准对接目标企业，积极承接京津冀地区产业转移，2017 年累计对接企业 362 家，洽谈项目 168 个，签约项目 51 个，签约金额 330 亿元。

（3）完善推进机制。围绕贯彻落实全市工业和招商引资大会精神，出台了《信阳市招商引资项目引荐人奖励办法》《信阳市招商引资工作考核评价办法》，以机制创新撬动招商持续发展，充分调动各界招商积极性，促进形成人人招商的有利局面。

（4）积极内引外联。组团参加了 2017 年中国（河南）投洽会、中博会、厦洽会、东盟博览会等重大经贸活动，成功举办了 2017 年 "5+2" 经济合作活动。加强与深圳河南商会、中核金控集团、华宇集团、万邦物流集团、朝阳区中小企业商会等实力商协会和企业对接，搭建招商合作新机制，开拓互利合作新空间。深入实施"回归工程",建立"一会一号一刊"机制,全面加强与信阳异地商会合作,吸引信阳籍企业家返乡创业、回归发展。

(5) 优化投资环境。积极复制推广上海自贸区、河南自贸区制度创新经验,协调申建信阳保税物流中心(B型)等开放口岸,大力支持产业集聚区载体建设,协调推进投资领域"放管服"改革,合力提升投资贸易便利化水平,打造开放招商良好的软硬环境,全年继续保持外商零投诉。

2. 增创外贸外经优势

(1) 加强企业服务。深入外贸企业开展针对性调研,编印了外贸企业服务手册和办事流程图,免费发放至企业。深化与网来云商合作,拓展跨境电商信阳专区服务功能,帮助首批30家入驻企业收获询盘和订单,并扩大境外电商平台上线覆盖面。

(2) 增进部门协调。加强与海关、商检、国税、外汇等部门的对接联系,协调加快内陆直通式海关建设,实施关检合作"三个一",贸易便利化水平得到进一步提高。

(3) 增强对外合作后劲。组织开展了全市规范外派劳务市场秩序专项行动,积极指导推动对外劳务合作服务平台及外派劳务企业,不断提升管理、运营和服务水平,切实保障外派劳务人员合法权益。2017年全市对外劳务合作营业额达1019万美元(含中韩雇佣制),同比增长341%,完成省定年目标的203%。持续跟踪潢川华英集团收购英国樱桃谷鸭项目,组织企业积极参加中国(河南)投洽会、中国-东盟博览会等重大经贸活动,累计达成境外直接投资3345万美元,同比增长597.3%。

3. 推动内贸流通升级

(1) 综合拟定政策。牵头开展了全市物流业转型发展调研,组织起草了《信阳市冷链物流转型发展工作实施方案》《信阳市电商物流转型发展工作实施方案》《信阳市冷链流通标准化示范试点城市建设工作方案》等,进一步引导内贸流通提质增效、助力供给侧结构性改革,着力树立发展大流通、大市场的政策导向。

(2) 净化市场秩序。积极推进农村及偏远地区加油站建设,对符合规

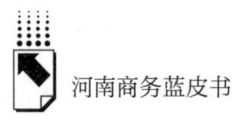

划布局标准的108座加油站在媒体上进行了公示,覆盖88个乡镇。积极联合公安部门,全面推进黄标车淘汰和报废汽车拆解,全市2家报废回收拆解企业、5个回收网点共完成黄标车及老旧汽车回收拆解4100多辆。积极牵头30个市直部门有效开展了打击侵犯知识产权和假冒伪劣工作。全力配合卫生城市建设工作,扎实开展了中心城区废品收购站清理攻坚,圆满完成了273家废品收购站点清理任务。

4. 强化电商发展支撑

(1) 强化人才支撑。持续丰富和完善"政、校、企、协"四位一体的电商人才孵化培训机制,联合市委组织部连续举办了农村电商实用人才培训班和跨境电商专业人才培训班,全市累计完成6546人次的电商实操培训,部分学员毕业后即可开办网店,基本达到了"培训一人、就业一个、创业一家"的良好效果。

(2) 强化电商应用。全市本土电商平台企业增至34家,服务类企业增至99家,应用类企业增至331家,已初步构成了较为完整的电商产业链。

(3) 强化示范创建。指导息县成功申报省级电子商务进农村综合示范县、指导淮滨县成功申报国家级电子商务进农村综合示范县,示范县在全市基本实现全覆盖。

(4) 强化转型升级。扎实推进跨境电商综试区"三大平台、七大体系"建设,先后两次征集2017年度跨境电商综试区建设项目共58个,组织参加了第四届全球跨境电商光谷论坛。

5. 务求脱贫攻坚实效

一手抓对口帮扶。调整充实了市商务局脱贫攻坚领导小组,制定了《信阳市商务局行业扶贫规划》《信阳市商务局对光山县、新县、潢川县扶贫专案》《信阳市商务局结对帮扶卜店村实施方案》。定期研究推进脱贫攻坚工作,每月到商城县卜店村、光山县殷棚乡入村到户,跟踪落实帮扶情况,解决具体问题和困难。筹措资金支持卜店村进行了交通、亮化、文化设施提升改造,协助当地加强基层党建,增强脱贫"造血"功能。一手抓电商扶贫。以电子商务进农村综合示范县建设为抓手,推动电子商务应用与精准扶贫深度融合。示范县累计完成县级电子商务公共服务中心4个，乡镇电商服务站36个，村级服务点379个，农村电商服务站点已覆盖238个建档立卡贫困村，累计服务贫困人口11446人，开展贫困户电商培训4106人，带动建档立卡贫困户就业2698人。

6. 保持安全稳定态势

强化综合治理，加强源头监管和隐患排查，做到彻查彻改、除患务尽，确保安全生产态势持续平稳向好。先后组织开展了3次商务领域安全生产大检查，3次安全生产专项督导，确保全年商务领域安全零事故。强化责任担当，坚持综合施策，全年累计办理重点信访案件31件，接待来访职工群众134人次，较2016年下降11.3%，信访及时受理率、按期见面率、按时办结率均达100%。坚持以改革促稳定，全力配合市属国有企业改革，综合运用破产、整体出让、注销退出等多种方式，实行"一企一策"，积极稳妥推进"僵尸企业"处置。

三 2018年商务发展形势

世界经济呈现回暖态势，市场需求继续改善，国际贸易和投资日趋活跃，进出口景气处于"正常"的绿灯区。随着全市对外贸易结构优化升级，企业竞争力增强，加工贸易企稳回升，利于进出口保持平稳增长。但是，面临国际形势仍较复杂、国际贸易保护主义依然存在、加上国际大宗商品价格震荡波动等不确定因素导致全市出口面临的不确定性较大。全市城镇新增就业保持增长，农民工就业形势好转，城镇调查失业率处于较低水平，城乡居民收入保持较快增长，都为后期消费稳步增长提供了良好基础；健康养老等幸福产业不断加速，为消费增长提供了新的空间；服务消费需求不断增长，成为促进消费的重要增量来源。但是，汽车领域优惠政策效应递减将导致汽车消费减慢，房地产调控将抑制关联商品如家电、家具、装修等消费，农村消费增长的脆弱性较大，小微企业关停导致结构性失业问题显现等。在网上零售等消费升级的带动下，社会消费品零售额继续保持平稳增长态势。考虑

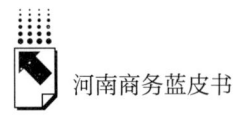

到2017年城镇居民收入增速低于GDP增速，对消费加快增长形成制约，加上随着房地产市场调控的深入，房地产相关消费品的零售增速将回落，消费增速的走势或略有回落。预计2018年全市社会消费品零售额与上年持平，增长11%；实际利用外资质量提高，规模增长3%以上；利用省外资金增长5%；货物贸易增长3%，结构进一步优化；服务贸易增长5%；跨境电商交易额增长20%；对外承包工程和劳务合作营业额增长3%；对外直接投资与2017年持平。

四 对策建议

1. 紧盯目标运行不放松

围绕省定及市定年目标，以月保季、以季保年，力争省外资金、外资、货物进出口保持在全省第一方阵，社会消费品零售总额企稳回升。建立主要目标每月调度机制，每月中旬由分管领导和相关科室集中会商，通报情况、查找问题、研判态势，按照模板深入分析；视情适时与重点落后县区座谈，指导协调解决存在的突出问题。

2. 持续开放招商大热潮

一是不断开拓招商空间。推广复制驻京精准招商经验，谋划开展驻长三角、驻珠三角精准招商，完善发达地区精准招商布局，推动成立统一组织协调机构。精心筹办第26届信阳茶文化节信商大会，组团参加第十二届中国（河南）投洽会、2018年中国厦洽会等重大经贸活动，努力取得更多节会招商成果。加强与豫商联合会等商协会对接，充分利用其信息、人脉等资源捕捉招商线索，拓宽以商招商、商会招商渠道。二是更好实施回归工程。筹建信商回归联谊会，通过一年举办一次招商推介会、双月出版一份联谊会刊、上线运行一个联谊会公众号等运行机制，在东南西北4个片区轮值开展联谊活动，并积极推动信阳籍人士较为集中的地区组建信阳异地商会，广泛开展亲情招商。三是着力优化开放环境。继续做好自贸区创新制度经验复制推广，重点协调推进信阳保税物流中心（B型）建设、内陆直通式海关建设、关检一体化合作和重大项目一站式联审联批平台建设。动态完善全市招商引资项目库，持续跟踪省级重点推进项目，开展县区务实招商情况、项目落实情况督查，指导支持符合条件的产业集聚区申建省级开发区。

3. 厚植外贸外经新优势

一是加大自营转化力度。组织外贸企业参加境内外展会，为企业争取更多展位，助力开拓国际市场。二是加快培育外贸主体。坚持用好"一企一策"制度，支持农副产品等传统企业开拓市场，引导装饰板材、光学镜片等新兴企业乘势而上，鼓励茶叶、香菇等优势企业打响品牌，扩大电子、家居等潜力企业增长空间。联合海关、商检等部门，继续开展"送服务上门"活动，为企业提供更多"一站式"解决方案。持续培育茶叶、羽毛羽绒、家具、电子信息等出口基地，促进外贸优势企业抱团集聚。开展外向型企业项目专题招商，着力引进出口潜力大、产业链条长、带动能力强的出口型项目。三是加强新业态新模式运用。认真贯彻省政府《关于加快培育外贸综合服务企业的实施意见》，力争引进培育1~2家集跨境电商与外贸服务于一体的外贸综合服务企业，为外贸企业特别是中小企业提供专业集成服务。四是务实开展对外合作。定期开展境外投资风险评估，及时向企业发布预警信息。推动企业进平台、平台进校园，深化校企合作，加快发展中高端劳务市场。争取以色列建筑劳务合作试点名额，扩大日本技能实习市场合作范围，开拓劳务合作新的增长点。

4. 打造内贸流通升级版

一是有序开展冷链试点。扎实开展全国农产品冷链流通标准化示范试点城市建设，建立全市冷链物流监控平台，推动企业自建监控平台，制定并普及一批冷链物流技术标准和操作规范。二是有力推动行业创新。建立会展业发展联席会议制度，加快融资租赁业发展，逐步实现对汽车行业全链条管理服务。继续开展"平安商场"、"绿色商场"、"老字号"和品牌消费集聚区创建，推动商业零售业安全、绿色、智能发展。

5. 扩展电子商务生态圈

一是深化示范创建。推动光山县国家级电商进农村综合示范向纵深发展,全面推进淮滨县国家级电商进农村示范建设,精心指导潢川县、新县、商城县、息县省级电商进农村示范建设,积极探索农产品上行快捷通道。二是强化电商集聚。扎实开展电商企业认定备案,引导知名电商企业在信阳市注册成立独立法人机构,与阿里巴巴、京东、苏宁等综合电商平台深度合作,推动品牌电商平台在各县区全覆盖。加快羊山信合电商产业园建设,吸引更多企业入驻。以茶叶、羽绒、新型材料、旅游等主导产业电商化为抓手,支持本土电商做大做强。三是优化跨境电商。加快市级产业园、光山和淮滨特色园建设,加快建立信息共享、金融服务、智能物流和统计监测体系。四是孵化专业人才。联合市残联,为残疾困难群体提供免费培训;开展电商管理人才培训,定期跟踪问效,提供"训后服务",保质保量完成电商人才培训计划。

6.织牢市场监管防护网

进一步发挥商务部门牵头协调作用,持续开展互联网领域侵权假冒行为治理等专项行动,强化行政执法与刑事司法两法衔接,依法严厉打击侵权假冒违法犯罪。依法加强典当、拍卖、报废汽车回收拆解、二手车交易、再生资源回收、餐饮、沐浴、洗染等领域的执法稽查,扎实办理一批典型案例。依托"12312"热线,加快建立"互联网+商务执法"综合信息平台。

B.41
2017~2018年周口市商务发展回顾与展望

徐洪超*

摘　要： 2017年，周口市商务系统克服国内外经济发展的诸多不利因素，创新工作举措，夯实工作责任，超前谋划，务实重干，在开放招商、对外贸易、内贸流通、市场监管、电子商务等方面取得了明显的工作成效，商务工作再上新台阶，为周口市经济社会发展做出了积极的贡献。

关键词： 开放招商　市场监管　电子商务

一　2017年周口市商务发展指标完成情况

（1）对外贸易。全市货物贸易61.6亿元，同比增长19.1%，分别高于全国、全省平均水平4.9个、8.2个百分点，完成省定目标任务51.8亿元的118.9%。进出口额居全省第8位，进出口增幅居全省第2位。全市利用跨境电商实现进出口4.5亿元，同比增长27.1%，已有50余家企业开展跨境电商业务、3家企业投入5家海外仓建设。

（2）引进省外资金。全市新增省外资金项目158个，合同引进省外资金836.2亿元，实际到位省外资金486.2亿元，同比增长7.2%，完成省定

---

* 徐洪超，周口市商务局。

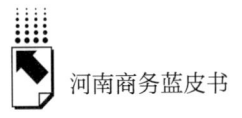

目标任务485.2亿元的100.2%。实际到位省外资金在全省排名第9位。

（3）利用外资。全市新批外商投资企业4家，合同利用外资1.1亿美元；实际吸收外资5.4亿美元，同比增长3.7%，完成省定目标任务5.2亿美元的103.8%，完成进度在全省排名第3位。

（4）消费品市场。全市社会消费品零售额实现1087.1亿元，同比增长12.1%，高于全省平均水平0.5个百分点，超额完成省定目标任务0.1个百分点，总量在全省排名第4位；增幅在全省排名第6位。

二 2017年采取的主要措施

1. 开放招商工作亮点纷呈

（1）鼓点急。市委、市政府对开放招商工作高度重视，做到工作早谋划、早部署、早行动、早落实。2017年，市政府连续召开5次推进会议，安排部署和推进开放招商工作。市委、市政府主要领导亲上招商第一线，亲自外出招商、洽谈项目，安钢产能置换项目、万达广场项目等一批重大项目落地。

（2）活动密。在全市开展了集中招商月活动。派出由市发改委、工信委、商务局及各县市区组成的共45支专业招商小分队，分别在重庆、温州、北京、上海、雄安新区等区域开展驻地招商，并分别在郑州、重庆、周口、上海、温州自主举办大型招商活动6次。

（3）工作实。坚持"半月通报、每月排名、季度督查、半年总结、年终总评"工作制度，市政府督查室每半月对县市区招商引资情况进行通报，市开放办每月对开放型经济主要指标进行排名、每季度进行实地督查，市领导带队每季度对新开工项目进行观摩点评。开展"集中落地月"活动，对签约项目集中走访，集中解决问题，有力地促进了签约项目早落实、早建设、早投产、早见效。

（4）氛围浓。市委、市政府对招商引资工作的高度重视和市领导的率先垂范，各级各部门对招商引资的认识进一步提升，思想和行动进一步统一，全市上下谋发展、议招商、谈项目的氛围更加浓厚。除了市政府制订了全市招商引资行动计划以外，市发改委、工信、农业等有关部门也制订了专项工作方案。全市县处级以上领导外出招商630批次，接待客商考察2200人次，洽谈对接项目790个，形成了上下联动、部门协作、社会参与的开放招商良好局面。

（5）效果好。加强了与中国（河南）自贸区、郑州航空港、河南物资集团的战略合作，促成了葛洲坝集团、蓝城集团等一批重大项目成功落户，建设了润泰纺织服装产业园、阿尔本服装产业园等一批10亿元以上重大项目。

2. 对外贸易实现较快增长

（1）抓机制、抓联动，狠抓出口绿色通道建设。加强与海关、外汇管理局等部门的沟通协调，建立了联席会议制度、定期联络协调制度，进一步健全了出口工作联动机制。同时开展全天候通关及节假日预约通关制度，为企业出口提供"绿色通道"。

（2）抓龙头、抓重点，狠抓重点进出口企业运行。为确保重点企业进出口的相对稳定，适时调整和完善了进出口重点企业联系制度，多次召开全市进出口企业座谈会，认真听取重点企业运行情况，帮助重点进出口企业把诊问脉，及时了解和协调解决企业进出口的困难和问题，努力保持重点企业进出口持续稳定增长，确保全市进出口工作不出现大起大落现象。

（3）抓亮点，抓特色，狠抓出口基地建设。作为河南省制鞋产业出口基地、河南省食品调味品产业出口基地、河南省纺织服饰产业出口基地，突出承接产业转移，积极为落地企业开展自营出口实施"无偿代理服务"，把出口基地建设情况列为招商引资督查考评的重要内容，有力地推动了承接产业转移和扩大出口良性循环，呈现出强劲的出口增长势头。三大基地产业出口28.3亿元，占全市出口总额的73.3%。全市货物贸易累计完成61.6亿元，与2016年相比增长19.1%，呈现出较快的增长势头。

3. 内贸流通工作有序开展

（1）加强农产品流通基础设施建设，培育大型农产品流通骨干企业，完善生鲜农产品冷链物流体系，提高了农产品流通效率，带动了就业，效益显著。

（2）规范汽车流通管理工作。积极推进二手车流通管理联席办公会议制度建立，加快形成职责明晰、部门协作、上下联动的流通管理体系。制定了《周口市"十三五"报废汽车流通行业发展规划》，督导企业按照《报废汽车回收拆解企业技术规范》《报废机动车拆解环境保护技术规范》的要求，逐步实现回收拆解设施现代化、作业流程标准化、废弃物处理无害化的发展目标。

（3）积极开展老字号保护创新工作。截至目前，周口市已拥有"中华老字号"企业3家，"河南老字号"企业4家。

4. 市场监管力度逐步加大

（1）开展环境污染防治攻坚战成品油市场专项整治工作。全市商务部门组织出动执法人员6500多人次，执法车辆2004辆次，排查出非法成品油经营企业93家，取缔非法企业93家。

（2）打击和遏制侵犯知识产权和制售假冒伪劣商品犯罪行为。全市共立案560起，结案529起，涉案总金额440.839万元。其中，移送司法机关30起，涉案金额203.08万元。

（3）加强商务领域市场监管。全市共接收举报投诉127次，全部办结，监管出勤3281人次，检查企业商户1846家，查处企业违法违规案件433件，涉及金额11.7万元。

（4）加强商务诚信体系建设。印发了《周口市商务局诚信红黑榜管理制度（试行）的通知》，公布商务举报投诉电话，开展企业诚信兴商评价体系建设工作。

5. 电子商务全面推进

（1）加大政策扶持力度。出台《周口市电子商务发展扶持办法》，每年拿出不低于300万元用于扶持市电子商务行业发展。

（2）电子商务产业园建设快速推进。西华县电子商务产业园、沈丘县电子商务产业园、亿星科技电子商务孵化园、淮阳县电子商务产业园均已投入运营，入驻电商企业100余家。商水、扶沟、项城、郸城等地电子商务园区正在积极筹建之中。

（3）电子商务企业引进成果丰硕。阿里巴巴、京东、苏宁、移联网信、卖货郎等大型电子商务平台企业相继落户周口，阿里巴巴"村淘"项目、豫东南跨境电商运营中心、京东帮、苏宁易购周口馆、京东周口馆等项目的有序运行，为全市电子商务发展注入了新鲜活力。

（4）电子商务进农村工作有序推进。淮阳县、太康县、商水县被评为"国家级电子商务进农村示范县"，扶沟县、西华县荣获"省级电子商务进农村示范县"，目前各县正在深入推进相关工作。2017年，周口已有228家电子商务企业获得河南省商务厅颁发的"河南省电子商务企业"认定证书，全市实现电子商务交易额302亿元，同比增长33.6%。

三 2018年商务发展形势

2018年是党的十九大的开局之年，明确了新任务、新目标，开启了中国特色社会主义新时代、新征程。商务工作既迎来了巨大的发展机遇，但也面临诸多不确定不稳定因素，困难与机遇并存，机遇大于困难。从国际上看，全球经济向好的趋势明显，经济发展速度加快。同时，全球经济仍面临较大风险，比如逆全球化发展趋势、贸易政策改变、债务累积风险、资产泡沫破裂风险，以及中东等地缘政治风险等因素都有可能冲击经济增长和贸易投资。从国内看，党的十九大确定了新的目标，经济社会发展存在许多积极因素：新一轮对外开放、"一带一路"建设、供给侧改革、就业规模扩大、居民收入增长、消费新业态快速发展，消费质量不断提升等；经济长期向好的基本面没有改变，但人民日益增长的美好生活需要和不平衡不充分的发展之间的矛盾还比较突出，改革进入深水区，工作难度加大。

从全省看，省委、省政府对全面建成小康社会、谱写中原更加出彩新篇章做出了战略部署，全国重要的商贸中心是国家对中原城市群的主要定位之一，商务部门使命光荣，任重道远。从全市来看，市委、市政府提出围绕中原港城的目标，坚持以供给侧结构性改革为主线，以临港经济为抓手，统筹推进稳增长、促改革、调结构、惠民生、防风险,持续推进"四大攻坚"奋力实现"四大突破",也赋予了商务部门重要的任务。做好2018年商务工作,要以党的十九大精神和习近平新时代中国特色社会主义思想为指导,按照"提质增效、创新发展、务实突破"的总体工作要求,努力推进招商引资、对外贸易、内贸流通等重点工作,圆满完成商务工作各项目标任务。预计,2018年全市货物贸易额79.3亿元,同比增长3%;服务贸易额6354万美元,同比增长5%;跨境电子商务进出口额5.88亿元,同比增长20%;实际吸引外资5.57亿美元,同比增长3%;实际到位省外资金581.9亿元,同比增长5%;社会消费品零售总额1362.1亿元,同比增长11%;对外承包工程和劳务合作完成营业额实现零突破;对外直接投资额2295万美元。

四 对策建议

1. 持续强化开放招商工作

借助2018年隆重纪念改革开放40周年之际,在全市开展"对外开放提升年"和"招商引资务实年"活动;举办"周口对外开放40周年巡礼"系列宣传活动,召开全市对外开放和招商引资大会,营造浓厚的开放招商氛围;研究制订《周口市2018年招商引资工作行动计划》,出台《周口市招商引资优惠政策》;依托周口资源优势和产业优势,谋划一批重大招商项目,抓好龙头企业和重大项目引进;继续在长三角地区、珠三角地区、环渤海地区开展小分队驻地招商,围绕主导产业举办专题招商活动;加大临港经济招商力度,组织开展专题招商活动,积极推进与郑州航空港、国际陆港公司的对接,大力发展多式联运,加快临港经济发展;借助省第十三届运动会举办的契机,开展"体育搭台、经贸唱戏"专题招商活动。

2. 稳步提升外贸发展水平

抓好重点企业、重点商品进出口工作,确保全市进出口稳定增长;积极调整出口结构,大力开拓新兴市场;加强出口基地建设,积极引进外向型企业,壮大进出口能力,促进产业集聚发展;加快外贸发展方式转变,大力发展跨境电商和服务贸易,保持对外贸易快速增长的良好态势。

3. 着力扩大商贸流通

制定完善《周口市物流业转型发展规划》,推进物流业转型发展;加强汽车流通和典当、拍卖等行业管理工作;继续做好商务领域大气污染防治工作;强化市场运行监测工作。

4. 加快电子商务创新发展

全力推进电子商务发展,力争2018年交易额突破400亿元;积极协调建设港口物流产业集聚区,加快跨境电子商务园区建设,力争年内建成并投入使用;加快推进电子商务进农村工作,加快扶沟县、西华县、淮阳县、太康县和商水县电子商务进农村综合示范建设工作。

B.42 2017~2018年驻马店市商务发展回顾与展望

余嘉平 解东升*

摘 要： 2017年，驻马店市按照市委市政府工作部署和全省商务工作会议精神，大力实施开放带动战略，持续推进开放招商工作，努力保持外经贸平稳增长，不断扩大国内消费，积极推动作风转变，总体保持了商务工作良好发展态势。本文对2017年全市商务发展情况进行总结回顾，对2018年商务发展进行分析预测，提出对策建议。

关键词： 开放招商 内贸流通

一 2017年驻马店市主要商务指标完成情况及特点

（1）实际利用境外资金。全市实际利用省外资金累计完成261.7亿元，占省定目标258.5亿元的101.2%，同比增长8.5%，增幅居全省第2位。

（2）实际吸收境外资金。全市实际吸收境外资金累计完成39929万美元，占省定目标38659万美元的103.3%，同比增长3.3%，增幅居全省第3位。

（3）外贸进出口。全市货物进出口累计完成21.9503亿元，占省定目

---

* 余嘉平、解东升，驻马店市商务局。

标30.1987亿元的72.69%，同比下降28.25%。全市服务进出口累计完成9300.4万美元，占省定目标任务9846万美元的94.46%，同比增长5.8%，增幅居全省第6位。全市跨境电子商务进出口交易总额累计完成47143万元，占省定目标40300万元的117%，同比增长35.6%，增幅居全省第8位。

（4）社会消费品零售总额。全市完成社会消费品零售总额886.4亿元，占省定目标的100.6%，同比增长12.7%，增幅居全省第1位。

（5）电子商务。全市电子商务交易额完成307.1亿元，其中网络零售额完成64.3亿元。

二 2017年驻马店市商务工作情况

1. 开放招商成效明显

2017年，全市共签约亿元以上项目181个，合同投资1587.17亿元，其中10亿元以上项目62个，合同投资1092亿元。

（1）依托机制引领，加大开放招商工作力度。制订了《2017年驻马店市开放招商工作行动计划》（驻政〔2017〕26号）、《关于2017年度市级领导分包省重点项目的通知》（驻办文〔2017〕21号）等文件。修订完善了招商引资奖惩办法，年底对每个项目按照"结合平常、审核资料、实地查看、严格核实"程序，严格考核，把优惠政策和奖励政策落到实处。市委、市政府定期听取各县区招商引资工作进展情况汇报，先后召开了开放招商工作推进会、重点项目观摩点评大会、全市开放招商总结表彰大会等，强力推进开放招商工作。

（2）创新招商思路，务实举办专项招商活动。积极创新招商方式，通过产业链招商、节会招商、联动招商、人脉招商等方式，招商引资取得明显成效。2017年以来，除参加商务部、省政府等组织的中博会、河南投洽会、厦洽会等8次招商活动外，共举办各类大型专项招商活动16次，市县两级先后派出317个招商小分队开展定点定向招商。以第20届"中国农加工洽

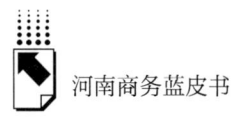

谈会"为平台,大力开展"迎盛会、大招商"活动,各县区举办各类产业推介招商活动共37次。

(3) 做优做强主导产业,加快产业转型升级。围绕主导产业,紧盯重点区域和重点企业,积极开展招商,目前全市已形成六大产值1000亿元的产业集群和六大产值500亿元的专业园区。驿城区积极围绕中集华骏重点培育汽车及装备制造业,突出汽车零部件、基础装备、农业装备、节能环保装备等领域,培育主导产业,引导发展方式转变和产业转型升级,努力培育打造1000亿元的首位产业。市产业集聚区引导医药和煤化工产业向品牌化发展,积极培育煤化工、化肥、新材料等1000亿元产业集群。

(4) 抢占发展先机,实现战略性新兴产业新突破。为抢占新一轮发展先机,奠定区域持续发展后劲,走出资源型地区转型发展新路子,全市突出规划招商,制定印发了《产业招商图谱》,研究制定了产业发展规划,集中优质资源要素,倾力扶持投资大、规模大、影响大的产业项目和尖端技术落户驻马店。

(5) 狠抓项目带动,促进龙头企业入驻。在年初谋划108个项目的基础上,下半年又围绕多领域招商,谋划了总投资达2924.71亿元的148个重点项目,进一步完善了储备项目库,印制成项目册进行推介,吸引社会资本进行投资。紧盯中外500强和行业领军企业,集中引进基地型、龙头型项目,新引进了华润集团、中粮集团、中国化工集团、中国通用集团、中国华能集团、京东集团、碧桂园控股有限公司等国内外500强及行业龙头企业来全市投资兴业。中土建设集团投资15亿元在西平县建设的嫘祖服装新城·智尚工园项目等重点项目成功签约并开工建设。

2. 外贸外经发展水平不断提高

一是坚持"抓大、促小、引新、联动"四轮驱动,鼓励各类企业走出国门开展进出口业务,扩大外贸队伍,培育壮大天方药业、骏化发展、白云纸业、华中正大、华骏铸造、华骏车辆等15家进出口超500万美元企业,有进出口业绩的企业达到96家。二是积极帮助企业开拓市场,实施出口多元化战略。全市产品出口到美国、欧盟、东盟、日本、韩国、俄罗斯、中国香港地区等100多个国家和地区。三是积极实施质量兴市和科技兴贸战略，引导企业实施自主创新，提高产品质量，出口产品涵盖装备制造、汽车零部件、医药、化工、轻工、服装、食品七大类120多个品种。四是主动融入"一带一路"倡议，对"一带一路"沿线国家进出口6.1亿元。五是对外直接投资和对外承包工程取得新突破，目前全市已有两家企业在境外进行直接投资。六是坚持请进来与走出去相结合，大力发展开放型经济。邀请24家中央企业和17家省管企业高层人士莅临全市考察对接合作项目，并举办项目签约，签约项目12个，合同总投资165.16亿元。

3. 内贸流通稳步推进

一是农产品流通体系建设水平进一步提升。二是特殊行业日常监管到位。组织全市11家典当行开展了非法集资风险排查，完成了26家特殊行业2016年度年审和12家企业的变更登记事项初审上报及新增备案工作。督促报废汽车拆解企业，开展回收拆解老旧汽车1573台，其中黄标车143台。三是国内贸易流通体制改革发展省级综合试点建设顺利推进。四是绿色商场创建、"老字号"认定和省级品牌消费聚集区申报工作进展顺利。2017年，推荐第二批绿色商场创建企业2家，推选第五批"河南老字号"5家，2家企业被评定为省级品牌消费聚集区。五是市场运行监测全省领先。2017年，全市商务预报信息平台共发布信息4500多篇，市场监测和商务预报工作在省商务厅排名居第2位。六是成品油市场整治成绩突出。2017年，在打击"黑加油站"回头看行动中，全市共出动执法人员近4000人次，执法车辆1200余台次，排查加油站点1000余座次，拆除黑加油站点485座，进一步规范了成品油经营秩序；开展打击劣质油品专项治理，抽检加油站329座，有效促进了油品质量升级。七是散装水泥推广成效显著。2017年，全市完成散装水泥供应量1053万吨，完成年计划的110.9%，同比增长3.59%，散装率达到65.7%，创造社会综合效益6.76亿元。八是电子商务总体水平进入快车道。全市有中小型电商企业3800多家，其中2800多家有网上交易额，上蔡县、平舆县、正阳县为河南省电子商务进农村综合示范县。

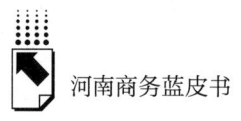
河南商务蓝皮书

三 2018年商务发展对策

2018年，全市商务发展既面临压力与挑战，又有机遇和希望，总体看是机遇大于挑战。预计2018年全市实际到位省外资金276.9亿元，增长7%；实际利用外资3.98亿美元，增长3%；货物贸易进出口完成25.3亿元，增长10%；服务贸易进出口完成10830万美元，增长10%；跨境电子商务进出口完成7111.2万美元，增长20%。

1. 着力顶层设计，积极推进开放招商工作

研究出台《2018年驻马店市开放招商工作行动计划》《2018年市级领导分包督导重点建设项目工作机制》《2018年市领导分包市中心城区重大招商引资项目责任制》等相关文件，制订《市发改委等市直15个部门2018年开放招商专项工作方案》，下达《2018年各县区招商引资指导性目标任务》。筹备召开2018年全市开放招商工作会议，总结工作，表彰先进，交流经验，部署2018年开放招商工作。

2. 围绕主导产业，组织开展产业招商活动

市、县、区结合产业定位，进一步完善《产业招商图谱》，围绕主导产业开展招商活动。大力开展"迎盛会、大招商"活动，市级开展专项招商活动不少于8次。

3. 瞄准龙头企业，突出抓好招大引强

重点围绕全市特色产业、优势产业、重点企业和知名品牌，紧紧瞄准中外500强和行业领军企业，集中引进一批旗舰型、基地型和龙头型项目。

4. 紧盯高新企业，突出抓好招新引先

围绕新兴战略性产业，集中引进一批重大项目，加快推动战略性新兴产业发展。发挥市电商产业园集聚效应，集中力量引进一批电商企业和"互联网+"应用型项目。

5. 转变招商理念，创新方式方法

坚持大员招商、以企招商、以商招商、集约招商、精准招商、落地招商

等方式，探索参股、并购等新模式，提升产业发展水平。突破依靠低成本优势引资模式，引导外来资本由成本取向转为市场、创新取向，以市场换投资、换技术、换产业、换发展。大力实施招才引智工程，研究落实富有吸引力的量化激励制度，加大招才引智政策宣传力度，不断营造"尊才爱才、求贤若渴"的浓厚氛围。充分发挥行业协会和商会的作用，进一步促进招商活动常态化。对一些重大项目，要组织专门班子和专业人员，全程跟踪，紧盯不放，力争在招大引强上取得更多突破。

6. 稳增长调结构，着力培育外贸竞争新优势

一是狠抓外贸政策落实。制定重点外贸企业调研服务方案，组织开展"送政策上门、送服务上门"活动。继续开展政策落实和进出口目标完成情况专项督导，定期通报情况，传导责任压力，激发工作动力。二是发展外贸新业态。鼓励企业开展跨境电商，培育壮大跨境电商产业园区，形成外贸新增长点。三是加快发展服务贸易。贯彻落实国家、省有关促进服务贸易发展政策，壮大市场主体，培育有竞争力的服务贸易骨干企业。巩固提升传统服务贸易优势，加快培育新兴服务贸易优势。

7. 积极"走出去"，大力开拓对外投资合作

加大向企业宣传对外承包工程和境外投资优惠政策力度，扶持全市有条件的企业对外承包工程，推进国际产能合作。

8. 进一步夯实基础工作，强化数据库和平台建设

进一步完善项目库、客商资源库和投资企业库，实行动态管理，及时收集整理更新数据，强化项目包装，突出项目的可行性、时效性，着力构建内容丰富、针对性强、产业优、资源优势明显的基础信息体系。进一步办好招商信息服务网站。充分利用现代服务平台作用，广泛开展网上招商。

9. 进一步强化服务保障，持续优化发展环境

认真落实联审联批、模拟审批、限时办结、全程代理、网上办理等制度，进一步缩短审批时间，不断提高办事效率。研究起草《招商引资工作流程》，从资源优势、产业优势着手，市、县、区联合，对项目前景进行认真分析，强化项目包装和对外发布工作。项目签约之后，市商务局牵头，市

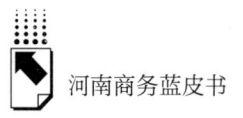

发改、规划、环保、工商、国土、建设等部门联合,实行"定项目进度、定工作责任、定联系领导、定服务班子"的跟踪负责制,对项目的立项、规划、环评、用地、审批、注册登记、开工建设和经营过程中出现的问题全程跟踪,逐项解决,确保项目顺利实施,项目落地以后,市商务局定期对项目落地情况开展督导检查,年终进行考评,最终达到体制顺、机制活、效率高、服务优。

10. **强化重点领域改革,促进内贸流通创新发展**

一是完善市场监测体系建设。探索建立商务领域大数据库,以及市场运行监测新指标体系,不断扩大信息采集范围。完善生活必需品应急保供预案,提升市场应急保供能力。二是提升供给品质。大力实施"老字号"保护促进行动,切实加强动态管理,不断推动中华老字号和河南老字号等企业不断提升生产工艺、创新商业模式。加快推动品牌消费集聚区建设。三是提高消费流通水平。推进省级内贸流通体制改革试点工作,优化城乡商业网点布局,加快形成城乡配套、层次分明和点线结合的立体消费网络体系。四是推进电子商务进农村、进社区。大力开展电商下乡活动,组织线上线下对接,打造特色农产品品牌。加强工作培训,加快工作进度,开展督导检查,搞好绩效评价。整合社区人力和服务资源,创新组织模式,着力构建社区电商服务网点,努力形成便利、快捷的社区消费服务网络体系。

B.43
2017~2018年济源市商务发展回顾与展望

翟娟娟 郝长红*

摘 要： 2017年，在河南省委、省政府和省商务厅的正确领导下，济源市认真学习贯彻党的十九大精神，坚持以习近平新时代中国特色社会主义思想为指导，围绕中心工作，主动适应经济发展新常态，扎实做好商务领域稳增长、促改革、调结构、惠民生等各项工作。

关键词： 商务发展 开放招商

一 2017年济源市商务运行情况

（1）引进省外资金提质增效。引进省外资金204.8亿元，占省定目标的100.9%，同比增长8%。

（2）实际利用外资稳中向好。实际利用外资3.4亿美元，占省定目标的101.5%，同比增长1.5%。

（3）外贸成绩斐然。全市货物贸易完成139.4亿元，同比增长38.2%，占省定目标的139%。服务贸易完成3785.4万美元，同比增长71.3%，占省定目标的161%。

---

* 翟娟娟、郝长红，济源市商务局。

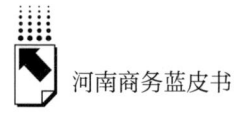

（4）社会消费品零售总额发展平稳。社会消费品零售总额完成171.2亿元，占省定目标的100.9%，同比增长12%。

二 2017年采取的主要措施

1. 精准发力，开放招商成效明显

健全机制激活力。研究出台了《济源市进一步加强对外开放和精准招商服务工作行动方案》（济办文〔2017〕50号）、《济源市对外开放招商引资（智）工作联席办公会议制度》（济办文〔2017〕51号）、《济源市招商引资工作奖励暂行办法》（济办文〔2017〕52号）等系列文件，建立健全了宏观统筹、联动协调、正向激励等招商机制，为招商引资提质增效奠定了坚实基础。

上下联动聚合力。积极抓住产城融合的机遇，市主要领导、分管领导亲自带队积极对接龙头，着力招大引强，先后拜访会见了江山控股、北汽福田、银隆新能源等龙头企业；各产业集聚（开发）区、镇（街道）、市直各部门主要领导主动出击、全力招商，全市上下形成了"一盘棋"的招商模式，促进了江森自控蓄电池、金马1亿/m^3 LNG及加气站、豫光再生铅资源循环利用、南京恒翔新型建材等一批大项目、好项目相继签约落地。

创新方式挖潜力。依托产业链招商、靶向招商、以企招商、顾问招商、节会招商等多种方式，进行全方位、多渠道、宽领域招商引资。高标准组织参加了第十一届中国（河南）投洽会、2017（第十届）中国绿公司年会、第十届中博会、第十四届东盟博览会等重大经贸活动；成功举办了济源市投资机会说明会暨合作项目签约仪式、有色循环经济、钢产品深加工、全域旅游特色小镇等专题推介会，广泛推介，深化合作。利用外资取得新突破，金马能源在中国香港地区成功上市，募集资金4亿港币。

优化服务增引力。完善外商投诉快速反应服务机制，为巨力钢丝绳、双汇等企业解决问题25起。深化"放管服"改革，树立高效服务理念，帮助企业代办手续12起，尤其在服务江森项目中，仅用3个月时间，项目前期的土地不动产权、环评、建设工程规划许可证等手续已办理完毕，又一次创造了"济源速度"。

构建平台强实力。主动对接融入河南自由贸易试验区，力争赢得发展先机。河南出入境检验检疫局济源办事处揭牌办公。玉川产业集聚区通过省级经开区实地验收。虎岭（高新）经开区、玉川集聚区率先建立了招商服务中心，市政府外来投资服务中心、市工商局等部门提前入驻，实现工作前移，靠前服务。中兴物流有限公司"两仓"建设顺利封关。

2. 措施有力，对外贸易增势强劲

用足用好政策。全市全年新增外贸进出口备案企业38家，累计达到450余家，为中原特钢、清水源等企业办理原产地证明213份，其中优惠原产地证明5份。

开拓国际市场。组织嘉兴贸易、华森贸易等企业参加广交会、欧洲精细化工展览会、俄罗斯境外展览会等经济技术协作洽谈活动，达成一批外经贸合作意向。鼓励企业紧抓"一带一路"机遇，加快"走出去"步伐，春林冶金加大力度，在塔吉克斯坦中塔产业园实施的5万吨铅冶炼工程项目已顺利投产；清水源在美国注册公司后，积极拓展境外业务。

助推企业做大做强。组织豫光集团、金利冶炼等外贸企业，参加省商务厅组织的进出口业务培训班、河南省贸促会外贸企业综合业务培训（济源站），提振企业对外贸易信心。豫光金铅、金利金铅银精矿加工贸易和豫光金铅铜精矿加工贸易成功获批后，积极开展业务，2017年两家企业完成进出口96.7亿元，同比增长50%，进一步壮大了外贸规模，豫光金铅成功入围"中国企业500强"、金利集团成功入围"2017中国对外贸易民营500强企业"。

3. 搞活流通，供需衔接更加有效

增强消费活力。鼓励流通企业增强品牌意识，争创中华老字号、河南老字号、济源老字号。引导丹尼斯、大润发、大张等大型商贸企业，利用春节、"五一"、国庆等节假日，创新营销思路、优化购物环境，促进市场繁荣，居民个性化、多样化消费趋势明显。

铸就餐饮品牌。积极响应发展"全域旅游"的号召，引导各餐饮企业传承美食文化、铸就餐饮品牌，成功举办了中国济源首届黄河鲤鱼美食节暨黄河鲤鱼美食大赛、济源首届美食节，被誉为"中国黄河鲤鱼美食之乡"。成功举办了首届中原餐饮博览会，荣获"中国十佳最具潜力优秀展会"，被授予"特别贡献奖"。对济源餐饮历史文化进行深入挖掘、全面总结，成功申创"河南传统餐饮历史文化名城""河南土馍之乡"。

发展现代物流。邀请郑州大学物流供应链研究中心专家到中兴物流等地进行实地考察，指导帮助玉川集聚区规划建设济源玉川物流园区。草拟了济源市现代物流业转型发展规划和冷链物流、快递物流、电商物流转型发展工作方案，为物流业转型发展奠定坚实基础。

保障市场供应。认真做好市场运行日常监测，及时发布、上报市场波动、价格变动等信息，确保市场平稳供应。共发布信息900余篇，上报各类报表100余次，运行分析50余篇。鼓励偏远农村新建加油站，满足市场需要，新申请预核准农村加油站2座。推广使用散装水泥201万吨，水泥散装率60%，预拌混凝土供应量165万立方米，农村推广散装水泥7.17万吨。

4. 抢抓机遇，电子商务发展迅猛

电商发展氛围浓厚。扎实推进电子商务示范创建，共评选出圣元电子、长风实业等市级电子商务示范企业5家；济源市电子商务产业园成功申创河南省电子商务示范基地，虎岭跨境电商产业园成功申创河南省首批跨境电子商务示范园区，济源市暖煌电暖有限公司成功申创省级电子商务示范企业；通过省厅认定的电商企业达到93家。

跨境电商渐入佳境。制定出台《济源市跨境电子商务综合试验区建设实施方案》，积极融入中国（郑州）跨境电商综合试验区建设。积极引导、鼓励传统外贸企业开展电子商务，指导虎岭跨境电商产业园强力实施"外贸孵化器"工程。目前，已引进豫源物流、玉宇物流、舞行天下、中铁快运等50多家跨境电商企业，集聚效应初步显现。

电商扶贫有力推进。引导"电商直通车"培训计划向贫困村、贫困人员倾斜，2017年，共举办电子商务培训近10场次，参加700余人次。组织召开电商扶贫工作座谈会，制订出台电商扶贫工作方案，引导农户借助阿里巴巴村淘、全合网、邮乐网等平台，销售冬凌茶、土馍、蜂蜜等36种自家农产品。

5.强化监管，市场监管规范有序

提升执法水平。全市商务综合监管执法体制改革试点工作顺利通过验收。连续5年入选"全省商务领域市场监管达标示范单位"。启动"双随机一公开"市场监管执法工作，加强事中事后监管，着力规范执法行为。2017年以来，共检查加油站、预付卡企业、干洗水洗店、汽车销售等企业近700家次，下达《责令改正违法行为通知书》47份，行政处罚2起。

打击侵权假冒。组织开展了互联网领域专项治理、农村和城乡接合部整治、"丝路清风"、推进软件正版化等专项行动，严厉打击侵权假冒违法犯罪活动。2017年全市共立案查处各类侵权假冒案件228起，涉案金额1159.69万元，捣毁制售假冒窝点5个，检察机关批捕案件6起，所办结的行政处罚案件信息已全部按要求予以公开，对侵权假冒行为形成了有力震慑。

做好污染防治。联合市发改、公安、工商等近30个部门，开展打击劣质油品专项行动，共排查黑加油站（点）6座，取缔（拆除）4座；下发整改通知5份，案件线索移交14份，极大净化了成品油市场环境，为大气污染防治做出了积极贡献。回收拆解报废车共823辆（其中黄标车255辆）。

加强行业监管。加强对二手车、汽车销售市场、拍卖、典当、单用途商业预付卡、散装水泥等行业管理；积极探索对河南亚太有色金属现货交易场所的监管和服务模式；加快推进重要产品追溯体系建设，着力提升产品质量安全与公共安全水平。

三 2018年商务发展展望

深刻分析当前形势，准确把握商务经济的时代特征。一是对外开放跨入新阶段。在经济全球化深入发展、各国经济加速融合的当今时代，只有敞开大门、融入世界潮流、参与分工合作，才能拥有广阔的市场和资源，实现更大程度发展。党的十九大报告指出,"推动形成全面开放新格局""中国开放的大门不会关闭,只会越开越大"等等,标志着我国对外开放进程正在获得新的加速度,可以预见,未来的中国将以更加开放的思维谋求发展,也会以更加开放的胸怀拥抱世界。二是经济发展进入新常态。当前,世界经济已呈现回暖向好态势,有望继续复苏,国际产业转移的总趋势仍在继续;我国经济发展进入新常态,供给和需求等基本面因素发生重大甚至转折性变化,正在从"数量追赶"向"质量追赶"转变。科学研判招商形势和动向,更加注重项目和投资的质量与效益,着力培育新动能,激发经济发展新活力。三是社会矛盾发生新变化。十九大报告中指出:当今社会的主要矛盾已成为人民日益增长的美好生活需要和不平衡不充分的发展之间的矛盾,这其实就是供应与需求之间、生产与消费之间的矛盾。当前,要着重提高适应供给侧结构性改革的能力,适应消费市场新特征、新变化,把市场信号更快、更准确地传递到供给侧,把优质商品和服务更高效、更便捷地交换到需求端,更好地发挥内贸流通基础性先导性作用,引导要素资源配置方向。预计2018年全市社会消费品零售总额增长11%;货物贸易增长3%,服务贸易增长5%;跨境电商交易额增长20%;实际利用外资增长3%;实际到位省外资金增长5%;对外承包工程及劳务合作完成营业额增长3%,对外直接投资保持稳定。

四 对策建议

1. 精准施策,提升开放招商质量

(1) 突出精准招商。深入开展"精准招商服务年"活动,重点围绕有色金属循环经济、优特钢及装备制造、新能源汽车、现代化工、特色高效农业(食品饮料)、全域旅游康养及特色小镇、现代服务业七大产业作为主攻方向,瞄准国内外500强、行业龙头、大型央企、上市公司和知名商协会,精准定位、精准施策、精准对接、精准招商。

(2) 转变招商方式。突出主平台招商,强化虎岭(高新)经开区、玉川产业集聚区和小浪底北岸新区的3个招商主平台作用，真正实现主导产业集群、龙头企业集聚、规模经济凸显的叠加效应。强化以商招商，发挥企业招商主体作用，引进上下游产业链延伸的关联龙头企业和配套企业，切实提升招商效能。强化与全国工商联、知名商协会等战略合作，采取商务局、招商主平台（产业集聚区等）、龙头骨干企业、商协会共同参与的"3+1"招商方式，举办专题招商推介活动5次以上。

（3）搭建开放平台。继续完善优化虎岭（高新）经开区和玉川产业集聚区招商服务中心作用，全程代办、驻企服务，及时协调解决困难和问题，服务重大项目加快落地。积极融入河南自由贸易试验区，对接济洛一体化，推动产业联动发展。加强中兴物流"两仓"、海关、商检、保税中心、经济开发区等开放平台建设，积极申报出口基地，培育外贸综合性服务企业和服务外包示范园区。

（4）优化营商环境。认真落实"两不接触"高效服务工作机制，积极践行"最多跑一次"改革，服务重大项目尽快落地。进一步完善开放招商联动发展、招商引资工作奖励扶持、招商高效服务三项机制，利用中华工商时报"营商济源"专栏、济源招商网、招商引资项目管理系统、新济商4个平台，在更高层次上宣传推介济源，倾力打造"营商济源"品牌。

2. 供需衔接，全力推动消费升级

（1）强化便民消费设施。统筹规划城乡商业网点的功能和布局，加快实施特色商业街区示范建设工程。加强城市商业综合体、购物中心等大型商业设施建设，培育生活服务示范企业。打造特色商贸小镇，支持建设集贸市场、商贸中心。高标准规划建设玉川等现代物流园区，积极引进冷链物流、快递物流、电商物流龙头企业，推动现代物流业转型发展。

（2）全面提升消费品质。鼓励流通企业增强品牌意识，争创中华老字号、河南老字号、济源老字号、省级品牌消费集聚区，打造一批"名品、名店、名街"。促进服务消费，引导餐饮、美容、家政、养老等现代服务业多元化发展，重点推进餐饮业转型发展，每两年组织开展一次"名师、名店、名菜、名厨、亮灶"评选工作，支持餐饮企业争创国家级、省级商标；

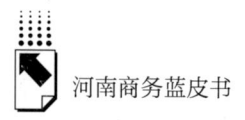

组织开展"愚公家乡特色菜品"的研发和认定,创新具有济源风味的特色菜品,积极申创中国传统餐饮历史文化名城。

(3)有效促进供需衔接。积极发展流通新业态新方式,推动供给创新,促进多元化供给与多样化需求更好对接。强化对二手车交易市场、成品油市场加油站(点)、废旧车拆解市场等规划建设,确保适应市场发展需要。完善生活必需品应急保供预案,提升市场应急保供能力。推动散装水泥健康有序发展。有序推进商贸集团改制工作。

3. 调整结构,培育外贸竞争优势

(1)持续优化外贸结构。鼓励企业开展银精矿、铜精矿等加工贸易。推动企业加大技术创新力度,扩大高新技术、高附加值、高效益产品出口规模。大力发展文化旅游、休闲娱乐、工艺美术等创意产业,逐步壮大服务贸易。大力实施科技兴贸和出口品牌战略,支持外贸企业申报自主品牌,培育形成一批出口骨干企业和品牌产品。

(2)培育建设外贸转型升级基地。根据济源市产业优势和外贸出口结构,以玉川有色金属产业为依托,培育建设有色金属转型升级基地;以虎岭装备制造产业为依托,培育建设装备制造转型升级基地。

(3)强化国际经济技术合作。鼓励企业开展对外承包工程,支持铅锌冶炼、矿山设备、水处理剂等优势产业"走出去",拓展对外投资合作范围。

4. 抢抓机遇,推动电子商务长足发展

(1)大力发展跨境电商。积极融入中国(郑州)跨境电商综合试验区,以虎岭跨境电子商务产业园为主阵地,着力引进带动能力强的跨境电商龙头企业入驻,加快形成电商产业集群效应,推动开放型经济转型升级。

(2)持续推进电商示范创建。扎实做好电商企业备案工作。深化电子商务示范企业创建工作,再认定一批电商示范企业,积极培育创建省级示范基地、示范企业,重点培育一批本土知名品牌电商。加强电商各层次人才培养,加快电商提质升级,壮大产业规模。

(3)扎实推进电子商务进农村、进社区。进一步务实推进商务领域电子商务扶贫工作，组织线上线下农产品对接，实现精准扶贫、精准脱贫。以电子商务进社区为依托，探索开展商务惠民进社区工作，拓展社区餐饮、家政等高品质服务，形成便利快捷的社区消费服务网络，争创省级电子商务示范社区。

5. 强化监管，创优经济发展环境

（1）深化商务综合监管执法改革。强化执法协作，探索建立商务综合监管执法新体制。深入推行"双随机一公开"工作，规范执法行为，优化市场环境。

（2）统筹打击侵权假冒工作。发挥打击侵权假冒领导小组办公室协调指导作用，提高统筹谋划、协调推动能力，强化行政执法与刑事司法衔接，开展集中整治、专项检查、联合惩戒，保持打击侵权假冒违法犯罪活动的高压态势。

（3）加强重点领域监管。继续开展商务领域大气污染防治攻坚战，探索建立成品油视频监控网络平台，做好报废汽车回收拆解工作，切实提升监管成效。开展散装水泥等领域整治活动。加强对商协会监管，促进商协会健康有序发展。

（4）构建"诚信商务"。加强商务领域诚信体系建设，持续开展"诚信经营示范店（站、点）"创建活动，营造文明有序、诚信守法、公平交易的市场环境。深入开展打击侵权假冒专项活动，着力净化市场环境。加强商务领域安全生产督导检查，严格落实安全生产管理责任制。

皮书系列

❖ 皮书起源 ❖

"皮书"起源于十七、十八世纪的英国,主要指官方或社会组织正式发表的重要文件或报告,多以"白皮书"命名。在中国,"皮书"这一概念被社会广泛接受,并被成功运作、发展成为一种全新的出版形态,则源于中国社会科学院社会科学文献出版社。

❖ 皮书定义 ❖

皮书是对中国与世界发展状况和热点问题进行年度监测,以专业的角度、专家的视野和实证研究方法,针对某一领域或区域现状与发展态势展开分析和预测,具备原创性、实证性、专业性、连续性、前沿性、时效性等特点的公开出版物,由一系列权威研究报告组成。

❖ 皮书作者 ❖

皮书系列的作者以中国社会科学院、著名高校、地方社会科学院的研究人员为主,多为国内一流研究机构的权威专家学者,他们的看法和观点代表了学界对中国与世界的现实和未来最高水平的解读与分析。

❖ 皮书荣誉 ❖

皮书系列已成为社会科学文献出版社的著名图书品牌和中国社会科学院的知名学术品牌。2016年,皮书系列正式列入"十三五"国家重点出版规划项目;2013~2018年,重点皮书列入中国社会科学院承担的国家哲学社会科学创新工程项目;2018年,59种院外皮书使用"中国社会科学院创新工程学术出版项目"标识。

中国皮书网

（网址：www.pishu.cn）

发布皮书研创资讯，传播皮书精彩内容
引领皮书出版潮流，打造皮书服务平台

栏目设置

关于皮书：何谓皮书、皮书分类、皮书大事记、皮书荣誉、
　　　　　皮书出版第一人、皮书编辑部

最新资讯：通知公告、新闻动态、媒体聚焦、网站专题、视频直播、下载专区

皮书研创：皮书规范、皮书选题、皮书出版、皮书研究、研创团队

皮书评奖评价：指标体系、皮书评价、皮书评奖

互动专区：皮书说、社科数托邦、皮书微博、留言板

所获荣誉

2008年、2011年，中国皮书网均在全国新闻出版业网站荣誉评选中获得"最具商业价值网站"称号；

2012年，获得"出版业网站百强"称号。

网库合一

2014年，中国皮书网与皮书数据库端口合一，实现资源共享。

权威报告·一手数据·特色资源

皮书数据库
ANNUAL REPORT(YEARBOOK) DATABASE

当代中国经济与社会发展高端智库平台

所获荣誉

- 2016年，入选"'十三五'国家重点电子出版物出版规划骨干工程"
- 2015年，荣获"搜索中国正能量 点赞2015""创新中国科技创新奖"
- 2013年，荣获"中国出版政府奖·网络出版物奖"提名奖
- 连续多年荣获中国数字出版博览会"数字出版·优秀品牌"奖

成为会员

通过网址www.pishu.com.cn访问皮书数据库网站或下载皮书数据库APP，进行手机号码验证或邮箱验证即可成为皮书数据库会员。

会员福利

- 使用手机号码首次注册的会员，账号自动充值100元体验金，可直接购买和查看数据库内容（仅限PC端）。
- 已注册用户购书后可免费获赠100元皮书数据库充值卡。刮开充值卡涂层获取充值密码，登录并进入"会员中心"—"在线充值"—"充值卡充值"，充值成功后即可购买和查看数据库内容（仅限PC端）。
- 会员福利最终解释权归社会科学文献出版社所有。

卡号：491219989298
密码：（刮开可见）

数据库服务热线：400-008-6695
数据库服务QQ：2475522410
数据库服务邮箱：database@ssap.cn
图书销售热线：010-59367070/7028
图书服务QQ：1265056568
图书服务邮箱：duzhe@ssap.cn

法律声明

"皮书系列"(含蓝皮书、绿皮书、黄皮书)之品牌由社会科学文献出版社最早使用并持续至今,现已被中国图书市场所熟知。"皮书系列"的相关商标已在中华人民共和国国家工商行政管理总局商标局注册,如LOGO( )、皮书、Pishu、经济蓝皮书、社会蓝皮书等。"皮书系列"图书的注册商标专用权及封面设计、版式设计的著作权均为社会科学文献出版社所有。未经社会科学文献出版社书面授权许可,任何使用与"皮书系列"图书注册商标、封面设计、版式设计相同或者近似的文字、图形或其组合的行为均系侵权行为。

经作者授权,本书的专有出版权及信息网络传播权等为社会科学文献出版社享有。未经社会科学文献出版社书面授权许可,任何就本书内容的复制、发行或以数字形式进行网络传播的行为均系侵权行为。

社会科学文献出版社将通过法律途径追究上述侵权行为的法律责任,维护自身合法权益。

欢迎社会各界人士对侵犯社会科学文献出版社上述权利的侵权行为进行举报。电话:010-59367121,电子邮箱:fawubu@ssap.cn。

社会科学文献出版社

基本子库
SUB DATABASE

中国社会发展数据库（下设12个子库）

全面整合国内外中国社会发展研究成果，汇聚独家统计数据、深度分析报告，涉及社会、人口、政治、教育、法律等12个领域，为了解中国社会发展动态、跟踪社会核心热点、分析社会发展趋势提供一站式资源搜索和数据分析与挖掘服务。

中国经济发展数据库（下设12个子库）

基于"皮书系列"中涉及中国经济发展的研究资料构建，内容涵盖宏观经济、农业经济、工业经济、产业经济等12个重点经济领域，为实时掌控经济运行态势、把握经济发展规律、洞察经济形势、进行经济决策提供参考和依据。

中国行业发展数据库（下设17个子库）

以中国国民经济行业分类为依据，覆盖金融业、旅游、医疗卫生、交通运输、能源矿产等100多个行业，跟踪分析国民经济相关行业市场运行状况和政策导向，汇集行业发展前沿资讯，为投资、从业及各种经济决策提供理论基础和实践指导。

中国区域发展数据库（下设6个子库）

对中国特定区域内的经济、社会、文化等领域现状与发展情况进行深度分析和预测，研究层级至县及县以下行政区，涉及地区、区域经济体、城市、农村等不同维度。为地方经济社会宏观态势研究、发展经验研究、案例分析提供数据服务。

中国文化传媒数据库（下设18个子库）

汇聚文化传媒领域专家观点、热点资讯，梳理国内外中国文化发展相关学术研究成果、一手统计数据，涵盖文化产业、新闻传播、电影娱乐、文学艺术、群众文化等18个重点研究领域。为文化传媒研究提供相关数据、研究报告和综合分析服务。

世界经济与国际关系数据库（下设6个子库）

立足"皮书系列"世界经济、国际关系相关学术资源，整合世界经济、国际政治、世界文化与科技、全球性问题、国际组织与国际法、区域研究6大领域研究成果，为世界经济与国际关系研究提供全方位数据分析，为决策和形势研判提供参考。

皮书系列

2018年

智库成果出版与传播平台

社会科学文献出版社
SOCIAL SCIENCES ACADEMIC PRESS (CHINA)

社长致辞

蓦然回首，皮书的专业化历程已经走过了二十年。20年来从一个出版社的学术产品名称到媒体热词再到智库成果研创及传播平台，皮书以专业化为主线，进行了系列化、市场化、品牌化、数字化、国际化、平台化的运作，实现了跨越式的发展。特别是在党的十八大以后，以习近平总书记为核心的党中央高度重视新型智库建设，皮书也迎来了长足的发展，总品种达到600余种，经过专业评审机制、淘汰机制遴选，目前，每年稳定出版近400个品种。"皮书"已经成为中国新型智库建设的抓手，成为国际国内社会各界快速、便捷地了解真实中国的最佳窗口。

20年孜孜以求，"皮书"始终将自己的研究视野与经济社会发展中的前沿热点问题紧密相连。600个研究领域，3万多位分布于800余个研究机构的专家学者参与了研创写作。皮书数据库中共收录了15万篇专业报告，50余万张数据图表，合计30亿字，每年报告下载量近80万次。皮书为中国学术与社会发展实践的结合提供了一个激荡智力、传播思想的入口，皮书作者们用学术的话语、客观翔实的数据谱写出了中国故事壮丽的篇章。

20年跬步千里，"皮书"始终将自己的发展与时代赋予的使命与责任紧紧相连。每年百余场新闻发布会，10万余次中外媒体报道，中、英、俄、日、韩等12个语种共同出版。皮书所具有的凝聚力正在形成一种无形的力量，吸引着社会各界关注中国的发展，参与中国的发展，它是我们向世界传递中国声音、总结中国经验、争取中国国际话语权最主要的平台。

皮书这一系列成就的取得，得益于中国改革开放的伟大时代，离不开来自中国社会科学院、新闻出版广电总局、全国哲学社会科学规划办公室等主管部门的大力支持和帮助，也离不开皮书研创者和出版者的共同努力。他们与皮书的故事创造了皮书的历史，他们对皮书的拳拳之心将继续谱写皮书的未来！

现在，"皮书"品牌已经进入了快速成长的青壮年时期。全方位进行规范化管理，树立中国的学术出版标准；不断提升皮书的内容质量和影响力，搭建起中国智库产品和智库建设的交流服务平台和国际传播平台；发布各类皮书指数，并使之成为中国指数，让中国智库的声音响彻世界舞台，为人类的发展做出中国的贡献——这是皮书未来发展的图景。作为"皮书"这个概念的提出者，"皮书"从一般图书到系列图书和品牌图书，最终成为智库研究和社会科学应用对策研究的知识服务和成果推广平台这整个过程的操盘者，我相信，这也是每一位皮书人执著追求的目标。

"当代中国正经历着我国历史上最为广泛而深刻的社会变革，也正在进行着人类历史上最为宏大而独特的实践创新。这种前无古人的伟大实践，必将给理论创造、学术繁荣提供强大动力和广阔空间。"

在这个需要思想而且一定能够产生思想的时代，皮书的研创出版一定能创造出新的更大的辉煌！

社会科学文献出版社社长
中国社会学会秘书长

2017年11月

社会科学文献出版社简介

社会科学文献出版社（以下简称"社科文献出版社"）成立于1985年，是直属于中国社会科学院的人文社会科学学术出版机构。成立至今，社科文献出版社始终依托中国社会科学院和国内外人文社会科学界丰厚的学术出版和专家学者资源，坚持"创社科经典，出传世文献"的出版理念、"权威、前沿、原创"的产品定位以及学术成果和智库成果出版的专业化、数字化、国际化、市场化的经营道路。

社科文献出版社是中国新闻出版业转型与文化体制改革的先行者。积极探索文化体制改革的先进方向和现代企业经营决策机制，社科文献出版社先后荣获"全国文化体制改革工作先进单位"、中国出版政府奖·先进出版单位奖、中国社会科学院先进集体、全国科普工作先进集体等荣誉称号。多人次荣获"第十届韬奋出版奖""全国新闻出版行业领军人才""数字出版先进人物""北京市新闻出版广电行业领军人才"等称号。

社科文献出版社是中国人文社会科学学术出版的大社名社，也是以皮书为代表的智库成果出版的专业强社。年出版图书2000余种，其中皮书400余种，出版新书字数5.5亿字，承印与发行中国社科院院属期刊72种，先后创立了皮书系列、列国志、中国史话、社科文献学术译库、社科文献学术文库、甲骨文书系等一大批既有学术影响又有市场价值的品牌，确立了在社会学、近代史、苏东问题研究等专业学科及领域出版的领先地位。图书多次荣获中国出版政府奖、"三个一百"原创图书出版工程、"五个'一'工程奖"、"大众喜爱的50种图书"等奖项，在中央国家机关"强素质·做表率"读书活动中，入选图书品种数位居各大出版社之首。

社科文献出版社是中国学术出版规范与标准的倡议者与制定者，代表全国50多家出版社发起实施学术著作出版规范的倡议，承担学术著作规范国家标准的起草工作，率先编撰完成《皮书手册》对皮书品牌进行规范化管理，并在此基础上推出中国版芝加哥手册——《社科文献出版社学术出版手册》。

社科文献出版社是中国数字出版的引领者，拥有皮书数据库、列国志数据库、"一带一路"数据库、减贫数据库、集刊数据库等4大产品线11个数据库产品，机构用户达1300余家，海外用户百余家，荣获"数字出版转型示范单位""新闻出版标准化先进单位""专业数字内容资源知识服务模式试点企业标准化示范单位"等称号。

社科文献出版社是中国学术出版走出去的践行者。社科文献出版社海外图书出版与学术合作业务遍及全球40余个国家和地区，并于2016年成立俄罗斯分社，累计输出图书500余种，涉及近20个语种，累计获得国家社科基金中华学术外译项目资助76种、"丝路书香工程"项目资助60种、中国图书对外推广计划项目资助71种以及经典中国国际出版工程资助28种，被五部委联合认定为"2015-2016年度国家文化出口重点企业"。

如今，社科文献出版社完全靠自身积累拥有固定资产3.6亿元，年收入3亿元，设置了七大出版分社、六大专业部门，成立了皮书研究院和博士后科研工作站，培养了一支近400人的高素质与高效率的编辑、出版、营销和国际推广队伍，为未来成为学术出版的大社、名社、强社，成为文化体制改革与文化企业转型发展的排头兵奠定了坚实的基础。

 宏观经济类

宏观经济类

经济蓝皮书

2018年中国经济形势分析与预测

李平 / 主编　2017年12月出版　定价：89.00元

◆ 本书为总理基金项目，由著名经济学家李扬领衔，联合中国社会科学院等数十家科研机构、国家部委和高等院校的专家共同撰写，系统分析了2017年的中国经济形势并预测2018年中国经济运行情况。

城市蓝皮书

中国城市发展报告 No.11

潘家华　单菁菁 / 主编　2018年9月出版　估价：99.00元

◆ 本书是由中国社会科学院城市发展与环境研究中心编著的，多角度、全方位地立体展示了中国城市的发展状况，并对中国城市的未来发展提出了许多建议。该书有强烈的时代感，对中国城市发展实践有重要的参考价值。

人口与劳动绿皮书

中国人口与劳动问题报告 No.19

张车伟 / 主编　2018年10月出版　估价：99.00元

◆ 本书为中国社会科学院人口与劳动经济研究所主编的年度报告，对当前中国人口与劳动形势做了比较全面和系统的深入讨论，为研究中国人口与劳动问题提供了一个专业性的视角。

宏观经济类 · 区域经济类

中国省域竞争力蓝皮书
中国省域经济综合竞争力发展报告（2017～2018）
李建平　李闽榕　高燕京 / 主编　2018年5月出版　估价：198.00元

◆ 本书融多学科的理论为一体，深入追踪研究了省域经济发展与中国国家竞争力的内在关系，为提升中国省域经济综合竞争力提供有价值的决策依据。

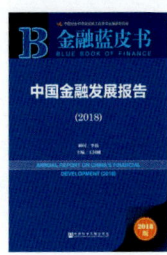

金融蓝皮书
中国金融发展报告（2018）
王国刚 / 主编　2018年6月出版　估价：99.00元

◆ 本书由中国社会科学院金融研究所组织编写，概括和分析了2017年中国金融发展和运行中的各方面情况，研讨和评论了2017年发生的主要金融事件，有利于读者了解掌握2017年中国的金融状况，把握2018年中国金融的走势。

区域经济类

京津冀蓝皮书
京津冀发展报告（2018）
祝合良　叶堂林　张贵祥 / 等著　2018年6月出版　估价：99.00元

◆ 本书遵循问题导向与目标导向相结合、统计数据分析与大数据分析相结合、纵向分析和长期监测与结构分析和综合监测相结合等原则，对京津冀协同发展新形势与新进展进行测度与评价。

 社会政法类 | 皮书系列 重点推荐

社会政法类

社会蓝皮书
2018年中国社会形势分析与预测

李培林　陈光金　张翼/主编　2017年12月出版　定价：89.00元

◆ 本书由中国社会科学院社会学研究所组织研究机构专家、高校学者和政府研究人员撰写，聚焦当下社会热点，对2017年中国社会发展的各个方面内容进行了权威解读，同时对2018年社会形势发展趋势进行了预测。

法治蓝皮书
中国法治发展报告 No.16（2018）

李林　田禾/主编　2018年3月出版　定价：128.00元

◆ 本年度法治蓝皮书回顾总结了2017年度中国法治发展取得的成就和存在的不足，对中国政府、司法、检务透明度进行了跟踪调研，并对2018年中国法治发展形势进行了预测和展望。

教育蓝皮书
中国教育发展报告（2018）

杨东平/主编　2018年3月出版　定价：89.00元

◆ 本书重点关注了2017年教育领域的热点，资料翔实，分析有据，既有专题研究，又有实践案例，从多角度对2017年教育改革和实践进行了分析和研究。

社会政法类

社会体制蓝皮书
中国社会体制改革报告 No.6（2018）

龚维斌 / 主编　2018 年 3 月出版　定价：98.00 元

◆　本书由国家行政学院社会治理研究中心和北京师范大学中国社会管理研究院共同组织编写，主要对 2017 年社会体制改革情况进行回顾和总结，对 2018 年的改革走向进行分析，提出相关政策建议。

社会心态蓝皮书
中国社会心态研究报告（2018）

王俊秀　杨宜音 / 主编　2018 年 12 月出版　估价：99.00 元

◆　本书是中国社会科学院社会学研究所社会心理研究中心"社会心态蓝皮书课题组"的年度研究成果，运用社会心理学、社会学、经济学、传播学等多种学科的方法进行了调查和研究，对于目前中国社会心态状况有较广泛和深入的揭示。

华侨华人蓝皮书
华侨华人研究报告（2018）

贾益民 / 主编　2017 年 12 月出版　估价：139.00 元

◆　本书关注华侨华人生产与生活的方方面面。华侨华人是中国建设 21 世纪海上丝绸之路的重要中介者、推动者和参与者。本书旨在全面调研华侨华人，提供最新涉侨动态、理论研究成果和政策建议。

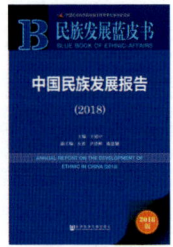

民族发展蓝皮书
中国民族发展报告（2018）

王延中 / 主编　2018 年 10 月出版　估价：188.00 元

◆　本书从民族学人类学视角，研究近年来少数民族和民族地区的发展情况，展示民族地区经济、政治、文化、社会和生态文明"五位一体"建设取得的辉煌成就和面临的困难挑战，为深刻理解中央民族工作会议精神、加快民族地区全面建成小康社会进程提供了实证材料。

产业经济类

房地产蓝皮书

中国房地产发展报告 No.15（2018）

李春华 王业强 / 主编　2018年5月出版　估价：99.00元

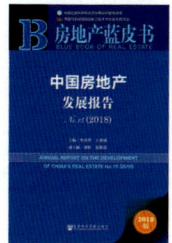

◆ 2018年《房地产蓝皮书》持续追踪中国房地产市场最新动态，深度剖析市场热点，展望2018年发展趋势，积极谋划应对策略。对2017年房地产市场的发展态势进行全面、综合的分析。

新能源汽车蓝皮书

中国新能源汽车产业发展报告（2018）

中国汽车技术研究中心　日产（中国）投资有限公司

东风汽车有限公司 / 编著　2018年8月出版　估价：99.00元

◆ 本书对中国2017年新能源汽车产业发展进行了全面系统的分析，并介绍了国外的发展经验。有助于相关机构、行业和社会公众等了解中国新能源汽车产业发展的最新动态，为政府部门出台新能源汽车产业相关政策法规、企业制定相关战略规划，提供必要的借鉴和参考。

行业及其他类

旅游绿皮书

2017~2018年中国旅游发展分析与预测

中国社会科学院旅游研究中心 / 编　2018年1月出版　定价：99.00元

◆ 本书从政策、产业、市场、社会等多个角度勾画出2017年中国旅游发展全貌，剖析了其中的热点和核心问题，并就未来发展作出预测。

皮书系列重点推荐 — 行业及其他类

民营医院蓝皮书
中国民营医院发展报告（2018）

薛晓林 / 主编　2018 年 11 月出版　估价：99.00 元

◆ 本书在梳理国家对社会办医的各种利好政策的前提下，对我国民营医疗发展现状、我国民营医院竞争力进行了分析，并结合我国医疗体制改革对民营医院的发展趋势、发展策略、战略规划等方面进行了预估。

会展蓝皮书
中外会展业动态评估研究报告（2018）

张敏 / 主编　2018 年 12 月出版　估价：99.00 元

◆ 本书回顾了 2017 年的会展业发展动态，结合"供给侧改革"、"互联网+"、"绿色经济"的新形势分析了我国展会的行业现状，并介绍了国外的发展经验，有助于行业和社会了解最新的展会业动态。

中国上市公司蓝皮书
中国上市公司发展报告（2018）

张平　王宏淼 / 主编　2018 年 9 月出版　估价：99.00 元

◆ 本书由中国社会科学院上市公司研究中心组织编写的，着力于全面、真实、客观反映当前中国上市公司财务状况和价值评估的综合性年度报告。本书详尽分析了 2017 年中国上市公司情况，特别是现实中暴露出的制度性、基础性问题，并对资本市场改革进行了探讨。

工业和信息化蓝皮书
人工智能发展报告（2017~2018）

尹丽波 / 主编　2018 年 6 月出版　估价：99.00 元

◆ 本书国家工业信息安全发展研究中心在对 2017 年全球人工智能技术和产业进行全面跟踪研究基础上形成的研究报告。该报告内容翔实、视角独特，具有较强的产业发展前瞻性和预测性，可为相关主管部门、行业协会、企业等全面了解人工智能发展形势以及进行科学决策提供参考。

国际问题与全球治理类

国际问题与全球治理类

世界经济黄皮书
2018年世界经济形势分析与预测

张宇燕 / 主编　2018年1月出版　定价：99.00元

◆ 本书由中国社会科学院世界经济与政治研究所的研究团队撰写，分总论、国别与地区、专题、热点、世界经济统计与预测等五个部分，对2018年世界经济形势进行了分析。

国际城市蓝皮书
国际城市发展报告（2018）

屠启宇 / 主编　2018年2月出版　定价：89.00元

◆ 本书作者以上海社会科学院从事国际城市研究的学者团队为核心，汇集同济大学、华东师范大学、复旦大学、上海交通大学、南京大学、浙江大学相关城市研究专业学者。立足动态跟踪介绍国际城市发展时间中，最新出现的重大战略、重大理念、重大项目、重大报告和最佳案例。

非洲黄皮书
非洲发展报告No.20（2017～2018）

张宏明 / 主编　2018年7月出版　估价：99.00元

◆ 本书是由中国社会科学院西亚非洲研究所组织编撰的非洲形势年度报告，比较全面、系统地分析了2017年非洲政治形势和热点问题，探讨了非洲经济形势和市场走向，剖析了大国对非洲关系的新动向；此外，还介绍了国内非洲研究的新成果。

国别类

美国蓝皮书
美国研究报告（2018）

郑秉文　黄平 / 主编　2018 年 5 月出版　估价：99.00 元

◆ 本书是由中国社会科学院美国研究所主持完成的研究成果，它回顾了美国 2017 年的经济、政治形势与外交战略，对美国内政外交发生的重大事件及重要政策进行了较为全面的回顾和梳理。

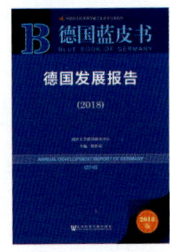

德国蓝皮书
德国发展报告（2018）

郑春荣 / 主编　2018 年 6 月出版　估价：99.00 元

◆ 本报告由同济大学德国研究所组织编撰，由该领域的专家学者对德国的政治、经济、社会文化、外交等方面的形势发展情况，进行全面的阐述与分析。

俄罗斯黄皮书
俄罗斯发展报告（2018）

李永全 / 编著　2018 年 6 月出版　估价：99.00 元

◆ 本书系统介绍了 2017 年俄罗斯经济政治情况，并对 2016 年该地区发生的焦点、热点问题进行了分析与回顾；在此基础上，对该地区 2018 年的发展前景进行了预测。

 文化传媒类 | 皮书系列 重点推荐

文化传媒类

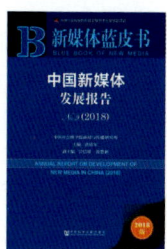

新媒体蓝皮书
中国新媒体发展报告 No.9（2018）

唐绪军 / 主编　2018年6月出版　估价：99.00元

◆ 本书是由中国社会科学院新闻与传播研究所组织编写的关于新媒体发展的最新年度报告，旨在全面分析中国新媒体的发展现状，解读新媒体的发展趋势，探析新媒体的深刻影响。

移动互联网蓝皮书
中国移动互联网发展报告（2018）

余清楚 / 主编　2018年6月出版　估价：99.00元

◆ 本书着眼于对2017年度中国移动互联网的发展情况做深入解析，对未来发展趋势进行预测，力求从不同视角、不同层面全面剖析中国移动互联网发展的现状、年度突破及热点趋势等。

文化蓝皮书
中国文化消费需求景气评价报告（2018）

王亚南 / 主编　2018年3月出版　定价：99.00元

◆ 本书首创全国文化发展量化检测评价体系，也是至今全国唯一的文化民生量化检测评价体系，对于检验全国及各地"以人民为中心"的文化发展具有首创意义。

皮书系列
重点推荐 地方发展类

地方发展类

北京蓝皮书

北京经济发展报告（2017~2018）

杨松/主编　2018年6月出版　估价：99.00元

◆ 本书对2017年北京市经济发展的整体形势进行了系统性的分析与回顾，并对2018年经济形势走势进行了预测与研判，聚焦北京市经济社会发展中的全局性、战略性和关键领域的重点问题，运用定量和定性分析相结合的方法，对北京市经济社会发展的现状、问题、成因进行了深入分析，提出了可操作性的对策建议。

温州蓝皮书

2018年温州经济社会形势分析与预测

蒋儒标　王春光　金浩/主编　2018年6月出版　估价：99.00元

◆ 本书是中共温州市委党校和中国社会科学院社会学研究所合作推出的第十一本温州蓝皮书，由来自党校、政府部门、科研机构、高校的专家、学者共同撰写的2017年温州区域发展形势的最新研究成果。

黑龙江蓝皮书

黑龙江社会发展报告（2018）

王爱丽/主编　2018年1月出版　定价：89.00元

◆ 本书以千份随机抽样问卷调查和专题研究为依据，运用社会学理论框架和分析方法，从专家和学者的独特视角，对2017年黑龙江省关系民生的问题进行广泛的调研与分析，并对2017年黑龙江省诸多社会热点和焦点问题进行了有益的探索。这些研究不仅可以为政府部门更加全面深入了解省情、科学制定决策提供智力支持，同时也可以为广大读者认识、了解、关注黑龙江社会发展提供理性思考。

皮书系列 2018全品种

宏观经济类

宏观经济类

城市蓝皮书
中国城市发展报告（No.11）
著（编）者：潘家华 单菁菁
2018年9月出版 / 估价：99.00元
PSN B-2007-091-1/1

城乡一体化蓝皮书
中国城乡一体化发展报告（2018）
著（编）者：付崇兰
2018年9月出版 / 估价：99.00元
PSN B-2011-226-1/2

城镇化蓝皮书
中国新型城镇化健康发展报告（2018）
著（编）者：张占斌
2018年8月出版 / 估价：99.00元
PSN B-2014-396-1/1

创新蓝皮书
创新型国家建设报告（2018~2019）
著（编）者：詹正茂
2018年12月出版 / 估价：99.00元
PSN B-2009-140-1/1

低碳发展蓝皮书
中国低碳发展报告（2018）
著（编）者：张希良 齐晔
2018年6月出版 / 估价：99.00元
PSN B-2011-223-1/1

低碳经济蓝皮书
中国低碳经济发展报告（2018）
著（编）者：薛进军 赵忠秀
2018年11月出版 / 估价：99.00元
PSN B-2011-194-1/1

发展和改革蓝皮书
中国经济发展和体制改革报告No.9
著（编）者：邹东涛 王再文
2018年1月出版 / 估价：99.00元
PSN B-2008-122-1/1

国家创新蓝皮书
中国创新发展报告（2017）
著（编）者：陈劲　2018年5月出版 / 估价：99.00元
PSN B-2014-370-1/1

金融蓝皮书
中国金融发展报告（2018）
著（编）者：王国刚
2018年6月出版 / 估价：99.00元
PSN B-2004-031-1/7

经济蓝皮书
2018年中国经济形势分析与预测
著（编）者：李平　2017年12月出版 / 定价：89.00元
PSN B-1996-001-1/1

经济蓝皮书春季号
2018年中国经济前景分析
著（编）者：李扬　2018年5月出版 / 估价：99.00元
PSN B-1999-008-1/1

经济蓝皮书夏季号
中国经济增长报告（2017~2018）
著（编）者：李扬　2018年9月出版 / 估价：99.00元
PSN B-2010-176-1/1

农村绿皮书
中国农村经济形势分析与预测（2017~2018）
著（编）者：魏后凯 黄秉信
2018年4月出版 / 估价：99.00元
PSN G-1998-003-1/1

人口与劳动绿皮书
中国人口与劳动问题报告No.19
著（编）者：张车伟　2018年11月出版 / 估价：99.00元
PSN G-2000-012-1/1

新型城镇化蓝皮书
新型城镇化发展报告（2017）
著（编）者：李伟 宋敏
2018年3月出版 / 定价：98.00元
PSN B-2005-038-1/1

中国省域竞争力蓝皮书
中国省域经济综合竞争力发展报告（2016~2017）
著（编）者：李建平 李闽榕
2018年2月出版 / 定价：198.00元
PSN B-2007-088-1/1

中小城市绿皮书
中国中小城市发展报告（2018）
著（编）者：中国城市经济学会中小城市经济发展委员会
　　　　　中国城镇化促进会中小城市发展委员会
　　　　　《中国中小城市发展报告》编纂委员会
　　　　　中小城市发展战略研究院
2018年11月出版 / 估价：128.00元
PSN G-2010-161-1/1

皮书系列 2018全品种 | 区域经济类・社会政法类

区域经济类

东北蓝皮书
中国东北地区发展报告（2018）
著（编）者：姜晓秋　2018年11月出版 / 估价：99.00元
PSN B-2006-067-1/1

金融蓝皮书
中国金融中心发展报告（2017~2018）
著（编）者：王力 黄育华　2018年11月出版 / 估价：99.00元
PSN B-2011-186-6/7

京津冀蓝皮书
京津冀发展报告（2018）
著（编）者：祝合良 叶堂林 张贵祥
2018年6月出版 / 估价：99.00元
PSN B-2012-262-1/1

西北蓝皮书
中国西北发展报告（2018）
著（编）者：王福生 马廷旭 董秋生
2018年1月出版 / 定价：99.00元
PSN B-2012-261-1/1

西部蓝皮书
中国西部发展报告（2018）
著（编）者：璋勇 任保平　2018年8月出版 / 估价：99.00元
PSN B-2005-039-1/1

长江经济带产业蓝皮书
长江经济带产业发展报告（2018）
著（编）者：吴传清　2018年11月出版 / 估价：128.00元
PSN B-2017-666-1/1

长江经济带蓝皮书
长江经济带发展报告（2017~2018）
著（编）者：王振　2018年11月出版 / 估价：99.00元
PSN B-2016-575-1/1

长江中游城市群蓝皮书
长江中游城市群新型城镇化与产业协同发展报告（2018）
著（编）者：杨刚强　2018年11月出版 / 估价：99.00元
PSN B-2016-578-1/1

长三角蓝皮书
2017年创新融合发展的长三角
著（编）者：刘飞跃　2018年5月出版 / 估价：99.00元
PSN B-2005-038-1/1

长株潭城市群蓝皮书
长株潭城市群发展报告（2017）
著（编）者：张萍 朱有志　2018年6月出版 / 估价：99.00元
PSN B-2008-109-1/1

特色小镇蓝皮书
特色小镇智慧运营报告（2018）：顶层设计与智慧架构标准
著（编）者：陈劲　2018年1月出版 / 定价：79.00元
PSN B-2018-692-1/1

中部竞争力蓝皮书
中国中部经济社会竞争力报告（2018）
著（编）者：教育部人文社会科学重点研究基地南昌大学中国中部经济社会发展研究中心
2018年12月出版 / 估价：99.00元
PSN B-2012-276-1/1

中部蓝皮书
中国中部地区发展报告（2018）
著（编）者：宋亚平　2018年12月出版 / 估价：99.00元
PSN B-2007-089-1/1

区域蓝皮书
中国区域经济发展报告（2017~2018）
著（编）者：赵弘　2018年5月出版 / 估价：99.00元
PSN B-2004-034-1/1

中三角蓝皮书
长江中游城市群发展报告（2018）
著（编）者：秦尊文　2018年9月出版 / 估价：99.00元
PSN B-2014-417-1/1

中原蓝皮书
中原经济区发展报告（2018）
著（编）者：李英杰　2018年6月出版 / 估价：99.00元
PSN B-2011-192-1/1

珠三角流通蓝皮书
珠三角商圈发展研究报告（2018）
著（编）者：王先庆 林至颖　2018年7月出版 / 估价：99.00元
PSN B-2012-292-1/1

社会政法类

北京蓝皮书
中国社区发展报告（2017~2018）
著（编）者：于燕燕　2018年9月出版 / 估价：99.00元
PSN B-2007-083-5/8

殡葬绿皮书
中国殡葬事业发展报告（2017~2018）
著（编）者：李伯森　2018年6月出版 / 估价：158.00元
PSN G-2010-180-1/1

城市管理蓝皮书
中国城市管理报告（2017-2018）
著（编）者：刘林 刘承水　2018年5月出版 / 估价：158.00元
PSN B-2013-336-1/1

城市生活质量蓝皮书
中国城市生活质量报告（2017）
著（编）者：张连城 张平 杨春学 郎丽华
2017年12月出版 / 定价：89.00元
PSN B-2013-326-1/1

社会政法类 | 皮书系列 2018全品种

城市政府能力蓝皮书
中国城市政府公共服务能力评估报告（2018）
著(编)者：何艳玲　2018年5月出版 / 估价：99.00元
PSN B-2013-338-1/1

创业蓝皮书
中国创业发展研究报告（2017~2018）
著(编)者：黄群慧　赵卫星　钟宏武
2018年11月出版 / 估价：99.00元
PSN B-2016-577-1/1

慈善蓝皮书
中国慈善发展报告（2018）
著(编)者：杨团　2018年6月出版 / 估价：99.00元
PSN B-2009-142-1/1

党建蓝皮书
党的建设研究报告No.2（2018）
著(编)者：崔建民　陈东平　2018年6月出版 / 估价：99.00元
PSN B-2016-523-1/1

地方法治蓝皮书
中国地方法治发展报告No.3（2018）
著(编)者：李林　田禾　2018年6月出版 / 估价：118.00元
PSN B-2015-442-1/1

电子政务蓝皮书
中国电子政务发展报告（2018）
著(编)者：李季　2018年8月出版 / 估价：99.00元
PSN B-2003-022-1/1

儿童蓝皮书
中国儿童参与状况报告（2017）
著(编)者：苑立新　2017年12月出版 / 定价：89.00元
PSN B-2017-682-1/1

法治蓝皮书
中国法治发展报告No.16（2018）
著(编)者：李林　田禾　2018年3月出版 / 定价：128.00元
PSN B-2004-027-1/3

法治蓝皮书
中国法院信息化发展报告No.2（2018）
著(编)者：李林　田禾　2018年2月出版 / 定价：118.00元
PSN B-2017-604-3/3

法治政府蓝皮书
中国法治政府发展报告（2017）
著(编)者：中国政法大学法治政府研究院
2018年3月出版 / 定价：158.00元
PSN B-2015-502-1/2

法治政府蓝皮书
中国法治政府评估报告（2018）
著(编)者：中国政法大学法治政府研究院
2018年9月出版 / 估价：168.00元
PSN B-2016-576-2/2

反腐倡廉蓝皮书
中国反腐倡廉建设报告No.8
著(编)者：张英伟　2018年12月出版 / 估价：99.00元
PSN B-2012-259-1/1

扶贫蓝皮书
中国扶贫开发报告（2018）
著(编)者：李培林　魏后凯　2018年12月出版 / 估价：128.00元
PSN B-2016-599-1/1

妇女发展蓝皮书
中国妇女发展报告No.6
著(编)者：王金玲　2018年9月出版 / 估价：158.00元
PSN B-2006-069-1/1

妇女教育蓝皮书
中国妇女教育发展报告No.3
著(编)者：张李玺　2018年10月出版 / 估价：99.00元
PSN B-2008-121-1/1

妇女绿皮书
2018年：中国性别平等与妇女发展报告
著(编)者：谭琳　2018年12月出版 / 估价：99.00元
PSN G-2006-073-1/1

公共安全蓝皮书
中国城市公共安全发展报告（2017~2018）
著(编)者：黄育华　杨文明　赵建辉
2018年6月出版 / 估价：99.00元
PSN B-2017-628-1/1

公共服务蓝皮书
中国城市基本公共服务力评价（2018）
著(编)者：钟君　刘志昌　吴正昊
2018年12月出版 / 估价：99.00元
PSN B-2011-214-1/1

公民科学素质蓝皮书
中国公民科学素质报告（2017~2018）
著(编)者：李群　陈雄　马宗文
2017年12月出版 / 定价：89.00元
PSN B-2014-379-1/1

公益蓝皮书
中国公益慈善发展报告（2016）
著(编)者：朱健刚　胡小军　2018年6月出版 / 估价：99.00元
PSN B-2012-283-1/1

国际人才蓝皮书
中国国际移民报告（2018）
著(编)者：王辉耀　2018年6月出版 / 估价：99.00元
PSN B-2012-304-3/4

国际人才蓝皮书
中国留学发展报告（2018）No.7
著(编)者：王辉耀　苗绿　2018年12月出版 / 估价：99.00元
PSN B-2012-244-2/4

海洋社会蓝皮书
中国海洋社会发展报告（2017）
著(编)者：崔凤　宋宁而　2018年3月出版 / 定价：99.00元
PSN B-2015-478-1/1

行政改革蓝皮书
中国行政体制改革报告No.7（2018）
著(编)者：魏礼群　2018年6月出版 / 估价：99.00元
PSN B-2011-231-1/1

皮书系列 2018全品种 — 社会政法类

华侨华人蓝皮书
华侨华人研究报告（2017）
著(编)者：张禹东 庄国土　2017年12月出版 / 定价：148.00元
PSN B-2011-204-1/1

互联网与国家治理蓝皮书
互联网与国家治理发展报告（2017）
著(编)者：张志安　2018年1月出版 / 定价：98.00元
PSN B-2017-671-1/1

环境管理蓝皮书
中国环境管理发展报告（2017）
著(编)者：李金惠　2017年12月出版 / 定价：98.00元
PSN B-2017-678-1/1

环境竞争力绿皮书
中国省域环境竞争力发展报告（2018）
著(编)者：李建平　李闽榕　王金南
2018年11月出版 / 估价：198.00元
PSN G-2010-165-1/1

环境绿皮书
中国环境发展报告（2017~2018）
著(编)者：李波　2018年6月出版 / 估价：99.00元
PSN G-2006-048-1/1

家庭蓝皮书
中国"创建幸福家庭活动"评估报告（2018）
著(编)者：国务院发展研究中心"创建幸福家庭活动评估"课题组
2018年12月出版 / 估价：99.00元
PSN B-2015-508-1/1

健康城市蓝皮书
中国健康城市建设研究报告（2018）
著(编)者：王鸿春　盛继洪　2018年12月出版 / 估价：99.00元
PSN B-2016-564-2/2

健康中国蓝皮书
社区首诊与健康中国分析报告（2018）
著(编)者：高和荣　杨叔禹　姜杰
2018年6月出版 / 估价：99.00元
PSN B-2017-611-1/1

教师蓝皮书
中国中小学教师发展报告（2017）
著(编)者：曾晓东　鱼霞
2018年6月出版 / 估价：99.00元
PSN B-2012-289-1/1

教育扶贫蓝皮书
中国教育扶贫报告（2018）
著(编)者：司树杰　王文静　李兴洲
2018年12月出版 / 估价：99.00元
PSN B-2016-590-1/1

教育蓝皮书
中国教育发展报告（2018）
著(编)者：杨东平　2018年3月出版 / 定价：89.00元
PSN B-2006-047-1/1

金融法治建设蓝皮书
中国金融法治建设年度报告（2015~2016）
著(编)者：朱小黄　2018年6月出版 / 估价：99.00元
PSN B-2017-633-1/1

京津冀教育蓝皮书
京津冀教育发展研究报告（2017~2018）
著(编)者：方中雄　2018年6月出版 / 估价：99.00元
PSN B-2017-608-1/1

就业蓝皮书
2018年中国本科生就业报告
著(编)者：麦可思研究院　2018年6月出版 / 估价：99.00元
PSN B-2009-146-1/2

就业蓝皮书
2018年中国高职高专生就业报告
著(编)者：麦可思研究院　2018年6月出版 / 估价：99.00元
PSN B-2015-472-2/2

科学教育蓝皮书
中国科学教育发展报告（2018）
著(编)者：王康友　2018年10月出版 / 估价：99.00元
PSN B-2015-487-1/1

劳动保障蓝皮书
中国劳动保障发展报告（2018）
著(编)者：刘燕斌　2018年9月出版 / 估价：158.00元
PSN B-2014-415-1/1

老龄蓝皮书
中国老年宜居环境发展报告（2017）
著(编)者：党俊武　周燕珉　2018年6月出版 / 估价：99.00元
PSN B-2013-320-1/1

连片特困区蓝皮书
中国连片特困区发展报告（2017~2018）
著(编)者：游俊　冷志明　丁建军
2018年6月出版 / 估价：99.00元
PSN B-2013-321-1/1

流动儿童蓝皮书
中国流动儿童教育发展报告（2017）
著(编)者：杨东平　2018年6月出版 / 估价：99.00元
PSN B-2017-600-1/1

民调蓝皮书
中国民生调查报告（2018）
著(编)者：谢耘耕　2018年12月出版 / 估价：99.00元
PSN B-2014-398-1/1

民族发展蓝皮书
中国民族发展报告（2018）
著(编)者：王延中　2018年10月出版 / 估价：188.00元
PSN B-2006-070-1/1

女性生活蓝皮书
中国女性生活状况报告No.12（2018）
著(编)者：韩湘景　2018年7月出版 / 估价：99.00元
PSN B-2006-071-1/1

社会政法类 — 皮书系列 2018全品种

汽车社会蓝皮书
中国汽车社会发展报告（2017~2018）
著（编）者：王俊秀　　2018年6月出版／估价：99.00元
PSN B-2011-224-1/1

青年蓝皮书
中国青年发展报告（2018）No.3
著（编）者：廉思　　2018年6月出版／估价：99.00元
PSN B-2013-333-1/1

青少年蓝皮书
中国未成年人互联网运用报告（2017~2018）
著（编）者：季为民　李文革　沈杰
2018年11月出版／估价：99.00元
PSN B-2010-156-1/1

人权蓝皮书
中国人权事业发展报告No.8（2018）
著（编）者：李君如　　2018年9月出版／估价：99.00元
PSN B-2011-215-1/1

社会保障绿皮书
中国社会保障发展报告No.9（2018）
著（编）者：王延中　　2018年6月出版／估价：99.00元
PSN G-2001-014-1/1

社会风险评估蓝皮书
风险评估与危机预警报告（2017~2018）
著（编）者：唐钧　　2018年8月出版／估价：99.00元
PSN B-2012-293-1/1

社会工作蓝皮书
中国社会工作发展报告（2016~2017）
著（编）者：民政部社会工作研究中心
2018年8月出版／估价：99.00元
PSN B-2009-141-1/1

社会管理蓝皮书
中国社会管理创新报告No.6
著（编）者：连玉明　　2018年11月出版／估价：99.00元
PSN B-2012-300-1/1

社会蓝皮书
2018年中国社会形势分析与预测
著（编）者：李培林　陈光金　张翼
2017年12月出版／定价：89.00元
PSN B-1998-002-1/1

社会体制蓝皮书
中国社会体制改革报告No.6（2018）
著（编）者：龚维斌　　2018年3月出版／定价：98.00元
PSN B-2013-330-1/1

社会心态蓝皮书
中国社会心态研究报告（2018）
著（编）者：王俊秀　　2018年12月出版／估价：99.00元
PSN B-2011-199-1/1

社会组织蓝皮书
中国社会组织报告（2017-2018）
著（编）者：黄晓勇　　2018年6月出版／估价：99.00元
PSN B-2008-118-1/2

社会组织蓝皮书
中国社会组织评估发展报告（2018）
著（编）者：徐家良　　2018年12月出版／估价：99.00元
PSN B-2013-366-2/2

生态城市绿皮书
中国生态城市建设发展报告（2018）
著（编）者：刘举科　孙伟平　胡文臻
2018年9月出版／估价：158.00元
PSN G-2012-269-1/1

生态文明绿皮书
中国省域生态文明建设评价报告（ECI 2018）
著（编）者：严耕　　2018年12月出版／估价：99.00元
PSN G-2010-170-1/1

退休生活蓝皮书
中国城市居民退休生活质量指数报告（2017）
著（编）者：杨一帆　　2018年6月出版／估价：99.00元
PSN B-2017-618-1/1

危机管理蓝皮书
中国危机管理报告（2018）
著（编）者：文学国　范正青
2018年8月出版／估价：99.00元
PSN B-2010-171-1/1

学会蓝皮书
2018年中国学会发展报告
著（编）者：麦可思研究院　　2018年12月出版／估价：99.00元
PSN B-2016-597-1/1

医改蓝皮书
中国医药卫生体制改革报告（2017~2018）
著（编）者：文学国　房志武
2018年11月出版／估价：99.00元
PSN B-2014-432-1/1

应急管理蓝皮书
中国应急管理报告（2018）
著（编）者：宋英华　　2018年9月出版／估价：99.00元
PSN B-2016-562-1/1

政府绩效评估蓝皮书
中国地方政府绩效评估报告 No.2
著（编）者：贠杰　　2018年12月出版／估价：99.00元
PSN B-2017-672-1/1

政治参与蓝皮书
中国政治参与报告（2018）
著（编）者：房宁　　2018年8月出版／估价：128.00元
PSN B-2011-200-1/1

政治文化蓝皮书
中国政治文化报告（2018）
著（编）者：邢元敏　魏大鹏　龚克
2018年8月出版／估价：128.00元
PSN B-2017-615-1/1

中国传统村落蓝皮书
中国传统村落保护现状报告（2018）
著（编）者：胡彬彬　李向军　王晓波
2018年12月出版／估价：99.00元
PSN B-2017-663-1/1

中国农村妇女发展蓝皮书
农村流动女性城市生活发展报告（2018）
著（编）者：谢丽华　2018年12月出版 / 估价：99.00元
PSN B-2014-434-1/1

宗教蓝皮书
中国宗教报告（2017）
著（编）者：邱永辉　2018年8月出版 / 估价：99.00元
PSN B-2008-117-1/1

产业经济类

保健蓝皮书
中国保健服务产业发展报告 No.2
著（编）者：中国保健协会　中共中央党校
2018年7月出版 / 估价：198.00元
PSN B-2012-272-3/3

保健蓝皮书
中国保健食品产业发展报告 No.2
著（编）者：中国保健协会
　　　　中国社会科学院食品药品产业发展与监管研究中心
2018年8月出版 / 估价：198.00元
PSN B-2012-271-2/3

保健蓝皮书
中国保健用品产业发展报告 No.2
著（编）者：中国保健协会
　　　　国务院国有资产监督管理委员会研究中心
2018年6月出版 / 估价：198.00元
PSN B-2012-270-1/3

保险蓝皮书
中国保险业竞争力报告（2018）
著（编）者：保监会　2018年12月出版 / 估价：99.00元
PSN B-2013-311-1/1

冰雪蓝皮书
中国冰上运动产业发展报告（2018）
著（编）者：孙承华　杨占武　刘戈　张鸿俊
2018年9月出版 / 估价：99.00元
PSN B-2017-648-3/3

冰雪蓝皮书
中国滑雪产业发展报告（2018）
著（编）者：孙承华　伍斌　魏庆华　张鸿俊
2018年9月出版 / 估价：99.00元
PSN B-2016-559-1/3

餐饮产业蓝皮书
中国餐饮产业发展报告（2018）
著（编）者：邢颖
2018年6月出版 / 估价：99.00元
PSN B-2009-151-1/1

茶业蓝皮书
中国茶产业发展报告（2018）
著（编）者：杨江帆　李闽榕
2018年10月出版 / 估价：99.00元
PSN B-2010-164-1/1

产业安全蓝皮书
中国文化产业安全报告（2018）
著（编）者：北京印刷学院文化产业安全研究院
2018年12月出版 / 估价：99.00元
PSN B-2014-378-12/14

产业安全蓝皮书
中国新媒体产业安全报告（2016~2017）
著（编）者：肖丽　2018年6月出版 / 估价：99.00元
PSN B-2015-500-14/14

产业安全蓝皮书
中国出版传媒产业安全报告（2017~2018）
著（编）者：北京印刷学院文化产业安全研究院
2018年6月出版 / 估价：99.00元
PSN B-2014-384-13/14

产业蓝皮书
中国产业竞争力报告（2018）No.8
著（编）者：张其仔　2018年12月出版 / 估价：168.00元
PSN B-2010-175-1/1

动力电池蓝皮书
中国新能源汽车动力电池产业发展报告（2018）
著（编）者：中国汽车技术研究中心
2018年8月出版 / 估价：99.00元
PSN B-2017-639-1/1

杜仲产业绿皮书
中国杜仲橡胶资源与产业发展报告（2017~2018）
著（编）者：杜红岩　胡文臻　俞锐
2018年6月出版 / 估价：99.00元
PSN G-2013-350-1/1

房地产蓝皮书
中国房地产发展报告No.15（2018）
著（编）者：李春华　王业强
2018年5月出版 / 估价：99.00元
PSN B-2004-028-1/1

服务外包蓝皮书
中国服务外包产业发展报告（2017~2018）
著（编）者：王晓红　刘德军
2018年6月出版 / 估价：99.00元
PSN B-2013-331-2/2

服务外包蓝皮书
中国服务外包竞争力报告（2017~2018）
著（编）者：刘春生　王力　黄育华
2018年12月出版 / 估价：99.00元
PSN B-2011-216-1/2

产业经济类

皮书系列 2018全品种

工业和信息化蓝皮书
世界信息技术产业发展报告（2017～2018）
著(编)者：尹丽波　　2018年6月出版／估价：99.00元
PSN B-2015-449-2/6

工业和信息化蓝皮书
战略性新兴产业发展报告（2017～2018）
著(编)者：尹丽波　　2018年6月出版／估价：99.00元
PSN B-2015-450-3/6

海洋经济蓝皮书
中国海洋经济发展报告（2015～2018）
著(编)者：殷克东　高金田　方胜民
2018年3月出版／定价：128.00元
PSN B-2018-697-1/1

康养蓝皮书
中国康养产业发展报告（2017）
著(编)者：何莽　　2017年12月出版／定价：88.00元
PSN B-2017-685-1/1

客车蓝皮书
中国客车产业发展报告（2017～2018）
著(编)者：姚蔚　　2018年10月出版／估价：99.00元
PSN B-2013-361-1/1

流通蓝皮书
中国商业发展报告（2018～2019）
著(编)者：王雪峰　林诗慧
2018年7月出版／估价：99.00元
PSN B-2009-152-1/2

能源蓝皮书
中国能源发展报告（2018）
著(编)者：崔民选　王军生　陈义和
2018年12月出版／估价：99.00元
PSN B-2006-049-1/1

农产品流通蓝皮书
中国农产品流通产业发展报告（2017）
著(编)者：贾敬敦　张东科　张玉玺　张鹏毅　周伟
2018年6月出版／估价：99.00元
PSN B-2012-288-1/1

汽车工业蓝皮书
中国汽车工业发展年度报告（2018）
著(编)者：中国汽车工业协会
　　　　　中国汽车技术研究中心
　　　　　丰田汽车公司
2018年5月出版／估价：168.00元
PSN B-2015-463-1/2

汽车工业蓝皮书
中国汽车零部件产业发展报告（2017～2018）
著(编)者：中国汽车工业协会
　　　　　中国汽车工程研究院深圳市沃特玛电池有限公司
2018年9月出版／估价：99.00元
PSN B-2016-515-2/2

汽车蓝皮书
中国汽车产业发展报告（2018）
著(编)者：中国汽车工程学会
　　　　　大众汽车集团（中国）
2018年11月出版／估价：99.00元
PSN B-2008-124-1/1

世界茶业蓝皮书
世界茶业发展报告（2018）
著(编)者：李闽榕　冯廷佺
2018年5月出版／估价：168.00元
PSN B-2017-619-1/1

世界能源蓝皮书
世界能源发展报告（2018）
著(编)者：黄晓勇　　2018年6月出版／估价：168.00元
PSN B-2013-349-1/1

石油蓝皮书
中国石油产业发展报告（2018）
著(编)者：中国石油化工集团公司经济技术研究院
　　　　　中国国际石油化工联合有限责任公司
　　　　　中国社会科学院数量经济与技术经济研究所
2018年2月出版／定价：98.00元
PSN B-2018-690-1/1

体育蓝皮书
国家体育产业基地发展报告（2016～2017）
著(编)者：李颖川　　2018年6月出版／估价：168.00元
PSN B-2017-609-5/5

体育蓝皮书
中国体育产业发展报告（2018）
著(编)者：阮伟　钟秉枢
2018年12月出版／估价：99.00元
PSN B-2010-179-1/5

文化金融蓝皮书
中国文化金融发展报告（2018）
著(编)者：杨涛　金巍
2018年6月出版／估价：99.00元
PSN B-2017-610-1/1

新能源汽车蓝皮书
中国新能源汽车产业发展报告（2018）
著(编)者：中国汽车技术研究中心
　　　　　日产（中国）投资有限公司
　　　　　东风汽车有限公司
2018年8月出版／估价：99.00元
PSN B-2013-347-1/1

薏仁米产业蓝皮书
中国薏仁米产业发展报告No.2（2018）
著(编)者：李发耀　石明　秦礼康
2018年8月出版／估价：99.00元
PSN B-2017-645-1/1

邮轮绿皮书
中国邮轮产业发展报告（2018）
著(编)者：汪泓　　2018年10月出版／估价：99.00元
PSN G-2014-419-1/1

智能养老蓝皮书
中国智能养老产业发展报告（2018）
著(编)者：朱勇　　2018年10月出版／估价：99.00元
PSN B-2015-488-1/1

中国节能汽车蓝皮书
中国节能汽车发展报告（2017～2018）
著(编)者：中国汽车工程研究院股份有限公司
2018年9月出版／估价：99.00元
PSN B-2016-565-1/1

中国陶瓷产业蓝皮书
中国陶瓷产业发展报告（2018）
著(编)者：左和平 黄速建
2018年10月出版 / 估价：99.00元
PSN B-2016-573-1/1

装备制造业蓝皮书
中国装备制造业发展报告（2018）
著(编)者：徐东华
2018年12月出版 / 估价：118.00元
PSN B-2015-505-1/1

行业及其他类

"三农"互联网金融蓝皮书
中国"三农"互联网金融发展报告（2018）
著(编)者：李勇坚 王弢
2018年8月出版 / 估价：99.00元
PSN B-2016-560-1/1

SUV蓝皮书
中国SUV市场发展报告（2017~2018）
著(编)者：靳军
2018年9月出版 / 估价：99.00元
PSN B-2016-571-1/1

冰雪蓝皮书
中国冬季奥运会发展报告（2018）
著(编)者：孙承华 伍斌 魏庆华 张鸿俊
2018年9月出版 / 估价：99.00元
PSN B-2017-647-2/3

彩票蓝皮书
中国彩票发展报告（2018）
著(编)者：益彩基金
2018年6月出版 / 估价：99.00元
PSN B-2015-462-1/1

测绘地理信息蓝皮书
测绘地理信息供给侧结构性改革研究报告（2018）
著(编)者：库热西·买合苏提
2018年12月出版 / 估价：168.00元
PSN B-2009-145-1/1

产权市场蓝皮书
中国产权市场发展报告（2017）
著(编)者：曹和平
2018年5月出版 / 估价：99.00元
PSN B-2009-147-1/1

城投蓝皮书
中国城投行业发展报告（2018）
著(编)者：华景斌
2018年11月出版 / 估价：300.00元
PSN B-2016-514-1/1

城市轨道交通蓝皮书
中国城市轨道交通运营发展报告（2017~2018）
著(编)者：崔学忠 贾文峥
2018年3月出版 / 定价：89.00元
PSN B-2018-694-1/1

大数据蓝皮书
中国大数据发展报告（No.2）
著(编)者：连玉明 2018年5月出版 / 估价：99.00元
PSN B-2017-620-1/1

大数据应用蓝皮书
中国大数据应用发展报告No.2（2018）
著(编)者：陈军君 2018年8月出版 / 估价：99.00元
PSN B-2017-644-1/1

对外投资与风险蓝皮书
中国对外直接投资与国家风险报告（2018）
著(编)者：中债资信评估有限责任公司
　　　　　中国社会科学院世界经济与政治研究所
2018年6月出版 / 估价：189.00元
PSN B-2017-606-1/1

工业和信息化蓝皮书
人工智能发展报告（2017~2018）
著(编)者：尹丽波 2018年6月出版 / 估价：99.00元
PSN B-2015-448-1/6

工业和信息化蓝皮书
世界智慧城市发展报告（2017~2018）
著(编)者：尹丽波 2018年6月出版 / 估价：99.00元
PSN B-2017-624-6/6

工业和信息化蓝皮书
世界网络安全发展报告（2017~2018）
著(编)者：尹丽波 2018年6月出版 / 估价：99.00元
PSN B-2015-452-5/6

工业和信息化蓝皮书
世界信息化发展报告（2017~2018）
著(编)者：尹丽波 2018年6月出版 / 估价：99.00元
PSN B-2015-451-4/6

工业设计蓝皮书
中国工业设计发展报告（2018）
著(编)者：王晓红 于炜 张立群 2018年9月出版 / 估价：168.00元
PSN B-2014-420-1/1

公共关系蓝皮书
中国公共关系发展报告（2017）
著(编)者：柳斌杰 2018年1月出版 / 定价：89.00元
PSN B-2016-579-1/1

皮书系列 2018全品种

行业及其他类

公共关系蓝皮书
中国公共关系发展报告（2018）
著（编）者：柳斌杰　2018年11月出版 / 估价：99.00元
PSN B-2016-579-1/1

管理蓝皮书
中国管理发展报告（2018）
著（编）者：张晓东　2018年10月出版 / 估价：99.00元
PSN B-2014-416-1/1

轨道交通蓝皮书
中国轨道交通行业发展报告（2017）
著（编）者：仲建华　李闽榕
2017年12月出版 / 定价：98.00元
PSN B-2017-674-1/1

海关发展蓝皮书
中国海关发展前沿报告（2018）
著（编）者：干春晖　2018年6月出版 / 估价：99.00元
PSN B-2017-616-1/1

互联网医疗蓝皮书
中国互联网健康医疗发展报告（2018）
著（编）者：芮晓武　2018年6月出版 / 估价：99.00元
PSN B-2016-567-1/1

黄金市场蓝皮书
中国商业银行黄金业务发展报告（2017~2018）
著（编）者：平安银行　2018年6月出版 / 估价：99.00元
PSN B-2016-524-1/1

会展蓝皮书
中外会展业动态评估研究报告（2018）
著（编）者：张敏　任中峰　聂鑫焱　牛盼强
2018年12月出版 / 估价：99.00元
PSN B-2013-327-1/1

基金会蓝皮书
中国基金会发展报告（2017~2018）
著（编）者：中国基金会发展报告课题组
2018年6月出版 / 估价：99.00元
PSN B-2013-368-1/1

基金会绿皮书
中国基金会发展独立研究报告（2018）
著（编）者：基金会中心网　中央民族大学基金会研究中心
2018年6月出版 / 估价：99.00元
PSN G-2011-213-1/1

基金会透明度蓝皮书
中国基金会透明度发展研究报告（2018）
著（编）者：基金会中心网
　　　　　　清华大学廉政与治理研究中心
2018年9月出版 / 估价：99.00元
PSN B-2013-339-1/1

建筑装饰蓝皮书
中国建筑装饰行业发展报告（2018）
著（编）者：葛道顺　刘晓一
2018年10月出版 / 估价：198.00元
PSN B-2016-553-1/1

金融监管蓝皮书
中国金融监管报告（2018）
著（编）者：胡滨　2018年3月出版 / 定价：98.00元
PSN B-2012-281-1/1

金融蓝皮书
中国互联网金融行业分析与评估（2018~2019）
著（编）者：黄国平　伍旭川　2018年12月出版 / 估价：99.00元
PSN B-2016-585-7/7

金融科技蓝皮书
中国金融科技发展报告（2018）
著（编）者：李扬　孙国峰　2018年10月出版 / 估价：99.00元
PSN B-2014-374-1/1

金融信息服务蓝皮书
中国金融信息服务发展报告（2018）
著（编）者：李平　2018年5月出版 / 估价：99.00元
PSN B-2017-621-1/1

金蜜蜂企业社会责任蓝皮书
金蜜蜂中国企业社会责任报告研究（2017）
著（编）者：殷格非　于志宏　管竹笋
2018年1月出版 / 定价：99.00元
PSN B-2018-693-1/1

京津冀金融蓝皮书
京津冀金融发展报告（2018）
著（编）者：王爱俭　王璟怡　2018年10月出版 / 估价：99.00元
PSN B-2016-527-1/1

科普蓝皮书
国家科普能力发展报告（2018）
著（编）者：王康友　2018年5月出版 / 估价：138.00元
PSN B-2017-632-4/4

科普蓝皮书
中国基层科普发展报告（2017~2018）
著（编）者：赵立新　陈玲　2018年9月出版 / 估价：99.00元
PSN B-2016-568-3/4

科普蓝皮书
中国科普基础设施发展报告（2017~2018）
著（编）者：任福君　2018年6月出版 / 估价：99.00元
PSN B-2010-174-1/3

科普蓝皮书
中国科普人才发展报告（2017~2018）
著（编）者：郑念　任嵘嵘　2018年7月出版 / 估价：99.00元
PSN B-2016-512-2/4

科普能力蓝皮书
中国科普能力评价报告（2018~2019）
著（编）者：李富强　李群　2018年8月出版 / 估价：99.00元
PSN B-2016-555-1/1

临空经济蓝皮书
中国临空经济发展报告（2018）
著（编）者：连玉明　2018年9月出版 / 估价：99.00元
PSN B-2014-421-1/1

皮书系列 2018全品种 — 行业及其他类

旅游安全蓝皮书
中国旅游安全报告(2018)
著(编)者:郑向敏 谢朝武　2018年5月出版 / 估价:158.00元
PSN B-2012-280-1/1

旅游绿皮书
2017~2018年中国旅游发展分析与预测
著(编)者:宋瑞　2018年1月出版 / 定价:99.00元
PSN G-2002-018-1/1

煤炭蓝皮书
中国煤炭工业发展报告(2018)
著(编)者:岳福斌　2018年12月出版 / 估价:99.00元
PSN B-2008-123-1/1

民营企业社会责任蓝皮书
中国民营企业社会责任报告(2018)
著(编)者:中华全国工商业联合会
2018年12月出版 / 估价:99.00元
PSN B-2015-510-1/1

民营医院蓝皮书
中国民营医院发展报告(2017)
著(编)者:薛晓林　2017年12月出版 / 定价:89.00元
PSN B-2012-299-1/1

闽商蓝皮书
闽商发展报告(2018)
著(编)者:李闽榕 王日根 林琛
2018年12月出版 / 估价:99.00元
PSN B-2012-298-1/1

农业应对气候变化蓝皮书
中国农业气象灾害及其灾损评估报告(No.3)
著(编)者:矫梅燕　2018年6月出版 / 估价:118.00元
PSN B-2014-413-1/1

品牌蓝皮书
中国品牌战略发展报告(2018)
著(编)者:汪同三　2018年10月出版 / 估价:99.00元
PSN B-2016-580-1/1

企业扶贫蓝皮书
中国企业扶贫研究报告(2018)
著(编)者:钟宏武　2018年12月出版 / 估价:99.00元
PSN B-2016-593-1/1

企业公益蓝皮书
中国企业公益研究报告(2018)
著(编)者:钟宏武 汪杰 黄晓娟
2018年12月出版 / 估价:99.00元
PSN B-2015-501-1/1

企业国际化蓝皮书
中国企业全球化报告(2018)
著(编)者:王辉耀 苗绿　2018年11月出版 / 估价:99.00元
PSN B-2014-427-1/1

企业蓝皮书
中国企业绿色发展报告No.2(2018)
著(编)者:李红玉 朱光辉
2018年8月出版 / 估价:99.00元
PSN B-2015-481-2/1

企业社会责任蓝皮书
中资企业海外社会责任研究报告(2017~2018)
著(编)者:钟宏武 叶柳红 张蒽
2018年6月出版 / 估价:99.00元
PSN B-2017-603-2/2

企业社会责任蓝皮书
中国企业社会责任报告(2018)
著(编)者:黄群慧 钟宏武 张蒽 汪杰
2018年11月出版 / 估价:99.00元
PSN B-2009-149-1/2

汽车安全蓝皮书
中国汽车安全发展报告(2018)
著(编)者:中国汽车技术研究中心
2018年8月出版 / 估价:99.00元
PSN B-2014-385-1/1

汽车电子商务蓝皮书
中国汽车电子商务发展报告(2018)
著(编)者:中华全国工商业联合会汽车经销商商会
　　　　　北方工业大学
　　　　　北京易观智库网络科技有限公司
2018年10月出版 / 估价:158.00元
PSN B-2015-485-1/1

汽车知识产权蓝皮书
中国汽车产业知识产权发展报告(2018)
著(编)者:中国汽车工程研究院股份有限公司
　　　　　中国汽车工程学会
　　　　　重庆长安汽车股份有限公司
2018年12月出版 / 估价:99.00元
PSN B-2016-594-1/1

青少年体育蓝皮书
中国青少年体育发展报告(2017)
著(编)者:刘扶民 杨桦　2018年6月出版 / 估价:99.00元
PSN B-2015-482-1/1

区块链蓝皮书
中国区块链发展报告(2018)
著(编)者:李伟　2018年9月出版 / 估价:99.00元
PSN B-2017-649-1/1

群众体育蓝皮书
中国群众体育发展报告(2017)
著(编)者:刘国永 戴健　2018年5月出版 / 估价:99.00元
PSN B-2014-411-1/3

群众体育蓝皮书
中国社会体育指导员发展报告(2018)
著(编)者:刘国永 王欢　2018年6月出版 / 估价:99.00元
PSN B-2016-520-3/3

人力资源蓝皮书
中国人力资源发展报告(2018)
著(编)者:余兴安　2018年11月出版 / 估价:99.00元
PSN B-2012-287-1/1

融资租赁蓝皮书
中国融资租赁业发展报告(2017~2018)
著(编)者:李光荣 王力　2018年8月出版 / 估价:99.00元
PSN B-2015-443-1/1

行业及其他类

皮书系列 2018全品种

商会蓝皮书
中国商会发展报告No.5（2017）
著（编）者：王钦敏　2018年7月出版 / 估价：99.00元
PSN B-2008-125-1/1

商务中心区蓝皮书
中国商务中心区发展报告No.4（2017~2018）
著（编）者：李国红　单菁菁　2018年9月出版 / 估价：99.00元
PSN B-2015-444-1/1

设计产业蓝皮书
中国创新设计发展报告（2018）
著（编）者：王晓红　张立群　于炜
2018年11月出版 / 估价：99.00元
PSN B-2016-581-2/2

社会责任管理蓝皮书
中国上市公司社会责任能力成熟度报告No.4（2018）
著（编）者：肖红军　王晓光　李伟阳
2018年12月出版 / 估价：99.00元
PSN B-2015-507-2/2

社会责任管理蓝皮书
中国企业公众透明度报告No.4（2017~2018）
著（编）者：黄速建　熊梦　王晓光　肖红军
2018年6月出版 / 估价：99.00元
PSN B-2015-440-1/2

食品药品蓝皮书
食品药品安全与监管政策研究报告（2016~2017）
著（编）者：唐民皓　2018年6月出版 / 估价：99.00元
PSN B-2009-129-1/1

输血服务蓝皮书
中国输血行业发展报告（2018）
著（编）者：孙俊　2018年12月出版 / 估价：99.00元
PSN B-2016-582-1/1

水利风景区蓝皮书
中国水利风景区发展报告（2018）
著（编）者：董建文　兰思仁
2018年10月出版 / 估价：99.00元
PSN B-2015-480-1/1

数字经济蓝皮书
全球数字经济竞争力发展报告（2017）
著（编）者：王振　2017年12月出版 / 定价：79.00元
PSN B-2017-673-1/1

私募市场蓝皮书
中国私募股权市场发展报告（2017~2018）
著（编）者：曹和平　2018年12月出版 / 估价：99.00元
PSN B-2010-162-1/1

碳排放权交易蓝皮书
中国碳排放权交易报告（2018）
著（编）者：孙永平　2018年11月出版 / 估价：99.00元
PSN B-2017-652-1/1

碳市场蓝皮书
中国碳市场报告（2018）
著（编）者：定金彪　2018年11月出版 / 估价：99.00元
PSN B-2014-430-1/1

体育蓝皮书
中国公共体育服务发展报告（2018）
著（编）者：戴健　2018年12月出版 / 估价：99.00元
PSN B-2013-367-2/5

土地市场蓝皮书
中国农村土地市场发展报告（2017~2018）
著（编）者：李光荣　2018年6月出版 / 估价：99.00元
PSN B-2016-526-1/1

土地整治蓝皮书
中国土地整治发展研究报告（No.5）
著（编）者：国土资源部土地整治中心
2018年7月出版 / 估价：99.00元
PSN B-2014-401-1/1

土地政策蓝皮书
中国土地政策研究报告（2018）
著（编）者：高延利　张建平　吴次芳
2018年1月出版 / 定价：98.00元
PSN B-2015-506-1/1

网络空间安全蓝皮书
中国网络空间安全发展报告（2018）
著（编）者：惠志斌　覃庆玲
2018年11月出版 / 估价：99.00元
PSN B-2015-466-1/1

文化志愿服务蓝皮书
中国文化志愿服务发展报告（2018）
著（编）者：张永新　良警宇　2018年11月出版 / 估价：128.00元
PSN B-2016-596-1/1

西部金融蓝皮书
中国西部金融发展报告（2017~2018）
著（编）者：李忠民　2018年8月出版 / 估价：99.00元
PSN B-2010-160-1/1

协会商会蓝皮书
中国行业协会商会发展报告（2017）
著（编）者：景朝阳　李勇　2018年6月出版 / 估价：99.00元
PSN B-2015-461-1/1

新三板蓝皮书
中国新三板市场发展报告（2018）
著（编）者：王力　2018年8月出版 / 估价：99.00元
PSN B-2016-533-1/1

信托市场蓝皮书
中国信托业市场报告（2017~2018）
著（编）者：用益金融信托研究院
2018年6月出版 / 估价：198.00元
PSN B-2014-371-1/1

信息化蓝皮书
中国信息化形势分析与预测（2017~2018）
著（编）者：周宏仁　2018年8月出版 / 估价：99.00元
PSN B-2010-168-1/1

信用蓝皮书
中国信用发展报告（2017~2018）
著（编）者：章政　田侃　2018年6月出版 / 估价：99.00元
PSN B-2013-328-1/1

休闲绿皮书
2017~2018年中国休闲发展报告
著(编)者：宋瑞　2018年7月出版 / 估价：99.00元
PSN G-2010-158-1/1

休闲体育蓝皮书
中国休闲体育发展报告（2017~2018）
著(编)者：李相如　钟秉枢
2018年10月出版 / 估价：99.00元
PSN B-2016-516-1/1

养老金融蓝皮书
中国养老金融发展报告（2018）
著(编)者：董克用　姚余栋
2018年9月出版 / 估价：99.00元
PSN B-2016-583-1/1

遥感监测绿皮书
中国可持续发展遥感监测报告（2017）
著(编)者：顾行发　汪克强　潘教峰　李闽榕　徐东华　王琦安
2018年6月出版 / 估价：298.00元
PSN B-2017-629-1/1

药品流通蓝皮书
中国药品流通行业发展报告（2018）
著(编)者：佘鲁林　温再兴
2018年7月出版 / 估价：198.00元
PSN B-2014-429-1/1

医疗器械蓝皮书
中国医疗器械行业发展报告（2018）
著(编)者：王宝亭　耿鸿武
2018年10月出版 / 估价：99.00元
PSN B-2017-661-1/1

医院蓝皮书
中国医院竞争力报告（2017~2018）
著(编)者：庄一强　2018年3月出版 / 定价：108.00元
PSN B-2016-528-1/1

瑜伽蓝皮书
中国瑜伽业发展报告（2017~2018）
著(编)者：张永建　徐华锋　朱泰余
2018年6月出版 / 估价：198.00元
PSN B-2017-625-1/1

债券市场蓝皮书
中国债券市场发展报告（2017~2018）
著(编)者：杨农　2018年10月出版 / 估价：99.00元
PSN B-2017-572-1/1

志愿服务蓝皮书
中国志愿服务发展报告（2018）
著(编)者：中国志愿服务联合会
2018年11月出版 / 估价：99.00元
PSN B-2017-664-1/1

中国上市公司蓝皮书
中国上市公司发展报告（2018）
著(编)者：张鹏　张平　黄胤英
2018年9月出版 / 估价：99.00元
PSN B-2014-414-1/1

中国新三板蓝皮书
中国新三板创新与发展报告（2018）
著(编)者：刘平安　闻召林
2018年8月出版 / 估价：158.00元
PSN B-2017-638-1/1

中国汽车品牌蓝皮书
中国乘用车品牌发展报告（2017）
著(编)者：《中国汽车报》社有限公司
　　　　　博世（中国）投资有限公司
　　　　　中国汽车技术研究中心数据资源中心
2018年1月出版 / 定价：89.00元
PSN B-2017-679-1/1

中医文化蓝皮书
北京中医药文化传播发展报告（2018）
著(编)者：毛嘉陵　2018年6月出版 / 估价：99.00元
PSN B-2015-468-1/2

中医文化蓝皮书
中国中医药文化传播发展报告（2018）
著(编)者：毛嘉陵　2018年7月出版 / 估价：99.00元
PSN B-2016-584-2/2

中医药蓝皮书
北京中医药知识产权发展报告No.2
著(编)者：汪洪　屠志涛　2018年6月出版 / 估价：168.00元
PSN B-2017-602-1/1

资本市场蓝皮书
中国场外交易市场发展报告（2016~2017）
著(编)者：高峦　2018年6月出版 / 估价：99.00元
PSN B-2009-153-1/1

资产管理蓝皮书
中国资产管理行业发展报告（2018）
著(编)者：郑智　2018年7月出版 / 估价：99.00元
PSN B-2014-407-2/2

资产证券化蓝皮书
中国资产证券化发展报告（2018）
著(编)者：沈炳熙　曹彤　李哲平
2018年4月出版 / 定价：98.00元
PSN B-2017-660-1/1

自贸区蓝皮书
中国自贸区发展报告（2018）
著(编)者：王力　黄育华
2018年6月出版 / 估价：99.00元
PSN B-2016-558-1/1

国际问题与全球治理类

"一带一路"跨境通道蓝皮书
"一带一路"跨境通道建设研究报（2017~2018）
著（编）者：余鑫 张秋生 2018年1月出版／定价：89.00元
PSN B-2016-557-1/1

"一带一路"蓝皮书
"一带一路"建设发展报告（2018）
著（编）者：李永全 2018年3月出版／定价：98.00元
PSN B-2016-552-1/1

"一带一路"投资安全蓝皮书
中国"一带一路"投资与安全研究报告（2018）
著（编）者：邹统钎 梁昊光 2018年4月出版／定价：98.00元
PSN B-2017-612-1/1

"一带一路"文化交流蓝皮书
中阿文化交流发展报告（2017）
著（编）者：王辉 2017年12月出版／定价：89.00元
PSN B-2017-655-1/1

G20国家创新竞争力黄皮书
二十国集团（G20）国家创新竞争力发展报告（2017~2018）
著（编）者：李建平 李闽榕 赵新力 周天勇
2018年7月出版／估价：168.00元
PSN Y-2011-229-1/1

阿拉伯黄皮书
阿拉伯发展报告（2016~2017）
著（编）者：罗林 2018年6月出版／估价：99.00元
PSN Y-2014-381-1/1

北部湾蓝皮书
泛北部湾合作发展报告（2017~2018）
著（编）者：吕余生 2018年12月出版／估价：99.00元
PSN B-2008-114-1/1

北极蓝皮书
北极地区发展报告（2017）
著（编）者：刘惠荣 2018年7月出版／估价：99.00元
PSN B-2017-634-1/1

大洋洲蓝皮书
大洋洲发展报告（2017~2018）
著（编）者：喻常森 2018年10月出版／估价：99.00元
PSN B-2013-341-1/1

东北亚区域合作蓝皮书
2017年"一带一路"倡议与东北亚区域合作
著（编）者：刘亚政 金美花
2018年5月出版／估价：99.00元
PSN B-2017-631-1/1

东盟黄皮书
东盟发展报告（2017）
著（编）者：杨晓强 庄国土 2018年6月出版／估价：99.00元
PSN Y-2012-303-1/1

东南亚蓝皮书
东南亚地区发展报告（2017~2018）
著（编）者：王勤 2018年12月出版／估价：99.00元
PSN B-2012-240-1/1

非洲黄皮书
非洲发展报告No.20（2017~2018）
著（编）者：张宏明 2018年7月出版／估价：99.00元
PSN Y-2012-239-1/1

非传统安全蓝皮书
中国非传统安全研究报告（2017~2018）
著（编）者：潇枫 罗中枢 2018年8月出版／估价：99.00元
PSN B-2012-273-1/1

国际安全蓝皮书
中国国际安全研究报告（2018）
著（编）者：刘慧 2018年7月出版／估价：99.00元
PSN B-2016-521-1/1

国际城市蓝皮书
国际城市发展报告（2018）
著（编）者：屠启宇 2018年2月出版／估价：89.00元
PSN B-2012-260-1/1

国际形势黄皮书
全球政治与安全报告（2018）
著（编）者：张宇燕 2018年1月出版／定价：99.00元
PSN Y-2001-016-1/1

公共外交蓝皮书
中国公共外交发展报告（2018）
著（编）者：赵启正 雷蔚真 2018年6月出版／估价：99.00元
PSN B-2015-457-1/1

海丝蓝皮书
21世纪海上丝绸之路研究报告（2017）
著（编）者：华侨大学海上丝绸之路研究院
2017年12月出版／定价：89.00元
PSN B-2017-684-1/1

金砖国家黄皮书
金砖国家综合创新竞争力发展报告（2018）
著（编）者：赵新力 李闽榕 黄茂兴
2018年8月出版／估价：128.00元
PSN Y-2017-643-1/1

拉美黄皮书
拉丁美洲和加勒比发展报告（2017~2018）
著（编）者：袁东振 2018年6月出版／估价：99.00元
PSN Y-1999-007-1/1

澜湄合作蓝皮书
澜沧江-湄公河合作发展报告（2018）
著（编）者：刘稚 2018年9月出版／估价：99.00元
PSN B-2011-196-1/1

国际问题与全球治理类

欧洲蓝皮书
欧洲发展报告（2017~2018）
著(编)者：黄平 周弘 程卫东
2018年6月出版 / 估价：99.00元
PSN B-1999-009-1/1

葡语国家蓝皮书
葡语国家发展报告（2016~2017）
著(编)者：王成安 张敏 刘金兰
2018年6月出版 / 估价：99.00元
PSN B-2015-503-1/2

葡语国家蓝皮书
中国与葡语国家关系发展报告·巴西（2016）
著(编)者：张曙光
2018年8月出版 / 估价：99.00元
PSN B-2016-563-2/2

气候变化绿皮书
应对气候变化报告（2018）
著(编)者：王伟光 郑国光
2018年11月出版 / 估价：99.00元
PSN G-2009-144-1/1

全球环境竞争力绿皮书
全球环境竞争力报告（2018）
著(编)者：李建平 李闽榕 王金南
2018年12月出版 / 估价：198.00元
PSN G-2013-363-1/1

全球信息社会蓝皮书
全球信息社会发展报告（2018）
著(编)者：丁波涛 唐涛
2018年10月出版 / 估价：99.00元
PSN B-2017-665-1/1

日本经济蓝皮书
日本经济与中日经贸关系研究报告（2018）
著(编)者：张季风 2018年6月出版 / 估价：99.00元
PSN B-2008-102-1/1

上海合作组织黄皮书
上海合作组织发展报告（2018）
著(编)者：李进峰 2018年6月出版 / 估价：99.00元
PSN Y-2009-130-1/1

世界创新竞争力黄皮书
世界创新竞争力发展报告（2017）
著(编)者：李建平 李闽榕 赵新力
2018年6月出版 / 估价：168.00元
PSN Y-2013-318-1/1

世界经济黄皮书
2018年世界经济形势分析与预测
著(编)者：张宇燕 2018年1月出版 / 估价：99.00元
PSN Y-1999-006-1/1

世界能源互联互通蓝皮书
世界能源清洁发展与互联互通评估报告（2017）：欧洲篇
著(编)者：国网能源研究院
2018年1月出版 / 定价：128.00元
PSN B-2018-695-1/1

丝绸之路蓝皮书
丝绸之路经济带发展报告（2018）
著(编)者：任宗哲 白宽犁 谷孟宾
2018年1月出版 / 估价：89.00元
PSN B-2014-410-1/1

新兴经济体蓝皮书
金砖国家发展报告（2018）
著(编)者：林跃勤 周文
2018年8月出版 / 估价：99.00元
PSN B-2011-195-1/1

亚太蓝皮书
亚太地区发展报告（2018）
著(编)者：李向阳 2018年5月出版 / 估价：99.00元
PSN B-2001-015-1/1

印度洋地区蓝皮书
印度洋地区发展报告（2018）
著(编)者：汪戎 2018年6月出版 / 估价：99.00元
PSN B-2013-334-1/1

印度尼西亚经济蓝皮书
印度尼西亚经济发展报告（2017）：增长与机会
著(编)者：左志刚 2017年11月出版 / 定价：89.00元
PSN B-2017-675-1/1

渝新欧蓝皮书
渝新欧沿线国家发展报告（2018）
著(编)者：杨柏 黄森
2018年6月出版 / 估价：99.00元
PSN B-2017-626-1/1

中阿蓝皮书
中国-阿拉伯国家经贸发展报告（2018）
著(编)者：张廉 段庆林 王林聪 杨巧红
2018年12月出版 / 估价：99.00元
PSN B-2016-598-1/1

中东黄皮书
中东发展报告No.20（2017~2018）
著(编)者：杨光 2018年10月出版 / 估价：99.00元
PSN Y-1998-004-1/1

中亚黄皮书
中亚国家发展报告（2018）
著(编)者：孙力
2018年3月出版 / 估价：98.00元
PSN Y-2012-238-1/1

国别类

澳大利亚蓝皮书
澳大利亚发展报告（2017-2018）
著（编）者：孙有中 韩锋　　2018年12月出版 / 估价：99.00元
PSN B-2016-587-1/1

巴西黄皮书
巴西发展报告（2017）
著（编）者：刘国枝　　2018年5月出版 / 估价：99.00元
PSN Y-2017-614-1/1

德国蓝皮书
德国发展报告（2018）
著（编）者：郑春荣　　2018年6月出版 / 估价：99.00元
PSN B-2012-278-1/1

俄罗斯黄皮书
俄罗斯发展报告（2018）
著（编）者：李永全　　2018年6月出版 / 估价：99.00元
PSN Y-2006-061-1/1

韩国蓝皮书
韩国发展报告（2017）
著（编）者：牛林杰 刘宝全　　2018年6月出版 / 估价：99.00元
PSN B-2010-155-1/1

加拿大蓝皮书
加拿大发展报告（2018）
著（编）者：唐小松　　2018年9月出版 / 估价：99.00元
PSN B-2014-389-1/1

美国蓝皮书
美国研究报告（2018）
著（编）者：郑秉文 黄平　　2018年5月出版 / 估价：99.00元
PSN B-2011-210-1/1

缅甸蓝皮书
缅甸国情报告（2017）
著（编）者：祝湘辉
2017年11月出版 / 定价：98.00元
PSN B-2013-343-1/1

日本蓝皮书
日本研究报告（2018）
著（编）者：杨伯江　　2018年4月出版 / 定价：99.00元
PSN B-2002-020-1/1

土耳其蓝皮书
土耳其发展报告（2018）
著（编）者：郭长刚 刘义　　2018年9月出版 / 估价：99.00元
PSN B-2014-412-1/1

伊朗蓝皮书
伊朗发展报告（2017~2018）
著（编）者：冀开运　　2018年10月 / 估价：99.00元
PSN B-2016-574-1/1

以色列蓝皮书
以色列发展报告（2018）
著（编）者：张倩红　　2018年8月出版 / 估价：99.00元
PSN B-2015-483-1/1

印度蓝皮书
印度国情报告（2017）
著（编）者：吕昭义　　2018年6月出版 / 估价：99.00元
PSN B-2012-241-1/1

英国蓝皮书
英国发展报告（2017~2018）
著（编）者：王展鹏　　2018年12月出版 / 估价：99.00元
PSN B-2015-486-1/1

越南蓝皮书
越南国情报告（2018）
著（编）者：谢林城　　2018年11月出版 / 估价：99.00元
PSN B-2006-056-1/1

泰国蓝皮书
泰国研究报告（2018）
著（编）者：庄国土 张禹东 刘文正
2018年10月出版 / 估价：99.00元
PSN B-2016-556-1/1

文化传媒类

"三农"舆情蓝皮书
中国"三农"网络舆情报告（2017~2018）
著（编）者：农业部信息中心
2018年6月出版 / 估价：99.00元
PSN B-2017-640-1/1

传媒竞争力蓝皮书
中国传媒国际竞争力研究报告（2018）
著（编）者：李本乾 刘强 王大可
2018年8月出版 / 估价：99.00元
PSN B-2013-356-1/1

传媒蓝皮书
中国传媒产业发展报告（2018）
著（编）者：崔保国　　2018年5月出版 / 估价：99.00元
PSN B-2005-035-1/1

传媒投资蓝皮书
中国传媒投资发展报告（2018）
著（编）者：张向东 谭云明
2018年6月出版 / 估价：148.00元
PSN B-2015-474-1/1

皮书系列 2018全品种

文化传媒类

非物质文化遗产蓝皮书
中国非物质文化遗产发展报告(2018)
著(编)者:陈平　2018年6月出版 / 估价:128.00元
PSN B-2015-469-1/2

非物质文化遗产蓝皮书
中国非物质文化遗产保护发展报告(2018)
著(编)者:宋俊华　2018年10月出版 / 估价:128.00元
PSN B-2016-586-2/2

广电蓝皮书
中国广播电影电视发展报告(2018)
著(编)者:国家新闻出版广电总局发展研究中心
2018年7月出版 / 估价:99.00元
PSN B-2006-072-1/1

广告主蓝皮书
中国广告主营销传播趋势报告No.9
著(编)者:黄升民　杜国清　邵华冬　等
2018年10月出版 / 估价:158.00元
PSN B-2005-041-1/1

国际传播蓝皮书
中国国际传播发展报告(2018)
著(编)者:胡正荣　李继东　姬德强
2018年12月出版 / 估价:99.00元
PSN B-2014-408-1/1

国家形象蓝皮书
中国国家形象传播报告(2017)
著(编)者:张昆　2018年6月出版 / 估价:128.00元
PSN B-2017-605-1/1

互联网治理蓝皮书
中国网络社会治理研究报告(2018)
著(编)者:罗昕　支庭荣
2018年9月出版 / 估价:118.00元
PSN B-2017-653-1/1

纪录片蓝皮书
中国纪录片发展报告(2018)
著(编)者:何苏六　2018年10月出版 / 估价:99.00元
PSN B-2011-222-1/1

科学传播蓝皮书
中国科学传播报告(2016~2017)
著(编)者:詹正茂　2018年6月出版 / 估价:99.00元
PSN B-2008-120-1/1

两岸创意经济蓝皮书
两岸创意经济研究报告(2018)
著(编)者:罗昌智　董泽平
2018年10月出版 / 估价:99.00元
PSN B-2014-437-1/1

媒介与女性蓝皮书
中国媒介与女性发展报告(2017~2018)
著(编)者:刘利群　2018年5月出版 / 估价:99.00元
PSN B-2013-345-1/1

媒体融合蓝皮书
中国媒体融合发展报告(2017~2018)
著(编)者:梅宁华　支庭荣
2017年12月出版 / 定价:98.00元
PSN B-2015-479-1/1

全球传媒蓝皮书
全球传媒发展报告(2017~2018)
著(编)者:胡正荣　李继东　2018年6月出版 / 估价:99.00元
PSN B-2012-237-1/1

少数民族非遗蓝皮书
中国少数民族非物质文化遗产发展报告(2018)
著(编)者:肖远平(彝)　柴立(满)
2018年10月出版 / 估价:118.00元
PSN B-2015-467-1/1

视听新媒体蓝皮书
中国视听新媒体发展报告(2018)
著(编)者:国家新闻出版广电总局发展研究中心
2018年7月出版 / 估价:118.00元
PSN B-2011-184-1/1

数字娱乐产业蓝皮书
中国动画产业发展报告(2018)
著(编)者:孙立军　孙平　牛兴侦
2018年10月出版 / 估价:99.00元
PSN B-2011-198-1/2

数字娱乐产业蓝皮书
中国游戏产业发展报告(2018)
著(编)者:孙立军　刘跃军　2018年10月出版 / 估价:99.00元
PSN B-2017-662-2/2

网络视听蓝皮书
中国互联网视听行业发展报告(2018)
著(编)者:陈鹏　2018年2月出版 / 定价:148.00元
PSN B-2018-688-1/1

文化创新蓝皮书
中国文化创新报告(2017·No.8)
著(编)者:傅才武　2018年6月出版 / 估价:99.00元
PSN B-2009-143-1/1

文化建设蓝皮书
中国文化发展报告(2018)
著(编)者:江畅　孙伟平　戴茂堂
2018年5月出版 / 估价:99.00元
PSN B-2014-392-1/1

文化科技蓝皮书
文化科技创新发展报告(2018)
著(编)者:于平　李凤亮　2018年10月出版 / 估价:99.00元
PSN B-2013-342-1/1

文化蓝皮书
中国公共文化服务发展报告(2017~2018)
著(编)者:刘新成　张永新　张旭
2018年12月出版 / 估价:99.00元
PSN B-2007-093-2/10

文化蓝皮书
中国少数民族文化发展报告(2017~2018)
著(编)者:武翠英　张晓明　任乌晶
2018年9月出版 / 估价:99.00元
PSN B-2013-369-9/10

文化蓝皮书
中国文化产业供需协调检测报告(2018)
著(编)者:王亚南　2018年3月出版 / 定价:99.00元
PSN B-2013-323-8/10

文化传媒类 · 地方发展类-经济

皮书系列
2018全品种

文化蓝皮书
中国文化消费需求景气评价报告（2018）
著（编）者：王亚南　2018年3月出版 / 定价：99.00元
PSN B-2011-236-4/10

文化蓝皮书
中国公共文化投入增长测评报告（2018）
著（编）者：王亚南　2018年3月出版 / 定价：99.00元
PSN B-2014-435-10/10

文化品牌蓝皮书
中国文化品牌发展报告（2018）
著（编）者：欧阳友权　2018年5月出版 / 估价：99.00元
PSN B-2012-277-1/1

文化遗产蓝皮书
中国文化遗产事业发展报告（2017~2018）
著（编）者：苏杨　张颖岚　卓杰　白海峰　陈晨　陈叙图
2018年8月出版 / 估价：99.00元
PSN B-2008-119-1/1

文学蓝皮书
中国文情报告（2017~2018）
著（编）者：白烨　2018年5月出版 / 估价：99.00元
PSN B-2011-221-1/1

新媒体蓝皮书
中国新媒体发展报告No.9（2018）
著（编）者：唐绪军　2018年7月出版 / 估价：99.00元
PSN B-2010-169-1/1

新媒体社会责任蓝皮书
中国新媒体社会责任研究报告（2018）
著（编）者：钟瑛　2018年12月出版 / 估价：99.00元
PSN B-2014-423-1/1

移动互联网蓝皮书
中国移动互联网发展报告（2018）
著（编）者：余清楚　2018年6月出版 / 估价：99.00元
PSN B-2012-282-1/1

影视蓝皮书
中国影视产业发展报告（2018）
著（编）者：司若　陈鹏　陈锐
2018年6月出版 / 估价：99.00元
PSN B-2016-529-1/1

舆情蓝皮书
中国社会舆情与危机管理报告（2018）
著（编）者：谢耘耕
2018年9月出版 / 估价：138.00元
PSN B-2011-235-1/1

中国大运河蓝皮书
中国大运河发展报告（2018）
著（编）者：吴欣　2018年2月出版 / 估价：128.00元
PSN B-2018-691-1/1

地方发展类-经济

澳门蓝皮书
澳门经济社会发展报告（2017~2018）
著（编）者：吴志良　郝雨凡
2018年7月出版 / 估价：99.00元
PSN B-2009-138-1/1

澳门绿皮书
澳门旅游休闲发展报告（2017~2018）
著（编）者：郝雨凡　林广志
2018年5月出版 / 估价：99.00元
PSN G-2017-617-1/1

北京蓝皮书
北京经济发展报告（2017~2018）
著（编）者：杨松　2018年6月出版 / 估价：99.00元
PSN B-2006-054-2/8

北京旅游绿皮书
北京旅游发展报告（2018）
著（编）者：北京旅游学会
2018年7月出版 / 估价：99.00元
PSN G-2012-301-1/1

北京体育蓝皮书
北京体育产业发展报告（2017~2018）
著（编）者：钟秉枢　陈杰　杨铁黎
2018年9月出版 / 估价：99.00元
PSN B-2015-475-1/1

滨海金融蓝皮书
滨海新区金融发展报告（2017）
著（编）者：王爱俭　李向前　2018年4月出版 / 估价：99.00元
PSN B-2014-424-1/1

城乡一体化蓝皮书
北京城乡一体化发展报告（2017~2018）
著（编）者：吴宝新　张宝秀　黄序
2018年5月出版 / 估价：99.00元
PSN B-2012-258-2/2

非公有制企业社会责任蓝皮书
北京非公有制企业社会责任报告（2018）
著（编）者：宋贵伦　冯培
2018年6月出版 / 估价：99.00元
PSN B-2017-613-1/1

皮书系列 2018全品种 — 地方发展类-经济

福建旅游蓝皮书
福建省旅游产业发展现状研究（2017~2018）
著（编）者：陈敏华 黄远水　2018年12月出版　估价：128.00元
PSN B-2016-591-1/1

福建自贸区蓝皮书
中国（福建）自由贸易试验区发展报告（2017~2018）
著（编）者：黄茂兴　2018年6月出版　估价：118.00元
PSN B-2016-531-1/1

甘肃蓝皮书
甘肃经济发展分析与预测（2018）
著（编）者：安文华 罗哲　2018年1月出版　定价：99.00元
PSN B-2013-312-1/6

甘肃蓝皮书
甘肃商贸流通发展报告（2018）
著（编）者：张应华 王福生 王晓芳
2018年1月出版　定价：99.00元
PSN B-2016-522-6/6

甘肃蓝皮书
甘肃县域和农村发展报告（2018）
著（编）者：包东红 朱智文 王建兵
2018年1月出版　定价：99.00元
PSN B-2013-316-5/6

甘肃农业科技绿皮书
甘肃农业科技发展研究报告（2018）
著（编）者：魏胜文 乔德华 张东伟
2018年12月出版　估价：198.00元
PSN B-2016-592-1/1

甘肃气象保障蓝皮书
甘肃农业对气候变化的适应与风险评估报告（No.1）
著（编）者：鲍文中 周广胜
2017年12月出版　定价：108.00元
PSN B-2017-677-1/1

巩义蓝皮书
巩义经济社会发展报告（2018）
著（编）者：丁同民 朱军　2018年6月出版　估价：99.00元
PSN B-2016-532-1/1

广东外经贸蓝皮书
广东对外经济贸易发展研究报告（2017~2018）
著（编）者：陈万灵　2018年6月出版　估价：99.00元
PSN B-2012-286-1/1

广西北部湾经济区蓝皮书
广西北部湾经济区开放开发报告（2017~2018）
著（编）者：广西壮族自治区北部湾经济区和东盟开放合作办公室
　　　　　广西社会科学院
　　　　　广西北部湾发展研究院
2018年5月出版　估价：99.00元
PSN B-2010-181-1/1

广州蓝皮书
广州城市国际化发展报告（2018）
著（编）者：张跃国　2018年8月出版　估价：99.00元
PSN B-2012-246-11/14

广州蓝皮书
中国广州城市建设与管理发展报告（2018）
著（编）者：张其学 陈小钢 王宏伟　2018年8月出版　估价：99.00元
PSN B-2007-087-4/14

广州蓝皮书
广州创新型城市发展报告（2018）
著（编）者：尹涛　2018年6月出版　估价：99.00元
PSN B-2012-247-12/14

广州蓝皮书
广州经济发展报告（2018）
著（编）者：张跃国 尹涛　2018年7月出版　估价：99.00元
PSN B-2005-040-1/14

广州蓝皮书
2018年中国广州经济形势分析与预测
著（编）者：魏明海 谢博能 李华
2018年6月出版　估价：99.00元
PSN B-2011-185-9/14

广州蓝皮书
中国广州科技创新发展报告（2018）
著（编）者：于欣伟 陈爽 邓佑满　2018年8月出版　估价：99.00元
PSN B-2006-065-2/14

广州蓝皮书
广州农村发展报告（2018）
著（编）者：朱名宏　2018年7月出版　估价：99.00元
PSN B-2010-167-8/14

广州蓝皮书
广州汽车产业发展报告（2018）
著（编）者：杨再高 冯兴亚　2018年7月出版　估价：99.00元
PSN B-2006-066-3/14

广州蓝皮书
广州商贸业发展报告（2018）
著（编）者：张跃国 陈杰 荀振英
2018年7月出版　估价：99.00元
PSN B-2012-245-10/14

贵阳蓝皮书
贵阳城市创新发展报告No.3（白云篇）
著（编）者：连玉明　2018年5月出版　估价：99.00元
PSN B-2015-491-3/10

贵阳蓝皮书
贵阳城市创新发展报告No.3（观山湖篇）
著（编）者：连玉明　2018年5月出版　估价：99.00元
PSN B-2015-497-9/10

贵阳蓝皮书
贵阳城市创新发展报告No.3（花溪篇）
著（编）者：连玉明　2018年5月出版　估价：99.00元
PSN B-2015-490-2/10

贵阳蓝皮书
贵阳城市创新发展报告No.3（开阳篇）
著（编）者：连玉明　2018年5月出版　估价：99.00元
PSN B-2015-492-4/10

贵阳蓝皮书
贵阳城市创新发展报告No.3（南明篇）
著（编）者：连玉明　2018年5月出版　估价：99.00元
PSN B-2015-496-8/10

贵阳蓝皮书
贵阳城市创新发展报告No.3（清镇篇）
著（编）者：连玉明　2018年5月出版　估价：99.00元
PSN B-2015-489-1/10

地方发展类-经济

皮书系列
2018全品种

贵阳蓝皮书
贵阳城市创新发展报告No.3（乌当篇）
著（编）者：连玉明　2018年5月出版 / 估价：99.00元
PSN B-2015-495-7/10

贵阳蓝皮书
贵阳城市创新发展报告No.3（息烽篇）
著（编）者：连玉明　2018年5月出版 / 估价：99.00元
PSN B-2015-493-5/10

贵阳蓝皮书
贵阳城市创新发展报告No.3（修文篇）
著（编）者：连玉明　2018年5月出版 / 估价：99.00元
PSN B-2015-494-6/10

贵阳蓝皮书
贵阳城市创新发展报告No.3（云岩篇）
著（编）者：连玉明　2018年5月出版 / 估价：99.00元
PSN B-2015-498-10/10

贵州房地产蓝皮书
贵州房地产发展报告No.5（2018）
著（编）者：武廷方　2018年7月出版 / 估价：99.00元
PSN B-2014-426-1/1

贵州蓝皮书
贵州册亨经济社会发展报告（2018）
著（编）者：黄德林　2018年6月出版 / 估价：99.00元
PSN B-2016-525-8/9

贵州蓝皮书
贵州地理标志产业发展报告（2018）
著（编）者：李发耀 黄其松　2018年8月出版 / 估价：99.00元
PSN B-2017-646-10/10

贵州蓝皮书
贵安新区发展报告（2017~2018）
著（编）者：马长青 吴大华　2018年6月出版 / 估价：99.00元
PSN B-2015-459-4/10

贵州蓝皮书
贵州国家级开放创新平台发展报告（2017~2018）
著（编）者：申晓庆 吴大华 季泓
2018年11月出版 / 估价：99.00元
PSN B-2016-518-7/10

贵州蓝皮书
贵州国有企业社会责任发展报告（2017~2018）
著（编）者：郭丽　2018年12月出版 / 估价：99.00元
PSN B-2015-511-6/10

贵州蓝皮书
贵州民航业发展报告（2017）
著（编）者：申振东 吴大华　2018年6月出版 / 估价：99.00元
PSN B-2015-471-5/10

贵州蓝皮书
贵州民营经济发展报告（2017）
著（编）者：杨静 吴大华　2018年6月出版 / 估价：99.00元
PSN B-2016-530-9/9

杭州都市圈蓝皮书
杭州都市圈发展报告（2018）
著（编）者：洪庆华 沈翔　2018年4月出版 / 定价：98.00元
PSN B-2012-302-1/1

河北经济蓝皮书
河北省经济发展报告（2018）
著（编）者：马树强 金浩 张贵　2018年6月出版 / 估价：99.00元
PSN B-2014-380-1/1

河北蓝皮书
河北经济社会发展报告（2018）
著（编）者：康振海　2018年1月出版 / 定价：99.00元
PSN B-2014-372-1/3

河北蓝皮书
京津冀协同发展报告（2018）
著（编）者：陈璐　2017年12月出版 / 定价：79.00元
PSN B-2017-601-2/3

河南经济蓝皮书
2018年河南经济形势分析与预测
著（编）者：王世炎　2018年3月出版 / 定价：89.00元
PSN B-2007-086-1/1

河南蓝皮书
河南城市发展报告（2018）
著（编）者：张占仓 王建国　2018年5月出版 / 估价：99.00元
PSN B-2009-131-3/9

河南蓝皮书
河南工业发展报告（2018）
著（编）者：张占仓　2018年5月出版 / 估价：99.00元
PSN B-2013-317-5/9

河南蓝皮书
河南金融发展报告（2018）
著（编）者：喻新安 谷建全
2018年6月出版 / 估价：99.00元
PSN B-2014-390-7/9

河南蓝皮书
河南经济发展报告（2018）
著（编）者：张占仓 完世伟
2018年6月出版 / 估价：99.00元
PSN B-2010-157-4/9

河南蓝皮书
河南能源发展报告（2018）
著（编）者：国网河南省电力公司经济技术研究院
　　　　　河南省社会科学院
2018年6月出版 / 估价：99.00元
PSN B-2017-607-9/9

河南商务蓝皮书
河南商务发展报告（2018）
著（编）者：焦锦淼 穆荣国　2018年5月出版 / 估价：99.00元
PSN B-2014-399-1/1

河南双创蓝皮书
河南创新创业发展报告（2018）
著（编）者：喻新安 杨雪梅
2018年8月出版 / 估价：99.00元
PSN B-2017-641-1/1

黑龙江蓝皮书
黑龙江经济发展报告（2018）
著（编）者：朱宇　2018年1月出版 / 定价：89.00元
PSN B-2011-190-2/2

湖南城市蓝皮书
区域城市群整合
著(编)者：童中贤 韩未名　2018年12月出版 / 估价：99.00元
PSN B-2006-064-1/1

湖南蓝皮书
湖南城乡一体化发展报告（2018）
著(编)者：陈文胜 王文强 陆福兴
2018年8月出版 / 估价：99.00元
PSN B-2015-477-8/8

湖南蓝皮书
2018年湖南电子政务发展报告
著(编)者：梁志峰　2018年5月出版 / 估价：128.00元
PSN B-2014-394-6/8

湖南蓝皮书
2018年湖南经济发展报告
著(编)者：卞鹰　2018年5月出版 / 估价：128.00元
PSN B-2011-207-2/8

湖南蓝皮书
2016年湖南经济展望
著(编)者：梁志峰　2018年5月出版 / 估价：128.00元
PSN B-2011-206-1/8

湖南蓝皮书
2018年湖南县域经济社会发展报告
著(编)者：梁志峰　2018年5月出版 / 估价：128.00元
PSN B-2014-395-7/8

湖南县域绿皮书
湖南县域发展报告（No.5）
著(编)者：袁准 周小毛 黎仁寅
2018年6月出版 / 估价：99.00元
PSN G-2012-274-1/1

沪港蓝皮书
沪港发展报告（2018）
著(编)者：尤安山　2018年9月出版 / 估价：99.00元
PSN B-2013-362-1/1

吉林蓝皮书
2018年吉林经济社会形势分析与预测
著(编)者：邵汉明　2017年12月出版 / 定价：89.00元
PSN B-2013-319-1/1

吉林省城市竞争力蓝皮书
吉林省城市竞争力报告（2017~2018）
著(编)者：崔岳春 张磊
2018年3月出版 / 定价：89.00元
PSN B-2016-513-1/1

济源蓝皮书
济源经济社会发展报告（2018）
著(编)者：喻新安　2018年6月出版 / 估价：99.00元
PSN B-2014-387-1/1

江苏蓝皮书
2018年江苏经济发展分析与展望
著(编)者：王庆五 吴先满
2018年7月出版 / 估价：128.00元
PSN B-2017-635-1/3

江西蓝皮书
江西经济社会发展报告（2018）
著(编)者：陈石俊 龚建文　2018年10月出版 / 估价：128.00元
PSN B-2015-484-1/2

江西蓝皮书
江西设区市发展报告（2018）
著(编)者：姜玮 梁勇
2018年10月出版 / 估价：99.00元
PSN B-2016-517-2/2

经济特区蓝皮书
中国经济特区发展报告（2017）
著(编)者：陶一桃　2018年1月出版 / 估价：99.00元
PSN B-2009-139-1/1

辽宁蓝皮书
2018年辽宁经济社会形势分析与预测
著(编)者：梁启东 魏红江　2018年6月出版 / 估价：99.00元
PSN B-2006-053-1/1

民族经济蓝皮书
中国民族地区经济发展报告（2018）
著(编)者：李曦辉　2018年7月出版 / 估价：99.00元
PSN B-2017-630-1/1

南宁蓝皮书
南宁经济发展报告（2018）
著(编)者：胡建华　2018年9月出版 / 估价：99.00元
PSN B-2016-569-2/3

内蒙古蓝皮书
内蒙古精准扶贫研究报告（2018）
著(编)者：张志华　2018年1月出版 / 定价：89.00元
PSN B-2017-681-2/2

浦东新区蓝皮书
上海浦东经济发展报告（2018）
著(编)者：周小平 徐美芳
2018年1月出版 / 定价：89.00元
PSN B-2011-225-1/1

青海蓝皮书
2018年青海经济社会形势分析与预测
著(编)者：陈玮　2018年1月出版 / 定价：98.00元
PSN B-2012-275-1/2

青海科技绿皮书
青海科技发展报告（2017）
著(编)者：青海省科学技术信息研究所
2018年3月出版 / 定价：98.00元
PSN G-2018-701-1/1

山东蓝皮书
山东经济形势分析与预测（2018）
著(编)者：李广杰　2018年7月出版 / 估价：99.00元
PSN B-2014-404-1/5

山东蓝皮书
山东省普惠金融发展报告（2018）
著(编)者：齐鲁财富网
2018年9月出版 / 估价：99.00元
PSN B2017-676-5/5

地方发展类-经济

皮书系列 2018全品种

山西蓝皮书
山西资源型经济转型发展报告（2018）
著(编)者：李志强　　2018年7月出版 / 估价：99.00元
PSN B-2011-197-1/1

陕西蓝皮书
陕西经济发展报告（2018）
著(编)者：任宗哲　白宽犁　裴成荣
2018年1月出版 / 定价：89.00元
PSN B-2009-135-1/6

陕西蓝皮书
陕西精准脱贫研究报告（2018）
著(编)者：任宗哲　白宽犁　王建康
2018年4月出版 / 定价：89.00元
PSN B-2017-623-6/6

上海蓝皮书
上海经济发展报告（2018）
著(编)者：沈开艳　　2018年2月出版 / 定价：89.00元
PSN B-2006-057-1/7

上海蓝皮书
上海资源环境发展报告（2018）
著(编)者：周冯琦　胡静　　2018年2月出版 / 定价：89.00元
PSN B-2006-060-4/7

上海蓝皮书
上海奉贤经济发展分析与研判（2017～2018）
著(编)者：张兆安　朱平芳　　2018年3月出版 / 定价：99.00元
PSN B-2018-698-8/8

上饶蓝皮书
上饶发展报告（2016～2017）
著(编)者：廖其志　　2018年6月出版 / 估价：128.00元
PSN B-2014-377-1/1

深圳蓝皮书
深圳经济发展报告（2018）
著(编)者：张骁儒　　2018年6月出版 / 定价：99.00元
PSN B-2008-112-3/7

四川蓝皮书
四川城镇化发展报告（2018）
著(编)者：侯水平　陈炜　　2018年6月出版 / 定价：99.00元
PSN B-2015-456-7/7

四川蓝皮书
2018年四川经济形势分析与预测
著(编)者：杨钢　　2018年1月出版 / 定价：158.00元
PSN B-2007-098-2/7

四川蓝皮书
四川企业社会责任研究报告（2017～2018）
著(编)者：侯水平　盛毅　　2018年5月出版 / 定价：99.00元
PSN B-2014-386-4/7

四川蓝皮书
四川生态建设报告（2018）
著(编)者：李晟之　　2018年5月出版 / 定价：99.00元
PSN B-2015-455-6/7

四川蓝皮书
四川特色小镇发展报告（2017）
著(编)者：吴志强　　2017年11月出版 / 定价：89.00元
PSN B-2017-670-8/8

体育蓝皮书
上海体育产业发展报告（2017～2018）
著(编)者：张林　黄海燕
2018年10月出版 / 定价：99.00元
PSN B-2015-454-4/5

体育蓝皮书
长三角地区体育产业发展报（2017～2018）
著(编)者：张林　　2018年6月出版 / 定价：99.00元
PSN B-2015-453-3/5

天津金融蓝皮书
天津金融发展报告（2018）
著(编)者：王爱俭　孔德昌
2018年5月出版 / 定价：99.00元
PSN B-2014-418-1/1

图们江区域合作蓝皮书
图们江区域合作发展报告（2018）
著(编)者：李铁　　2018年6月出版 / 定价：99.00元
PSN B-2015-464-1/1

温州蓝皮书
2018年温州经济社会形势分析与预测
著(编)者：蒋儒标　王春光　金浩
2018年6月出版 / 定价：99.00元
PSN B-2008-105-1/1

西咸新区蓝皮书
西咸新区发展报告（2018）
著(编)者：李扬　王军
2018年6月出版 / 定价：99.00元
PSN B-2016-534-1/1

修武蓝皮书
修武经济社会发展报告（2018）
著(编)者：张占仓　袁凯声
2018年10月出版 / 定价：99.00元
PSN B-2017-651-1/1

偃师蓝皮书
偃师经济社会发展报告（2018）
著(编)者：张占仓　袁凯声　何武周
2018年7月出版 / 定价：99.00元
PSN B-2017-627-1/1

扬州蓝皮书
扬州经济社会发展报告（2018）
著(编)者：陈扬
2018年12月出版 / 定价：108.00元
PSN B-2011-191-1/1

长垣蓝皮书
长垣经济社会发展报告（2018）
著(编)者：张占仓　袁凯声　秦保建
2018年10月出版 / 定价：99.00元
PSN B-2017-654-1/1

遵义蓝皮书
遵义发展报告（2018）
著(编)者：邓彦　曾征　龚永育
2018年9月出版 / 估价：99.00元
PSN B-2014-433-1/1

地方发展类-社会

安徽蓝皮书
安徽社会发展报告（2018）
著(编)者：程桦　2018年6月出版／估价：99.00元
PSN B-2013-325-1/1

安徽社会建设蓝皮书
安徽社会建设分析报告（2017~2018）
著(编)者：黄家海　蔡宪
2018年11月出版／估价：99.00元
PSN B-2013-322-1/1

北京蓝皮书
北京公共服务发展报告（2017~2018）
著(编)者：施昌奎　2018年6月出版／估价：99.00元
PSN B-2008-103-7/8

北京蓝皮书
北京社会发展报告（2017~2018）
著(编)者：李伟东
2018年7月出版／估价：99.00元
PSN B-2006-055-3/8

北京蓝皮书
北京社会治理发展报告（2017~2018）
著(编)者：殷星辰　2018年7月出版／估价：99.00元
PSN B-2014-391-8/8

北京律师蓝皮书
北京律师发展报告No.4（2018）
著(编)者：王隽　2018年12月出版／估价：99.00元
PSN B-2011-217-1/1

北京人才蓝皮书
北京人才发展报告（2018）
著(编)者：敏华　2018年12月出版／估价：128.00元
PSN B-2011-201-1/1

北京社会心态蓝皮书
北京社会心态分析报告（2017~2018）
北京市社会心理服务促进中心
2018年10月出版／估价：99.00元
PSN B-2014-422-1/1

北京社会组织管理蓝皮书
北京社会组织发展与管理（2018）
著(编)者：黄江松
2018年6月出版／估价：99.00元
PSN B-2015-446-1/1

北京养老产业蓝皮书
北京居家养老发展报告（2018）
著(编)者：陆杰华　周明明
2018年8月出版／估价：99.00元
PSN B-2015-465-1/1

法治蓝皮书
四川依法治省年度报告No.4（2018）
著(编)者：李林　杨天宗　田禾
2018年3月出版／定价：118.00元
PSN B-2015-447-2/3

福建妇女发展蓝皮书
福建省妇女发展报告（2018）
著(编)者：刘群英　2018年11月出版／估价：99.00元
PSN B-2011-220-1/1

甘肃蓝皮书
甘肃社会发展分析与预测（2018）
著(编)者：安文华　谢增虎　包晓霞
2018年1月出版／定价：79.00元
PSN B-2013-313-2/6

广东蓝皮书
广东全面深化改革研究报告（2018）
著(编)者：周林生　涂成林
2018年12月出版／估价：99.00元
PSN B-2015-504-3/3

广东蓝皮书
广东社会工作发展报告（2018）
著(编)者：罗观翠　2018年6月出版／估价：99.00元
PSN B-2014-402-2/3

广州蓝皮书
广州青年发展报告（2018）
著(编)者：徐柳　张强
2018年8月出版／估价：99.00元
PSN B-2013-352-13/14

广州蓝皮书
广州社会保障发展报告（2018）
著(编)者：张跃国　2018年8月出版／估价：99.00元
PSN B-2014-425-14/14

广州蓝皮书
2018年中国广州社会形势分析与预测
著(编)者：张强　郭志勇　何镜清
2018年6月出版／估价：99.00元
PSN B-2008-110-5/14

贵州蓝皮书
贵州法治发展报告（2018）
著(编)者：吴大华　2018年5月出版／估价：99.00元
PSN B-2012-254-2/10

贵州蓝皮书
贵州人才发展报告（2017）
著(编)者：于杰　吴大华
2018年9月出版／估价：99.00元
PSN B-2014-382-3/10

贵州蓝皮书
贵州社会发展报告（2018）
著(编)者：王兴骥　2018年6月出版／估价：99.00元
PSN B-2010-166-1/10

杭州蓝皮书
杭州妇女发展报告（2018）
著(编)者：魏颖
2018年10月出版／估价：99.00元
PSN B-2014-403-1/1

地方发展类-社会

皮书系列
2018全品种

河北蓝皮书
河北法治发展报告（2018）
著(编)者：康振海　2018年6月出版 / 估价：99.00元
PSN B-2017-622-3/3

河北食品药品安全蓝皮书
河北食品药品安全研究报告（2018）
著(编)者：丁锦霞
2018年10月出版 / 估价：99.00元
PSN B-2015-473-1/1

河南蓝皮书
河南法治发展报告（2018）
著(编)者：张林海　2018年7月出版 / 估价：99.00元
PSN B-2014-376-6/9

河南蓝皮书
2018年河南社会形势分析与预测
著(编)者：牛苏林　2018年5月出版 / 估价：99.00元
PSN B-2005-043-1/9

河南民办教育蓝皮书
河南民办教育发展报告（2018）
著(编)者：胡大白　2018年9月出版 / 估价：99.00元
PSN B-2017-642-1/1

黑龙江蓝皮书
黑龙江社会发展报告（2018）
著(编)者：王爱丽　2018年1月出版 / 定价：89.00元
PSN B-2011-189-1/2

湖南蓝皮书
2018年湖南两型社会与生态文明建设报告
著(编)者：卞鹰　2018年5月出版 / 估价：128.00元
PSN B-2011-208-3/8

湖南蓝皮书
2018年湖南社会发展报告
著(编)者：卞鹰　2018年5月出版 / 估价：128.00元
PSN B-2014-393-5/8

健康城市蓝皮书
北京健康城市建设研究报告（2018）
著(编)者：王鸿春　盛继洪
2018年9月出版 / 估价：99.00元
PSN B-2015-460-1/2

江苏法治蓝皮书
江苏法治发展报告No.6（2017）
著(编)者：蔡道通　龚廷泰
2018年8月出版 / 估价：99.00元
PSN B-2012-290-1/1

江苏蓝皮书
2018年江苏社会发展分析与展望
著(编)者：王庆五　刘旺洪
2018年8月出版 / 估价：128.00元
PSN B-2017-636-2/3

民族教育蓝皮书
中国民族教育发展报告（2017·内蒙古卷）
著(编)者：陈中永
2017年12月出版 / 定价：198.00元
PSN B-2017-669-1/1

南宁蓝皮书
南宁法治发展报告（2018）
著(编)者：杨维超　2018年12月出版 / 估价：99.00元
PSN B-2015-509-1/3

南宁蓝皮书
南宁社会发展报告（2018）
著(编)者：胡建华　2018年10月出版 / 估价：99.00元
PSN B-2016-570-3/3

内蒙古蓝皮书
内蒙古反腐倡廉建设报告 No.2
著(编)者：张志华　2018年6月出版 / 估价：99.00元
PSN B-2013-365-1/1

青海蓝皮书
2018年青海人才发展报告
著(编)者：王宇燕　2018年9月出版 / 估价：99.00元
PSN B-2017-650-2/2

青海生态文明建设蓝皮书
青海生态文明建设报告（2018）
著(编)者：张西明　高华　2018年12月出版 / 估价：99.00元
PSN B-2016-595-1/1

人口与健康蓝皮书
深圳人口与健康发展报告（2018）
著(编)者：陆杰华　傅崇辉
2018年11月出版 / 估价：99.00元
PSN B-2011-228-1/1

山东蓝皮书
山东社会形势分析与预测（2018）
著(编)者：李善峰　2018年6月出版 / 估价：99.00元
PSN B-2014-405-2/5

陕西蓝皮书
陕西社会发展报告（2018）
著(编)者：任宗哲　白宽犁　牛昉
2018年1月出版 / 定价：89.00元
PSN B-2009-136-2/6

上海蓝皮书
上海法治发展报告（2018）
著(编)者：叶必丰　2018年9月出版 / 估价：99.00元
PSN B-2012-296-6/7

上海蓝皮书
上海社会发展报告（2018）
著(编)者：杨雄　周海旺
2018年2月出版 / 定价：89.00元
PSN B-2006-058-2/7

皮书系列 2018全品种 · 地方发展类-社会 · 地方发展类-文化

社会建设蓝皮书
2018年北京社会建设分析报告
著（编）者：宋贵伦 冯虹 2018年9月出版 / 估价：99.00元
PSN B-2010-173-1/1

深圳蓝皮书
深圳法治发展报告（2018）
著（编）者：张骁儒 2018年6月出版 / 估价：99.00元
PSN B-2015-470-6/7

深圳蓝皮书
深圳劳动关系发展报告（2018）
著（编）者：汤庭芬 2018年8月出版 / 估价：99.00元
PSN B-2007-097-2/7

深圳蓝皮书
深圳社会治理与发展报告（2018）
著（编）者：张骁儒 2018年6月出版 / 估价：99.00元
PSN B-2008-113-4/7

生态安全绿皮书
甘肃国家生态安全屏障建设发展报告（2018）
著（编）者：刘举科 喜文华
2018年10月出版 / 估价：99.00元
PSN G-2017-659-1/1

顺义社会建设蓝皮书
北京市顺义区社会建设发展报告（2018）
著（编）者：王学武 2018年9月出版 / 估价：99.00元
PSN B-2017-658-1/1

四川蓝皮书
四川法治发展报告（2018）
著（编）者：郑泰安 2018年6月出版 / 估价：99.00元
PSN B-2015-441-5/7

四川蓝皮书
四川社会发展报告（2018）
著（编）者：李羚 2018年6月出版 / 估价：99.00元
PSN B-2008-127-3/7

四川社会工作与管理蓝皮书
四川省社会工作人力资源发展报告（2017）
著（编）者：边慧敏 2017年12月出版 / 定价：89.00元
PSN B-2017-683-1/1

云南社会治理蓝皮书
云南社会治理年度报告（2017）
著（编）者：晏雄 韩全芳
2018年5月出版 / 估价：99.00元
PSN B-2017-667-1/1

地方发展类-文化

北京传媒蓝皮书
北京新闻出版广电发展报告（2017~2018）
著（编）者：王志 2018年11月出版 / 估价：99.00元
PSN B-2016-588-1/1

北京蓝皮书
北京文化发展报告（2017~2018）
著（编）者：李建盛 2018年5月出版 / 估价：99.00元
PSN B-2007-082-4/8

创意城市蓝皮书
北京文化创意产业发展报告（2018）
著（编）者：郭万超 张京成 2018年12月出版 / 估价：99.00元
PSN B-2012-263-1/7

创意城市蓝皮书
天津文化创意产业发展报告（2017~2018）
著（编）者：谢思全 2018年6月出版 / 估价：99.00元
PSN B-2016-536-7/7

创意城市蓝皮书
武汉文化创意产业发展报告（2018）
著（编）者：黄永林 陈汉桥 2018年12月出版 / 估价：99.00元
PSN B-2013-354-4/7

创意上海蓝皮书
上海文化创意产业发展报告（2017~2018）
著（编）者：王慧敏 王兴全 2018年8月出版 / 估价：99.00元
PSN B-2016-561-1/1

非物质文化遗产蓝皮书
广州市非物质文化遗产保护发展报告（2018）
著（编）者：宋俊华 2018年12月出版 / 估价：99.00元
PSN B-2016-589-1/1

甘肃蓝皮书
甘肃文化发展分析与预测（2018）
著（编）者：马廷旭 戚晓萍 2018年1月出版 / 定价：99.00元
PSN B-2013-314-3/6

甘肃蓝皮书
甘肃舆情分析与预测（2018）
著（编）者：王俊莲 王谦元 2018年1月出版 / 定价：99.00元
PSN B-2013-315-4/6

广州蓝皮书
中国广州文化发展报告（2018）
著（编）者：屈哨兵 陆志强 2018年6月出版 / 估价：99.00元
PSN B-2009-134-7/14

广州蓝皮书
广州文化创意产业发展报告（2018）
著（编）者：徐咏虹 2018年7月出版 / 估价：99.00元
PSN B-2008-111-6/14

海淀蓝皮书
海淀区文化和科技融合发展报告（2018）
著（编）者：陈名杰 孟景伟 2018年5月出版 / 估价：99.00元
PSN B-2013-329-1/1

地方发展类-文化

皮书系列
2018全品种

河南蓝皮书
河南文化发展报告（2018）
著(编)者：卫绍生　2018年7月出版 / 估价：99.00元
PSN B-2008-106-2/9

湖北文化产业蓝皮书
湖北省文化产业发展报告（2018）
著(编)者：黄晓华　2018年9月出版 / 估价：99.00元
PSN B-2017-656-1/1

湖北文化蓝皮书
湖北文化发展报告（2017~2018）
著(编)者：湖北大学高等人文研究院
　　　　　中华文化发展湖北省协同创新中心
2018年10月出版 / 估价：99.00元
PSN B-2016-566-1/1

江苏蓝皮书
2018年江苏文化发展分析与展望
著(编)者：王庆五　樊和平　2018年9月出版 / 估价：128.00元
PSN B-2017-637-3/3

江西文化蓝皮书
江西非物质文化遗产发展报告（2018）
著(编)者：张圣才　傅安平　2018年12月出版 / 估价：128.00元
PSN B-2015-499-1/1

洛阳蓝皮书
洛阳文化发展报告（2018）
著(编)者：刘福兴　陈启明　2018年7月出版 / 估价：99.00元
PSN B-2015-476-1/1

南京蓝皮书
南京文化发展报告（2018）
著(编)者：中共南京市委宣传部
2018年12月出版 / 估价：99.00元
PSN B-2014-439-1/1

宁波文化蓝皮书
宁波"一人一艺"全民艺术普及发展报告（2017）
著(编)者：张爱琴　2018年11月出版 / 估价：128.00元
PSN B-2017-668-1/1

山东蓝皮书
山东文化发展报告（2018）
著(编)者：涂可国　2018年5月出版 / 估价：99.00元
PSN B-2014-406-3/5

陕西蓝皮书
陕西文化发展报告（2018）
著(编)者：任宗哲　白宽犁　王长寿
2018年1月出版 / 定价：89.00元
PSN B-2009-137-3/6

上海蓝皮书
上海传媒发展报告（2018）
著(编)者：强荧　焦雨虹　2018年2月出版 / 定价：89.00元
PSN B-2012-295-5/7

上海蓝皮书
上海文学发展报告（2018）
著(编)者：陈圣来　2018年6月出版 / 估价：99.00元
PSN B-2012-297-7/7

上海蓝皮书
上海文化发展报告（2018）
著(编)者：荣跃明　2018年6月出版 / 估价：99.00元
PSN B-2006-059-3/7

深圳蓝皮书
深圳文化发展报告（2018）
著(编)者：张骁儒　2018年7月出版 / 估价：99.00元
PSN B-2016-554-7/7

四川蓝皮书
四川文化产业发展报告（2018）
著(编)者：向宝云　张立伟　2018年6月出版 / 估价：99.00元
PSN B-2006-074-1/7

郑州蓝皮书
2018年郑州文化发展报告
著(编)者：王哲　2018年9月出版 / 估价：99.00元
PSN B-2008-107-1/1

社会科学文献出版社　　皮书系列

✤ 皮书起源 ✤

"皮书"起源于十七、十八世纪的英国，主要指官方或社会组织正式发表的重要文件或报告，多以"白皮书"命名。在中国，"皮书"这一概念被社会广泛接受，并被成功运作、发展成为一种全新的出版形态，则源于中国社会科学院社会科学文献出版社。

✤ 皮书定义 ✤

皮书是对中国与世界发展状况和热点问题进行年度监测，以专业的角度、专家的视野和实证研究方法，针对某一领域或区域现状与发展态势展开分析和预测，具备原创性、实证性、专业性、连续性、前沿性、时效性等特点的公开出版物，由一系列权威研究报告组成。

✤ 皮书作者 ✤

皮书系列的作者以中国社会科学院、著名高校、地方社会科学院的研究人员为主，多为国内一流研究机构的权威专家学者，他们的看法和观点代表了学界对中国与世界的现实和未来最高水平的解读与分析。

✤ 皮书荣誉 ✤

皮书系列已成为社会科学文献出版社的著名图书品牌和中国社会科学院的知名学术品牌。2016年，皮书系列正式列入"十三五"国家重点出版规划项目；2013~2018年，重点皮书列入中国社会科学院承担的国家哲学社会科学创新工程项目；2018年，59种院外皮书使用"中国社会科学院创新工程学术出版项目"标识。

中国皮书网

（网址：www.pishu.cn）

发布皮书研创资讯，传播皮书精彩内容
引领皮书出版潮流，打造皮书服务平台

栏目设置

关于皮书：何谓皮书、皮书分类、皮书大事记、皮书荣誉、
皮书出版第一人、皮书编辑部

最新资讯：通知公告、新闻动态、媒体聚焦、网站专题、视频直播、下载专区

皮书研创：皮书规范、皮书选题、皮书出版、皮书研究、研创团队

皮书评奖评价：指标体系、皮书评价、皮书评奖

互动专区：皮书说、社科数托邦、皮书微博、留言板

所获荣誉

2008年、2011年，中国皮书网均在全国新闻出版业网站荣誉评选中获得"最具商业价值网站"称号；

2012年，获得"出版业网站百强"称号。

网库合一

2014年，中国皮书网与皮书数据库端口合一，实现资源共享。

权威报告·一手数据·特色资源

皮书数据库
ANNUAL REPORT(YEARBOOK) DATABASE

当代中国经济与社会发展高端智库平台

所获荣誉

- 2016年，入选"'十三五'国家重点电子出版物出版规划骨干工程"
- 2015年，荣获"搜索中国正能量 点赞2015""创新中国科技创新奖"
- 2013年，荣获"中国出版政府奖·网络出版物奖"提名奖
- 连续多年荣获中国数字出版博览会"数字出版·优秀品牌"奖

WWW.PISHU.COM.CN

成为会员

通过网址www.pishu.com.cn或使用手机扫描二维码进入皮书数据库网站，进行手机号码验证或邮箱验证即可成为皮书数据库会员（建议通过手机号码快速验证注册）。

会员福利

- 使用手机号码首次注册的会员，账号自动充值100元体验金，可直接购买和查看数据库内容（仅限使用手机号码快速注册）。
- 已注册用户购书后可免费获赠100元皮书数据库充值卡。刮开充值卡涂层获取充值密码，登录并进入"会员中心"—"在线充值"—"充值卡充值"，充值成功后即可购买和查看数据库内容。

数据库服务热线：400-008-6695　　图书销售热线：010-59367070/7028
数据库服务QQ：2475522410　　　　图书服务QQ：1265056568
数据库服务邮箱：database@ssap.cn　图书服务邮箱：duzhe@ssap.cn

更多信息请登录

皮书数据库
http://www.pishu.com.cn

中国皮书网
http://www.pishu.cn

皮书微博
http://weibo.com/pishu

皮书微信"皮书说"

请到当当、亚马逊、京东或各地书店购买,也可办理邮购

咨询 / 邮购电话:010-59367028　59367070
邮　　箱:duzhe@ssap.cn
邮购地址:北京市西城区北三环中路甲29号院3号楼
　　　　　华龙大厦13层读者服务中心
邮　　编:100029
银行户名:社会科学文献出版社
开户银行:中国工商银行北京北太平庄支行
账　　号:0200010019200365434